(EN)CLAVES DE LA TRANSICIÓN.
UNA VISIÓN DE LOS NOVÍSIMOS
PROSA, POESÍA, ENSAYO

Enric Bou y Elide Pittarello (eds.)

La Casa de la Riqueza
Estudios de Cultura de España, 16

LA CASA DE LA RIQUEZA
ESTUDIOS DE CULTURA DE ESPAÑA
16

El historiador y filósofo griego Posidonio (135-51 a.C.) bautizó la península ibérica como «La casa de los dioses de la riqueza», intentando expresar plásticamente la diversidad hispánica, su fecunda y matizada geografía, lo amplio de sus productos, las curiosidades de su historia, la variada conducta de sus sociedades, las peculiaridades de su constitución. Sólo desde esta atención al matiz y al rico catálogo de lo español puede, todavía hoy, entenderse una vida cuya creatividad y cuyas prácticas apenas puede abordar la tradicional clasificación de saberes y disciplinas. Si el postestructuralismo y la deconstrucción cuestionaron la parcialidad de sus enfoques, son los estudios culturales los que quisieron subsanarla, generando espacios de mediación y contribuyendo a consolidar un campo interdisciplinario dentro del cual superar las dicotomías clásicas, mientras se difunden discursos críticos con distintas y más oportunas oposiciones: hegemonía frente a subalternidad; lo global frente a lo local; lo autóctono frente a lo migrante. Desde esta perspectiva podrán someterse a mejor análisis los complejos procesos culturales que derivan de los desafíos impuestos por la globalización y los movimientos de migración que se han dado en todos los órdenes a finales del siglo XX y principios del XXI. La colección «La casa de la riqueza. Estudios de Cultura de España» se inscribe en el debate actual en curso para contribuir a la apertura de nuevos espacios críticos en España a través de la publicación de trabajos que den cuenta de los diversos lugares teóricos y geopolíticos desde los cuales se piensa el pasado y el presente español.

(EN)CLAVES DE LA TRANSICIÓN.
UNA VISIÓN DE LOS NOVÍSIMOS
PROSA, POESÍA, ENSAYO

Enric Bou y Elide Pittarello (eds.)

Iberoamericana • Vervuert • 2009

Este libro se publica con una contribución a los gastos de imprenta del Dipartimento di Americanistica, Iberistica e Slavistica de la Università Ca' Foscari di Venezia con los fondos MUIR.

© Iberoamericana, 2009
   Amor de Dios, 1 – E-28014 Madrid
   Tel. +34 91 429 35 22
   Fax +34 91 429 53 97
   info@iberoamericanalibros.com
   www.ibero-americana.net

© Vervuert Verlag, 2009
   Elisabethenstr. 3-9 – D-60594 Frankfurt am Main
   Tel. +49 69 597 46 17
   Fax +49 69 597 87 43
   info@iberoamericanalibros.com
   www.ibero-americana.net

ISBN (Iberoamericana) 978-84-8489-472-8
ISBN (Vervuert) 978-3-86527-502-8

Depósito legal: S. 1.689-2009

Diseño de la cubierta: Michael Ackermann
Imagen de la cubierta: Fortuny, "Meditation". Propiedad de Elide Pittarello. Fotografía Enric Bou.

Impreso en España

The paper on which this book printed meets the requirements of ISO 9706

ÍNDICE

6

INTRODUCCIÓN:
LAS CLAVES DE LA TRANSICIÓN

Enric Bou/Elide Pittarello

> *Todas las cosas son palabras del*
> *idioma en que Alguien o Algo, noche y*
> *día, escribe esa infinita algarabía que*
> *es la historia del mundo.*
>
> Jorge Luis Borges

I

Este volumen colectivo afronta algunas de las actividades literarias que se desarrollaron en España desde las primeras apariciones de nuevas voces crecidas al margen de la dictadura, los Novísimos. Son los protagonistas de una auténtica revolución estética y cultural, a partir de la publicación de *Arde el mar* de Pere Gimferrer en 1966, hasta el momento de asentamiento de la llamada Transición en torno a 1992, fecha que coincide con la publicación de *El jinete polaco* de Antonio Muñoz Molina y *Corazón tan blanco* de Javier Marías. El grupo de jóvenes escritores bautizados como Novísimos, gracias a una antología de Castellet de

1970, renovó el arte realista y politizado de los años precedentes con un nuevo modo de representación de la realidad basado en una recuperación de la vanguardia y una visión irónica del pasado, que luego ha sido melancólica o reivindicativa. En el año 1992, la España democrática se había transformado notablemente, convertida en un país dinámico hasta el punto de que Gianni Vattimo bautizó Madrid como capital posmoderna del mundo. Los sobrinos (en sentido figurado) de estos escritores, pese a su posible contradicción generacional y a su apego a una renovación de la literatura de corte cosmopolita, culminaron el cambio. Una frase de Manuel Vázquez Montalbán sintetiza el fenómeno: «[la] consagración de la pluralidad es una conquista importante y representa una cierta normalización de la sociedad literaria, en cuyo proceso no hay, insisto, un antes y un después de la muerte de Franco» (Vázquez Montalbán 1991: 14). Aunque quizá todavía haya menos acuerdos acerca del momento que marca el fin de un proceso de transformación de España, es obvio que una fecha como la de 1992, con todas sus connotaciones, fija un momento de transformación irreversible. Ya nada pudo ser como era antes. Nada sería como habían soñado tantos. 1992 es una fecha más bien arbitraria. Santos Sanz Villanueva propone 1975 como el año decisivo que propulsa el cambio. Mainer propone 1990, Vilarós, no sin sorpresa para muchos, propone el 1993, por coincidir con el tratado de Maastricht. El de 1992, con las magnas celebraciones y desmanes (JJ. OO. de Barcelona, Expo en Sevilla, Madrid capital cultural europea, celebraciones del V Centenario del descubrimiento de América), sitúa sin lugar a dudas a España en el mapa.

Responde a dos posibles planteamientos epistemológicos: la atención al impacto que la actividad propiamente política pudo tener en un grupo de entonces jóvenes escritores (la muerte de un dictador); y el seguimiento de las modificaciones estéticas, muy agudas a fines de los años sesenta. Si atendemos sólo a uno de estos modelos, terminamos en el callejón sin salida de la cultura influenciada por la política y en el estudio y apología del particularismo peninsular, que se arrastra desde hace siglos. Si nos fijamos sólo en el segundo, corremos el riesgo de no tener en cuenta la especificidad de la Península. Por eso parecía aconsejable optar por un modelo mixto, adoptando una doble perspectiva que pusiera el énfasis en los abundantes y muy significativos cambios que se producen a partir de fines de los años sesenta («la década prodigiosa» en la terminología de Pedro Sempere y Alberto Corazón) y que, como argumentó con autoridad Eric Hobsbawm (1994), resultan en una de las grandes transformaciones que ha vivido el mundo occidental después de la Segunda Guerra Mundial. Pero sin perder de vista la contribución de algunos protagonistas más jóvenes que se aprovecharon también de ese *Zeitgeist* y que hicieron mucho por renovar el estado de la literatura en España. La selección de autores, que va desde Manuel Vázquez Montalbán a Antonio Muñoz Molina, da muestra de una variedad de modos y géneros no exhaustiva, pero sí suficientemente paradigmática como para tomar el pulso, con unas garantías mínimas, a un tiempo épico.

Hay varias maneras reconocidas de referirse a grupos y a momentos de ese periodo. Quizá las más establecidas son aquellas que se fijan en cuestiones de género (literario) o grupo, más o menos generacional. Así desde 1970 se popularizó un marbete a partir de la antología de Josep María Castellet. Con todos sus problemas y limitaciones, por inclusión, exclusión, protesta o reducción al absurdo, esta obra se convirtió en punto de referencia: el apelativo Novísimos, de importación italiana, sirve para referirse a un grupo preciso o, ahora, desde la distancia, se puede ampliar a un momento de transformación.[1] El dictador murió en la cama (de un hospital), pero su legado había empezado a descomponerse en vida. El mayo del 68 se produjo en las universidades españolas en 1966 y continuó celebrándose hasta la desaparición de la dictadura. Desde una perspectiva cultural, el grupo que nos interesa es el primero nacido después de la Guerra Civil. Este hecho no sólo implica un cambio de enfoque, sino la coincidencia —por edad— con la transformación radical de los principios que regían el mundo.

Todos los autores que seleccionamos, en el momento de su incorporación al sistema literario hicieron suya la denuncia enérgica que Antonio Martínez Carrión entabla en la «Poética» incluida en *Nueve novísimos*. Entre otras cosas el poeta recordaba «el impacto de la última narrativa latinoamericana, que nos ha hecho recordar que utilizábamos un lenguaje y no un arenque fosilizado, si se atendía a lo que escribíamos los autores españoles en castellano» (Castellet 1970: 91). Declaraciones como esta sustanciaban de manera suficiente el paradigma de partida de nuestra selección. Se trata, pues, de un grupo de escritores que revolu-

---

[1] Tenemos en cuenta las protestas airadas, no sin fundamento, de Jenaro Talens (1989), el cual sería reivindicado en un congreso sobre Novísimos (*Poéticas novísimas: un fuego nuevo*, Universidad de Zaragoza, 23-27 de abril de 2002), cuando el crítico José María Pozuelo Yvancos lo declaró el mejor poeta del grupo de los Novísimos.

cionan el lenguaje y para los que es fundamental el ejemplo literario de lo que con la misma lengua se hace en otras latitudes. No se refugian en la particularidad hispánica y huyen de los nefastos conceptos generacionales que impiden apreciar con mayor amplitud fenómenos culturales. Sin duda nuestra afición al comparatismo jugó un papel en la adopción de este enfoque.

Hasta ahora los estudios sobre este periodo de transición entre dictadura y democracia han optado por dos caminos: uno es el estudio generacional basado en lo que aporta a la cultura un grupo de escritores (Andrew Debicki, Birute Ciplijauskaité y Guillermo Carnero). Este análisis no tiene en cuenta algunos de los factores clave que se producen en aquel momento, como es el fenómeno de la internacionalización. Conscientes de esta dificultad, un segundo grupo de críticos ha estudiado sólo las tendencias internacionales y los movimientos culturales del periodo, es decir, la «posmodernidad» (Gonzalo Navajas y Antonio Sobejano-Morán).[2] Es evidente que la aplicación literal de modelos estéticos europeos o norteamericanos a la actividad cultural española no refleja de modo satisfactorio la complejidad de la situación cultural de España. El primero de estos planteamientos resulta demasiado local, el segundo demasiado general. No se analizan las luchas entre fuerzas culturales de fondo, entre lo viejo y lo nuevo, entre los restos casposos del franquismo y el flamante cosmopolitismo.

Quedan muchas cuestiones por plantear y contestar: ¿Qué eventos y figuras artísticas han sido importantes para la expresión cultural de esta nueva España? ¿Cuáles han sido los problemas estéticos que se han planteado los artistas que empezaron a escribir en este tiempo? ¿Cuál es el papel que tiene la emergencia de culturas como la catalana, que fueron suprimidas o prohibidas durante la dictadura? ¿Cuál es el papel de la integración e interrelación entre dos centros culturales como Madrid y Barcelona durante los años sesenta y setenta? ¿De qué modo la manipulación o supresión de la memoria histórica ha afectado a la literatura? Son éstas algunas de las muchas preguntas a las que los ensayos reunidos en este volumen pueden ofrecer alguna luz.

---

[2] Algunos críticos han llegado a hablar de «posmodernismo, como si hubiera una continuidad cronológica entre la poesía finisecular (del XIX) de Rubén Darío y la de los años sesenta (del XX). Obviamente hay unas afinidades estéticas entre Darío y Gimferrer o Darío y Carnero, pero el posmodernismo es otra cosa.

El objetivo de este libro es reunir una serie de estudios monográficos dedicados a los autores y obras más relevantes del periodo para así, desde una mirada colectiva de estudiosos en universidades italianas, españolas y norteamericanas, poder plantear respuestas a algunos de estos interrogantes. Más de treinta años después de la muerte de Franco es posible evaluar con un mínimo de perspectiva el impacto de algunos de esos libros y autores, no sólo como datos aislados o contribuciones individuales, sino bajo una mirada de grupo. Un referente es el fascinante libro de Denis Hollier, *A New History of French Literature* (1994), que enfoca la historia de la literatura francesa desde una mirada colectiva, con artículos que presentan una perspectiva poliédrica sobre el «champ de la littérature». Algo semejante podría hacerse con este periodo de la literatura española contemporánea, y este libro puede ser un primer paso. Reconocemos que todos estos marbetes generacionales y epocales pierden interés y fuerza, dejan de ser útiles, cuando los autores empiezan a separarse y crean una dimensión personal de sus obras. Avanzan por caminos distintos y por lo tanto se entienden mejor individualmente, y menos como grupo. Si en sus inicios no es difícil destacar coincidencias entre Pere Gimferrer y Guillermo Carnero, ¿tienen que ver algo entre ellas sus últimas manifestaciones literarias? Por eso el énfasis en los diversos capítulos del volumen recae en la coincidencia en unos orígenes y las diferencias en las evoluciones posteriores de cada uno de ellos.

Los autores reunidos aquí reflejan un fenómeno de fondo, que es el de la transformación de un mundo en los últimos años del siglo xx. Como explicaba Vázquez Montalbán a propósito del ciclo novelístico protagonizado por el detective Carvalho:

> es una memorización de la transición, pero no sólo de la española, sino de esa transición global que lleva desde todas las esperanzas de los años sesenta (la píldora anticonceptiva, las revoluciones blandas, los fusiles con claveles, las comunas, los movimientos contraculturales, todos los mayos fallidos) al grado cero del desarrollo, a la involución de las conquistas sociales, al sida, al ceño represivo del papa polaco, a la victoria del imperialismo y del capitalismo multinacional, al reconocimiento de la imposibilidad del crecimiento continuo material y espiritual. A la crisis total de la posibilidad de vanguardia y utopía (citado en Muniesa 2005: 247).

Esta transformación del mundo afecta de manera total al periodo que nos interesa, y desde posiciones de utopía en los años sesenta, hasta situaciones de mayor escepticismo es lo que conecta a los autores seleccionados.

II

El grupo (y el momento) de los Novísimos tuvo la feliz coincidencia de constatar los cambios en un sistema político —el franquismo— y detectar las grietas en su control férreo de la censura que abarcaba a toda la actividad cultural. Alabados o vilipendiados, los Novísimos contribuyeron al abandono de la así llamada literatura comprometida, de denuncia política y social, bostezante a veces, brillante en otras ocasiones. El venecianismo, decadentismo, neomodernismo, culturalismo, alejandrinismo, sensibilidad *camp*,[3] irracionalismo, *revival*, metapoesía, esteticismo: fueron éstas las herramientas literarias empleadas por este grupo de poetas que querían cuestionar y hasta subvertir la maquinaria estético-ideológica de la represión franquista (Candelas Colodrón 1996: 17; Jiménez 1989: 2). Vistos a distancia de casi medio siglo, ellos son los que concentran la maniobra de cambio que, a poco de empezar, coincide con una singular transformación política (y cultural) en España: la llamada Transición. Sin llegar a los extremos de la Guerra Civil como campo de estudio, el momento del fin de la dictadura y de la Transición hacia una democracia ha tenido un gran atractivo para estudiosos. La importancia del momento es a todas luces indiscutible, puesto que después de cuarenta años de durísima dictadura represiva, se abría la posibilidad de una forma de democracia en España. A la española. Desde entonces, al pie del cañón de la historia, o en valoraciones retrospectivas, dos opciones de interpretación conviven. La primera opta por apreciar un cambio radical directamente relacionado con los sucesos del 20 N de 1975. Una escritora como Carmen Martín Gaite, por ejemplo, tradujo este evento en un nuevo estilo narrativo, como puede verse en uno de sus mejores libros, *El cuarto de atrás* (1978). Muchos críticos e historiadores, abogan también por esa posición. Aunque coexiste con la opinión de que «la deslegitimación cultural del franquismo fue un fenómeno muy precoz»

---

[3] El término *camp* se utiliza en este contexto en el sentido que le dio Susan Sontag en «Notes on "Camp"» (1964, 1969), como banalidad, artificio, mediocridad o ostentación exagerada que llegue a tener un atractivo perversamente sofisticado. También destacaba el artificio, la frivolidad, las ínfulas de clase media y el exceso provocador .

(Mainer 2006: 153). Joaquim Molas, por su parte, opina a propósito de la literatura catalana que el periodo comprendido por los últimos años de la dictadura hasta 1984 constituye una verdadera explosión que abrió una enorme cantidad de expectativas en una mezcla de continuidad y cambio. O de combinación de la iniciativa privada y uso de la cultura para la movilización político-social; de inicio de recuperación de las estructuras institucionales que desaparecieron en 1939 y de experimentación de nuevas ideas, formas y métodos (Molas 2006: 173).

Cabría hablar de una cronología política (más o menos aceptada), y que afecta de algún modo al funcionamiento del país y por ende al sistema literario, desde una perspectiva de la Transición (política). Después de unos años de anarquía y confusión, alegría y desencanto (1976-1981), una tentativa fallida de golpe de Estado que consiguió algunos de sus objetivos fundamentales (el acoso y control de las autonomías históricas), se entró en una fase de profunda transformación económica, periodo también de corrupción y abusos de poder (ETA y GAL). Más allá de dos fechas simbólicas pero de poca utilidad para la historia cultural (1975-1982), muerte del dictador y primer gobierno socialista, hitos importantes son el ingreso en la Unión Europea (entonces tan sólo CEE) en 1986, o el año santo de celebraciones mí(s)ticas: Expo de Sevilla, Juegos Olímpicos de Barcelona, con sus excesos consabidos y derroche de autobombo, pero que culminó un proceso de alejamiento de la dictadura. Suscitó más polémicas la celebración del V centenario del descubrimiento de América.

En la ya inmensa colección de libros de historia sobre la Transición política española se reincide en el planteamiento de algunas cuestiones básicas: la supuesta victoria de los «nacionales», la difícil aceptación de los principios democráticos por parte de algunos sectores de la sociedad, o la fácil trivialización de todo: factores que conducen al «desencanto».[4] Manuel Vázquez Montalbán, por su parte, definió la Transición como «una correlación de debilidades» (citado en Muniesa, 2005: 220). Lo que ocurrió es que se produjo una situación (recordemos: Franco murió en la cama de un hospital) de respeto a los derechos adquiridos por los vencedores de la Guerra Civil de 1936-1939. Como decía el mismo escritor: «Contra Franco estábamos mejor». La constitución democrática

---

[4] Bernat Muniesa ha utilizado algunos títulos que no dejan lugar a dudas: *Dictadura y transición: la España lampedusiana*, *La gazza ladra*.

consagró privilegios, santificó abusos y perpetuó injusticias, concentradas en la sección 3 del artículo 9.[5] Un comentario editorial de *El país*, de 22 de agosto de 1979, especificaba los términos del conflicto:

> Una de las consecuencias de lo que Vázquez Montalbán considera el resultado de una «correlación de debilidades» ha sido el escrupuloso respeto a los derechos adquiridos, cualesquiera que fueran sus orígenes, con posteridad a julio de 1936, aunque ese principio, en algunos casos, consagre privilegios, santifique abusos y perpetúe injusticias. La aceptación de este supuesto, reconocido en la Constitución, ha representado, en determinados campos, una pesada carga para el erario público, sufragado mediante los impuestos de los ciudadanos. [...] El diseño de la reforma suarista fue aceptado y asumido por la abrumadora mayoría de las formaciones políticas y de las fuerzas sociales situadas, a lo largo de cuatro décadas, a la intemperie de la ilegalidad y la represión (citado en Muniesa 2005: 21).

El reciente libro de Javier Cercas, *Anatomía de un instante*, compone una versión a la vez objetiva, ficcional e hiperrealista, de algunos de los eventos en torno al golpe del 23 F, planteando al mismo tiempo una reflexión sobre las tensiones principales: los pactos del olvido, las transformaciones de los grupos políticos a ambos extremos del espectro ideológico, la rebelión de la España eterna ante las exigencias de las nacionalidades históricas.

Los Novísimos, que empezaron a publicar en un tiempo de represión, pero olvidando la existencia de la censura, se encontraron en los años setenta ante un panorama radicalmente cambiado. Se vieron obligados a plantearse cuestiones de estética y ética. O literatura y política. Un debate que ya desde Aristóteles y Platón arrastramos en los intentos de definición de los fenómenos culturales. El grupo de los Novísimos vive de pleno algunas de las profundas transformaciones que se produjeron en el mundo occidental después de la Segunda Guerra Mundial. Eric Hobsbawm, uno de los últimos grandes historiadores marxistas, ha definido la existencia de una «edad de oro» entre 1947 y 1973, durante la cual se produce una «revolución cultural» sin precedentes que se mate-

---

[5] «La Constitución garantiza el principio de legalidad, la jerarquía normativa, la publicidad de las normas, la irretroactividad de las disposiciones sancionadoras no favorables o restrictivas de derechos individuales, la seguridad jurídica, la responsabilidad y la interdicción de la arbitrariedad de los poderes públicos.»

rializa en una nueva autonomía de la juventud, ya que se convierte en un estrato social independiente (héroes jóvenes que viven al máximo y mueren jóvenes). La juventud no era sólo una fase vital «de pasaje», sino que se iba a convertir en la «fase culminante del desarrollo humano» (Hobsbawm 1994: 327). La «cultura juvenil» se convierte en la cultura dominante en el mundo occidental, a causa de factores como la masa concentrada de poder adquisitivo, el hecho de que cada nueva generación de adultos había pasado por la experiencia de la cultura juvenil con experiencia propia y estaba marcada por esta experiencia. O bien la prodigiosa velocidad del cambio tecnológico da una ventaja tangible a la juventud sobre los otros grupos, con una inversión del papel de las generaciones: los padres tienen que aprender de los hijos. Por último, destaca el historiador británico la «asombrosa internacionalización» por el auge de la industria cinematográfica norteamericana en el periodo de entre guerras. Esto se puede comprobar, por ejemplo, en la fuerte presencia del imaginario de Hollywood en textos fundamentales de muchos de los Novísimos. No es casualidad que algunos de ellos empezaron su labor como críticos cinematográficos (Pere Gimferrer o Terenci Moix), y para todos ellos los referentes fílmicos son tan importantes como los literarios. Destacan los contactos personales del turismo juvenil internacional; la red mundial de universidades —Sorbona, Berkeley, Berlín, etc.—; o la fuerza de la moda en la sociedad de consumo (Hobsbawm 1994: 328). Existe también un «abismo histórico», que consiste en la gran diferencia entre los nacidos antes de 1925 y después de 1950, es decir, el divorcio respecto al pasado de los jóvenes. Vivían en sociedades fracturadas, que habían soportado cataclismos profundos (Guerra Civil española, revoluciones comunistas, ocupación de Japón y Alemania, descolonización). Los mayores habían tenido experiencias demasiado diferentes, inexplicables para ellos e incomprensibles para sus retoños. La cultura juvenil era populista: se aceptaban como modelos la música rock, el lenguaje del vestido, los gustos de la clase baja urbana. La cultura juvenil era también iconoclasta, como demostraban los eslóganes del mayo francés «prohibido prohibir», etc., a raíz de los cuales se produjo una radical liberación personal y social a través de nuevas percepciones acerca del sexo y el uso de las drogas. Pedro Sempere y Alberto Corazón en *La década prodigiosa* (1976) ofrecieron un inteligente panorama de los años sesenta, poniendo en relación fenómenos específicamente españoles, de la sociedad franquista, con los movimientos revolucionarios y culturales que estaban transformando los países occidentales. Es una prueba de la disonancia, en aquel momento, entre España y el resto del mundo, pero también de la existencia de ciertas afinidades, con el consecuente impacto en la sociedad española.[6] José Olivio Jiménez, por su parte, propuso los diez mandamientos de la estética novísima.[7] Estos mandamientos son afines, en versión hispánica, a la renovación detectada por el historiador británico.

En España, en sintonía con Europa, por primera vez simultánea y casi inconscientemente se produce una revolución cosmopolita de grandes dimensiones, a partir de la «revolución cultural» de la «edad de oro» de los años sesenta. Precisamente fue éste un aspecto de la renovación que había de ser muy perturbador para los escritores realistas que habían precedido a los Novísimos en pocos años. Se impulsaba la desacralización de la literatura como máxima forma expresiva, y el descrédito del realismo con connotaciones militantes. Un buen ejemplo de esta mezcolanza de niveles y de muy distintas nociones culturales lo podemos leer en el epígrafe admonitorio con que se inicia el cuento de Terenci Moix,

---

[6] El índice ilustra el enfoque: «Beat: la sensación de estar golpeado», «Hip: contravalores, droga, amor, psicodelia, paraphernalia», «Pop: Rick, Elvis, Bob Dylan, Beatles», «Mayo: la imaginación y el poder», «Masculino-Femenino: una revolución controlada», «Moda: la moda como mensaje. Consumo y autodestrucción», «Fads: modas urgentes, metáforas ambientales (streaking)», «Pelo, vida, fuerza y sexo», «Macluhanología: la expansión del campo de lo posible».

[7] Esteticismo («deleitoso apurar la belleza autónoma de esa misma palabra [brillo o fulgor de la palabra], en una suerte de preciosismo verbal»); actitud surrealizante, por la «impregnación del lenguaje de las posibilidades sugerentes del irracionalismo poético»; culturalismo, como gusto por incorporar al poema el dato de cultura, o a partir de éste: lo «literario» en su sentido más amplio; el minimalismo o poética del silencio, en una «ardua vigilancia sobre una palabra que se quiere esencial y tensa, depurada y concisa»; «un cierto hermetismo crítico […] a partir de un código muy personal y aun críptico del lenguaje por el que la vivencia personal quedase trasmutada a clave secreta y cifrada»; «afanoso designio de experimentación radical sobre la materia lingüística misma» (letrismo, poesía visual…); indagación sobre la poesía dentro del texto poemático; esto es la poesía como reflexión y crítica del lenguaje y el poema como ejercicio de intelección metapoética; «un lirismo acendrado, bien en consonancia con las vibraciones misteriosas o mágicas que el yo recibe de lo más secreto de la realidad y de la memoria propia, o ya con una palpitación existencial —y aún confesional bajo sus máscaras— de signo más inmediato»; aprovechamiento poético de la mitología *camp* en nombres y temas (y aun técnicas) tomadas del cine, la radio, la televisión; o sea ese mundo por lo general preferido de la cultura *pop*; posmodernidad: anulación de las lindes entre cultura de élites y cultura popular (Jiménez 1989: 1-2).

«Màrius Byron». Moix titulaba el epígrafe de «Nota imprescindible», y en él podemos leer: «Si el lector no ha llegit o vist –o no n'ha sentit parlar– els elements que detallo tot seguit (és a dir, si no ha nascut a Barcelona del 1942 cap amunt –la qual cosa d'altra banda no és totalment necessària–) val més que s'estalvïi de llegir l'increïble [*sic*] odissea de Màrius Byron». Después de estas palabras tan condescendientes añadía un listado de «elements necessaris», que debían formar parte de la cultura del hombre nuevo:

> Poesia victoriana. / Pel·lícules americanes Fox, Metro i Universal dels anys trentes i quarantes. / *L'Atlàntida*, de Pierre Benoit. / Novel.les d'Agatha Christie. / *El Ladrón de Bagdag*, versió d'Alexander Korda, amb Sabú. / Pel·lícules en color sistema Nathalie Kalmus (ergo, no t'hi fixis). / Modesty Blaise, amb direcció de Joseph Losey. / Cançonetes «pop» anys trentes i quarantes del tipus d'«Ojos Verdes» i «Romance de Abril y Mayo» (Conchita Piquer), «Dos cruces» (Ana María González), «Camino Verde» (Juanito Segarra), «Campesina» i «El mar y tú» (Jorge Sepúlveda)... / Novel.les de P. C. Wren. Tebeos: Superman, Flash Gordon, El Guerrero del Antifaz, Pulgarcito (assenyaladament «Inspector Dan»), Aventures de l'F.B.I... / Comèdia musical americana: *My Fair Lady, Camelot, Kismet.* / Virgeries de Vincente Minelli. / *Ella*, d'Edgard R. Hagard [*sic*]. / *Carmina Burana*, de Carl Off, *Les Nacions*, de Cuperain, i la obra completa de Mozart i Scarlatti posada ben baixet mentre hom llegeix la *Ligeia* de Poe tot pensant en Barbara Steele./ Notes de la vida política nacional anys trentes i quarantes. / Poesia de Pere Gimferrer, Guillermo Carnero i Antonio Sarrión. / Obra pictòrica d'Hubert Robert. / And so on, so on, so on... (Moix 2003: 115-116).

Este texto de Moix da fe de la naturaleza y fuerza del cambio generacional que se había producido. Indica un profundo cambio de modelos literarios, de referencias semánticas, de experiencias vitales. Se trata del primer grupo de escritores que no ha vivido la Guerra Civil, que ha alcanzado la mayoría de edad en los años sesenta, cuando el mundo ha cambiado profundamente. Adoptan una actitud de cinismo con respecto al pasado, fomentan las instancias del feminismo o la aceptación de las posiciones gay.

La lista, aparentemente interminable y expresamente caótica, nos da una idea bastante exacta no sólo de la tendencia a la hipérbole que después ya dominó totalmente la obra de Moix, sino, también, de aquello que le apasionaba en el momento de iniciar su vida pública como escritor. No hace falta ser muy perspicaz para percatarse de que en la lista dominan unos valores y unas obras que tienen una finalidad provocadora. Precisamente ésa era la intención del autor: *épater le bourgeois*. Lo interesante aquí, de todos modos, es que se trata de una de las primeras manifestaciones públicas de esta estética alternativa, que levantaba la cólera de los autores más viejos y consagrados. La lista de Moix nos hace caer en la cuenta de otro hecho: la importancia de los medios de comunicación de masas para estos escritores. En efecto, hay muy poca presencia de la literatura tradicional, y, en cambio, dominan con mucho otras formas expresivas: la literatura de masas —la novela policíaca—, la canción popular y el cine. Tres de los elementos que han contribuido a una cultura de masas fuerte, después de la Segunda Guerra Mundial.

En esta cultura hecha en (y distribuida por) los medios de comunicación, se ha propiciado enormemente la creación y divulgación de figuras «míticas», con un sentido también sincrético, ya que se mezclan personas de todo tipo: futbolistas, políticos, artistas de cine, intelectuales. Como dijo Umberto Eco: «Los *mass-media* tienden a imponer símbolos y mitos de fácil universalidad, creando "tipos" reconocibles de inmediato, y con ello reducen al mínimo la individualidad y la concreción de nuestras experiencias» (Eco 1968: 48).

Lo más destacable es el hecho de que, ahora, los mitos no tienen el mismo sentido que habían tenido los mitos clásicos, y ya no sirven para sublimar los deseos de un grupo social, de una generación, de un grupo cultural o bien de un autor. En esta sociedad de consumo maximalizado, los mitos en buena parte sirven para controlar a las masas. Tal como decía Castellet:

> Se trata, pues, de la despersonalización de unos personajes reales y existentes, en aras de la constitución de un sistema de referencias míticas que son, a la vez, refugios o defensas personales o banderas y símbolos aglutinadores contra un mundo alienador, pero también factores de alienación por cuanto el mito es, en definitiva, en nuestro siglo —promovido por las derechas o por las izquierdas reinantes, da lo mismo— un factor conservador del sistema existente y una garantía del orden establecido (Castellet 1970: 28).

Lo que Castellet se dejó en el tintero (o no lo pudo ver por excesiva proximidad) es que todas estas actitudes tienen algo que ver con un fenómeno completamente nuevo, que podríamos calificar como de «vivir en los medios». A partir de este momento, y con una intensidad desconocida hasta entonces, la gente empezó a vivir asomada a esa ventana indiscreta que proporciona la radio, la televisión o el cine. Ello facilitó la aparición de una cultura aparentemente internacional y simultánea, en la cual son un componente fundamental estos seres mitificados que viven en la retina y la mente de millones de personas. Esos personajes míticos, consagrados en unas imágenes estereotipadas, a los que difunden por todas partes los medios de comunicación de masas, se erigen como héroes ejemplares, sustitutivos de los mitos clásicos, religiosos o laicos (Bou 1992: 191-200).

El efecto más evidente en la literatura del momento fue la utilización de una constelación de figuras mítico-populares en las primeras obras que publicaron los Novísimos. En parte, era un reflejo de su formación, pero, también, una presión de las modas ambientales extranjeras. El Leopoldo María Panero de *Así se fundó Carnaby Street* (1970) es un ejemplo clarísimo, con poemas como «El rapto de Lindberg», con la incorporación del personaje «Peter Pan». Manuel Vázquez Montalbán, en los primeros libros de poesía o en los ensayos alternativos, como *Crónica sentimental de España* (1971), presentaba el testimonio apasionado de un proceso de colonización cultural, con una atención singular a los cambios en la cultura de masas. Otros ejemplos, y muy importantes, los podemos constatar en las obras de Pere Gimferrer y de Terenci Moix. Gimferrer ha incorporado siempre el mundo del cine en su obra de creación. En la poética de *Nueve novísimos* confesaba: «Suelo escribir escuchando jazz, o bien la radio, y ésta indiscriminadamente, o casi. Tengo casi siempre presente alguna referencia cinematográfica, aunque luego muchas veces no llega al lector, pues su función era simplemente la de ayudarme a mí» (Castellet 1968: 157). También incorporaba una gran cantidad de experiencias compartibles por su generación: la guerra del Vietnam o la muerte del Che Guevara. Preparó una *Antología de la poesía modernista*, que coincidía con la reivindicación del arte y la arquitectura modernista que se hizo en Cataluña a partir de 1968. Sus primeros libros de poesía, escritos en español, están plagados de referencias al mundo cinematográfico —actrices, secuencias—, y este efecto ha sido relanzado en la obra en prosa de los ochenta: *Dietari* (1981 y 1982) y *Fortuny* (1983). Además, los volúmenes del *Dietari* son, a su modo, una crónica del periodo de su formación en los años sesenta. Terenci Moix escribió algunos de los libros clave para entender el moldeamiento de los nue-

vos escritores: *Los «cómics», arte para el consumo y formas pop*, 1968
(un estudio sobre el cómic en el que importa más lo autobiográfico que
lo técnico), *El sadismo de nuestra infancia*, 1974 (explicación en clave
ficcional, ya que mezcla personas reales y personajes de sus novelas, de
los mitos de su infancia), o las crónicas sobre el mundo de Hollywood de
los años treinta y cuarenta que publicó en la revista *Nuevo Fotogramas* y
que subtitulaba «Sólo para amantes de mitos». Evidentemente, también
destacan las primeras narraciones y novelas: *La torre dels vicis capitals*
(1968), *Onades sobre una roca deserta* (1969), o *El dia que va morir
Marilyn* (1970).

Los nuevos mitos de los años sesenta, por su concepción y difusión,
se convirtieron en una forma de lenguaje al servicio de una renovación
de la expresión literaria. Incorporar a la literatura culta referencias a Marilyn Monroe, el Che Guevara, la guerra del Vietnam, era una manera
elegante de oponerse a sus antepasados (especialmente porque lo hacían
desde una aparente frivolidad), pero era también una manera de conectar con los mitos que compartía toda una generación del planeta (o por
lo menos del mundo occidental). La muerte de Marilyn Monroe tuvo
un fuerte impacto emocional para una generación que vivía de «nuevos
mitos». Véase, por ejemplo el caso de Terenci Moix, en sus novelas y
memorias, en especial en *El día que murió Marilyn*. Como él mismo
recordaba en el tercer y último volumen de sus memorias, *Extraño en el
paraíso*, Marilyn, para su generación, era vista como la personificación
del deseo, del sexo, como una diosa solitaria en lo alto de un pináculo
(Moix 1998: 26-27).

Estos mitos señalan el comienzo de una cultura uniformada en sus
aspectos más externos, sin distinción de razas, países o religiones. Asimismo, fue el inicio de una cultura más híbrida, en la que lo literario
(textual, escrito) empezó a quedar relegado a un segundo plano, y tuvo
ya que empezar a competir con lo audiovisual. Las nuevas mitologías
creadas y difundidas tan rápidamente marcaron una frontera entre el arte
del ayer y el de aquel momento, pero también introdujeron unas modificaciones que nos indican qué había cambiado entre el pasado y el presente, por lo que respecta a la relación del individuo con el mundo. Las
mitologías, pues, resultaban doblemente significativas.

¿Pero qué sucede en España? ¿Qué problemas específicos notamos en el
sistema literario en este periodo de transformación? Unas determinadas

de obras literarias, revistas y editoriales, junto con algunas películas y actividades artísticas, adquieren un carácter de protagonista. Hay hechos evidentes. La publicación del libro de Mario Vargas Llosa, *La ciudad y los perros*, que obtuvo el premio Biblioteca Breve en 1962, es signo de la atención por la nueva literatura latinoamericana que estaba surgiendo en Europa gracias a un editor barcelonés. Se sumarían en seguida las obras de Carlos Fuentes, Julio Cortázar, Gabriel García Márquez, entre muchos otros. La lengua, como decía Martínez Sarrión, no era un arenque fosilizado. Como reacción positiva a estos ejemplos llegados de Ultramar, se justifican libros como *Arde el mar* (1966) de Pere Gimferrer, la *Crónica sentimental de España*, compuesto a partir de artículos publicados en la revista *Triunfo* durante 1969, de Vázquez Montalbán, la antología de Castellet, *Nueve novísimos* (1970), el ensayo de Terenci Moix, *El sadismo de nuestra infancia* (1974), o la novela de Eduardo Mendoza, *La verdad sobre el caso Savolta* (1975). Son algunos de los muchos libros que, al margen de, o mejor contra, las limitaciones políticas del momento, transforman el panorama cultural. Las memorias de Carlos Barral, *Cuando las horas veloces* (1988), y el *Dietari* de Gimferrer dan fe de estas atracciones. Algunas revistas se constituyen en plataformas de la difusión de estos escritores: *Cuadernos para el Diálogo*, *Revista de Occidente*, *Triunfo*, *Por favor*. Sus libros encuentran acogida en pequeñas editoriales independientes como El Bardo o Llibres de Sinera. Hay otras editoriales «mayores», las cuales tienen un peso significativo en la transformación del panorama literario. Ocupa un lugar precursor Seix Barral, con el equipo formado por Carlos Barral, Joan Petit, los hermanos Ferrate(r) y Jaime Salinas. Este último crea el «Libro de bolsillo» en Alianza, revolucionando para siempre el mercado editorial, y funda también la primera Alfaguara, una iniciativa de gran envergadura que incluye a Juan Benet. Estas iniciativas contribuyen a la publicación de la nueva literatura o a la traducción masiva de autores extranjeros. Como hemos indicado antes, José-Carlos Mainer habla de una «deslegitimación cultural del franquismo» desde los años sesenta, con el surgimiento de una «cultura crítica» en sintonía con lo que estaba sucediendo en Europa (y en menor cuantía en Estados Unidos) (Mainer 2006: 153). Ponía al descubierto lo que faltaba en cuanto a libertad y cumplimiento intelectual, pero también mostraba las posibilidades objetivas. Coincide en destacar, además del surgimiento de iniciativas editoriales, las revistas político-culturales, la celebración del 25 aniversario de la muerte de

Antonio Machado (1964), e incluso el primer reencuentro con los escritores del exilio, como hitos de una vida paralela, ignorada, al margen de las limitaciones de la dictadura. A ello se podrían añadir precisiones como las de Juan Benet en «La novela en la España de hoy»: donde se refería a un «prematuro y precoz posfranquismo» que había elaborado «sus fundamentos y premisas diez años antes de la muerte de F. F. » (Benet 1982: 23-30). Carlos X. Ardavín por su parte se refiere al periodo del «tardofranquismo» (1969-1975).

Constantino Bértolo (1989), en un artículo influyente, empezó a delinear los cambios más significativos que se producían en la narrativa de aquellos años. Destacó un par de características, como la narratividad y la complicidad con el lector. Otros rasgos generales que consideraba en las novelas eran la indagación sobre el proceso de construcción de los referentes simbólicos colectivos, la presencia de un narrador escéptico, el aprovechamiento de una mitología proveniente de la cultura popular, y el planteamiento constante, metaliterario, sobre cómo semantizar el mundo que presentan (Bértolo 1989: 29-60). Ramon Buckley (1996), en otro buen estudio de la narrativa de posguerra, se ha fijado en la existencia ya desde fines de los años cincuenta (aunque no lo indica se supone que con motivo de los planes de desarrollo y del relativo aperturismo del régimen) del inicio de un cambio significativo. Por ser fiel a las cronologías establecidas por los historiadores, llega incluso a hablar de un proceso de «pretransición». Citando a Raúl Morodo, destaca el año de 1969 como un momento clave: en el mismo se descubre el escándalo Matesa, se declara el estado de excepción, hay un cambio de gobierno, y Juan Carlos es proclamado heredero por el dictador. Concluye el crítico: «se inicia el ocaso del régimen» (Buckley 1996: XII-XIII). Discutiendo la situación en la narrativa española, Buckley distingue un predominio de una narrativa marxista en los años sesenta y el surgimiento de dos «bifurcaciones» en la década siguiente, coincidiendo con la muerte del dictador y con el florecimiento de dos ideologías: la libertaria y la feminista (1996: XIII).[8] A este crítico no deja de sorprenderle el hecho de que es en los años sesenta cuando se produce la autonomía del campo literario: las reformas vagamente liberalizadoras del propio régimen se conjugan con la llegada a las aulas universitarias de una generación nacida después de la Guerra Civil y con las primeras publicaciones de una generación

---

[8] Buckley utiliza las ideas de Pierre Bourdieu acerca del *champ littéraire*.

que no participó en ella. Concluye Buckley: «Se producía así una de las más extrañas paradojas de nuestra historia: dentro de un régimen todavía fascista comenzaban a publicarse libros abiertamente marxistas». Se cumplía así la condición para que el campo literario pueda considerarse autónomo, que es precisamente su poder de «refracción» con respeto a otros campos (Buckley 1996: 5-6). El crítico indica también que se produce otra condición de «un mundo al revés», porque el mundo literario se constituye como tal precisamente en oposición y en su negación de los valores del mundo burgués (Buckley 1996: 6).

El tema de la memoria ha sido un componente importante en los debates sobre la Transición. Según Schudson (1995), la memoria consta de cuatro procesos de distorsión: distanciación, instrumentalización, narrativización, convencionalización. Ello ha dado pie a algunas reinterpretaciones idealizadas, a treinta años vista de los hechos reales. La historia es escrita por los vencedores, pero también olvidada por ellos. Cuando hablamos de la Transición no nos podemos referir sólo a fechas como 1982 (victoria socialista) o 1992 (megacelebraciones). Así Resina ha apuntado:

> Antes que un acontecimiento real, la Transición fue el efecto especial (también en el sentido cinematográfico) de una instalación colectiva en un presente que quería ser absoluto: el presente del mercado. [...] El mercado inaugura otro tipo de presente. Este presente se produce a sí mismo constantemente cortando sus amarras. En consecuencia, no sólo se desestabilizan sujetos y comunidades enteras sino que se convierte en una modalidad de tiempo fuera del tiempo, en una eterna transición ciega a sus orígenes o a su destino. El cambio es el valor más fuerte de este presente y la identidad es su concepto más sospechoso (Resina 2007: 28).

Una opinión también crítica la debemos a Gregorio Morán, quien recordó que

> [e]l proceso de la transición a la democracia no obligaba a extirpar la experiencia personal. Sólo era una sugerencia de obligado cumplimiento si se aspiraba a ser socialmente reconocido. Convenía clandestinizarla; no servirse de ella más que en lo privado, en el círculo de lo íntimo. Nunca en público y con exhibición so pena de romper el consenso social, intelectual y político. Apelar a la memoria histórica, desde el momento en que no había

colectivo memorizador, podía considerarse una muestra de ambiciones des-
estabilizadoras o asociales, inquietantes para el precario equilibrio de una
democracia frágil (Morán 1991: 76).

Eduardo Subirats editó un volumen colectivo bajo el título de *Intransiciones*, queriendo poner de manifiesto la existencia de un agujero negro
«de nuestra memoria y nuestra conciencia social» (Subirats 2002: 9).

Una serie de películas producidas durante la Transición también da
cuenta de la necesidad de contar críticamente aspectos de la memoria
colectiva. Entre éstas podemos incluir *El desencanto* (1976) de Jaime
Chavarri, *Canciones para después de una guerra* (1971 [1976]) y *Que-
ridísimos verdugos* (1973) de Basilio Martín Patino, *Las largas vacacio-
nes del 36* (1976) y *La vieja memoria* (1977) de Jaime Camino, *Furtivos*
(1975) de José Luis Borau, o la tetralogía satírica acerca de los cambios
políticos y sociales en España de Luis G. Berlanga, que empezaba de
manera magistral con la presentación de las pugnas entre familias del
franquismo en *La escopeta nacional* (1977), para culminar con el desastre de la corrupción socialista en *Todos a la cárcel* (1993). Todas ellas
muestran el deseo de cineastas y público de contar y ver lo que había
sido negado (velado) durante tanto tiempo.

En el terreno del arte cambiaron algunas cosas importantes con la desaparición de la dictadura. Un grupo representativo es el Equipo Crónica,
constituido por Rafael Solbes y Manolo Valdés en Valencia a fines de
1964. Hicieron algunas obras en las que criticaban los fusilamientos de
septiembre de 1975, los últimos del franquismo. Es una obra que al año
siguiente fue presentada en la XXXVIII Bienal de Venecia. En el palacio
central de los Giardini de Venecia, bajo el lema «España; vanguardia
artística y realidad social (1936-1976)», se analizaba de forma crítica el
desarrollo del arte español y sus relaciones con la realidad socio-política
desde la Guerra Civil hasta el presente. La elaboración del proyecto co-
rrió a cargo de una comisión, integrada por Antoni Tàpies, Antonio Sau-
ra, Agustín Ibarrola y el Equipo Crónica (pintores), el arquitecto Oriol
Bohigas, el grafista Alberto Corazón, los historiadores Tomás Lloréns y
Valeriano Bozal, con la asistencia del arquitecto Víctor Pérez Escolano,
la profesora Inmaculada Julián, el pintor Josep Renau y el fotógrafo José
Miguel Gómez, ejerciendo de coordinador Mantiel García García. La
exposición se trasladó el año siguiente a la Fundació Miró de Barcelona.

Quizá lo que olvidan los planteamientos victimistas acerca de la memoria es que ya en su momento la literatura, el cine y el arte se encargaron de ejercer de «memoria histórica». Algunos libros de memorias confirman esta actitud. Uno de los más significativos fue la *Crónica sentimental de España* (1971) de Manuel Vázquez Montalbán (y otros relacionables como *Una educación sentimental*, 1967; *Manifiesto subnormal*, 1970). Es un texto que indica una voluntad de reexaminar en clave *camp* el pasado de la dictadura, una revisitación de los paraísos perdidos (o robados) a aquellos jóvenes escritores. En opinión de Mainer,

> fue el primer repaso lúcido y distante, pero a la vez cómplice, de unas formas de cultura popular que dejaron amplia huella; se producía, además, aquel acercamiento cuando se divulgó el uso de la palabra *camp* para designar un tipo de sentimiento, entre nostálgico e irónico, de los aspectos más obsoletos del pasado próximo y, de ese modo, lo que en Vázquez Montalbán fue un ejercicio de catarsis estrechamente vinculada a su ideología marxista, en otros muchos fue pretexto de evocaciones inanes o el modo de colar mercancías ideológicamente más que averiadas (Mainer 2000: 108).[9]

Los autores Novísimos, que habían sido acusados de ser venecianos excelsos y formalistas eruditos, se vieron muy pronto empujados a una suerte de compromiso. Como articulistas o experimentalistas feroces, en las evoluciones personales perdieron muy pronto la inocencia de los felices sesenta.

III

Las reflexiones recogidas en este volumen se abren con un texto de Fabrizio Cossalter sobre «Las raíces del desencanto. Notas sobre la memoria literaria de la Transición». Prestando atención al tratamiento de la Transición en las ciencias sociales, el autor examina alguno de los mitos del llamado «desencanto»: el síndrome del franquismo, la desaparición de la memoria histórica. Analiza los distintos sentidos de la Transición a partir de los abusos de la memoria y las banalizaciones del pasado frente

---

[9] Podrían considerarse también los libros de Dionisio Ridruejo, *Casi unas memorias* (1976) o de Carlos Barral, *Años de penitencia* (1975). Como recordaba el prólogo de la reedición en 1982 de este último, la lucha con la censura se inscribió en el destino y escritura del libro.

al estímulo contemporáneo que organiza recuerdos y testimonios en la trama inteligible de relatos aptos para restituir profundidad histórica a aquellos acontecimientos. En su opinión

> la imagen de la última etapa del régimen —elaborada en las reconstruc-ciones de carácter narrativo, autobiográfico y testimonial de la generación de los Novísimos— remite al núcleo problemático de la visión «pacifica-dora» de la Transición, según la cual el ablandamiento del franquismo tardío proporcionó a la nueva generación el fundamento socio-cultural para una reinterpretación reconciliadora de la guerra civil.

Ilustra su tesis con el comentario de dos novelas, *La Quincena So-viética* (1988) de Vicente Molina Foix, y *Momentos decisivos* (2000) de Félix de Azúa, como versiones del desencanto en un horizonte de expectativas incompleto.

Ángel Otero-Blanco propone en «Poesía novísima y social en Manuel Vázquez Montalbán» una lectura de la obra en verso de este autor, un aspecto que ha merecido menos atención crítica, habiendo sido casi ol-vidado respecto a su trayectoria periodístico-ficcional. Caracteriza esta poesía el cosmopolitismo y el europeísmo, así como el reconocimiento cultural y emocional de unas raíces castizas y folclóricas que determinan tanto la memoria íntima (la «educación sentimental» del poeta) como la colectiva (cultura popular de la inmediata posguerra y el franquismo). Destaca cómo, con los fragmentos de la historia íntima y popular de la España vencida en la guerra, Montalbán teje en su poesía el palimpsesto cultural de una realidad nacional silenciada y reprimida por la agenda política del franquismo. Enlazando textos de ensayo y algunos de los grandes títulos de su ficción, como por ejemplo *Los mares del sur*, con la poesía, llega a una conclusión iluminadora: «Mestizaje, Memoria, Sur y Deseo. Cuatro puntos cardinales para navegar por el "Océano Vázquez Montalbán". El nombre del barco no es extranjero, sino universal y, des-de luego, conocido en España: Disidencia».

Carlos Ramos distingue entre dos transiciones, la cultural y la políti-ca, en «Terenci Moix. De la transición heroica a la seducción de masas». Y convierte así a Moix en el protagonista rebelde y provocador de la pri-mera, la «cultural y de costumbres que podríamos denominar heroica». Destaca la fusión de vida y literatura (que incluye la pasión cinéfila del autor), no sólo en la escritura, sino en su actitud transgresora frente a la literatura tradicional, la burguesía catalana, la cultura estrecha de miras y muy particularmente la homofobia. Arguye que también fue héroe en sus primeras intervenciones, al «lanzarse a publicar en catalán, una lengua cuya escritura no domina completamente todavía, sin modelos claros que seguir y sin un mercado establecido en el que vender su trabajo». Analiza la mejor novela de Moix, *El día que murió Marilyn*, y la presenta como exploración de temas cruciales para revolucionar una sociedad autocrática, tradicional y cerrada, frente a la nueva realidad de una democracia moderna, integrada en Europa. Por ello es crucial la rebelión ante el poder, que en el libro aparece metaforizada en el enfrentamiento entre Bruno y Jordi y sus padres; y el cuestionamiento de los valores religiosos heredados y la apertura mental respecto a todas las formas de la sexualidad.

Enric Bou se enfrenta en «Arquitectura de la palabra: la trilogía urbana de Eduardo Mendoza» con uno de los temas más estudiados por la crítica en la obra de este escritor. Su tesis es que Mendoza, como el personaje de Orson Welles, «construye» un mundo a su medida, a partir de la evocación de la construcción de la ciudad (en especial en *La ciudad de los prodigios*, su novela más arquitectónica y urbanística), pero también de juego paródico a través de la recreación de una ciudad que nunca existió. Es un proyecto narrativo fundado en una trilogía de novelas, en el que combina hábilmente los conceptos de *civitas* y *urbs*, los ciudadanos y el espacio urbano, para así edificar una verdadera ciudad fingida, que está en el centro de su mundo. En el caso de Mendoza, la representación literaria de la ciudad se desarrolla gracias a la yuxtaposición de cuatro modos complementarios: el contraste entre el lujo y la mugre; la incorporación de los textos paródicos que recrean y manipulan la historia del lugar que no persiguen un objetivo de documentación; la ilustración (recreación sería más exacto) a través de notas de ambiente que reconstruyen el espíritu y la imagen de una época; las visiones y contemplaciones de la ciudad.

Laura Silvestri reivindica la poesía temprana de Félix de Azúa como una de las claves de una larga trayectoria como articulista y narrador, que nos explica en gran detalle. La poesía de este autor se dirige hacia lo desconocido y lo inaccesible, alimentándose de esperanza. O en palabras de Silvestri: «Azúa cree en la promesa de un porvenir más lejano, más amplio y más acogedor, a pesar de que la actual estrategia del consumo de masa y de la tecnología dominante no le haga adivinar nada bueno».

Adoptar esta perspectiva permite distinguir entre poesía y «no poesía». Es a esta última, la «no poesía», a la que Azúa considera como literatura en general, o sea, arte de la escritura, habilidad de manejar palabras. Así, en sus primeras novelas había aplicado a la prosa los mecanismos de la poesía, creando un lenguaje que progresa a través de contracciones y retornos, sin los recursos formales del verso. Progresivamente Azúa abandonó el discurso críptico, metaliterario, subjetivo en exceso que llevaba a la pérdida de todo sentido, y sustituyéndolo por un discurso más comunicable.

La contribución de Julia Barella, conocida especialista en la poesía española del siglo XX, destaca el papel de Pere Gimferrer en la transformación del lenguaje y la práctica poética en los años sesenta, siempre combinando obra con vida, a pesar de la aparente dificultad de interpretación. El encuentro con Leopoldo María Panero, el «poeta constructivista a partir de la destrucción», el poeta del «lenguaje cifrado», le sirve a la autora para definir el nuevo lenguaje poético que inaugura la poesía de Gimferrer:

> Se trata de construir desde la destrucción, pues el espacio y el lenguaje que le nombra ya no sirven, no interesan. Se trata de organizar los nuevos materiales y de construir nuevas escenografías sobre las que discurran los poemas, y se trata de hacerlo en un lenguaje cifrado literaria y artísticamente.

Asimismo Barella destaca la importancia que tiene en su práctica y teoría de la escritura la «visualización», aprendida del poeta brasileño Cabral de Melo, otro de los conceptos básicos para entender la creación poética de Gimferrer, quien, nos recuerda Barella, libera el discurso y dota a la palabra de nuevos significados, creando una realidad iluminada, como si fuera un escenario en el que el poema pueda visualizarse.

De Montserrat Roig subraya Patrizio Rigobon la abundancia de testimonios personales, junto a algunos estudios monográficos que atienden a las «miradas de grupos». Como original periodista-entrevistadora, como narradora, Roig consiguió dar voz al colectivo femenino y crear una auténtica «narrativa feminista». Destaca la conciencia ética que comparte con algunos otros escritores del momento, pero que en su caso entra de modo más intenso en su proyecto literario, a través del testimonio propio y ajeno. Por ello es distintiva en su obra la incorporación de la ciudad de Barcelona como ciudad «personaje» y no como la ciudad escenario o trasfondo de muchas otras novelas «barcelonesas» contemporáneas. Con sus narraciones Roig se muestra como una de las más firmes luchadoras contra el pacto del olvido de la Transición y a favor de la reivindicación del lugar de la mujer escritora.

El «escritor mestizo» que es Vicente Molina Foix es estudiado por Isabel Giménez Caro. Considera mestizo a este escritor puesto que se mantiene fuera de lo académico, y que él mismo apuesta por una concepción de la cultura que se basa en la mezcla, en la mixtura: tan válida es la «alta cultura» como la «cultura popular». Además es mestizo porque a través de la imagen entrelaza diversos géneros y enlaza lo considerado superficial con la tradición más clásica. La posición de «mestizo» le permite a Molina Foix mantener una interesante distancia irónica con respecto a su obra. La autora analiza sus novelas, destacando que las mismas se estructuran en torno a dos líneas fundamentales: «la fragmentación que, generalmente, se presenta mediante duplicidades de los diferentes personajes» y «la presencia del guía o maestro; el aprendizaje que llega a través de la experiencia y enseñanza de otro pero, al mismo tiempo, sólo a través de la propia experiencia». Giménez Caro explica la presencia en la narrativa y poesía de Molina Foix de elementos epistolares y completa el análisis con una valoración de la presencia de, e interés por, el cine en su obra.

Pepa Anastasio considera la novela de Juan José Millás, *Visión del ahogado* (1977), como un trasunto de ese momento en la historia reciente de España que marca la Transición de la dictadura a la democracia. Siguiendo a Constantino Bértolo, destaca la narratividad y la complicidad con el lector, como características salientes en muchas de las novelas publicadas en España desde el fin de la dictadura, y que tienen en Millás una magnífica ejemplificación. Anastasio define las líneas generales que han caracterizado la trayectoria de Millás desde sus inicios en 1975 con *Cerbero son las sombras*, hasta su última novela de 2007, *El mundo*. Estas líneas incluyen la atención al tiempo, el uso del discurso psicoanalítico como instrumento eficaz para indagar en la subjetividad, la búsqueda de un ser auténtico, en cuanto que consciente de los referentes que lo componen. Concede una importancia especial a la atención a la calle, el barrio y el mundo, como escenario donde presentar la existencia de una realidad alternativa y delirante. Como apunta Anastasio:

La calle real de la que habla está en un lugar determinado: el suburbio del barrio de la Prosperidad, con su frío, sus descampados, sus farolas rotas y con la presencia vigilante del ojo de dios y del estado. Huir de ese barrio real, con su opaca realidad, se convierte en el objetivo del protagonista de *El mundo*, como ha sido también el objetivo de muchos de los personajes de Millás, quienes no han dejado nunca de pensar en ese barrio.

Así este narrador nos enfrenta con una noción compleja de la realidad interna, psíquica, una realidad que esta acorde con las emociones, y los impulsos más oscuros del ser humano.

A partir de una consideración acerca de la importancia del humor en la escritura y actitud de Fernando Savater, así como el don de persuasión y la sensatez fundamental de sus argumentaciones, Jordi Gracia inicia su exploración de la obra de este «profesor de filosofía». Juega con algunas de sus declaraciones ingeniosas y jugosas («A fin de cuentas cualquier actividad lúdica humana experimentada a fondo es cifra y resumen de todo nuestro destino sobre la tierra»), y lo presenta como figura imprescindible para detectar los rastros del envilecimiento civil de la sociedad que procedía sin rupturas del franquismo y la ideología de fondo: el nacional-catolicismo y una ética represiva en lugar de formativa o creadora. Como reconoce Gracia, «la suya es una filosofía moral generosa porque es valiente, porque no se protege sino que se descubre incluso con candidez (aunque sea fingida), y no enmascara ni oculta sus propias debilidades o flaquezas». A partir de una franqueza expresiva y a menudo impúdica, construye los elementos clave de su pensamiento: la voluntad y la fantasía, la valentía y la racionalidad. Las afinidades entre filosofía y literatura se ponen de manifiesto en sus libros, como en *La infancia recuperada* (1976), una relectura razonada como adulto del mundo fascinante de la aventura, el relato, el cuento épico plagado de adversidades vencidas y soluciones inverosímiles, que Gracia interpreta como «exorcismos de la impotencia y la rigidez de lo real, lecciones éticas dramatizadas en mundos más o menos pintorescos o extraños pero en todo caso tónicos fundamentales de la energía creadora».

Elide Pittarello interpreta la difícil poesía de Guillermo Carnero a partir de las relaciones de reciprocidad entre discursos: el teórico, expuesto en las «poéticas», y el creativo llevado a cabo con la práctica de la poesía. Conceptos sintéticos como «La poesía es un humanismo» y «El poema es un objeto», a pesar de su aparente contradicción, pueden coexistir desde una concepción del humanismo cercana a la de Jean-Paul Sartre, quien ve al hombre como una miríada de límites y posibilidades, cuyo destino es el error de juicio y la decepción. Hasta llegar a fechas más recientes en que el autor ilustra cómo la apropiación simbólica de detalles de objetos culturales de otras épocas enriquecen a diario su existencia personal, lo que aporta «un adicional procedimiento desautomatizador de la expresión de la intimidad». Pittarello explica el culturalismo de Carnero que privilegia la fenomenología del sentir (la *aisthesis*) y que le es útil para mostrar «hasta qué punto es escabroso el acto de pensar y frustrado el afán de saber». En una mirada de nostalgia, el poeta no celebra la herencia abrupta en un tiempo descreído, sino que lamenta la fractura con épocas «que hacían corresponder la armonía, la simetría y euritmia de las formas sensibles a la verdad y a la bondad de las formas inteligibles y viceversa». Considera el neoplatonismo como «la reserva de *ideas* o *ídolos*» que configuran la condición actual del ser humano. El repaso general, y el *close reading* de algunos de los poemas más representativos de los volúmenes de poesía publicados hasta la fecha, privilegian dos argumentos: la expresión, primero indirecta y luego explícita, de una subjetividad sin sentimentalismo y la poetización de instancias de la pasión. Así Pittarello contribuye a resumir la fórmula de los libros en las tres categorías delimitadas por el propio poeta: «intimismo, metapoesía y culturalismo».

Como promesa literaria, presenta H. Rosi Song a Ana María Moix, en su ensayo «Novísimos y prodigiosos: Ana María Moix y su generación», un nombre que considera referencia obligatoria entre las escritoras que han suscitado una serie de lecturas feministas en la literatura contemporánea española. Expone cómo la crítica especializada ha discutido su interés por la experimentación formal, muy visible en la poesía, que pronto abandonó por la crítica y la traducción. En la novela *Julia* (1970), el texto más estudiado de Moix, se han concentrado las lecturas de claro tinte feminista, y la indagación del tema del lesbianismo en la obra de esta autora. Song estudia también la relación de Moix con la llamada *gauche divine*, un grupo que indica «una de las señales importantes de la apertura del franquismo y la democratización de sus valores sociales que se refleja no sólo en las actividades de sus componentes pero en sus expectativas socio-culturales que están más a la altura de otras sociedades democráticas». La participación de Moix en este grupo marca su cultura, identificada como «contra-cultura» y «subcultura».

Heike Scharm relaciona los inicios de la actividad literaria de Javier Marías con su última obra, la magna trilogía *Tu rostro mañana*, en «Javier Marías, monarca del tiempo: de la estética novísima hacia el compromiso ético». Después de analizar las primeras incursiones de Marías escritas desde una estética novísima, Scharm se centra en *El monarca del tiempo*, considerándolo una obra de Transición y a la vez de ruptura en la trayectoria del autor. Mientras que novelas anteriores se conciben todavía según la estética novísima, marcadas por la cultura hollywoodiense, con *El monarca del tiempo* Marías da el primer gran paso hacia una concepción de la novela como pensamiento literario. A partir de una posición de escepticismo, se cristalizan varios hilos conductores que son ampliados en el resto de su obra narrativa: «la relación entre verdad y tiempo, el enigma y la incertidumbre como motor de la creación, y el fetichismo de la identidad, tanto en forma de utopía deseada como mito por destruir». Estableciendo paralelismos entre Marías y escritores como Coetzee y Sebald, Scharm evalúa el desarrollo del autor como una creciente universalización de los temas de sus novelas, las cuales ganan en profundidad, sin por ello borrar del todo algunos de los elementos novísimos de su primera época de escritor. Para Scharm, *Tu rostro mañana*

> constituye no sólo el final de aprendizaje de un gran escritor; también se trata de una obra culminante que alberga, de manera inconfundiblemente mariesca, James Bond y Ovidio, Shakespeare y *Botox*, la rebelión de Dionisio y el escote de Jayne Mansfield, la parodia y la risa y la gran tragedia del tiempo: la muerte, la soledad y el olvido.

Sebastiaan Faber nos ofrece una reflexión no sólo sobre la obra narrativa de Rosa Montero, sino sobre el lugar que el autor ocupa en el *champ de la littérature* posfranquista. En particular, le interesa «la dinámica del *prestigio* del discurso literario-artístico frente a otros discursos, en una época caracterizada por una progresiva erosión de las barreras entre alta cultura y cultura de masas y, de forma más general, entre el arte, la información, el comercio y la industria del entretenimiento». En opinión de Faber, el caso de Montero es una buena prueba de que todavía existen estructuras jerárquicas muy tradicionales, las cuales manejan nociones como la «literatura auténtica», que es «considerada como la única categoría merecedora de prestigio cultural, y definida de forma modernista por un supuesto nivel de calidad estética, grado de dificultad y falta de afán comercial». La integración de discurso periodístico y ficcional es reflejo de una tendencia generalizada en la esfera pública española, y que también ejemplifica la posición especial que han adquirido los narradores en los medios de comunicación en los últimos treinta años, como entrevistadores, reporteros, ensayistas y columnistas. Asimismo Montero coincide con la posición política de otros novelistas en la España posfranquista. Su obra expresa un claro compromiso progresista, y se identifica con una izquierda reformista y post-ideológica, pero se resiste a «una afiliación explícita con partidos o movimientos políticos —incluido el feminismo—, que le inspiran una mezcla de suspicacia y desengaño». Desde esta perspectiva las entrevistas de Montero tienen una función que va más allá de la mera información, puesto que son *performativas* e incluso ejemplares.

Alessandro Mistrorigo se enfrenta con un escritor que se ha visto acompañado de la leyenda. En «"No hay nada, nada más que la boca que dice": horizonte poético de Leopoldo María Panero», desbroza los falsos mitos en torno al poeta, del cual muchos críticos opinan que ha escrito la poesía más duradera de los Novísimos. En opinión de Mistrorigo, ya desde la poética publicada en la antología de Castellet emerge una atracción por la palabra FIN a la que se asocian tragedia, muerte, o la nada «que es la perfecta representación del horizonte de crisis, es decir, la disolución de sentido que se abre a principios del siglo xx y que se acentúa en la época posmoderna». El análisis se concentra en la experiencia radical del lenguaje. El poeta asume a conciencia la escritura como objeto principal de la misma literatura y la lleva al experimentalismo de matriz poundiana, sin olvidar la elección de la locura como un lenguaje posible, ya que «toda poesía debe tener por semilla la locura, porque todo poeta es Hölderlin o quiere llegar a serlo». La máscara puede serle indispensable al autor para que el sujeto poético dé sentido a la realidad.

Stefano Ballarin relaciona en «Antonio Muñoz Molina entre moral y ética» la tendencia de este autor, en sus inicios literarios, hacia la metaficción y autoconciencia, el culturalismo y cosmopolitismo, la parodia y pastiche estilístico, elementos reconocibles también en autores casi coetáneos como Javier Marías. Distingue el crítico tres grandes áreas de estudio por parte de la crítica hacia este autor: la *interdiscursividad*, es decir, el «culturalismo» de sus textos, repletos de influencias, alusiones y homenajes; el binomio cardinal para Muñoz Molina, de historia y memoria; y el compromiso ético o civismo. Ballarin matiza esta última faceta a la búsqueda de los *vestigios* de la Transición. Discute con exactitud los límites (y la dificultad) de la relación entre literatura y ética, los momentos en que el sentimiento puede traicionar a la razón, y destaca momentos estelares de libros como *El jinete polaco* (1992) o *Sefarad* (2001), cuando el autor revela el sentido profundo de la ética y su precariedad, por «la dificultad de fundamentarla en una acción que abra el mundo que queda por realizar; al acecho continuo de la indiferencia, fracaso de toda ética; a la tensión irreductible entre voluntad y azar».

El conjunto de capítulos que configuran este volumen *(En)claves de la Transición. Una visión de los Novísimos. Prosa, poesía, ensayo* propone no sólo una instantánea de grupo, junto con allegados insignes, en el momento de la iniciación, sino una apreciación crítica de algunos de los escritores que han marcado la segunda mitad del siglo xx. No podemos olvidar lo que apuntó hace unos años Cesare Segre (2001) en una reflexión sobre la historia de la literatura: cada autor, cada obra se relaciona con una perspectiva de la historia de manera diversa, ya que en cada una de ellas se proyecta el mundo, las aspiraciones y los sentimientos de sus autores. Por esto se contraponen dos puntos de vista: uno del texto hacia el contexto; y de manera inversa, del contexto hacia el texto. Pero, como concluía el ex-semiótico italiano, es mejor plantearse la historia literaria como un laberinto, el cual no se puede reducir a una propuesta lineal, porque destruiríamos el sentido. Es mejor, pues, aceptar los vericuetos, el capricho de las transformaciones, para llegar a una comprensión más plena y satisfactoria (Segre 2001: 125). Los capítulos aquí recogidos reflejan esta variedad en las transformaciones y la multiplicidad de evoluciones a partir de una matriz común. Nos dan acceso a la Transición en clave. Este volumen, por otra parte, arrancó de una propuesta más o menos quimérica: el estudio de cómo se había producido la transformación de la cultura en España en los años que arrancan con la desaparición de la dictadura, dedicando una atención especial a los autores que parecían importantes o representativos. Visto ahora en su conjunto, leídos en serie los ensayos de este libro, el intento tal vez no fuera desencaminado. Aunque hay notables diferencias entre el valor e impacto de las obras y los autores aquí examinados. Algunos justifican su presencia por meras razones testimoniales. Otros por una contribución decisiva a la renovación. Los más activos en los años sesenta no siempre han continuado hasta el presente con su obra. El lector decidirá sobre la necesidad de algunas de las incorporaciones. Pero la vida, como la literatura, está hecha de altibajos, de diferencias e incongruencias. Y nuestra aventura, como insinuaba un poema de Borges, es intentar interpretar la «infinita algarabía» de los signos.

BIBLIOGRAFÍA

AA.VV. (1989): *El cine y la transición política española*, Valencia: Filmoteca de la Generalitat Valenciana.

ARDAVÍN, Carlos X. (2006): *La transición a la democracia en la novela Española: los usos y poderes de la memoria en cuatro novelistas contemporáneos*, Lewiston (NY): Edwin Mellen Press.

BENET, Juan (1982): «La novela en la España de hoy», en *La moviola de Eurípides*, Madrid: Taurus, pp. 23-30.

BÉRTOLO, Constantino (1989): «Introducción a la narrativa española actual», *Revista de Occidente* 98-99, pp. 29-60.

BOU, Enric (1992): «Sobre mitologías (a propósito de los Novísimos)», en Joan Ramon Resina (ed.): *Mythopoesis: literatura, totalidad, ideología*, Barcelona: Anthropos, pp. 191-200.

BOURDIEU, Pierre (1992): *Les règles de l'art. Genèse et structure du champ littéraire*, Paris: Éditions du Seuil.

BUCKLEY, Ramón (1996): *La doble transición. Política y literatura en la España de los años setenta*, Madrid: Siglo Veintiuno.

CANDELAS COLODRÓN, Manuel Ángel (1996): «Términos para una definición estética de los novísimos», *Extramundi y los Papeles de Iria Flavia* 2, 8, pp. 17-50.

CARNERO, Guillermo (1983): «La corte de los poetas. Los últimos veinte años de poesía española en castellano», *Revista de Occidente* 23, pp. 43-59.

CASTELLET, Josep Maria (1970): *Nueve novísimos poetas españoles*, Barcelona: Barral.

CERCAS, Javier (2009): *Anatomía de un instante*, Barcelona: Mondadori.

CIPLIJAUSKAITÉ, Birute (ed.) (1990): *Novísimos, postnovísimos, clásicos: la poesía de los 80 en España*, Madrid: Orígenes.

DEBICKI, Andrew (1997): *Historia de la poesía española del siglo XX: desde la modernidad hasta el presente*, Madrid: Gredos.

ECO, Umberto (1968): *Apocalípticos e integrados ante la cultura de masas*, Barcelona: Lumen.

HOBSBAWM, Eric (1994): *Age of Extremes. The Short Twentieth Century 1914-1991*, New York: Pantheon Books.

HOLLIER, Denis (1994): *A New History of French Literature*, Cambridge (MA): Harvard University Press.

36   ENRIC BOU/ELIDE PITTARELLO

JIMÉNEZ, José Olivio (enero 1989): «Verdad y riqueza de una estética brillante», *Ínsula* 505, pp. 1-2.

MAINER, José-Carlos (2006): «La cultura de la transición o la transición como cultura», en Carme Molinero (ed.): *La transición, treinta años después*, Barcelona: Península, pp. 153-71.

— y Santos JULIÁ (2000): *El aprendizaje de la libertad, 1973-1986: la cultura de la transición*, Madrid: Alianza Editorial.

MENDOZA, Eduardo (1975): *La verdad sobre el caso Savolta*, Barcelona: Seix Barral.

MOIX, Terenci (1974): *El sadismo de nuestra infancia*, Barcelona: Cairos.

— (1998): *Extraño en el paraíso (Memorias. El Peso de la Paja 3)*, Barcelona: Planeta.

— (2003): *Tots els contes*, Barcelona: Planeta.

MOLAS, Joaquim (2006): «La cultura catalana durante la transición», en Carme Molinero (ed.): *La transición, treinta años después*, Barcelona: Península, pp. 173-183.

MORÁN, Gregorio (1991): *El precio de la transición*, Barcelona: Planeta.

MUNIESA, Bernat (2005): *Dictadura y transición: la España lampedusiana*, Barcelona: Publicacions i Edicions, Universitat de Barcelona.

NAVAJAS, Gonzalo (1987): *Teoría y práctica de la novela española postmoderna*, Barcelona: Los Libros del Mall.

RESINA, Joan Ramon (2007): «Faltos de memoria: la reclamación del pasado desde la Transición española a la democracia», en Javier Gómez-Montero (ed.): *Memoria literaria de la transición española*, Madrid/Frankfurt: Iberoamericana/Vervuert, pp. 17-50.

SCHUDSON, Michael (1995): «Dynamics of distortion in collective memory», en Daniel Schacter (ed.): *Memory Distortion: How Minds, Brains and Societies Reconstruct the Past*. Cambridge (MA): Harvard University Press, pp. 346-364.

SEGRE, Cesare (2001): «La storia della letteratura, problema apperto», en *Ritorno alla critica*, Torino: Einaudi, pp. 161-176.

SEMPERE, Pedro y Alberto CORAZÓN (1976): *La década prodigiosa*, Madrid: Felmar.

SOBEJANO-MORÁN, Antonio (1991): «Poética de la postmodernidad», *Revista de Estudios Hispánicos* XXV, pp. 95-108.

SONTAG, Susan (1969): *Contra la interpretación*, Barcelona: Seix Barral.

SUBIRATS, Eduardo (ed.) (2002): *Intransiciones: crítica de la cultura española*, Madrid: Biblioteca Nueva.

TALENS, Jenaro (1989): «De la publicidad como fuente historiográfica: la generación poética española de 1970», *Revista de Occidente* 101, pp. 107-127.

VÁZQUEZ MONTALBÁN, Manuel (1970): *Crónica sentimental de España*, Barcelona: Lumen.

— (1991): «La novela española entre el posfranquismo y el posmodernismo», en Yvan Lissorgues (ed.): *La Rénovation du roman espagnol depuis 1975. Actes du Colloque des 13 et 14 fevrier 1991*, Toulouse: Presses Universitaires du Mirail, pp. 13-25.

VERNON, Kathleen M. y Barbara Morris (eds.) (1995): *Post-Franco, Postmodern: the Films of Pedro Almodóvar*, Westport (CT): Greenwood Press.

VILARÓS, Teresa M. (1998): *El mono del desencanto: una crítica cultural de la transición española, 1973-1993*, Madrid: Siglo veintiuno.

LAS RAÍCES DEL DESENCANTO.
NOTAS SOBRE LA MEMORIA LITERARIA
DE LA TRANSICIÓN

Fabrizio Cossalter
Universidad Nacional Autónoma de México

¿SÍNDROME DE LA TRANSICIÓN?

Los discursos acerca de la Transición entre dictadura y democracia se inscriben, hoy día, en un campo de tensión hermenéutica y memorial contraseñado por el conflicto y la competencia entre diferentes visiones del proceso de democratización, de sus circunstancias político-culturales, de sus antecedentes y de sus consecuencias sobre el presente de la sociedad española. Las formas adquiridas, en los últimos años, por el debate público —volcado en la Guerra Civil, en el franquismo y en las múltiples memorias, a menudo contrapuestas, que se entrelazan con la controversia sobre ese trágico mito fundacional— parecen señalar el debilitamiento de la legitimidad proporcionada a la democracia española por el carácter pactado de la Transición y por la supuesta marginalización de los antiguos enfrentamientos entre vencedores y vencidos.

En este sentido, el así llamado pacto de olvido —o de silencio— se ha convertido en el blanco polémico de los partidarios de la necesidad de «recuperar» la memoria republicana, animados por razones políticas a menudo fundadas, pero a veces desconociendo la existencia de una historiografía competente y preparada que nunca ha dejado de discutir, precisamente en las décadas del presunto olvido generalizado, las temáticas más delicadas del pasado español. A ellos se opone un revisionismo tan aguerrido como estafador, en un contexto de polarización ideológica que en gran parte refleja las líneas de división entre Partido Popular y PSOE.

De todas formas, la saturación de un campo político marcado por la hipertrofia de las invocaciones a la memoria colectiva, a menudo faltas del recurso a la instancia mediadora de la historiografía, evidencia los límites de las interpretaciones «optimistas» de la Transición, en la vertiente liberal o juancarlista, poniendo en crisis los balances positivos que hallaban en aquel proceso los síntomas de una reconciliación inaugural y de una lectura del pasado compartida. Esas tesis y argumentaciones afirmativas —generalmente localizables en los enfoques de las ciencias sociales y debatidas de manera crítica por la historiografía— se han revelado inadecuadas frente a la reciente emersión de una especie de «síndrome del franquismo» que constituye su «legado inmaterial» (Ugarte Tellería 2006: 185-199) tal vez más duradero.

De manera que no parece exagerado calificar la Transición como un periodo determinado por la desviación entre los logros obtenidos —la normalización democrática y la progresiva desestructuración de la herencia material de la dictadura, culminada en la victoria socialista de 1982— y la pérdida de las expectativas de un cambio más profundo —arraigadas en las esperanzas de la generación de la resistencia antifranquista de los años sesenta y setenta—. Esta cesura simbólica —presente en la percepción de los protagonistas de la época de la contestación política y cultural y desembocada en el desencanto hacia los resultados de la Transición — recorrió subterránea la historia de la España democrática hasta cobrar una inusitada relevancia en la actual contienda sobre la memoria.

Los abusos de la memoria y las banalizaciones del pasado constituyen, por lo demás, el revés del estímulo contemporáneo a organizar recuerdos y testimonios en la trama inteligible de relatos aptos para restituir profundidad histórica a aquellos acontecimientos. Si las representaciones literarias y cinematográficas de la Guerra Civil y de la *larga* posguerra han puesto los cimientos del ciclo de apropiación de la memoria, la imagen de la última, exhausta etapa del régimen —elaborada en las reconstrucciones de carácter narrativo, autobiográfico y testimonial de la generación de los Novísimos— remite al núcleo problemático de la visión «pacificadora» de la Transición, según la cual el ablandamiento del franquismo tardío proporcionó a la nueva generación el fundamento socio-cultural para una reinterpretación reconciliadora de la Guerra Civil.

Esta formulación —fruto de cierta abstracción y rigidez de los indicadores «macro»— no resulta, hoy en día, muy convincente, porque elude el potencial revolucionario y la fuerte disposición conflictiva de los movimientos y grupos activos en la España de los años sesenta, y a la vez parece omitir el hecho de que la caída de la movilización tuvo lugar sólo en la segunda mitad de los setenta, es decir, en un escenario político de naturaleza considerablemente distinta con respecto a la década anterior. Se trata, por otra parte, de una hipótesis compatible con la retórica de la Transición circulante en los medios de comunicación de masas, los cuales han generado una versión narrativa simplificadora y superficial del complejo abanico de procesos subyacentes a la modernización de la España contemporánea.

La serie de Televisión española *Cuéntame cómo pasó*, por ejemplo, propone, a través de los avatares de una familia de la pequeña burguesía madrileña, una imagen desteñida y nostálgica de los últimos años de la dictadura, en la cual hasta un fenómeno como la represión puede ser combinado sin fricciones con los símbolos del consumo de masas y de la modernidad finalmente alcanzada —los vestidos, el Seat 600, el turismo, los festivales musicales— y así convertirse en un simple elemento escenográfico dirigido a obtener la adhesión emotiva del espectador al paisaje íntimo y familiar de un tiempo perdido:

> En tan emocionante operación, el franquismo se desvanecía y el cuadro se daba a ver como una verdadera foto de familia, triste por perdida y remota. No se cuestionaba [...] la existencia de la represión, pero las porras, los grises, los sociales y Franco incluso eran, como el sofá de *skai*, la máquina de coser Singer, las minifaldas o los pantalones acampanados, parte de una escenografía, de un diseño (Sánchez-Biosca 2006: 66-67).

La refracción inducida por la desrealización retrospectiva produce así el efecto de esconder los claroscuros y la ambigüedad de un cauce de modernización contraseñado por un recorrido no uniforme y por unos ritmos de desarrollo heterogéneos, obliterando las soluciones de continuidad y atenuando las tensiones en beneficio de una normalización del sistema relativamente sosegada. Además, las representaciones de la Transición como trayectoria ascensional de la modernidad social y económica a la modernidad política parecen padecer, de manera directa o indirecta, las distorsiones operadas por los usos públicos del pasado que, por lo menos desde 1989, han intentado rastrear en la contemporaneidad las huellas de un supuesto «fin de la historia», por lo cual sería imposible imaginar un mundo diferente y mejor que el Occidente liberal (Traverso 2006: 91).

Ahora bien, esa formación ideológica es responsable de la parábola de la memoria de los movimientos de emancipación de los años sesenta y setenta, que en el presente evocan en el imaginario colectivo menos el potencial antisistémico y la voluntad de transformación radical que el rito de paso hacia una sociedad individualista y la fecha de nacimiento de una nueva élite. Y su variante «española» ha provocado el desplazamiento hacia un paradigma de la Transición cuyas categorías privilegian el asentamiento y la europeización del modelo político-económico liberal y neutralizan las proyecciones revolucionarias y utópicas que alimentaron la experiencia de la generación de 1968.

Pese a la distancia temporal, el perfil de la Transición no parece haber sido esclarecido por el conjunto de las retrospectivas, y sus rasgos contemporáneos revelan la existencia de una compleja estratificación de antiguas y nuevas constelaciones de significado, generadas por las sucesivas mutaciones culturales y políticas. En este circuito de producción semiótica, el *topos* de la Transición «se transforma en un palimpsesto que se sigue escribiendo, reescribiendo, sobrescribiendo y borrando» según distintas combinaciones de memoria y olvido (Huyssen 2002a: 227). Ese carácter palimpséstico legitima el viraje hermenéutico desde unas pautas *tout court* históricas hasta una perspectiva problemática que trata de profundizar las modalidades y las formas bajo las cuales la Transición sigue actuando sobre el presente y de captar su calidad de «pasado que no pasa».

Cobra, en tal sentido, una particular importancia el corte cronológico adoptado para intentar identificar el objeto de la investigación: frente a las inevitables efemérides (cuadragésimo aniversario de 1968 y trigésimo de la Constitución) y a las diversas fechas cruciales propuestas hasta ahora (1973-1993; 1973-1986; 1975-1982; 1975-1981), la periodización amplia y, por decirlo así, modular aquí elegida (1964-1992) parece atinada, justamente porque permite plasmar un modelo a geometría variable idóneo, por un lado, al análisis de la génesis y la estructura del campo literario y, por el otro, a la elaboración de una cartografía de sus relaciones con los otros campos. El La anámnesis del trazado y la genealogía de los discursos literarios acerca de la Transición podría entonces alumbrar los derroteros generacionales de la memoria de aquellos acaecimientos y los momentos de fisura en su valoración —como el precoz desencanto y el reciente retorno de lo reprimido— y, a la vez, ofrecer un observatorio favorable desde el cual avizorar la recepción de los temas más candentes del debate sobre modernidad, posmodernidad, vanguardia y cultura de masas y su específica articulación en el contexto político y cultural español.

«Aprendizajes de la decepción»

Del poso de una memoria reprimida o, por lo menos, silenciada han aflorado multiformes narraciones que tratan de retener la pérdida de las experiencias individuales y colectivas encerradas en ella y someten a juicio la amnesia causada por la Transición. No cabe duda de que la actual explosión de la memoria sea un fenómeno típicamente posmoderno, generado por las exigencias de consumo y la creciente inseguridad de una sociedad «hipermoderna», cuya obsesión del pasado ha producido «un frenesí patrimonial y conmemorativo» en el cual «se reconoce una modernización llevada al extremo»: «la ampliación infinita de las fronteras del patrimonio y de la memoria» delinea los contornos de un «*presente paradójico*, un presente que no deja de exhumar y "redescubrir" el pasado» (Lipovestsky 2006: 89-91), en donde la «presencia pretérita» de la Guerra Civil, el franquismo y la Transición es subyugada a la dinámica y a las estrategias de la sociedad del espectáculo y convertida en un objeto de consumo.

Aun así, las prácticas de la rememoración responden a una necesidad auténtica y surgen de un nudo histórico no resuelto, cuyos hilos problemáticos envuelven precisamente el espacio de la experiencia vivida por la generación de 1968 y el paso, en cierta medida traumático, de la excepcionalidad utópica y combatiente de la resistencia antifranquista a la cotidianidad normalizada de la democracia. La muerte de Franco coincidió, de hecho, con la consolidación de la posmodernidad y con la definitiva integración de España en el sistema político y económico europeo (Vilarós 1998: 25), cuyo resultado —alcanzado durante la Transición — conllevó el desvanecimiento de las aspiraciones antisistémicas y antiautoritarias que caracterizaron la oleada contestataria y sancionó el fracaso de sus tentativas de derrocar todas las «máquinas» —políticas, sociales, culturales— construidas según los dogmas capitalistas de la centralización, especialización técnica y jerarquización (Revelli 2001: 85):

> Nunca podremos ya [...], como Chateaubriand rememorando el *annus mirabilis* de 1789, escribir que hemos visto «terminar y comenzar un mundo». Es ése el privilegio de quienes vivieron el tiempo de la revolución. No el nuestro. Para nosotros hubo sólo el tiempo de sus vísperas. Sin desenlace. El 68 fue eso: preludio de una revolución que jamás tuvo lugar, que sólo dejó abierto el largo desierto de esperanzas traicionadas que iba a apoderarse de inmediato —así fue para Frédéric Moreau, para los irrisorios hijos del 1848 flaubertiano— del fin de siglo (Albiac 1993: 19).

La fecunda violencia subversiva y la dimensión festiva de las revueltas de 1968 (Morin y Hatter 1988: 29) —que Raymond Aron llamó *carnaval estudiantil*— acabaron en la quiebra de las perspectivas revolucionarias abiertas por aquel gran ritual colectivo de liberación de las subjetividades, los deseos y los imaginarios. En la España del franquismo tardío, la protesta estudiantil y obrera desempeñó en cambio un papel muy considerable, como es sabido, justamente porque la fractura entre el crecimiento de la sociedad y el anacronismo de la estructura política había ejercido una presión desmesurada sobre una generación cuyo aprendizaje había tenido que desarrollarse en una atmósfera claustrofóbica.

En particular, la movilización de los estudiantes marcó, por un lado, la ruptura decisiva entre los jóvenes y la dictadura, y, por el otro, el nacimiento de una conciencia generacional que encomendó a la lucha contra el régimen sus esperanzas de una renovación radical. Las reivindicaciones y los ideales más propios de la generación de 1968 —tan vinculados al presente, esto es, a la satisfacción en el presente de las exigencias individuales y colectivas— adquirieron un carácter en cierta medida proyectivo —es decir, proyectado en un futuro indefinido— en la experiencia de los estudiantes españoles, que además tenían que cumplir con el «deber» de la resistencia al autoritarismo y a la represión. Probablemente estribe en este *surplus* de expectativas y dificultades la prematura desilusión hacia la Transición, reconocible en las aproximaciones literarias a los movimientos de los años sesenta y setenta, en donde lo que sí se pone de manifiesto [...] es una desilusión que surge por el contraste entre el riesgo asumido y las muchas esperanzas que se pusieron en el cambio político, por un lado, y los derroteros que fue tomando la vida española y muchos de sus militantes de izquierdas, por otro, conforme se iba asentando la democracia entre nosotros (Valls 2003: 44).

La célebre provocadora frase de Manuel Vázquez Montalbán —«Contra Franco estábamos mejor»— resume de forma tajante la sensación de derrota que acompañó los caducos caminos del *engagement* posfranquista y tematiza la «legitimidad negativa» que, en cierto modo, el régimen otorgaba a la rebelión juvenil:

> Los espíritus más sensibles de la izquierda empezaban a añorar aquellos tiempos en que el enemigo era tan nítido y tan único que unificaba voluntades y no requería demasiados esfuerzos de clarificación teórica ni práctica. En el fondo del fondo había bastado con ser demócrata y exponerse a las iras represivas mientras se tejía una red de conciencia civil parademocrática. Pero ahora ¿dónde estaba el enemigo?, ¿qué objetivos históricos podían proponerse ante un futuro al parecer pactado y bien pactado, desvalida la izquierda del espíritu de combate y resistencia que tanto le había costado reconstruir y que había rendido, se sospechaba, por el plato de lentejas de llegar de la nada a la más absoluta miseria? (Vázquez Montalbán 2005: 189-190).

La natural disgregación de la obsoleta capa del franquismo y el consiguiente derrumbe de la barrera entre España y Europa restaron una parte relevante de su alcance a las operaciones políticas, culturales y artísticas de aquella época, las que, oponiéndose al clima sofocante de la dictadura, habían adquirido un importante significado de resistencia. En el decepcionante paso a la rutina de la democracia liberal todas ellas tuvieron, en efecto, que enfrentarse a factores y opciones muy diferentes. Un ejemplo: la sensibilidad *camp* y culturalista de los Novísimos fue originada por el rechazo de «cualquier enlace con el pasado literario y el presente político de España» (Pittarello 1999: 79) —es decir, por una toma de posición político-cultural consciente— y participó de la actitud inconformista de 1968, tan proclive a la violación creativa de los protocolos normativos de la tradición, desplegando así un *ethos* iconoclasta próximo al gesto y al valor de *shock* de la vanguardia clásica, parcialmente recuperados por los movimientos artísticos de los años sesenta (Huyssen 2002b: 276-305).

En el «panorama perfectamente mineralizado, de un conservadurismo faraónico» de la España de 1970, aquella «ruptura con una concepción moral de la poesía heredada de la Guerra Civil» (Azúa 2001: 203) representó el irónico acto de rebeldía de una generación de jóvenes agitados por la misma irreverente inquietud que animaba la protesta de sus coetáneos del mundo occidental. Frente a la cruel mediocridad de un régimen casi moribundo, la «tentativa de quebrar la esclavitud política de la alta cultura a través de la fusión con la cultura popular» (Huyssen 2002b: 289) —operada por «la primera promoción de poetas que se reconoce hija de la civilización de los *mass media*» (Castellet 2001: 30)— abrió una brecha de sentido y comportó el advenimiento de un posmodernismo dotado, en aquellas circunstancias, de un potencial crítico y negativo.

El potente flujo de modernización al que fue sometida la España posfranquista durante la Transición determinó, en cambio, la hegemonía del sistema de la comunicación y la creciente apropiación de las posturas críticas llevada a cabo por la industria cultural. Cuando la tendencia mayoritaria dentro del posmodernismo lo convirtió en un «simulacro estético» —esto es, en un «fácil eclecticismo combinado con amnesia estética e ilusiones de grandeza» (Huyssen 2002b: 310)—, cada disposición negativa fue englobada por la cultura afirmativa —«El contenido es indiferente: cualquier cosa vale» (Azúa 2002: 240)— característica de una «sociedad modernizada hasta llegar al estadio de lo espectacular integrado» (Debord 1999: 23), como notó de manera contundente, una década después, Félix de Azúa:

> Había descubierto algo horrible. Es verdad que el arte es el punto culminante de la investigación, pero ÉSTE NO ES TIEMPO PARA EL ARTE. Había llegado tarde. Vean ustedes que, a diferencia de otras épocas, en la nuestra el así llamado «estilo» es algo esencial PORQUE TODOS LOS ESTILOS SON BUENOS. A nadie preocupaba el estilo en el siglo XIV, pues sólo a un imbécil se le ocurría proponer pirámides egipcias o incluso bóvedas de cañón y arcos de medio punto, cuando toda Europa, como un solo hombre, levantaba catedrales góticas. La cosa estaba clara y no había problemas de estilo. Pero en nuestro siglo se pueden construir ermitas románicas, catedrales góticas, zigurats mesopotámicos y a todo el mundo le parece estupendo porque todo vale, porque TODO DA LO MISMO. Esa peculiaridad —que el estilo sea un problema porque todos los estilos son equivalentes— es, de hecho, un síntoma de que llamamos «arte» a algo que merece otro nombre. Y eso me desazonaba (Azúa 1986: 107-108).

Así pues, la desenfadada relación de los novísimos con los géneros de la cultura popular —que desempeñó entonces un papel de dúplice protesta contra el retrógrado dogmatismo estalinista, por un lado, y la mezquina y trivial retórica franquista, por el otro, siendo experimentada como una grieta antagónica aparecida en la cerrazón de un canon político-cultural atrasado— fue de alguna manera reemplazada por la homogeneización de la sociedad transparente (Vattimo 2000: 7-20), en donde la «reconsideración irónica de la ética negativa [...] adopta la negación pero sin el propósito transformador de los movimientos críticos sociales» y carece de «la dimensión de crítica al capitalismo avanzado», llegando incluso a ser percibida como defensora de «un status quo específico» (Navajas 1996: 173-175).

Una educación sentimental: Vicente Molina Foix y Félix de Azúa

A menudo las ficciones literarias —y habría que mencionar, por lo menos, a Molina Foix, Azúa, Chirbes, Muñoz Molina, Guelbenzu, Llamazares, Martínez de Pisón, Millás, González Sainz, Gabriel y Galán— han explorado con enjundia la encrucijada de rumbos tomados, caminos abiertos, direcciones prohibidas y callejones sin salida en la que se labraron las condiciones de posibilidad de la Transición democrática y las contradictorias sensaciones que su memoria sigue suscitando. Frente a las relecturas elogiosas, los planteamientos más críticos han sido defendidos por unas narraciones cuya imborrable aura de desencanto procede del convencimiento de que la génesis de la España posfranquista sufrió una doble compresión, por un lado, del espacio de experiencia —sentimientos y pasiones del pasado debilitados para garantizar un tránsito no traumático al sistema democrático—, y, por el otro, del horizonte de expectativas —esperanzas y perspectivas de futuro desactivadas porque incompatibles, en su «radicalidad», con los propósitos de edificación del nuevo ordenamiento estatal.

Pues bien, este fértil caudal literario —una especie de «textualidad intermedia» (Lanaro 2004: 17) que mezcla res factae y res fictae, documento y testimonio— ahonda en los fermentos sociales y culturales que nutrieron la contestación juvenil, captando los residuos de aquella edad en el imaginario colectivo y reconstruyendo la sinuosa biografía colectiva de la generación de los militantes antifranquistas de 1968, quienes pasaron, muchas veces sin una reelaboración crítica de su propia experiencia, del compromiso clandestino a la adhesión a los patrones de una modernización propugnada por un socialismo en rápida mutación antropológica.

Si «algunos de estos textos [...] no son más que la ratificación de ideas ya difundidas en los medios de comunicación o, en los peores casos, el intento fallido de insuflar un valor histórico general a una experiencia personal más o menos anecdótica» (Valls 2003: 45), merece en cambio la pena subrayar el talento, por decirlo así, hermenéutico de obras que representan un extraordinario recurso para conocer el *milieu* y las motivaciones de los protagonistas de aquel intento de transformación política y social. Las primeras huellas de esta sensibilidad crítica se manifestaron allá por el año 1976, cuando fue publicada la novela *Luz de la memoria* de Lourdes Ortiz, antigua militante comunista, la cual —dibujando la progresiva enajenación, hasta la locura, de un heterodoxo miembro del PCE— apuntó a las taras hereditarias de un partido incapaz de quitarse de encima el dogmatismo, el autoritarismo y el cinismo «tercerinternacionalista» que le condenaban, según la autora, a la incomprensión de la calidad más profunda de las modificaciones en curso.

Es ésta una posición afín a la de Vázquez Montalbán, otra figura de comunista desengañado que se dedicó a una intensa actividad periodística, encaminada a denunciar el olvido del pasado y la ausencia del cambio prometido y largamente esperado en los años «heroicos» de la resistencia y la cárcel. En tal sentido, *Asesinato en el Comité central* (1981) aporta un informe muy puntual y negativo de los juegos de poder (y de corriente) de un PCE dominado por el pragmático eurocomunismo de Santiago Carrillo, en donde la «autofagia de los comunistas» (Valls 2003: 47) se combina con los vicios de los socialistas para aniquilar la frágil herencia política e ideal de una generación entregada a un ineluctable acomodamiento con la nueva, endulzada realidad.

Cierto grado de distancia temporal sirvió, luego, para limar la aspereza militante de los primeros acercamientos narrativos y utilizar una perspectiva de enfoque potencialmente más fecunda sobre esos sucesos, como hizo Vicente Molina Foix en *La Quincena Soviética* (1988). La novela relata las vicisitudes de un grupo de jóvenes cuadros del PCE, obreros y estudiantes, llegados a Madrid desde Burgos, a quienes fue encomendada la preparación de una serie de actos subversivos —la «Quincena Soviética» del título— con motivo del referéndum sobre la Ley Orgánica de 1967.

El narrador, Simón-Ramiro, es, como y más que sus camaradas, víctima del desdoblamiento entre los férreos deberes disciplinares de la clandestinidad y el panorama de liberación cultural, sentimental y sexual que se abrió delante de sus ojos en el clima inquieto y turbulento de la universidad madrileña de finales de los años sesenta. Obligado por su implicación en la Quincena Soviética a abandonar la capital, Ramiro —su nombre de pila— atraviesa un momento de incertidumbre y vacilación, pero finalmente decide volver a ser tan sólo Simón —el nombre de guerra— y acepta el sacrificio de cualquier dimensión privada en aras de una militancia entendida como ablación de sí mismo y de su propia personalidad:

> A lo que iba, ¿no te estarás dando pena, tú, a ti mismo? La cosificación sentimental. De eso sé yo un rato, y no te voy a cansar con la sarta de mis errores... ¡Aléjate del yo, *Simón*, y créeme! ¡El yo quema! [...] El yo que se explaya a sus anchas lo quiere ver todo y escucharlo todo, probar y tocar todo y olerlo todo. Juzgarlo todo. Ése es el camino seguro de la desidia. Una enfermedad. [...] De ahí al cálculo ocioso, a la aversión por la gente de tu propia célula que actúa a tu lado hay un paso. Lo demás viene solo. La melancolía. El rencor. El suspiro pusilánime. La soñolencia de las mañanas. La divagación. Y luego lo peor: la verborrea con la que uno, entretenido, se satisface a sí mismo. ¡Y la curiosidad! Como un tigre siempre en busca de la presa de lo nuevo para saltar sobre ella, y antes de que termine el salto ya querrá comerse lo que aún sea más nuevo. Resultado: la desesperación (Molina Foix 1988: 232).

Con estas palabras el dirigente Juan Anido estigmatizaba los peligros de una expansión incontrolada de los deseos y las necesidades individuales, en una coyuntura en la que el imperativo moral de la lucha contra la dictadura era la única opción posible para quienes tenían la obligación de tutelar la memoria heredada de los héroes de la Guerra Civil y del *maquis*. En la contraposición entre modelos de educación sentimental y actividad política incompatibles, Molina Foix parece descubrir los primeros síntomas de una deletérea laceración de la experiencia colectiva de sus coetáneos.

En las dudas que la lectura de Marcuse provoca a López-López —hasta entonces firmemente anclado a las coordenadas del pensamiento marxista-leninista más canónico— y, sobre todo, en el encuentro de un confuso Simón con dos camaradas catalanes —hijos de la vitalidad editorial y artística de la *gauche divine* y acostumbrados a moverse entre el situacionismo y la Escuela de Francfort, la *nouvelle vague* y el expresionismo abstracto— se enfrentan dos maneras de valorar el pasado, vivir el presente e imaginar el futuro divergentes y potencialmente inconciliables. Simón y sus compañeros sufren en efecto de un «complejo de ilegitimidad» (Berman 2006: 18) que los empuja a hacerse cargo de la responsabilidad histórica de la lucha de la generación anterior y —sugiere el autor— los encadena a los rituales doctrinarios de un proyecto político que no les puede pertenecer por completo, apartándolos así de la experiencia heterodoxa sobre la que se fraguó la móvil identidad de su generación.

El abrecartas (2006) abarca, por otra parte, un amplio segmento temporal, desde los años veinte hasta finales del siglo pasado, consiguiendo así acompañar el tortuoso itinerario de sus protagonistas a través de la historia española. Fruto de la sugestiva textura de un complejo entramado de cartas y personajes —reales y ficcionales—, la novela penetra, entre otras cosas, en los sedimentos de la memoria de los años sesenta y trata de reconstituir señas y contenidos de la búsqueda de una identidad alternativa que definió la historia vivida de aquellos jóvenes. La correspondencia entre Begoña y Paqui, por ejemplo, se presenta como un retrato polícromo de las ideas, las pasiones, los proyectos y las ilusiones que sustentaron el aprendizaje de la generación de 1968, y arroja luz sobre los procesos de los que brotaron los gérmenes de la transformación: libros, películas, viajes, canciones y encuentros son rescatados de los recovecos de la memoria *en cuanto* huellas, fragmentos e imágenes de un pasado meticulosamente recompuesto en un mosaico de historias verdaderas y biografías verosímiles, en donde las vivencias paralelas de las dos amigas —la militancia antifranquista y la reclusión de la primera, la participación en la experiencia de la vanguardia cinematográfica de la segunda— delinean la ejemplaridad potencial de dos recorridos individuales a través de la fractura colectiva en las mentalidades, las culturas y los estilos de vida.

Molina Foix sustrae al olvido, además, la figura «maldita» del cineasta Antonio Maenza, entonces protagonista genial y provocador de la escena española, quien en 1979 falleció —aparentemente suicida— en circunstancias nunca explicadas del todo, después de años de problemas psiquiátricos y de aislamiento en su Teruel natal. Personaje símbolo de los excesos creativos, del afán —estético, político, existencial— de renovación y del espíritu revolucionario de aquella temporada, el destino de Maenza parece juntarse de manera indisoluble con la disipación de sus sueños, anhelos y promesas: como el protagonista de la extraordinaria película de Philippe Garrel, *Les amants réguliers* (2004), un combatiente del mayo francés que no acaba de adaptarse al oscuro regreso a la normalidad, Maenza encarna el heroísmo trágico de quienes no pudieron sobrevivir al fracaso de la revolución y al hundimiento de la utopía vanguardista, rechazando cada asimilación o dilapidación de la memoria.

El contrapunto de esta ética de la negación es, en la novela, menos el ruido siniestro de la prosa del régimen —la cual aflora de vez en cuando en los informes policiales sobre las actividades de los grupos antifranquistas—, que la exitosa biografía de Ramón, rector de la Complutense y ganador del Premio Nacional de 1999 con un ensayo plagiado a un profesor republicano exiliado en Basilea, ciudad donde se habían conocido a finales de los años sesenta. Gracias a las influencias políticas del padre, en 1968 Ramón pudo salir indemne —a diferencia de sus compañeros— de la represión contra los movimientos estudiantiles. En este hijo de una clase social, la alta burguesía, siempre dominante, se pueden apreciar, en mi opinión, los caracteres ambiguos y subrepticiamente conservadores de una Transición que desperdició el patrimonio ético-político de 1968 y en cambio recompensó a quienes buscaron el acomodamiento y, directa o indirectamente, traicionaron sus propios tibios ideales.

Probablemente nadie haya medido mejor que Félix de Azúa la envergadura del avance hacia una *politique politicienne* que supuso el agotamiento de un modelo de militancia política y organización de la cultura, como se atisba en la sutil e irónica representación de uno de los maestros de la vanguardia intelectual antifranquista, Pepe Barras-Carlos Barral:

> Pepe Barras comprendió sagazmente que para el futuro se le asignaba un papel decorativo; su antifranquismo ya había sido remunerado en vida del general; tras la muerte del dictador, nuevos políticos ocuparían el poder y empujarían a la jubilación a cuantos representaron la resistencia oficial durante el Régimen, que se llamaba. Es natural. La política es una profesión que no puede dejarse en mano de editores, arquitectos o bailarines. En vida del general los verdaderos políticos se dedicaron a negocios financieros, dejando la resistencia en manos de los pobres, que no tienen nada que perder, y de los aficionados, que es gente de buena fe; pero una vez inaugurada la democracia emergería del fondo de las moquetas un número increíble de políticos profesionales a quienes nadie conocía, pero cuyo aplomo nadie

fue capaz de quebrar. Los individuos como Pepe Barras, los huelguistas de hambre azuzados por el episcopado, o las revistas del Gran Corazón como *Cuadernos para el Diálogo*, incluso las verdaderas víctimas, es decir, los pobres, desaparecerían del mapa en cuanto se hicieran necesarios los políticos profesionales (Azúa 1986: 112-113).

En *Momentos decisivos* (2000), el escritor examina en cambio el humor pesado del bienio 1963-1964, una época que, sin embargo, contenía los vástagos de un giro radical, cuya faceta más significativa atañe a la mutación sobrevenida en la mentalidad, las aficiones, las escalas de valores y los códigos culturales y sociales de toda una generación:

> Fue una época extraña, un tiempo muerto. Sin embargo la calma era engañosa porque en las tripas del tiempo estaban fermentando los líquidos que producirían una explosión colosal, pero entonces, a mediados de los años sesenta, todo parecía perfectamente sometido y consolidado. Diez años más tarde, cuando el país ya comenzaba a saltar por los aires, todavía creía el General haber detenido el tiempo. [...] No sabía que la transformación entraría por una puerta inesperada, no mediante luchas políticas o militares, que tanto temía, sino a través de la sutil vida doméstica, de la rutina de todos los días que erosiona continentes enteros sin avisar, a traición. No habría levantamientos, ni revoluciones, ni matanzas épicas, no habría Historia, sino algo más profundo y tan eficaz como para cambiar la faz del mundo (Azúa 2000: 358-359).

Mientras que los personajes de *La Quincena Soviética* parecen aplastados por el peso abrumador de una imposición ética heredada, la novela de Azúa describe una específica cesura de la memoria social, producida por la metamorfosis de la sociedad española y destinada a repercutir profundamente en la naturaleza de la voluntad revolucionaria surgida del nuevo contexto. Se trata en particular de la apodada «cultura *progre*», a menudo reducida a una caricatura «descolorida y algo triste» (Ruiz Carnicer y Gracia 2001: 348) que no hace justicia a su aptitud para enlazar las inclinaciones de los hijos de una sombría posguerra, cuyas vidas brotaban dentro de los límites estrechos de una «España desarrollista» (*ibid.*, 272-282) en un mundo desarrollado. Con este convincente retrato colectivo el escritor consigue entregarnos una serie de *Leitmotiven* para comprender la atmósfera de aquel periodo tan decisivo.

Asistimos entonces al despliegue de una trama que en su trayecto encuentra la lucha clandestina, los movimientos estudiantiles, la irrupción de una cultura moldeada por sugestiones extranjeras, el enfrentamiento entre las generaciones, la comparación entre las burguesías de antiguo y nuevo linaje, la «tentación iconoclasta de la vanguardia» y el «catalanismo como sublimación de una causa perdida» (Mainer 2005: 109). Pero lo que otorga unidad a la novela es la idea del momento decisivo «que tuerce el futuro con irreparable fatalidad y nos introduce por un camino para el cual no estábamos pertrechados» (Azúa 2000: 11) y «arma los huesos de la espina dorsal de nuestra vida y nos hace altos o bajos, jorobados o apolíneos, romos o curiosos» (*ibid.*, 13): un concepto, me parece, que podría ser comparado con el acontecimiento revelador —una crisis, una revolución— que según Marc Bloch consigue enseñar a quien sepa observarlo la estructura profunda y el rumbo oculto de un proceso histórico.

Reconocer un momento decisivo significa además enfrentarse a una decisión ética, antes que política; y con la urdimbre de *algunas* decisiones una época teje la trama de su identidad, lo que les confía a los individuos, a veces, una responsabilidad histórica sobresaliente:

> Pero en aquellos años nadie podía adivinarlo, la sumisión era completa y el dinero, ese titán acéfalo, sólo estaba comenzando su silencioso asalto a la fortaleza exangüe de un país arcaico. Nadie lo adivinó, pero muchos tomaron decisiones inesperadas empujados por un oscuro presentimiento. A todos les llegó su momento, les asaltó por sorpresa y les invitó a elegir un camino para el que no estaban pertrechados. Quienes tomaron su momento con coraje se lanzaron a la tiniebla y, como es habitual en toda época convulsa, la muerte obtuvo una cosecha extraordinaria. La gloria de los que sucumbieron [...] es carecer de tumba. Quizás siempre ha sido así, pero quienes tomaron decisiones en aquellos años, a mediados de los sesenta, estaban encendiendo la pinaza de un incendio que treinta años más tarde aún no se ha extinguido, una devastación que ha transformado la vida sobre la tierra más que dos guerras mundiales (Azúa 2000: 359).

Sin duda había unos enlaces generacionales fortalecidos por un caldo de cultivo compartido, en el que se mezclaban los más varios tópicos de la época, desde el estructuralismo francés y la vanguardia artística neoyorquina hasta los símbolos menos tangibles, como la naturalidad de la nueva forma de las relaciones interpersonales introducida por la comunidad juvenil. En efecto, el verdadero lugar de la memoria fue la universidad, centro de cada actividad política e insuperable espacio de la sociabilidad colectiva: más que en las asambleas, puestas en escena protagonizadas por el individualismo y el enfrentamiento entre facciones, los hijos de los vencedores y de los vencidos de la Guerra Civil encontraron en la necesidad de defenderse recíprocamente contra los ataques de los «fachas» y la llegada de los «grises» la oportunidad de transformar el *yo* de cada uno en un *nosotros* comunitario.

Pero la oportunidad se quebró muy rápidamente, según el punto de vista desilusionado y perspicaz de Azúa. En pos de los fluidos vitales de una época, el autor halla en su narración la huella aún dolorida de una doble herida, es decir, la ruptura entre las generaciones y sus correspondientes memorias. La familia de uno de los protagonistas de la novela —Alberto Ferrer, «artista incipiente» que se convertiría en afortunado «experto en arte contemporáneo» (Azúa 2000: 360), derrumbando los ideales de su juventud— padece la crónica enfermedad de una familia cuya identidad supérstite es tan sólo el recuerdo de la derrota, el paulatino desmoronamiento de existencias —las de los padres— dedicadas a la repetición del mismo fracaso. Modelo negativo para sus hijos, el padre es una figura trágica paralizada en el dolor por la muerte de su propio genitor, un funcionario de la Generalitat asesinado por los franquistas:

> Así está la tierra de mi padre y la del padre de mi padre, violada, irreparablemente ensuciada y ensangrentada por el General y por la chusma del General que no son los soldados y los policías, sino sus banqueros, sus periodistas, sus industriales, sus clérigos, lo más elevado de esta tierra, el cerebro y la riqueza de esta tierra, incluso sus artistas, si mi padre los viera, todos formaron parte del ejército de Franco (Azúa 2000: 349).

Al silencio del señor Ferrer se contraponen las posiciones de sus dos hijos: el mayor, Jordi, ha heredado la memoria de la derrota, la cual estructura las condiciones de posibilidad de su presente y sus expectativas de futuro como revancha imaginada contra el régimen y, finalmente, contra la misma burguesía catalanista, culpable de perseguir una nación sin pueblo, pero dividida en rígidas clases sociales. Su amigo, el poeta Gabriel Vallverdú, se suicidará frente al presagio de una lucha tan desgarradora como sumida en los espectros del pasado:

Debes irte ahora mismo, no representas nada en este funeral, éstas son cosas para Jordi, déjale a él que continúe con el duelo, que permanezca para siempre en la melancolía, en el dolor de lo que hemos perdido o creemos haber tenido alguna vez, ¡nuestro retablo gótico!, pero tú no, no nos perteneces, no eres de los nuestros, no eres de nadie [...], has de averiguar cuánto resistes a la intemperie, sin padres, sin tierra, sin hogar, sin amigos ni secuaces ni cofrades, sin muletas, sin red, tú sabrás lo que puedes aguantar, quizás aguantes toda una vida, o quizás tu vida sea tan corta como la de Gabriel, pero, te lo pido de rodillas, no mueras derrotado. Y ahora, suéltame. Ha llegado el momento de que tomes una decisión (Azúa 2000: 356-357).

He aquí, en el amargo discurso del padre, el reto de la generación de los hijos de la derrota: romper las relaciones, deshacer tradiciones, herencias y recuerdos, renegar del mismo pasado familiar para buscar un lugar propio en el mundo. Con una contraindicación —y una incógnita— que las sensibles sondas de Azúa revelan en su relieve de nudo histórico: ¿es posible que el alejamiento generacional de la memoria de la Guerra Civil haya engendrado un complejo de aspiraciones legítimas pero a veces efímeras, de las que fue fácil librarse rápidamente porque estaban desarraigadas de un sólido espacio de experiencia? ¿Y el mismo acomodamiento que las visiones del desencanto reprochan a los veinteañeros de antaño, llegados a ser la élite de la democracia, no deriva de un vínculo con el pasado en cierta medida viciado? La mirada pesimista del autor parece entonces clavarse en un horizonte de expectativas incompleto, en donde la labilidad de toda una generación es el fruto, en lo bueno y en lo malo, de los desajustes de una gran transformación, la cual obligó a un ulterior exilio a los valores en los que había perdurado la silenciosa resistencia de los vencidos.

Bibliografía

Albiac, Gabriel (1993): *Mayo del 68. Una educación sentimental*, Madrid: Temas de Hoy.

Azúa, Félix de (1986): *Historia de un idiota contada por él mismo o el contenido de la felicidad*, Madrid: Espasa Calpe.

— (2000): *Momentos decisivos*, Barcelona: Anagrama.

— (2001): *Lecturas compulsivas. Una invitación*, Barcelona: Anagrama.

— (2002): *Diccionario de las Artes*, Barcelona: Anagrama.

Berman, Paul (2006): *Sessantotto. La generazione delle due utopie*, Torino: Einaudi.

Castellet, Josep Maria (2001): *Nueve novísimos poetas españoles*, Barcelona: Península (1ª ed. de 1970, Barcelona: Barral).

Debord, Guy (1999): *Comentarios sobre la sociedad del espectáculo*, Barcelona: Anagrama.

Huyssen, Andreas (2002a): *En busca del futuro perdido. Cultura y memoria en tiempos de globalización*, México, D.F.: Fondo de Cultura Económica.

— (2002b): *Después de la gran división. Modernismo, cultura de masas, posmodernismo*, Buenos Aires: Adriana Hidalgo.

Lanaro, Silvio (2005): *Raccontare la storia. Generi, narrazioni, discorsi*, Venezia: Marsilio.

Lipovetsky, Gilles (2006): *Los tiempos hipermodernos*, Barcelona: Anagrama.

Mainer, José-Carlos (2005): *Tramas, libros, nombres. Para entender la literatura española*, Barcelona: Anagrama.

Molina Foix, Vicente (1988): *La Quincéna Soviética*, Barcelona: Anagrama.

— (2006): *El abrecartas*, Barcelona: Anagrama.

Morin, Edgar y Marek Hatter (1988): *Mais*, Paris: Neo.

Navajas, Gonzalo (1996): *Más allá de la posmodernidad. Estética de la nueva novela y cine españoles*, Barcelona: EUB.

Pittarello, Elide (1999): «El discurso autobiográfico en la novela española contemporánea», en Campra, Rosalba y Norbert von Prellwitz (eds.): *Escrituras del yo. España e Hispanoamérica*, Roma: Bagatto, pp. 69-84.

Revelli, Marco (2001): *Oltre il Novecento. La politica, le ideologie e le insidie del lavoro*, Torino: Einaudi.

Ruiz Carnicer, Miguel Ángel y Jordi Gracia (2001): *La España de Franco (1939-1975). Cultura y vida cotidiana*, Madrid: Síntesis.

Sánchez-Biosca, Vicente (2006): *Cine de historia, cine de memoria. La representación y sus límites*, Madrid: Cátedra.

Traverso, Enzo (2006): *Il passato: istruzioni per l'uso. Storia, memoria, politica*, Verona: Ombre Corte.

Ugarte Tellería, Javier (2006): «¿Legado del franquismo? Tiempo de contar», en Carme Molinero (ed.): *La Transición, treinta años después. De la dictadura a la instauración y consolidación de la democracia*, Barcelona: Península, pp. 185-227.

Valls, Fernando (2003): *La realidad inventada. Análisis crítico de la novela española actual*, Barcelona: Crítica.

Vattimo, Gianni (2000): *La società trasparente*, Milano: Garzanti.

Vázquez Montalbán, Manuel (2005): *Crónica sentimental de la transición*, Barcelona: Random House.

Vilarós, Teresa M. (1998): *El mono del desencanto. Una crítica cultural de la transición española (1973-1993)*, Madrid: Siglo XXI.

POESÍA NOVÍSIMA Y SOCIAL EN MANUEL VÁZQUEZ MONTALBÁN

Ángel Otero-Blanco
University of Richmond, Virginia

En los numerosos libros con que Manuel Vázquez Montalbán ha construido su ciudad literaria se proyectan imágenes procedentes de cuatro grandes espejos: periodismo, ensayo, poesía y narrativa. Trazar la cartografía del «territorio Vázquez Montalbán» supone imaginar su literatura en términos de reflejo, contacto y transferencia (Schwab 1996: ix). Montalbán ha iluminado la prosa rupturista de *Yo maté a Kennedy* (1972) con destellos poéticos de *Movimientos sin éxito* (1969). En esta primera novela del «ciclo Carvalho» se dice que «la vida es una sucesión de movimientos sin éxito» (Vázquez Montalbán 2004: 102), título también de un poema —«Movimientos sin éxito»— que, como se verá más adelante, anticipa las claves de lectura de *Los mares del Sur* (1979). De forma similar, en el caleidoscopio narrativo de *Recordando a Dardé* (1969) —donde se dan cita la prosa costumbrista, el realismo social, la ficción política y el humor satírico del «Manifiesto consumista» (Vázquez Montalbán 1969: 117-119)—, se entrelazan algunos de los versos más inconformistas de *Liquidación de restos de serie* (1971). En la deliberada incertidumbre epistemológica del «Poema de Dardé» se escucha el eco cercano de la identidad indefinida de «J. W. Dardé o el profesor Dardé» (Vázquez Montalbán 1969: 11), enigmático protagonista de la *opera prima* narrativa de Montalbán.

El pensamiento crítico y la retórica del deseo de *Movimientos sin éxito*, *Liquidación de restos de serie*, *Recordando a Dardé* y *Yo maté a Kennedy* «le dan la vuelta» a una historia oficial que, controlada desde el autoritarismo y el capitalismo, ha silenciado la cultura popular y ha manipulado la memoria histórica. Esta mirada alternativa y lúcida dirige también las líneas maestras de la ensayística y el periodismo montalbanianos. Quien lea el revelador *Informe sobre la información* (1963) percibirá la voluntad transformadora y revolucionaria de un escritor valiente y visionario que planta las semillas subversivas de una futura crítica cultural y política: la reivindicación, convencida y comprometida, de la libertad democrática. En dicho *Informe* se cuestiona la supuesta independencia ideológica de una prensa al servicio de los intereses económicos del Estado, un proteico «mundo de complicadas telarañas» (1963: 22) que en Vázquez Montalbán suele manifestarse en forma de totalitarismo (franquismo), capitalismo, consumismo e imperialismo. En *Manifiesto subnormal* (1970), Montalbán también responsabiliza a instituciones y políticos de la destrucción de la «conciencia reflexiva del pueblo mediante los bisturís eugenésicos de los mass-media» (Vázquez Montalbán 1970: 26), argumento que retoma en *Historia y comunicación social* (1980), donde continúa refiriéndose a la prensa como el «aparato ideológico del Estado» (90). Como advierte en *Informe sobre la información*, «todo está controlado» (1963: 22) por el poder del dinero: «No se puede ser tradicionalista, o liberal, o fascista, o demócrata, o católico, sin ser capitalista» (*ibid.*, 163).

Capitalismo e imperialismo también están detrás del «tinglado» y la «trastienda» (*ibid.*, 22) de la posmodernidad. *La literatura en la construcción de la ciudad democrática* (1998) pone en evidencia los efectos narcotizantes e hipnóticos de una condición posmoderna que carece de sustancia, una «ciudad de mercados» visible «de noche como Las Vegas o de día como la punta de Manhattan», esto es, como Wall Street (Vázquez Montalbán 1998: 14). De hecho, el complejo equilibrio entre posmodernidad, clase social y pensamiento de izquierdas constituye el hilo conductor de *En la tierra baldía* (1999), de Mari Paz Balibrea. Del profundo análisis de Balibrea se infiere, como también plantea José Saval en *Manuel Vázquez Montalbán: el triunfo de un luchador incansa-*

ble (2004), que el motor creativo de Montalbán es el firme compromiso —político, ético, ideológico y estético— de devolver al sujeto moderno (catalán, gallego, español, global) la confianza en la empresa liberadora de la autonomía crítica.

En *Manuel Vázquez Montalbán: el compromiso con la memoria* (coordinado por José F. Colmeiro, 2007) se constata que la recuperación de la libertad de pensamiento es paralela a la presencia viva e incuestionable de una memoria colectiva, popular y, sobre todo, contestataria que transita por los caminos disidentes de toda la literatura montalbaniana. En *Memoria, deseo y compasión* (2001), Manuel Rico sugiere que es en el álbum fotográfico de la poesía novísima de Montalbán donde se sintetizan las imágenes más destacadas de la memoria cultural ignorada por la dictadura. Pero Montalbán, como sostiene Rico, es un novísimo atípico, debido, fundamentalmente, a su poesía social y política. El patrón tradicional que se usa para medir a los «nueve novísimos» es el de la ruptura estética con la «poesía social» (de Blas de Otero y Gabriel Celaya, entre otros). Sin embargo, Vázquez Montalbán —pórtico poético de la antología de Josep Maria Castellet— se declara poeta comprometido: «En el campo poético soy como una prolongación de lo que se ha llamado poesía social [...] No he escrito nunca una línea sin su función política, aunque no se haya notado» (Roig 1975: 116). Ya lo advertía Castellet en su antología: «Sus ideas [de Vázquez Montalbán] coinciden sólo parcialmente con las de los poetas de su generación» (2006: 27). Santiago Martínez también ha visto en los tres «seniors» de *Nueve novísimos* (Vázquez Montalbán, Martínez Sarrión y José María Álvarez) la configuración de «una generación intermedia, de tránsito, entre la poesía de los cincuenta —frente a la que surge de la antología de Castellet— y los presupuestos estéticos más innovadores y escandalosamente rupturistas de los jóvenes» (1990: v). De forma similar, César Nicolás se ha referido a los «seniors» de la antología como «el enlace inicial de los novísimos con la llamada generación de los cincuenta» (1998: 14). El mismo Castellet cuestionó su propia división entre «seniors» y «coqueluche» en su «Introducción» a *Memoria y deseo. Obra poética (1963-1983)* de Vázquez Montalbán:

> Entre las muchas contradicciones, trampas para el lector y vacilaciones del antólogo, había en aquella antología algo evidente: la forzada distinción de los «seniors» y la «coqueluche». [...] *Nueve novísimos* contiene un

error grave: no se trataba [...] de una sola antología, sino del aborto de dos [...]. Era evidente que podía inducir a confusión poner en el mismo saco a Martínez Sarrión con Leopoldo Panero, lo mismo que a Pere Gimferrer con Vázquez Montalbán (Castellet 1986: 9).

En particular, la lírica montalbaniana se articula a partir de un mosaico de ideales novísimos y sociales en el que confluyen lo personal y lo colectivo, el pasado y el presente, lo español y lo transcultural. Por un lado, Vázquez Montalbán, al igual que sus colegas de antología, supera «los símbolos culturales comprometidos en la lucha vieja» mediante una «adhesión cultural a la generalidad cosmopolita, europea e internacional» (García Berrio 1989: 13). Comparte con la «coqueluche» una voluntad estética fundamentada en la renovación estética del lenguaje y el estilo poéticos, una retórica revolucionaria que, en última instancia, «subvertía los cimientos mismos del franquismo, con bastante más fuerza [...] con la que había intentado hacerlo la llamada poesía social» (Siles 1989: 11). No en vano, en la «Poética» con la que abre su poemario «novísimo», el autor de *Los mares del Sur* propone una contracultura de la resistencia basada en la libertad de escritura y de lectura: «Creo en la revolución. Con una condición: la libertad de expresión» (Vázquez Montalbán 2006: 58). Esta «libertad de expresión» permite a los novísimos desarticular el sistema referencial y represivo de la dictadura y trascender los oxidados moldes sociales y existenciales de la literatura de posguerra.[1]

Por otro lado, la poesía de Vázquez Montalbán no sólo se caracteriza por su cosmopolitismo y su europeísmo, sino también por el reconocimiento cultural y emocional de unas «raíces castizas y folclóricas» (Carnero 1983: 54) que determinan tanto la memoria íntima (la «educación sentimental» del poeta) como la colectiva (cultura popular de la inmediata posguerra y el franquismo). De acuerdo con José V. Saval, estamos ante «un "novísimo" un tanto particular» (2004: 180), por «estar siempre inmerso en la realidad cotidiana de su tiempo y sobre todo por la reivindicación de la memoria colectiva de los derrotados de la Guerra Civil» (*ibid.*, 181-182). Félix Grande también ha llegado a una conclu-

---

[1] Venecianismo, decadentismo, neomodernismo, culturalismo, alejandrinismo, sensibilidad *camp*, irracionalismo, *revival*, metapoesía, esteticismo e irracionalismo son las herramientas literarias empleadas por este grupo de poetas para subvertir y cuestionar la maquinaria estético-ideológica de la represión franquista (Candelas Colodrón 1996: 17; Olivio Jiménez 1989: 2).

sión similar: «Creo que no hay *ni un solo texto* de Vázquez Montalbán que no esté vinculado a la realidad —precisamente política» (1970: 101; cursiva en el original). *Una educación sentimental* (1967), por ejemplo, desmonta el discurso represivo de la dictadura mediante un sincretismo cultural que incluye referencias al panorama *pop* internacional, a la canción popular española, la República, la Guerra Civil, el SOE (Seguro Obligatorio de Enfermedad) y la Acción Católica. Como señala Manuel Rico, la obra poética de Vázquez Montalbán constituye una isla, una excepción, dentro del panorama novísimo, ya que se trata también de una poesía comprometida social y políticamente con los que perdieron la guerra:

> Se trata de un poeta que [...] escapa a los parámetros establecidos en un contexto literario hegemonizado por el culturalismo [...]. No prescinde de la realidad cotidiana, por muy conflictiva que se muestre, ni de la memoria colectiva de los derrotados en la Guerra Civil: Vázquez Montalbán escribe poesía sin eludir la experiencia procedente de la realidad social o política [...], lo que supone [un] rasgo de atipicidad en relación con la obra de sus coetáneos (Rico 2001: 27).

Estamos, además, ante una poesía compuesta por un gallego-catalán que escribe fundamentalmente en castellano. El bilingüismo con el que reinventa su nombre («Manuel Vásques Montalbá») en las «Visualizaciones sinópticas...» —originalmente publicadas en *Manifiesto subnormal* (1970) y posteriormente incluidas en *Liquidación de restos de serie* (1971)— supone un poderoso desafío a la empresa franquista de «mejorar la raza» («Bíceps, tríceps», Vázquez Montalbán 1986: 44) y anticipa la poética (y política) del mestizaje que se propone en *Praga*.[2] El yo fragmentado y alienado de *Praga* (alegoría de la España-Cataluña sometida por el franquismo) se identifica fundamentalmente con la marginalidad de una identidad fluida, en tránsito, fatalmente ignorada por la verticalidad opresora de un pensamiento monolítico que es cuestionado «por el mestizaje de sus recuerdos / por el mestizaje de mis muertes y mis vidas / y sobre todo / por el alevoso mestizaje de la fonética» (*Praga, Memoria,* 270). Situado a medio camino entre el territorio atlántico-peninsular del

---

[2] Todas las citas referidas a la poesía montalbaniana proceden de *Memoria y deseo. Obra poética (1963-1983)* (1986), en adelante *Memoria*. Cuando sea nececesario, los títulos de los poemas y de los poemarios se incluirán parentéticamente.

«Instituto de la Cultura Hispánica» y la cartografía catalana-deportiva del «Club de Fútbol Barcelona» («Visualizaciones sinópticas...», *Memoria*, 112), el yo poético de *Praga* termina reivindicando su identidad híbrida como instrumento de rebeldía y transgresión: «Somos los mejores / los mestizos somos los mejores» (*Praga, Memoria*, 272), sobre todo porque generan prácticas culturales que desdibujan límites, borran fronteras y difuminan márgenes (Sabadell Nieto 1998: 106).

A partir de este *puzzle* de identidades literarias y regionales Vázquez Montalbán inaugura un taller poético en el que las nociones de mezcla y diversidad desafían el entramado ideológico del nacional-catolicismo. «¿Yvonne de Carlo? ¿Yvonne de Carlo?... ¡Ah! ¡Yvonne de Carlo!» —poema «especialmente escrito para *Nueve novísimos*» (*Memoria*, 125)— funciona como contrapunto technicolor del mundo gris de la dictadura. De Carlo simboliza un universo creativo y exótico —«la promesa árabe» (*Memoria*, 124)— que contrasta con el color caqui de los uniformes militares y, en general, con el blanco y negro del régimen autoritario de Franco: «El pan era negro o blanco / el aceite verde-lodazal / caquis los recuerdos / Yvonne de Carlo / era el technicolor» (*Memoria*, 124). Según el poema, De Carlo es también la antítesis sensual de las Hijas de María, jóvenes católicas educadas de acuerdo con los presupuestos políticos y religiosos de un franquismo ultra-reaccionario que Vázquez Montalbán desarticula ideológicamente mediante el technicolor caleidoscópico de su poesía.

Con esta miscelánea de referentes culturales y políticos Montalbán reivindica el derecho a ejercer una escritura en libertad, abierta al diálogo y al debate de una lectura igualmente libre que transita por los territorios sin fronteras de la cultura, los viajes, los libros y la memoria histórica. Él mismo ha explicado que «la técnica del *collage* utilizada en mi poesía [...] es la expresión formal de la duda sobre la [...] percepción total de la realidad, así como un voluntario choque de códigos resueltos en la armonía de la propuesta unitaria literaria» (citado en Estrade 2004: 187). Sobre esta «armonía de códigos literarios» —equivalente al mestizaje estético (novísimo y social) de su poesía— Montalbán proyecta recuerdos personales y colectivos de la posguerra española, «textos, músicas e imágenes tejidos en [...] un monumental tapiz bordado con los hilos de la historia colectiva» (Colmeiro 1994: 70). Con los retazos e hilos de la Historia íntima y popular de la España vencida en la guerra, Montalbán teje en su poesía el palimpsesto cultural de una realidad nacional silenciada y reprimida por la agenda política del franquismo. Sus versos hilvanan lo emocional y lo político, lo popular y lo minoritario, lo social y lo novísimo, como las máquinas de coser que yuxtaponen pasado (República, Guerra Civil) y presente (dictadura) en «Nada quedó de abril...», poema que abre *Una educación sentimental*: «[...] persianas verdes remendadas / [...] variación anormal de la chaqueta a cuadros / [...] Inogar Hermanos / Confecciones / grises atardeceres de máquina Sigma, / Wertheim, Singer / Singer, me inclino por la Singer» (*Memoria*, 35). La poesía montalbaniana constituye también una «variación anormal» del pasado y el presente españoles, puesto que «remienda» la versión oficial de la Historia (la de los vencedores de la guerra) revisando, crítica y nostálgicamente, el legado cultural de la postguerra.

La literatura de Vázquez Montalbán revitaliza la cultura material, visual y musical del pueblo vencido y reprimido por el franquismo (Balibrea 1999: 39). Su poesía recupera señas de identidad manipuladas y «arrebatadas» (Yagüe López 1997: 77) durante la dictadura, como la canción popular española, que en Montalbán siempre está vinculada a «preocupaciones sociales, ideológicas, políticas, culturales y estéticas» (Salaün 2007: 35). Las mujeres y los hombres de «Conchita Piquer» —poema con el que arranca la lírica novísima de Vázquez Montalbán en la antología de Castellet— se adentran en una inédita geografía del deseo que exploran con el mapa lírico (y erótico) de «Tatuaje». La canción de la Piquer invita a dejar atrás, como observa Silvia Bermúdez, «the suffocating space of law and order [...], the suffocating space of female domesticity and the men's alienating jobs» (1997: 44). En «Conchita Piquer», la educación católica de la dictadura («el Padre Coloma, el Padre Balmes y / el Padre Claret») es sustituida por la educación sentimental de una lírica popular basada en lo marginal y en lo periférico (el puerto de la canción), territorios desconocidos a los que se accede a través de los marcos de las ventanas de los primeros versos del poema (*ibid.*, 46-47). Como alternativa al discurso oficial de la posguerra española («por Dios / por la patria»), Vázquez Montalbán ofrece en «Conchita Piquer» el himno oficioso de lo enigmático y lo censurado (la pasión prohibida entre el marinero y la mujer que lo espera en «Tatuaje»). Frente a la rutina, la asfixia y la monotonía de «aquel libro / Manual de Urbanidad [...] de costumbres / [...] reconocidas inservibles tácitamente», los versos de «Conchita Piquer» sumergen al lector en un imprevisible universo de transgresión y ruptura, como el de Julio Chesma en *Tatuaje* (1974), la segunda novela dedicada a Pepe Carvalho.

La leyenda del tatuaje de Julio —«He nacido para revolucionar el infierno» (Vázquez Montalbán 1974: 10)— constituye el vórtice simbólico hacia el que converge el espíritu rebelde y contestatario de la literatura del autor. El misterioso perfil psicológico y emocional de Chesma está marcado por el mismo anhelo de libertad e independencia que caracteriza a la producción literaria de Montalbán. Al incorporar en su poesía y narrativa las estrategias discursivas y retóricas de la canción española, el cine de género, el lenguaje publicitario y la literatura de masas, Vázquez Montalbán sitúa en primer plano la cultura *pop* de «una población marginada y menospreciada por la cultura oficial [y] afirma su solidaridad con los que más sufrieron las consecuencias de la guerra y la posguerra y, de forma especial, con las mujeres, invisibles protagonistas de la rutina del diario vivir» (Vernon 2007: 24-25). En *Coplas a la muerte de mi tía Daniela* (1965-1973), los grandes nombres de la Historia (Churchill, Lenin, Marx, Engels, Mao Tse Tung, Primo de Rivera, Antonio Maura, Lerroux) conviven con el de una mujer desconocida (Daniela) a la que Vázquez Montalbán rinde homenaje, porque, como señala Florence Estrade, representa «la memoria civil y cultural de los derrotados anónimos de la Guerra Civil» (2004: 66). Según explica también Emilio Miró, en *Coplas* Vázquez Montalbán:

> va hilvanando los nombres contemporáneos de la historia, de la política, de la filosofía, y los de la subcultura o cultura de masas; y así va tejiendo su crónica personal y colectiva, su ácido retablo de sueños rotos, trágica posguerra, nombres heroicos borrados, abolidos (Miró 1974: 6).

Estas *Coplas* constituyen, por otro lado, una versión irónica y distanciada de la elegía manriqueña, referente cultural de una historia oficial (castellana) contra la que también se rebela Pepe Carvalho en *Tatuaje* al quemar en su chimenea textos como el *Quijote* y la *España como problema* de Laín Entralgo. En la reescritura montalbaniana de las *Coplas* de Jorge Manrique, la literatura privilegiada por el aparato ideológico del nacional-catolicismo es sustituida por semblanzas inéditas como la de «mi tía Daniela», emblema de la lucha proletaria por una supervivencia diaria cuya memoria ha quedado registrada en los archivos de la cultura popular.

De forma similar, la referencia al «Amor más allá de la muerte» de Quevedo en «Qué poco me cuesta creerlo…» (poema de «Ars Amandi» incluido en la antología de Castellet) constituye un hábil ejercicio intertextual que ilustra la compleja relación que mantiene Montalbán con el legado cultural del canon castellano: por una parte, juega a imitar el estilo burlesco y jocoso de Quevedo para parodiar, con ironía y sarcasmo, las estrategias discursivas de la retórica amorosa convencional, que Montalbán no se toma en serio; por otra, se distancia del pasado literario castellano situándolo en el centro mismo de la parodia del discurso amoroso.[3]

La poesía de Montalbán, por tanto, se desvía de hegemonías ideológicas y culturales mediante el discurso subversivo de una cultura popular encarnada en mujeres como su tía Daniela, que «puso su corazón / al ritmo del instinto / y su cerebro / al de un cuplé» (*Memoria*, 169). Cuplé, corazón e instinto son precisamente los referentes de una realidad oculta y silenciada que el poeta asocia siempre a la libertad y autonomía de la imaginación y la subjetividad. En Vázquez Montalbán la vida se plantea como un inmenso y poderoso caudal de recuerdos íntimos y emociones colectivas, y no como una inmóvil cadena de eventos cronológicos: «No se trata», como dice Víctor García de la Concha, «de una memoria discursiva e histórica sino sensitiva e imaginativa» (1986: 21). Su proyecto poético contiene una concepción de la Historia más flexible y personal que el mero recuento racional de datos y fechas. Estamos ante una poesía que supera la visión espacial del tiempo —propia del realismo tradicional— a través de una concepción más genuina y auténtica del recuerdo, muy en la línea del Bergson de *Durée et Simultanéité* (1923), donde el filósofo francés explora una memoria que representa, sobre todo, «la fluidité même de notre vie intérieure» (1923: 55). En «Nunca desayunaré en Tyffany…», poema de *Una educación sentimental* incluido en *Nueve novísimos*, esta «fluidez de la vida interior» se materializa en un

---

[3] Más concretamente, lo que hace Montalbán en «Qué poco me cuesta creerlo…» es desmitificar, con sutil humor paródico, el lenguaje formulaico de la poesía amorosa tradicional. La amada («dama alta, calandria encendida») preside «mi pequeño reino afortunado», compuesto por «laberintos de adelfas», «vencejos» y tardes que, en realidad, son «vastedades de cristales opacos» (*Memoria*, 81). En este mundo fantástico de pretendidas pasiones eternas e inmortales ni siquiera la muerte importa, «nadie / presiente un final adverso, la muerte / será ceniza mas tendrá sentido, polvo / será mas polvo enamorado» (*ibid.*).

sujeto poético entregado por completo a la aventura imprevisible de la búsqueda del deseo: «y quizá todo sea mejor así, esperado / porque al llegar no puedes volver / a Ítaca [...] / nunca, / nunca quiero desayunar en Tyffany, nunca / quiero llegar a Ítaca aunque sepa los caminos» (*Memoria*, 79). A partir de la «Ítaca» mitológica de Constantin Cavafis, Vázquez Montalbán propone en «Nunca desayunaré en Tyffany...» una «poética de la espera» que prefigura la epistemología de lo ausente y lo incompleto en textos literarios de la Transición democrática como *El cuarto de atrás*.

Uno de los recuerdos de infancia más intensos de C —la narradora/ protagonista de Carmen Martín Gaite— es la grata sensación de una «impaciencia placentera» y de un constante «estar a la expectativa» (Martín Gaite 2003: 12) que trascienden y subvierten lo predecible, ya que anuncian la transformación de lo rutinario en lo maravilloso. Como sucede en «Nunca desayunaré en Tyffany...», lo mejor, según C, era «sacarle gusto a aquella espera, vivirla a sabiendas de que lo mejor está siempre en esperar» (*ibid.*). El desenlace matrimonial —final complaciente y conformista— de una novela como *El amor catedrático* disgusta profundamente a C, básicamente porque neutraliza los esfuerzos que emplea la protagonista en «desafiar a la sociedad» (*ibid.*, 81).[4] Como ella misma se encarga de explicar, el supuesto final feliz de la historia interrumpe bruscamente la espera amorosa: «Parecía que ya no había nada más que contar [...]. Pocas novelas o películas se atrevían a ir más allá y a decirnos en qué se convertía aquel amor después de que los novios se juraban ante el altar amor eterno, y eso, la verdad, me daba mala espina» (*ibid.*, 81-82). Reconoce, por tanto, que lo que verdaderamente le interesa de dicha novela es el proceso de enamoramiento, es decir, la dificultad, las dudas y el misterio del deseo.

---

[4] No en vano, en *Usos amorosos de la posguerra española* Carmen Martín Gaite revela una teoría del amor codificada según las formas y argumentos conservadores de la propaganda franquista (matrimonio católico, familia tradicional, modelo femenino del ángel del hogar). Mediante expresiones como estar en «nubes rosadas» (Martín Gaite 2003: 83) o vivir en «nubes de color de rosa» (Martín Gaite 1987: 139), la escritora hace referencia a la falsa plenitud social y psicológica que la ficción sentimental de la dictadura infundía en las mujeres de la posguerra. Como sucede en la poesía de Manuel Vázquez Montalbán, los *Usos amorosos* de Carmen Martín Gaite no son resultado de una investigación puramente económica o cronológica, sino de una mezcla narrativa de lo personal y lo histórico que «relaciona el paso de la historia con el ritmo de los sueños» (Martín Gaite 2003: 91).

La propuesta de indefinición y ambigüedad estructurales de *El cuarto de atrás* es la misma que articula de principio a fin la obra poética de Vázquez Montalbán. Como dice Andrew Debicki, la poesía de Montalbán, como la de todos los poetas incluidos en *Nueve novísimos*, afirma la «imposibilidad de fijar significados inmutables» (1989: 15). Esta apertura hermenéutica anticipa el enfoque fragmentado y subjetivo con el que se suelen narrar la memoria, el tiempo y la identidad en la literatura de la Transición democrática. En este sentido, el *collage* emocional que da forma a la poesía montalbaniana puede leerse como antecedente literario de uno de los aspectos narrativos más relevantes de *Si te dicen que caí* (1973) de Juan Marsé: el coleccionismo como alegoría de la disidencia.

En la novela de Marsé tanto la trapería de Java como el juego de las aventis contradicen el discurso monolítico y totalitario del autoritarismo franquista, porque ponen de manifiesto «the transformative power of individual memory to undermine the inertial monologism and fixed continuity of the past» (Herzberger 1995: 72). Marsé reimagina la Historia a partir de una colección de instantáneas íntimas y personales que, como estrategia narrativa, es heredera de la configuración fotográfica de la poesía montalbaniana. La obra poética del creador de Pepe Carvalho semeja, igual que la trapería de Java, un álbum de fotos de la memoria sentimental de la posguerra. Como ha observado Joan Ramon Resina (2000: 2), la percepción que tenemos del recuerdo es similar a la sensación que experimentamos cuando vemos un videoclip o una secuencia de fotografías. En este sentido, cada uno de los versos de Montalbán es también una instantánea emocional de la historia popular de la dictadura. Su poesía, como la narrativa de Juan Marsé o Carmen Martín Gaite, rescata la memoria cultural de los olvidados y derrotados de la Guerra Civil (Izquierdo 1997: 14), cuestiona la posterior «amnesia decretada en el periodo de la Transición» (*ibid.*) y, además, deconstruye «a unitary, monolithic, repressive view of history: that of [...] Franco's mythifying discourse» (Ferrán 2000: 198). En efecto, la provocación, el juego, el deseo y la diversidad de la mezcla son los ingredientes que usa Vázquez Montalbán para crear un antídoto poético contra la represión de sistemas ideológicos disciplinantes y centralistas como el régimen franquista.

Como la «ruta soñada» de Stuart Pedrell en *Los mares del Sur*, la lírica montalbaniana es «un paraíso de *bricollage*» (Vázquez Montalbán 2002: 30), un oasis creativo desde el que el poeta reconstruye el pasado sentimental y colectivo de España. Entre las herramientas de este brico-

lage poético destacan los «lápices de Hispania en rojo y azul» (*ibid.*),
retrato de una exhausta España bicolor a la que Montalbán/Pedrell añade
la pluralidad cromática (ideológica) de sus «gomas de borrar de distintos
colores [y su] caja de colores Faber» (*ibid.*). Toda la producción literaria
de Montalbán sobresale por el uso recurrente de dos «colores» específicos: el lenguaje del deseo y la libre expresión de la voluntad individual.
En *Tatuaje*, por ejemplo, la rebeldía vital de Julio Chesma se fundamenta
en un estilo de vida anárquico, ajeno a leyes y convenciones. Se trata
de un «hombre […] imaginativo con manos poderosas para acariciar la
realidad» (Vázquez Montalbán 1974: 118), un inquieto e impredecible
aventurero cuyo inconformismo social anticipa la huida existencialista
de Carlos Stuart Pedrell en *Los mares del Sur* (1979).

La revolución íntima y personal de Stuart Pedrell (su inesperada fuga
al Pacífico meridional) subvierte el imperio de una razón hegemónica
que ha generado sistemas totalitarios como el franquismo o el capitalismo moderno. Pedrell, como Julio Chesma en *Tatuaje*, huye de estilos de
vida alienantes y mecánicos como el del conductor ensimismado de «¡No
corras, papá!», eslogan publicitario escogido como título por Montalbán
para cuestionar una mentalidad racionalista y positivista que sacrifica lo
humano como fórmula clave para alcanzar el éxito. «La vida», advierte
el yo poético de «¡No corras, papá!», «es un conjunto de movimientos
hacia el éxito / y usted [el conductor del automóvil] equivocó la herramienta» (*Memoria*, 101). El auténtico éxito no sólo se alcanza con la
«herramienta» de la razón, sino también con la «herramienta» de la emoción. No sorprende, por tanto, que Pedrell decida huir de la enajenación
materialista, la fiebre consumista y el apetito capitalista de una España
post-Franco que, además, no deja de ser víctima de los males de siempre:
paro, violencia, crisis económica y corrupción (política y urbanística).

Según la esposa de Pedrell, el magnate de la construcción «quería ser
como Gauguin. Dejarlo todo y marcharse a los mares del Sur. Es decir,
dejarme a mí, a sus hijos, sus negocios, su mundo social, lo que se dice
todo» (Vázquez Montalbán 2002: 19). De hecho, Carvalho encuentra
en el despacho de Pedrell «un poema recortado de una revista poética:
"Gaugin"» (*ibid.*, 30), presumiblemente el mismo texto que Montalbán
incluye en *Liquidación de restos de serie*. Este poema resume la trayectoria vital del pintor impresionista, concretamente «desde que abandona
su vida de burgués empleado de banca hasta que muere en las Marque-
sas rodeado del mundo sensorial que reprodujo en sus cuadros» (*ibid.*).

Como Gauguin, Pedrell desaparece de Barcelona/España precisamente porque su vida diaria también carece de las emociones y el color de lo improvisado y lo espontáneo. Su rutina profesional se desenvuelve, además, en una España en plena transición democrática que ha sustituido la represión del régimen franquista por la tiranía económica de una modernidad capitalista, imperialista y socialmente inestable.

Para un «hombre lleno de inquietud y curiosidad» (*ibid.*, 93) como Stuart Pedrell, la fuga emocional y creativa es prácticamente una necesidad del espíritu, un imperativo de la imaginación y, ante todo, una manera de huir del fracaso más evidente de la sociedad contemporánea: «el empeño / de prolongar la realidad más que el deseo» («Las huidas», *Memoria*, 94). La actitud disidente de Pedrell es consecuencia directa del choque entre una realidad frustrante (manipulada, sobre todo, por el culto al dinero) y un eterno deseo de libertad personal y equilibrio social que permanece instalado, para siempre, en el reino platónico de lo ideal y lo fantástico. Por eso, su viaje en busca de lo extraordinario y lo anticonvencional se dirige, como ha observado Francie Cate-Arries, hacia un lugar imaginario, «a paradisiacal realm of fulfilled desires and freedom, forever out of reality's grasp» (1986: 51). Realidad y deseo, omnipresentes en la extensa geografía montalbaniana gracias al legado literario de Luis Cernuda, forman parte también de «Movimientos sin éxito» (*Memoria*, 143-144), poema imprescindible en Montalbán, ya que en él asistimos al nacimiento del anti-héroe protagonista de *Los mares del Sur*.

Encabeza dicho poema el mismo verso de Salvatore Quasimodo que encuentra Carvalho en el escritorio de Pedrell: «più nessumo mi porterà nel sud». En él se cuenta una historia similar a la del protagonista de la novela de Montalbán: el itinerario de un «trabajador de sueños» (*Memoria*, 143) que viaja a un mundo inexplorado de impresiones sensoriales, todo un universo de sensualidad y emociones que es destruido por la influencia devastadora de mercados como el de Wall Street. El viajero deja el Pacífico hasta detenerse en Vancouver, donde siente «nostalgia por los mares del Sur» (*ibid.*, 144) y donde recuerda a T. S. Eliot: «my dear, i read much of the night, and go south / in the winter» (*ibid.*). Estos versos de *The Waste Land* están presentes también entre los papeles del escritorio de Pedrell y son reproducidos de nuevo por Montalbán (esta vez en español) en «Últimos movimientos» (tercera parte de *Movimientos sin éxito*) y en el divertido (y sarcástico) «Horóscopo» turístico de *Mani-*

fiesto subnormal y *Liquidación de restos de serie*: «Lea hasta entrada la noche y en invierno viaje hacia el Sur. Qué Sur no importa» (*Memoria*, 118). Cualquier camino al Sur es válido para dejar atrás el «montón de imágenes rotas sobre el que cae el sol», otro verso de Eliot que Montalbán incluye en «Sea Side» (*ibid.*, 157) para insistir en la idea de una civilización moderna compuesta por «cenizas de sonrisas», «pedazos de chatarra» (*ibid.*) y «tierra muerta sin nombre» (*ibid.*, 158).

A lo largo de toda su obra poética, Montalbán denuncia la lamentable creación de una «waste land» eliotiana asolada por la tiranía deshumanizada de la razón. En «Olvidable la muerte de todos, tú...» —poema de *Una educación sentimental* incluido en *Nueve novísimos*— el lector contempla, abrumado, el triste espectáculo de una civilización desolada, llena de barcos hundidos, tristeza, náufragos y dolor (*Memoria*, 83). Se trata de un mundo anestesiado, incapaz de sentir, habitado por seres humanos huecos, como «the hollow men» de T. S. Eliot (*ibid.*, 56-59), o como «El hombre que sabía demasiado» del mismo Vázquez Montalbán (*ibid.*, 61-62), original guiño cinematográfico a Alfred Hitchcock, pero también parodia literaria del sabio introvertido que reduce el encuentro amoroso a una mera sucesión de fórmulas químicas y matemáticas, a operaciones aritméticas supuestamente objetivas, aunque muy alejadas de la mágica subjetividad de todo enamoramiento. Por eso, frente a sintéticos amores de diseño, confeccionados a medida por el materialismo y los medios de comunicación de masas, el yo poético de «El buen amor» (*ibid.*, 59-60) expresa abiertamente una nostalgia de pasiones como las de «antes / cuando todavía era posible algún misterio / más allá de los labios besados» (*ibid.*, 60). Se extrañan, por tanto, amores en los que reine la magia de la incertidumbre y la indecisión, sentimientos imprecisos como la ambigüedad cristiano-carnavalesca del *Libro de buen amor*, texto que inspira el título del poema de Montalbán.

Toda esta devastación emocional es producto de una humanidad robotizada y programada, condenada a regirse única y exclusivamente por las leyes racionales del consumismo y el capitalismo. Como dice Kay Pritchett, «Manuel Vázquez Montalbán [...] is part of a generation of poets who reject [...] what they regard as an excessive intrusion of Reason (institutionalization, massification and, to an extent, technology) into modern society» (1983: 47). En «Variaciones sobre un 10% de descuento» (originalmente publicado en *Manifiesto subnormal*, y posteriormente incluido en *Liquidación de restos de serie*), Montalbán hace referencia a una sociedad enferma que sólo tiene ojos para «todo un catálogo de mercancías de felicidad» y a regalos que «se dirigen al centro de su frustración» (*Memoria*, 106-107). De *Manifiesto subnormal* y *Liquidación de restos de serie* es también un sobrecogedor «Poema publicitario...» (incluido en *Nueve novísimos*) que confirma, desde el desengaño y la decepción, que en una organización social basada en la maquinización y automatización del individuo «lo importante no es la lógica del contenido, sino la nueva lógica que se establece entre el contenido y su única *verificación*: el consensus del mercado» (*Memoria*, 113). En este poema el autor ridiculiza una sociedad moderna pero aséptica, obsesionada con la limpieza proporcionada por detergentes que eliminan cualquier mancha o vestigio de humanidad, como la vejez, el dolor, la muerte, la pena, el amor, el erotismo: «limpie las estelas que conducen al borde del deseo [...], los infiernos musgosos donde muere el vientre» (*ibid.*, 114-115). Ante semejante esterilidad emocional y sentimental Montalbán opta por sacudir las conciencias de sus lectores con estrategias críticas como la ironía ácida de las amargas «Rodajas de limón» de *Una educación sentimental* (poema que también forma parte de *Nueve novísimos*).

Con estas «rodajas de limón» el poeta nos invita a tomar estremecedores cócteles de una realidad absurda, un mundo al revés en el que Madre Coraje canta en bikini mientras practica ski acuático, ajena a las amenazas de ocultos cañones y del «útero atómico de un B-27» (*Memoria*, 80).[5] Se trata de una sociedad compuesta por gente sin iniciativa, víctima, al mismo tiempo, de sedantes ideológicos administrados por reduccionismos homogeneizantes (fascismo, imperialismo, capitalismo, consumismo, franquismo) que impiden el libre desarrollo de la autonomía creativa y, por extensión, cualquier voluntad de resistencia cultural o política.

En la era de la apatía, la indiferencia y el pasotismo, «los humanistas a la vieja usanza quedaremos / al margen del humanismo de la automoción y las sopas preparadas» que caracterizan a la actual civilización del hierro, el carbón y el acero («Neohumanismo», *Memoria*, 57). Una de las víctimas de este «perfecto mundo [...] / exdetodo y filonada» (*ibid.*) es Francis Scott Fitzgerald, a quien Montalbán retrata en «Suave es la

---

[5] Estos versos constituyen todo un desafío a los presupuestos católicos y militares de la dictadura, germen político de una sociedad esperpéntica que baila al son de Paul Anka y a ritmo de «fox sobre todo trot» mientras asiste, impertérrita, a la destrucción provocada por «los obuses, la bomba» («Rodajas de limón», *Memoria*, 80).

noche» (poema de *Nueve Novísimos*) como reo de una sociedad que ha sublimado el deseo y que, consecuentemente, ha aniquilado pasiones humanas como la voluntad y el idealismo. Fitzgerald es presentado como una conciencia «excesivamente inteligente / para engullir el mundo de cada día», un mundo definido por una «pasión civilizada» —reprimida y castigada— que supone «un suicidio / colectivo a ciento ochenta por hora» (*Memoria*, 89). La velocidad es, precisamente, el signo de unos nuevos tiempos retratados con sarcasmo en «¡No corras, papá!», poema que, como se ha visto a propósito de *Los mares del Sur*, ridiculiza un estilo de vida excesivamente mecanizado y burocratizado.

En lugar del racionalismo de lo fijo e inmutable, Vázquez Montalbán prefiere la sorpresa y la novedad de lo provocador y lo inesperado, como la cuadratura del círculo en el «Arte poética» de *Nueve novísimos* (originalmente publicada en *Liquidación de restos de serie*): «La inquietud / del círculo ser, no ser repollo / cuatro lados tiene un aro […] muerte / geométrica, […] / dictadura y argumento ontológico» (*Memoria*, 128). En el universo multifacético y heterogéneo de *Memoria y deseo* no hay lugar para conspiraciones ideológicas entre orden geométrico, ontología racionalista y dictadura, básicamente porque Vázquez Montalbán concibe la vida como una inagotable bio-bibliografía en acción, esto es, como una categoría provisional y contingente, inaprensible en su totalidad. En este sentido, la recurrente imagen del laberinto en el quinto movimiento de *Praga* (*Memoria*, 267-269) consolida una cosmovisión a contracorriente, basada en la indeterminación y la incertidumbre de dudas filosófico-científicas como la que, estructuralmente, ocupa el lugar central del «Poema de Dardé»: «¿están las cosas porque son o son / porque están?» (*ibid.*, 102).

En «Twist» —incluido en *Una educación sentimental*— se confirma que el ser humano ha olvidado su capacidad para hacerse preguntas. En este poema el lector contempla el triste espectáculo de una playa a la que llegan los «restos de todos los naufragios» (*Memoria*, 54), inquietante retrato de una sociedad agónica que ha perdido la curiosidad y la habilidad para sorprenderse: «Nada sorprende, oh difunta sabiduría del sorprenderse» (*ibid.*). Por eso, las islas de Nunca Jamás en «Yramin, la gótica» (*ibid.*, 51) y el «octavo día de la semana» en «Jamboree» (*ibid.*, 55) —«octavo día» al que también se hace referencia en «Hippy-Blues» (*ibid.*, 148)— invitan al lector a explorar una cartografía más irracional y creativa de lo humano, ajena a la frialdad y rigidez del «horizonte de […]

geometría urbana» que Pepe Carvalho divisa desde su casa en *Tatuaje* (*ibid.*, 20).

En la segunda entrega de la «serie Carvalho», el encanto de lo enigmático y la fascinación de lo desconocido (el significado del tatuaje en relación a la vida y muerte de Julio Chesma) permiten al detective protagonista trascender el «urbanismo armónico y continuado, con el fondo de una geografía sin variaciones» (Vázquez Montalbán 1974: 57) de las ciudades holandesas. Frente a la monotonía predecible de la modernidad capitalista, Vázquez Montalbán propone en *Tatuaje* la recuperación de una memoria más sensual y emocional, encarnada en la figura de Julio Chesma: «Topar con Julio» —concluye Carvalho durante una conversación con Teresa Marsé, ex-amante del ahogado— «era encontrar la sorpresa de lo inclasificable» (1974: 118).

Esta seducción de «lo inclasificable» (Julio Chesma) —que cautiva a todos los personajes de *Tatuaje*— es, en realidad, el contrapunto narrativo de una poesía que se sostiene sobre la piedra angular del deseo como única herramienta disponible para desestabilizar el imperio de una razón hegemónica como la del franquismo o el capitalismo moderno.[6] Como ha declarado el mismo Montalbán, «mis temas se reducen a dos: denuncia del fascismo, o de cualquier sistema de represión, y [...] la denuncia del imperialismo» (Roig 1975: 122). Por eso, la poesía montalbaniana, ajena a moldes genéricos tradicionales y alejada de esquemas retóricos conformistas y normativos, se concibe, fundamentalmente, como una lírica experimental y lúdica que invita al lector a participar crítica y creativamente en la conversación literaria (Cate-Arries 1986: 26). Este reconocimiento de la lectura como parte sustancial de la escritura supone el comienzo del despertar ideológico y literario de una libertad de expresión que permaneció secuestrada durante la dictadura.

Mestizaje, Memoria, Sur y Deseo. Cuatro puntos cardinales para navegar por el «Océano Vázquez Montalbán». El nombre del barco no es extranjero, sino universal y, desde luego, conocido en España: Disidencia. Frente a censura y uniformidad cultural e ideológica, Vázquez

---

[6] Esta superposición del lenguaje del deseo (lo erótico-amoroso) y lo social-político —«una crítica irónica y lúcida de la sociedad española» (Palomero 1987: 58)— constituye una de las claves de lectura de «Ars Amandi» (tercera parte de *Una educación sentimental*). Como explica Manuel Revuelta, «"Ars Amandi" es la experiencia de uno, el poeta, extendiendo en la carne de su persona la dimensión de la tragedia conjunta, dilatando y concretando lo amargo de una experiencia colectiva» (1967: 456).

Montalbán ofrece la diversidad y pluralidad de «la palabra libre en la ciudad libre», como dice el título de uno de sus ensayos (1979). El lugar que ocupa su poesía novísima en «los mares del Sur» de la democracia española es el de la responsabilidad social, el activismo político y la renovación literaria. Como ha observado Emilio Miró, detrás de cada uno de los poemarios que componen *Memoria y deseo* se encuentra el impulso de una «búsqueda siempre progresiva de [la] palabra innovadora y creativa [...]. Por ella y en ella, ideología y compromiso político, ética e historia, llegan a ser poesía» (*Memoria*, 6). De hecho, en el universo literario de Manuel Vázquez Montalbán la poesía convive con el periodismo, la novela y el ensayo para reescribir la Historia desde una «sentimentalidad colectiva» que se manifiesta en «las canciones, los mitos personales y anecdóticos, las modas, los gustos y la sabiduría convencional» de la cultura popular (Vázquez Montalbán 1971: 15). Leer a Vázquez Montalbán equivale a contemplar el equilibrio discursivo entre estética novísima y literatura social, tradición y (pos)modernidad, lírica y narrativa, ensayo y periodismo, pasado emocional y memoria colectiva, pasión y convención, individuo y sociedad. Todos ellos se reúnen en el «territorio Montalbán» para reivindicar la libertad del debate democrático y celebrar el encuentro literario entre innovación artística y compromiso social.

BIBLIOGRAFÍA

BALIBREA, Mari Paz (1999): *En la tierra baldía. Manuel Vázquez Montalbán y la izquierda española en la postmodernidad*, Madrid: El Viejo Topo.

BERGSON, Henri (1923): *Durée et simultanéité*, Paris: Libraire Félix Alcan.

BERMÚDEZ, Silvia (1997): «"Music to my ears": "Cuplés", Conchita Piquer and the (un)making of cultural nationalism», *Siglo xx/20th Century* 15.1-2, pp. 33-54.

CASTELLET, Josep Maria (1986): «Introducción», en Manuel Vázquez Montalbán: *Memoria y deseo. Obra poética (1963-1983)*, Barcelona: Seix Barral, pp. 7-28.

— (2006): «Prólogo», en *Nueve novísimos poetas españoles* (1970), Barcelona: Península, pp. 19-47.

CANDELAS COLODRÓN, Manuel Ángel (1996): «Términos para una definición estética de los novísimos», *El Extramundi y los Papeles de Iria Flavia* 8, pp. 17-50.

CARNERO, Guillermo (1983): «La corte de los poetas. Los últimos veinte años de poesía española en castellano», *Revista de Occidente* 23, pp. 43-59.

CATE-ARRIES, Francie (1986): «Manuel Vázquez Montalbán: Pop culture, mass media, and the poetic creation», *Confluencia* 2.1, pp. 21-27.

— (1988): «Lost in the language of culture: Manuel Vázquez Montalbán's novel detection», *Revista de Estudios Hispánicos* 22.3, pp. 47-56.

COLMEIRO, José F. (1994): «Imágenes-músicas-textos: en busca de la memoria perdida», *Letras Peninsulares* 7.1, pp. 55-72.

— (ed.) (2007): *Manuel Vázquez Montalbán: el compromiso con la memoria*, Woodbridge: Tamesis.

DEBICKI, Andrew (1989): «La poesía postmoderna de los novísimos: una nueva postura ante la realidad y el arte», *Ínsula* 505, pp. 15-17.

ELIOT, T. S. (1952): *The Complete Poems and Plays (1909-1950)*, New York: Harcourt/Brace & World.

ESTRADE, Florence (2004): *Manuel Vázquez Montalbán*, Barcelona: La Tempestad.

FERRÁN, Ofelia (2000): «Memory and forgetting, resistance and noise in the Spanish transition: Semprún and Vázquez Montalbán», en Joan Ramon Resina (ed.): *Disremembering the Dictatorship. The Politics of Memory in the Spanish Transition to Democracy*, Amsterdam/Atlanta (GA): Rodopi, pp. 191-222.

GARCÍA BERRIO, Antonio (1989): «El imaginario cultural en la estética de los novísimos», *Ínsula* 508, pp. 13-15.

GARCÍA DE LA CONCHA, Víctor (1986): «La renovación estética de los años sesenta», en *El estado de las poesías* (monografías de *Los Cuadernos del Norte*), Oviedo: Los Cuadernos del Norte, pp. 10-23.

GRANDE, Félix (1970): *Apuntes sobre poesía española de posguerra*, Madrid: Taurus.

HERZBERGER*Narrating the Past. Fiction and Historiography in Postwar Spain*IZQUIERDO*Romansk Forum*MARTÍN GAITE, Carmen (1987): *Usos amorosos de la postguerra española*, Barcelona: Anagrama.

— (2003): *El cuarto de atrás*, Barcelona: Destino.

MARTÍNEZ, Santiago (1990): «La poesía de los "seniors": las voces que no se apagan. Manuel Vázquez Montalbán, Antonio Martínez Sarrión y José María Álvarez», *Anthropos* 112, pp. V-XII.

MIRÓ, Emilio (1974): «Testimonio y sarcasmo en dos poetas: Carlos Álvarez, Manuel Vázquez Montalbán», *Ínsula* 328, pp. 6-7.

— (1983): «Dos poetas: Manuel Vázquez Montalbán y Tomás Segovia, en una colección», en *Ínsula* 434, p. 6.

NICOLÁS, César (1989): «Novísimos (1966-1988): Notas para una poética», *Ínsula* 505, pp. 11-14.

OLIVIO JIMÉNEZ, José (1989): «Variedad y riqueza de una estética brillante», *Ínsula* 505, pp. 1-2.

PALOMERO, Mari Pepa (1987): *Poetas de los 70: antología de la poesía española contemporánea*, Madrid: Hiperión.

PRITCHETT, Kay (1983): «The function of irony in Vázquez Montalbán's *Coplas a la muerte de mi tía Daniela*», *Anales de la literatura española contemporánea* 8, pp. 47-58.

RESINA, Joan Ramon (2000): «Introduction», en Joan Ramon Resina (ed.): *Disremembering the Dictatorship. The Politics of Memory in the Spanish Transition to Democracy*, Amsterdam/Atlanta (GA): Rodopi, pp. 1-15.

REVUELTA, Manuel (1967): «Vázquez Montalbán: síntoma y testimonio», *Cuadernos Hispanoamericanos* 215, pp. 456-461.

RICO, Manuel (2001): *Memoria, deseo y compasión. Una aproximación a la poesía de Manuel Vázquez Montalbán*, Barcelona: Mondadori.

ROIG, Montserrat (1975): *Los hechiceros de la palabra*, Barcelona: Martínez Roca.

SABADELL NIETO, Juana (1998): «Líricas rebeldes», *Romance Quarterly* 45.2, pp. 99-108.

SALAÜN, Serge (2007): «Defensa e ilustración de la canción popular según Vázquez Montalbán», en José F. Colmeiro (ed.): *Manuel Vázquez Montalbán: el compromiso con la memoria*, Woodbridge: Tamesis, pp. 35-51.

SAVAL, José V. (2004): *Manuel Vázquez Montalbán: el triunfo de un luchador incansable*, Madrid: Síntesis.

SCHWAB, Gabriele (1996): *The Mirror and the Killer Queen: Otherness in Literary Language,* Bloomington (IN): Indiana University Press.

SILES, Jaime (1989): «Los novísimos: la tradición como cultura, la ruptura como tradición», *Ínsula* 505, pp. 9-11.

VÁZQUEZ MONTALBÁN, Manuel (1963): *Informe sobre la información*, Barcelona: Fontanella.

— (1969): *Recordando a Dardé; y otros relatos*, Barcelona: Seix Barral.

— (1970): *Manifiesto subnormal*, Barcelona: Kairós.

— (1971): *Crónica sentimental de España*, Barcelona: Grijalbo.

— (1974): *Tatuaje*, Barcelona: Los Libros de la Frontera.

— (1979): *La palabra libre en la ciudad libre*, Barcelona: Gedisa.

— (1980): *Historia y comunicación social,* Madrid: Alianza.

— (1986): *Memoria y deseo. Obra poética (1963-1983)*, Barcelona: Seix Barral.

— (1998): *La literatura en la construcción de la ciudad democrática*, Barcelona: Crítica (Grijalbo Mondadori).

— (2002): *Los mares del Sur*, Barcelona: Planeta.

— (2004). *Yo maté a Kennedy*, Barcelona: Planeta.

— (2006): «Poética», en J. M. Castellet: *Nueve novísimos poetas españoles* (1970), Barcelona: Península.

Vernon, Kathleen M. (2007): «Memoria histórica y cultura popular: Vázquez Montalbán y la resistencia española», en José F. Colmeiro (ed.): *Manuel Vázquez Montalbán: el compromiso con la memoria*, Woodbridge: Tamesis, pp. 21-33.

Yagüe López, Pilar (1997): *La poesía en los setenta: los «novísimos», referencia de una época*, A Coruña: Servicio de Publicacións da Universidade da Coruña.

TERENCI MOIX.
DE LA TRANSICIÓN HEROICA A LA SEDUCCIÓN DE MASAS

Carlos Ramos
Wellesley College

Antes de que la Transición política facilitara la transformación colectiva, mucho antes de que el cambio estuviera en el aire, Terenci Moix (1942-2003) encarnó al artista transgresor y empujó los límites del sistema cuando era todavía aventurado hacerlo. Resulta difícil calcular cuánto la segunda transición —la política, tras la muerte de Franco— le debe a la primera, a esa metódica erosión de la asfixia cultural del franquismo y las costumbres aceptadas que arrancó a finales de los sesenta atenta a lo que sucedía en Londres, París o Nueva York. Terenci Moix es, desde Barcelona, uno de los partícipes más precoces y destacados en la época de transición cultural y de costumbres que podríamos denominar heroica. No sería descabellado hablar en su caso de transición heroica-hedonista, por su vigor al confrontar las limitaciones que imponía la moral franquista de raíz católica a las búsquedas de placer que escaparan a lo aceptado. Empeñado en la fusión de vida y literatura (o ficción, para abarcar su pasión cinéfila), no sólo su escritura sino su conducta y su actitud proclaman un compromiso profundo con el ejercicio de la libertad, manifestado sobre todo en la primera parte de su carrera en transgresiones a costa de la literatura tradicional, la nueva burguesía catalana, la cultura de miras estrechas o la homofobia. Otra dimensión de su heroicidad en ese primer momento es lanzarse a publicar en catalán, una lengua cuya escritura no domina completamente todavía, sin modelos claros que seguir y sin un mercado establecido en el que vender su trabajo.

Participante en sus primeros años como creador en el devenir de la *gauche divine* en Barcelona y conectado con los Novísimos a escala nacional, aprovechará con ambos grupos cierta apertura del régimen en los años sesenta, para desarrollar una obra que rompe tabúes y se abre a la influencia de corrientes pop que llegan de fuera. Teresa Vilarós (2000) señala a esa *gauche divine* barcelonesa como precursora en los sesenta de un cambio de paradigma que luego se hará general en la cultura en los años setenta y principios de los ochenta. Se trata de las primeras expresiones en el país de una incipiente posmodernidad en las maneras de concebir el arte y la literatura. Terenci Moix irrumpe en la literatura catalana a finales de los sesenta de manera meteórica, fecunda y reconocida con numerosos premios. En un periodo que no llega al año y medio publica *La torre dels vicis capitals* (1968, Premio Víctor Català en 1967), *Onades sobre una roca deserta* (1969, Premio Josep Pla) y *El dia que va morir Marilyn* (1969, Premio de la crítica Serra d'Or en 1970). Entre 1968 y 1972 publica once colecciones entre libros de viaje, ensayos y narrativa y consigue el reconocimiento de lectores y de críticos.

De su *big bang* creativo de finales de los sesenta surgen los temas y las obsesiones que a pesar de la variedad de su producción acompañarán a Terenci Moix durante el resto de su carrera. Nuestro argumento aquí es doble: por un lado, que su trabajo de ese periodo contiene en germen el resto de su producción y, por otro, que en la aparición a finales de los sesenta de la obra y de la figura de Moix puede leerse una prefiguración de la ruptura posterior de la Transición posfranquista. Por eso, tanto para descifrar la raíz de algunos de sus motivos más frecuentes, como para entender su aportación al proceso de la transición cultural, vamos a explorar aquí, a modo piedra de Rosetta de su producción posterior, la que para gran parte de la crítica sigue siendo su mejor novela: *El día que murió Marilyn*. El paso del tiempo asigna además a este libro un valor particular para entender las tensiones de la época en que se escribió, una circunstancia de la que estaba al corriente el autor, que, con motivo de una revisión que le hizo en 1984, señaló: «Lo que entonces pudo ser una novela de complicidad, se ha convertido hoy en novela histórica» (Moix 1984: 10).

La aparición de Moix en el panorama literario catalán primero y español después debe entenderse como una aportación casi revolucionaria. Su primer libro *La torre dels vicis capitals* (1968) supuso la entrada en la literatura catalana de una manera nueva y original de concebir la escritura con una combinación de temas ausente hasta entonces: la convivencia de referencias a la cultura de masas (el cine, el cómic) y a la «alta» cultura (ver la «Nota imprescindible» al principio de «Màrius Byron»), la crítica social, la homosexualidad, la transgresión sexual a veces cercana al sadismo, y la predilección por Barcelona además de otros escenarios distantes en el espacio o el tiempo. Su escritura de entonces es torrencial, con un catalán inventivo y lastrado a veces por las rémoras de una lengua no estudiada rigurosamente —situación común en aquella época en Cataluña—, pero marcada por un proyecto ambicioso que Pere Gimferrer ha descrito como tratar de hacer con el catalán lo que por aquellos años hacía Lezama Lima con el castellano (Gimferrer 2003: 10). Ese aura transgresora con la que irrumpe Terenci Moix en el panorama catalán lleva a Ramón Buckley a situarle en lo que él denomina «la generación rebelde en la literatura catalana» (1991: 10). Son la primera generación de la posguerra y tienen una formación oficial ligada a los valores políticos, sociales y morales de la dictadura franquista: «educación religiosa, represión sexual, nacionalismo españolista, anti-comunismo, autoritarismo, ley y orden social, importancia de la familia, etc.» (*ibid.*, 11). Sin embargo, su contexto inicial es la Cataluña de los años sesenta, donde como señaló Enric Bou, su generación encuentra estímulos y maneras de reaccionar contra esas cortapisas: apertura política suscitada por mejoras económicas, ecos de las revueltas estudiantiles en el extranjero, desacralización del uso monolingüe del catalán como acreditación, influencia de la cultura popular anglosajona, rechazo del realismo, cultura urbana, cosmopolitismo y una incipiente sensibilidad posmoderna (Bou 1988: 357-359). Ese ángulo posmoderno hallará numerosos cauces en el trabajo de Moix: la disolución de las fronteras entre lo popular y lo «culto», la creación de su personaje público, la mirada irónica hacia el cine o la canción popular como estrategia de subversión del discurso dominante, la convivencia en su escritura de registros marcadamente diferentes[1] o la defensa del mestizaje y de las sensibilidades marginadas. La convivencia de referencias a la canción popular, el cine de Hollywood o el cómic, con alusiones a la ópera o a los escritores canónicos se sitúa en un modo de entender la escritura y el arte del que Moix y sus compañeros novísimos fueron pioneros (Bou 1992). La adopción de los mitos de la cultura pop es, por un lado, descanonizante en cuanto a la literatura y, por otro, desestabilizadora frente a la rigidez de la cultura burguesa de la época. Algo similar sucede con la centralidad y la naturaleza transgresora de sus referencias a lo sexual, que son tanto auto-afirmación como rebelión frente a las cortapisas del entorno.

En un sugestivo ensayo sobre *La caiguda de l'Imperi Sodomita* (1976), Josep-Anton Fernàndez sostiene que la actitud de Moix, más que transgredir el canon de la literatura catalana, se propone pervertirlo: «his writing in general, and *La caiguda de l'Imperi Sodomita* in particular, can be heretical, irreverent and parodic, but never offensive; rather than confrontational, his strategy is that of seduction» (Fernàndez 1998: 75). El resultado de ese modo de operar es, como señala Fernàndez, la paradójica ubicación del autor, que se ha situado a un tiempo dentro y fuera del canon de la literatura catalana (*ibid.*, 75). Así, el uso de la estética *camp* con su énfasis en artificio, exceso, ironía y referencias a Hollywood es, para Fernàndez, «a medium and a strategy for surviving in a subordinate or marginal position within the field of cultural production» (*ibid.*, 72). En una línea similar, H. Rosi Song (2004) ha estudiado el uso del *camp* y de la cultura pop a partir del análisis de la trilogía de novelas de sátira social contemporánea —*Garras de astracán* (1991), *Mujercísimas* (1995) y *Chulas y famosas* (1999)— como elementos que favorecen originalmente la crítica social respecto a la cultura franquista y que con el tiempo contribuirán a la absorción del trabajo de Moix por la cultura de masas.

Una dimensión adicional de la capacidad de seducción de Terenci Moix tiene que ver con la configuración de su personaje público extravertido, propenso al juego, fascinado por la cultura popular, autodidacta,

---

[1] Pere Gimferrer se refirió a ello en su prólogo a *Mundo Macho* en 1972 y luego el propio Moix al hablar de las características de su obra: «una imperiositat de la fabulació, ja sigui en termes realistes com a la novel.la *El dia que va morir Marilyn*, ja sigui en complexes evasions cap a la fantasia i el desgavell, com a *Món Mascle* i a alguns contes de *La torre dels vicis capitals* i *La caiguda de l'Imperi Sodomita*» (Moix 1983: 84).

abiertamente gay[2] y capaz, además, de moverse con naturalidad en los mundos a veces distantes de la cultura catalana y la española, con obra relevante en ambas lenguas. En 1983 empieza a escribir en castellano y a partir de 1986, cuando recibe el Premio Planeta por *No digas que fue un sueño*, se convierte en un fenómeno de ventas y tiene una presencia frecuente en los medios de comunicación. Seguramente —tal como apuntó Josep Maria Castellet— ésa fue la razón principal para que siguiera escribiendo en castellano: la percepción de que se podía ganar más que escribiendo en catalán. La opinión de Paul Julian Smith es bastante diferente, ya que liga el pasarse al castellano a conflictos psicológicos profundos:

> Moix asocia la supervivencia de la lengua catalana en un tiempo de opresión con la continuidad de una línea paternal que es en sí misma opresiva. No es accidental el hecho de que finalmente llegue a repudiar la lengua «madre» y que escriba sus últimas novelas (y este volumen de memorias [*El cine de los sábados*]) en el castellano de adopción (Smith 1998: 42).

La simultánea consideración de Moix como *insider* y *outsider* en el mundo cultural catalán es también objeto de la atención de Josep Miquel Sobrer en su estudio sobre *El sexe dels àngels* (1998), novela que marcará en 1992 el regreso de Moix al catalán[3] y que Pere Gimferrer considera nada menos que «la principal aportación de mi generación a la literatura catalana» (1992: 10). En palabras de Sobrer, la novela es a un tiempo «homage to and a manifesto against his contemporary Catalan culture» (1998: 339). En su dimensión de *roman à clef*, la novela pasa revista tanto a los principales actores del mundo literario y cultural catalán, como a las figuras más relevantes del entramado económico y político del país. La guía de personajes y sus hipotéticos correlatos reales que propone Sobrer es sumamente útil.

La naturaleza poliédrica y variada de su producción[4] ha invitado una multiplicidad de aproximaciones críticas desde muy diversos enfoques.

---

[2] El primer autor en Cataluña y en España en presentarse como tal.

[3] Según indicó con cierto sarcasmo, fue su contribución a los fastos del año olímpico.

[4] Su producción abarca relatos: *La torre dels vicis capitals* (1968), *La caiguda de l'Imperi Sodomita i altres històries herètiques* (1976), *Lilí Barcelona i altres travestís* (1978), *Assassinar amb l'amor i altres contes dels anys seixanta* (1979); novelas: *Onades sobre una roca deserta* (1969), *El dia que va morir Marilyn* (1969), *Món Mascle*

La presencia central de homosexualidad, bisexualidad y travestismo en su escritura desde el principio cuestiona y trasciende los límites tradicionales de la identidad sexual. Arthur J. Hughes, en su análisis de *Nuestro virgen de los mártires* y *El amargo don de la belleza*, relaciona la presencia de personajes travestidos en ambas novelas con el «textual travestism» del uso de trasfondos históricos en sus obras de ficción, lo que les confiere cierta ambigüedad epistemológica. La naturaleza discursiva de la construcción de la identidad, el travestismo y el cambio de sexo insinúan que asumir y aceptar una identidad definida es comparable a la experiencia y el compromiso de la conversión religiosa, tal como la plantea Moix en *Nuestro virgen*: «Christian conversion, as portrayed in Moix's novel, is a textual strategy that attempts to erase previous outward markers with the aim of eliminating the uneasy ambiguity of the body» (Hughes 2006: 216). Paul Julian Smith trata de mostrar a partir del análisis de *El cine de los sábados*, el primer volumen de sus memorias (*El peso de la paja*), la precedencia en la escritura de Moix del arte sobre la naturaleza, o lo que es lo mismo, de la literatura y el cine sobre la vida. Smith recrimina a Moix que al evitar la historia y la identidad en la primera entrega de sus memorias, elude también el compromiso moral, definiendo su postura como «superficialidad con insolencia» (Smith 1998: 40). Smith le achaca evitar la historia y «las ineludibles cuestiones políticas planteadas por las identidades homosexuales» (*ibid.*, 49) y decantarse por el narcisismo. Smith acepta que el que plantea «no es un problema que parezca preocupar demasiado a Moix» (*ibid.*, 50). Nos

---

(1971), *Siro o la increada consciència de la raça* (1971), *Sadístic, esperpèntic i àdhuc metafísic* (1976), *Amami, Alfredo!* (1984), *Garras de astracán* (1991), *El sexe dels àngels* (1992), *Mujercísimas* (1995), *Chulas y famosas, o bien, La venganza de Eróstrato* (1999); libros de viaje: *Terenci del Nil* (1970), *Crónicas italianas* (1971), *Terenci als USA* (1974), *Tres viajes románticos: Grecia, Túnez, México* (1987); novelas históricas: *Nuestro Virgen de los mártires* (1983), *No digas que fue un sueño* (1986), *El sueño de Alejandría* (1988), *La herida de la esfinge* (1991), *Venus Bonaparte* (1994), *El amargo don de la belleza* (1996), *El arpista ciego* (2002); un ensayo creativo sobre su vida y obra *El sadismo de nuestra infancia* (1970); ensayos sobre cómic: *Los cómics, arte para el consumo y formas «pop»* (1968); música popular: *Suspiros de España: La copla y el cine en nuestro recuerdo* (1993); cine: *Introducció a la història del cinema, 1895-1967* (1967), *Hollywood Stories: sólo para amantes de mitos* (1971), *Mis inmortales del cine* (1996, 4 vols.); y más personales: *Sufrir de amores* (1995); memorias: *El peso de la paja*, en tres volúmenes: *El cine de los sábados* (1990), *El beso de Peter Pan* (1993) y *Extraño en el paraíso* (1998); y hasta teatro: *Tartan dels micos contra l'estreta de l'Ensanche* (1974); y también traducciones y adaptaciones teatrales.

aventuramos a proponer que de ser así, la razón es que la perspectiva de
Terenci Moix está más cerca de la que propuso Susan Sontag en su artículo seminal sobre el *camp*: «Camp is the consistently aesthetic experience
of the world. It incarnates a victory of "style" over "content", "aesthe-
tics" over "morality", of irony over tragedy» (Sontag 1966: 287). Robert
Richmond Ellis observa en su estudio del segundo volumen, *El beso de
Peter Pan*, que la percepción de Moix sobre esta supuesta necesidad de
compromiso parece evolucionar respecto al modo que apreció Smith en
el primero. Para Ellis, la fascinación con el cine no es mero escapismo,
pues hay una interconexión profunda entre la cultura cinematográfica
popular y la auto-representación gay: «positing gay sexuality not as an
essence but as a gaze through which the ostensibly natural constructions
of heterosexual ideology are denaturalized and rendered queer» (Ellis
1996: 8). Siguiendo a Edelman (1994), Ellis mantiene que dado que en el
cine la masculinidad se muestra representada —interpretada—, deja de
ser una esencia para convertirse en una apariencia. La masculinidad aparece así desestabilizada y lista para el *queering* que se opera mediante
la mirada gay. Ése es el proceso que en este tomo de sus memorias lleva
a cabo Moix respecto a las películas de su infancia: la interpretación de
ciertos personajes o relaciones presentes en ellas como homosexuales.
Es un procedimiento que Ellis llama «re-representación» (*ibid.*, 12) y el
cual Moix cuestiona lo que en el artículo se denomina «the ideology of
identity on which heterosexual hegemony is founded» (*ibid.*). McGovern
(2004) se ha ocupado también de la subversión que se opera mediante
la mirada *camp* en *Mujercísimas* y *Garras de astracán*. El *queering* y el
camping de la cultura popular se presentan como la lectura que de los
códigos dominantes lleva a cabo una cultura marginal. En su estudio de
lo que él considera libros marcados por el *camp* —*Mujercísimas, Garras de astracán* y *Amami, Alfredo! (Polvo de estrellas)*— McGovern,
siguiendo a Josep Anton Fernàndez, señala la importancia del arte y de
los modelos del cine de Hollywood para cuestionar la supremacía de la
identidad nacional en beneficio de la sexual: «Moix's camp works play
with the very concepts of identity, placing sexual identity, and the role of
the artist, in a position far superior to that of national identification and
national identity» (2002: 373).

Las numerosas referencias al cine en sus memorias y el papel de éste
en la configuración del Terenci niño, adolescente y joven (todavía conocido por aquel entonces como Ramón, su nombre de pila) han interesado

también a Jo Labanyi, por lo que pueden aportar respecto a la mediación del cine en la recuperación de la memoria. Su estudio se concentra en los dos primeros tomos de las memorias, particularmente en las referencias a las películas americanas de los cuarenta y cincuenta y a cómo éstas participan en la «autoconstrucción» del autor. A Labanyi le interesan tanto las alusiones explícitas a las películas, como las descripciones de Moix de los cines en que las presenció y hasta las imágenes en los anuncios de películas que recortaba de pequeño. Se trata de rastrear en ellas «la referencia histórica indirecta» (Labanyi 2005: 157). Las memorias de Moix son relevantes por ofrecer «una visión de la historia basada no en el empirismo —la reconstrucción de los hechos— sino en el intento de captar las huellas emocionales —corporales— dejadas por un pasado que no se puede reproducir directamente» (*ibid.*, 168). Otros estudios relacionados con sus memorias son los de Vázquez-Rosino (1997), que ha sintetizado algunos de los contenidos de los dos primeros volúmenes, y el de Philippe Merlo (2001) que ha analizado el papel de París en el tercer volumen, *Extraño en el paraíso*. La ciudad francesa ha sido idealizada por el protagonista desde la España franquista y cuando al visitarla debe confrontar la realidad detrás del mito reacciona con cierta hostilidad. La experiencia no es en vano, pues como observa Merlo, allí se producirán numerosas iniciaciones y descubrimientos, tanto en lo personal como en lo artístico, que llevaran al protagonista a un análisis profundo de su propia identidad (2001: 253). En otro artículo sobre las novelas históricas de Moix, Merlo se ha propuesto averiguar si éstas revelan cierta «postmodernité littéraire» (1996). Lo hace a propósito de *Venus Bonaparte* y concluye que sí, por la reconfiguración del pasado a partir de una investigación rigurosa de los personajes y las situaciones históricas, así como por la mezcla de estilos y de géneros en su escritura (1996: 169).[5]

---

[5] *No digas que fue un sueño* ha sido estudiada en el contexto de la teoría literaria de la novela histórica, pero completamente desvinculada del resto de la obra del autor (Cortés Ibáñez 1996). Otro curioso estudio que tiene por objeto la misma novela es un exhaustivo análisis lingüístico de dos de sus páginas (Fuentes Rodríguez 1992). La fascinación de los lingüistas con Moix prosigue en un artículo que enumera y clasifica los anacronismos «con clara intencionalidad literaria» de *Nuestro virgen de los mártires* (Romera Castillo 1985: 313).

El día que murió Marilyn contiene muchos de los temas que Moix desarrollará en su trabajo posterior y que nos interesan además por articular algunas de las pulsiones centrales de la transición cultural de los sesenta y setenta. La novela ofrece desde numerosos ángulos una aproximación al abigarrado universo Moix, marcado por la transgresión, la centralidad de la homosexualidad y las complejidades de la identidad sexual, los conflictos entre el mundo tradicional y la vocación cosmopolita, la tensión entre el compromiso y el escapismo, la ubicuidad de las referencias al mundo del cine norteamericano clásico, y el rechazo de las imposiciones morales de la religión, entre otros. Hay además otra cuestión que otorga a *El día que murió Marilyn* una posición central en el conjunto de la obra de Moix: la relación tan peculiar que el autor ha mantenido con esta novela durante décadas y que ha llevado a la existencia de numerosas versiones del texto. La primera es de 1969 y está en catalán; al año siguiente se publica una traducción al castellano de José Miguel Velloso; en 1984, Terenci Moix revisa esa versión castellana y publica una edición revisada que él consideraba superior al original catalán de 1969; en 1996 publica una edición «definitiva» en catalán y otra en castellano en 1998. Hay que recordar también que Moix empezó a escribir su libro en castellano,[6] aunque luego, aconsejado por Maria Aurèlia Capmany y Joaquim Molas, cambió de opinión y lo reescribió en catalán. Otra alteración significativa antes de la publicación fueron las amputaciones de la censura franquista y la autocensura de quien se sabía enfrentado a ella. Si consideramos que empezó a escribirla en 1962 y que en 1998 publicó la edición definitiva en español, la escritura y subsiguientes revisiones abarcan 36 años de la vida literaria de su autor. Manfred Tietz (2002) ha comparado la versión revisada en castellano del 1984 y la definitiva en catalán de 1996. La principal estrategia usada por Moix es la depuración formal, la «poda». La eliminación de elementos considerados superfluos o excesivamente barroquizantes fue también el *modus operandi* en el paso de la versión castellana del 1970 a la del 1984, además de la castellanización de los catalanismos que por deseo del autor habían poblado la traducción original (Moix 1984: 8) y de la reinclusión de lo que la censura o la autocensura habían extirpado en el 1969 y el 1970. Un trabajo acaso más revelador —por tratarse de dos ediciones *definitivas* del mismo autor en lenguas diferentes— debería ocuparse de las diferencias

---

[6] El libro se llamaba entonces *El desorden*.

entre la del 1996 y la del 1998 y explorar su etiología. Nuestro trabajo aquí con ambas ediciones revela algunas diferencias significativas.

Leer el prólogo de Terenci Moix a la edición de 1984[7] revela un desdoblamiento significativo. Moix ante su novela[8] expresa una idéntica modalidad de la nostalgia a la que el personaje Bruno —protagonista del libro— revela cuando regresa a Barcelona y escribe su relato sobre el pasado. Dice Terenci Moix:

> Los niños pasan con los veranos, los veranos mueren con los hombres, los sueños se modifican como los ancianos... Sólo permanece el espectro vivo de esta ciudad mía, Barcelona-mito, evocada permanentemente desde el último rincón de mi quimera alejandrina. Sólo queda una inmensa, monstruosa noche que se cierne sobre una feria de belenes, a la que acudo con otros niños mientras corrijo entre lágrimas auténticas el recuerdo que fue mío y ya es de otros (1984: 10).

Bruno, al iniciar su relato, expresa similar desazón ante el paso del tiempo: «el arte sólo es una búsqueda del recuerdo, y el recuerdo la confirmación del inútil absurdo de existir» (*ibid.*, 25, *12*).[9] Como para el autor, la ciudad (o su mito) es para Bruno el ancla frente a la pérdida y el pasado que hiere: «la ciudad se me apareció tal como había sido, no antes ni ahora, sino como yo la había creado muy adentro de mi odio y mi amor hacia ella: de lo mucho que la odiaba y la adoraba y la soñaba» (*ibid.*, 32-33, *17-18*). Esa nota de nostalgia con que se abre la novela introduce un tono que va a dominar el libro y que alternará con el desencanto.

Moix organiza en cinco apartados (llamados libros) los recuerdos en primera persona de cuatro personajes: Bruno, eje de la historia, que escribe dos de las cinco partes, Jordi su amigo homosexual, y Amèlia y Xim Quadreny, los padres de Bruno. En una introducción previa a los cinco libros, Bruno recuerda los veranos de los cincuenta en Sitges, antes de su ruptura con la familia en 1962 y de su regreso en los ochenta, cuando escribe su historia. Para entonces, ha interiorizado que lo único

---

[7] Republicado con ligeras revisiones en la edición de 1998 como epílogo.

[8] En 1984, veinte años después de su primera redacción en Plaxtol y Londres en agosto de 1964.

[9] En adelante, todas las citas del libro se referirán a esta edición. En cursiva, la página correspondiente a la edición catalana definitiva (Moix 1996).

constante es la soledad y el paso del tiempo. Según Bruno, ni de la una ni
del otro podemos escaparnos, y la literatura, implicada en el proceso de
recuperar el pasado, se siente también inútil, como observamos en la cita
previa sobre la cercanía entre Moix al editar y Bruno al escribir.

En el libro, Taüll y París representan la inmanencia y también los dos
polos esenciales de la historia: el pasado y el futuro, lo que hemos sido
y lo que queremos ser, lo tradicional y el impulso cosmopolita y hasta,
alargando un poco la metáfora, el *seny* y la *rauxa*. Por el contrario, como
sucede con Bruno, Jordi y Amèlia, Sitges y Barcelona son espacios que
se han transformado. Así, Sitges pasa en dos décadas de ser el entorno
estable de una población de pescadores a acoger la *rauxa* de las orgías
veraniegas de los turistas, para desolación de Xim Quadreny, padre de
Bruno y encarnación de los valores de la nueva burguesía enriquecida:

> la sana alegría del verano de tres meses fue sustituida por el desenfreno
> libertino de los quince días de vacaciones, la paz sustituida por la ira de ver
> nacer un mundo en el que no podíamos tomar parte, porque quedaba lejano,
> inalcanzable, y sólo dejaba la puerta abierta a los más jóvenes, nuestros
> hijos, a quienes, por otra parte, había que salvar de tanta corrupción (Moix
> 1998: 491, *286*).

Como será habitual en el resto de su trabajo, la abundancia de referencias a tebeos, cine y música popular en *El día que murió Marilyn* los
presenta como repositorios de la memoria. Además de formar su mirada
y configurar sus recuerdos, el cine es un modo fácil de evasión de la
mediocridad y la asfixia que rodea a los jóvenes protagonistas.[10] La otra
evasión, la física, no llegará hasta el final, cuando, tras un episodio entre
traumático y esperpéntico en casa de los Llovet, Bruno y Jordi se mar-
chan a París.

La vuelta de Bruno a Barcelona tras sus años en París no es únicamen-
te la recuperación de un espacio; sus memorias, como las del resto de
personajes, están adheridas a las calles y las casas en que vivía:[11] «Todas

---

[10] Jorge Marí ha estudiado la influencia del cine en la novela: «el cine norteamericano mediatiza las percepciones de Bruno y otros personajes, guía sus deseos y su
imaginación, les ofrece símbolos y metáforas que condensan su memoria y organizan
sus discursos narrativos» (Marí 2000: 245).

[11] Esas calles de la nostalgia de Bruno y Amèlia son también el espacio vital del
Terenci real, que nació y vivió hasta su muerte en esa misma zona de Barcelona, a pesar
de largas temporadas en otros lugares.

son grises, las tardes de mi ciudad de los años cuarenta y los dos primeros del cincuenta. Nunca me cansaré de repetirlo: todas son Barcelona. Y
Barcelona soy yo» (Moix 1998: 169, *116*). La identificación de los personajes con los espacios y cierto determinismo geográfico que recorre la
novela parecen cuestionar la posibilidad de escapar del entorno, lo cual,
después de todo, es el desenlace de la historia de Bruno y Jordi. Elke
Sturm-Trigonakis (1996) ha explorado el papel de Barcelona en el libro
y concluye que la ciudad que presenta Moix, por un lado, es diacrónica,
ligada a las vivencias de diversos personajes en varios momentos de su
vida, y, por otro, toma forma a partir del recuerdo.

Para Amèlia, la madre de Bruno, el pasado perdido se materializa en
una calle y una casa, que la conectan con su infancia y su juventud. En
su relato, que ocupa el primer libro, el presente es la constatación de una
pérdida. Su espacio de la infancia, fronterizo entre el Barrio Chino y el
Ensanche, es ahora irreconocible para ella: «¿quién iba a pensar que al
dejar nosotros la calle la invadiría aquella gentuza grasienta, llena de
piojos y sin pizca de modales?» (Moix 1998: 42, *25*). En su vida adulta,
las mejoras materiales que justifican la existencia de su marido no han
hecho que aumente su felicidad: «aquella menestrala de entonces me parece más feliz de lo que es ahora la respetada esposa del rico Quadreny»
(*ibid.*, 45, *27*). La Amèlia que escribe su historia vive instalada en el desamor y el desencanto y está atrapada por las convenciones que dictan lo
que debe suceder en una «familia cristiana»: aceptar la sórdida tendencia
de su marido a frecuentar prostitutas y sufrir en silencio. Su nostalgia es
por la Barcelona de antes de la guerra: «¡Qué bonita era aquella ciudad
tan llena de colores y luces […]. Hasta los extranjeros decían que la
ciudad era como una sucursal de París» (*ibid.*). La existencia gris de la
posguerra y la pobreza ambiental la instalan en la añoranza:

> Calles antes exultantes de colores, luz, música y una multitud que parecía
> vomitada desde todas las encrucijadas del mundo; calles de nuestra juventud
> (porque aunque sólo tenía veinticuatro años, nada conseguiría que pudiera
> volver a ser joven), convertidas de repente en un decorado muerto, una espe-
> cie de cementerio poblado por habitantes condenados al aburrimiento y, de
> rechazo, al pesimismo. Un pesimismo que ninguna alegría nueva conseguirá
> aliviar (*ibid.*, 122-123, *84*).

El libro cuarto da la voz a Xim Quadreny, marido de Amèlia y padre de Bruno. Su relato en primera persona hace aún más flagrantes sus limitaciones y las del tipo de personas a las que representa. Su hipocresía resulta incontestable cuando afirma: «jo sóc un home que creu que la família és la base del món i de·la societat i, no em cansaré de repetir-ho, seria incapaç de viure sense la família al meu costat» (Moix 1996: 268).[12] Es una afirmación hiriente en un hombre que frecuenta prostitutas, tiene una amante y no ayuda a su hermano Sebastià por ser «rojo».

La tensión generacional que enfrenta a Bruno y Jordi con sus padres (Xim y Amèlia Quadreny y Jordi y Rosa Llovet) es un eje conductor del relato. La incomprensión de los adultos va a facilitar la complicidad entre los jóvenes, aunque la falta de entendimiento también va en la otra dirección y la experimentan los padres, que suelen manifestar extrañeza respecto a la nueva generación. Amèlia, por ejemplo, protesta por la complejidad de los jóvenes actuales: «os complicáis en toda clase de rebeldías, queréis ser trascendentales a toda costa y presumís de angustia y estupideces parecidas» (Moix 1998: 43, 26). Dos carencias separan y hasta enfrentan a jóvenes y viejos en la historia. Los primeros, no hicieron la guerra; los segundos «no van fer la universitat»[13] (Moix 1996: 303). Frente a la existencia garantizada (como herederos de los negocios respectivos) que les ofrecen sus padres, Bruno y Jordi demandan esencia. Sus ambiciones están avivadas por una vida intelectual rica y por el deseo de crecer espiritualmente. Los adultos están marcados por las concesiones y los compromisos que han aceptado para medrar en la posguerra y parecen obsesionados por sus logros materiales. Su distancia de los valores de los hijos, la nueva generación, no podría ser mayor. En palabras de Xim Quadreny: «jo sempre he dit que, la gent, com més cultura pitjor»[14] (ibid., 268). Los jóvenes se enfrentan a un futuro incierto, pero cuentan con sus sueños y fantasías, alimentados por películas y

---

[12] Esta frase y el párrafo que la contiene no aparecen en la versión definitiva en español (ver Moix 1996: 377). «Yo soy un hombre que cree que la familia es la base del mundo y de la sociedad, y no me cansaré de repetirlo: sería incapaz de vivir sin la familia a mi lado» (traducción mía).

[13] Literalmente: «no hicieron la universidad». En la versión en español se pierde el juego «*hacer* la guerra / *no hacer* la universidad»: «ellos no pasaron por la Universidad» (Moix 1998: 423).

[14] Esta frase y el párrafo que la contiene no aparece en la versión definitiva en español (ver Moix 1996: 377). «Yo siempre he dicho que la gente, cuanta más cultura, peor» (traducción mía).

lecturas. La Guerra Civil, por referencias indirectas en conversaciones domésticas, va a convertirse durante la infancia de Bruno y Jordi en sedimento de su propia existencia: «la guerra empezó siendo una leyenda y, poco a poco, se convirtió en nuestra propia historia» (Moix 1998: 257, *178*). La contienda será un elemento del imaginario paternal que, como las películas de Hollywood, se incorporará al suyo, aunque la lectura en ambos casos será diferente de la que hacen los padres. Los jóvenes, dentro y fuera de la novela, deberán reescribir la historia y reconfigurar la herencia cultural heredada.

Bruno y Jordi echan en cara a los mayores el haber aceptado con entusiasmo las imposiciones del franquismo, y hasta haber abandonado su lengua. La rebelión de los jóvenes hace más palpable el sometimiento de la generación anterior. Bruno y Jordi, al escapar de la confortable opresión de la familia, modelan la rebelión que los padres no llevaron a cabo respecto a la dictadura. El rechazo de los valores recibidos no está exento de complejidades y contradicciones: la mala conciencia para los hijos viene de que esa generación cuyos valores desprecian es la que les ha garantizado el bienestar y los medios para llegar a ser burgueses antiburgueses. «Sin el bandolerismo de papá, Jordi Llovet no existiría» (Moix 1998: 299, *211*), escribe Jordi, y Bruno reconoce: «Brotados de la muy evolutiva evolución de la clase media, gozábamos ahora la paradoja de encontrarnos convertidos en burguesía nueva, que no quería mirar hacia atrás ni hacia delante» (*ibid.*, 437, *312*). En una conversación de café con Cristina, su compañera de convicciones políticas en la universidad, Bruno parece despojarse de su gran contradicción interna, una toma de conciencia que es casi una versión paródica de la de Jordi cuando acepta su condición de homosexual (*ibid.*, 331, *234*):[15]

> Es que soy un burgués. Soy un pequeño burgués de una ciudad eminentemente burguesa. Juego al marxismo, reparto panfletos en la universidad, no falto a ninguna huelga y, en el fondo… más a flor de piel de lo que pienso, dominándolo todo como una predestinación que no tiene remedio, se oculta el producto de mi ciudad burguesa. De la sociedad que me parió, ¿sabes? Y me gusta (*ibid.*, 515, *371*).

---

[15] Y recuerda también uno de los conflictos principales en *Últimas tardes con Teresa* (1966), de Juan Marsé.

La rebeldía no se limita a la que proyectan los hijos respecto al mundo burgués y vacío de los padres. Cuando, antes de la boda, la esposa del hermano de Xim advierte a Amèlia de que va a casarse con un hombre poco serio y mujeriego, ella responde que se desean y que con él sueñan con marcharse y alejarse de gente como ella. Para Xim, ésa sería una gran rebeldía, incapaz como había sido de perseguir su primera gran ilusión: «su gran sueño había sido ser pianista, pero que su padre lo obligó a entrar en el negocio y adiós al sueño» (Moix 1998: 93, *63*). En la familia del padre, los Quadreny, hay al menos dos personas que sí han estado a la altura de sus ilusiones: Sebastià, el hermano republicano que morirá fusilado en una cárcel fascista, y Nuri, que abandona los hábitos de monja para irse a vivir a Roma con Gloria Consolador, «aquella cubana tan viciosa» (*ibid.*, 117, *80*). Xim Quadreny medrará social y económicamente, pero no por ampliar sus miras, sino por limitarlas. Como él mismo confiesa, las únicas realidades que le interesan son la comida y el dinero (*ibid.*, 260, *180*). Con el dinero llegará la casa de Sitges, el piso nuevo «de damunt de la Diagonal» «encima de la Diagonal» (*ibid.*, 435, *311*) y los abonos al Liceu y al campo del Barça, en tiempos en que los nuevos ricos renuncian al catalán por no considerarlo «fino». El padre de Jordi, de origen campesino, creará una editorial con la que acumulará dinero olvidándose de toda consideración ética, como descubren el propio Jordi y Bruno cuando trabajan allí en sus tiempos de estudiantes.

El desvanecimiento de las ilusiones puestas en el marido llevará a Amèlia a la indiferencia, más que al enfrentamiento. Ella también acabará por tener un amante y el descubrimiento por parte de Bruno de la situación y de la «irremediable inutilidad» (*ibid.*, 260, *181*) del padre, marcará la pérdida de inocencia que determina el final de la infancia. Más tarde, cuando ya cerca de los veinte años esté próximo a rebelarse él mismo y a abandonar a su familia para huir con Jordi a París, será mucho más comprensivo con las transgresiones de la madre y de Jordi: «acepté su corrupción en la única dimensión posible y también a partir de la justificación que siempre tienen, de antemano, todas las corrupciones: su derecho profundo a existir como elemento primario de destrucción del orden artificial impuesto por la sociedad» (*ibid.*, 444, *318*). La afirmación es toda una declaración de intenciones que podemos trazar en mucha de la trayectoria personal y profesional de Moix.

Stewart King ha estudiado *El día que murió Marilyn* desde la perspectiva de los estudios poscoloniales (2004). Su lectura de la novela es la de una representación literaria que trata de «resist Castilian cultural hegemony via the articulation of a Catalan point of view» (King 2004: 45).[16] La estrategia será recuperar la identidad personal y cultural y estará en manos de los hijos. Su actitud servirá para revelar la complicidad de la generación de los padres en la opresión franquista. Bruno visita también la importancia de la lengua catalana y su literatura para el mantenimiento del patrimonio cultural que a partir de cierto momento reconoce como suyo. Hablar y pensar en una lengua y leer y estudiar en otra era una contradicción asumida que de repente le resulta molesta. Es entonces cuando siente la conexión con quienes le han precedido y entiende la supresión cultural dictada por el poder franquista, y asumida por una parte de la nueva burguesía catalana, como una amputación personal: «Que las heridas abiertas en la historia que me fue negada, eran la herida a partir de la cual yo podría nacer a la verdadera Historia, la única que podía ser mía» (Moix 1998: 456-457, *327*). Con todo, nos inclinamos por la percepción de Teresa Vilarós, que considera la posición de Moix, desde sus años de la *gauche divine*, como «posnacionalista» (Vilarós 2000: 179), con un Terenci Moix más seducido por una visión cosmopolita del mundo y la cultura que por los rigores del nacionalismo burgués. Un artículo de Merlo a propósito de *El sueño de Alejandría* parece aportar argumentos adicionales en la misma línea. El crítico defiende la presencia en la novela de Roma y Alejandría como personajes humanizados. Al final de su estudio, Merlo sugiere una lectura en la que «Rome et Alexandrie sont deux facettes d'un espace bipolaire que serait Barcelone, et l'empereur Octave semble n'être autre que M. Jordi Pujol en personne» (Merlo 1995: 240). Basa su interpretación en algunas afirmaciones de Terenci Moix en que comparó la formación de Barcelona con el mestizaje de Alejandría y al presidente de la Generalitat entre 1980 y 2003 con el emperador Augusto: «La política triunfalista de Augusto es muy parecida, en ciertos aspectos, al triunfalismo de Pujol. Augusto glorifica el imperio y Pujol glorifica Cataluña, con limpieza de sangre incluida» (citado por Merlo 1995: 241).

Josep-Anton Fernàndez, autor del estudio más ambicioso sobre género y sexualidad en Moix, ofrece un argumento adicional sobre el compro-

---

[16] Hughes, que ha explorado el tema de la violencia a propósito de *Món mascle*, considera que ese libro «can be read allegorically as Francoist Spain's kidnapping and re-education of Catalan culture and identity» (2004: 967). El procedimiento que Moix usa es la transferencia de la violencia del ámbito sagrado de la religión al mundo profano.

miso nacionalista. Según Fernàndez, la posición de Terenci Moix como
el primer autor abiertamente homosexual en Cataluña le sitúa doblemente al margen, tanto por su identidad sexual, como por la preeminencia
en la sociedad catalana de otros discursos que construyen identidades:
«the discourses on identity in Catalan culture are centered on nacionality
and class, at the expense of other crucial categories such as gender and
sexuality» (2000: 14). Sin embargo, según su análisis, Moix consigue
enlazar en *El día que murió Marilyn*

> three seemingly disparate spheres: firstly, Catalan history, more speci-
> fically the construction of national identity, seen against the social back-
> ground of the post-Civil War period; secondly, the cultural transformation
> that Catalonia experienced in the 1960s, mainly the emergence of pop cul-
> ture; and finally, sexuality and homosexual desire in particular (*ibid.*, 15).

El modo en que, según Fernàndez, Moix lleva a cabo el ensamblaje
de esas tres aproximaciones tiene que ver con una estrategia doble: la
«libidinización» de la historia de Cataluña y una predilección por la genealogía sobre la historia.

Los conflictos externos aparecen interiorizados en los personajes clave del relato y, entre todos, el que emerge como central será el de la identidad sexual, plasmado en el progresivo descubrimiento y aceptación de
Jordi de su homosexualidad, que ocupa el tercer libro y se resuelve en
el quinto. Si Amèlia había desembocado en la indiferencia, abocada por
el desamor y la hipocresía, Jordi se enfrenta a la incomprensión y a la
marginación con algo más de suficiencia:

> Después, la reacción de esta sociedad vuestra me obligó a asumir que la
> razón estaba de vuestra parte. Pero ya era demasiado tarde para retroceder y
> la soledad sería mi único remedio. ¿Pero sabes que ya no me importaba? Mi
> evolución desde el dolor hasta el cinismo me inmunizaba contra los ataques
> de esas personas increíblemente felices que un día se casan y tienen hijos
> que esperan con ilusión los juguetes de los Reyes… *esas personas, todos
> vosotros, que dan a la normalidad sus aspectos más pavorosos* (Moix 1998:
> 271-272, *191*).[17]

---

[17] El fragmento en itálicas no aparece en la versión definitiva en catalán.

En la pubertad, la noción del pecado y la obsesión con las historias de mártires se entretejen con el despertar de la sexualidad de los jóvenes protagonistas (y acaso también del autor), lo cual crea una combinación en la que seguramente está la base de la frecuencia de referencias sado-masoquistas en éste y en otros de sus libros. Forrest ha estudiado cómo cierta inclinación masoquista en la narrativa de Terenci Moix tiene su origen en los martirios y sacrificios que fascinaban al niño educado en la ortodoxia católica de la época (1977: 390). Escribe Bruno:

> Els meus somnis de nen es van metamorfosar en deliris martirològics alimentats per aquells llibrets, *més sàdics que no pas sagrats, més productors de masoquismes que no pas inspiradors de mística, recomanats especialment per a la infantesa i que, a partir dels onze anys, tot cercant una inspiració de caire religiós, ens donen una curiosa raó per masturbar-nos en nom de Crist* (Moix 1996: 134).[18]

En Sitges se sedimentará para Bruno y Jordi la atracción por el paganismo de los cuerpos. Allí conocen y observan a Arturu, extravagante homosexual, y a Gene, ansiosa por entrar en el mundo social que él domina. Ambos forman una pareja poco convencional, ocupada en exhibirse. El efecto en Bruno es poderoso: «Me producían una sensación que hubiera podido contener deseo pero que era, de hecho, mi primera consagración a una especie de tendencia hacia el paganismo: mi gran descubrimiento de belleza condenada a existir y consumirse sólo a partir de sí misma» (1998: 240, *165*). Para Jordi, el sexo solitario desde la infancia será una forma de desahogarse y de conjurar la atracción por las imágenes de los cuerpos desnudos de los mártires —frecuentemente San Sebastián— (*ibid.*, 269, *190*). Lo que percibe como desprecio social al saberse diferente y frecuentar a su amigo homosexual Andreu, le lleva a fortalecerse contra la presión externa. En la adolescencia, Jordi hablará sobre su diferencia sexual con Joaquim Benlloc, un autor a sueldo de su padre en la editorial, y también con su amigo Bruno. El primero, inca-

---

[18] La versión en español está sustancialmente edulcorada, con la eliminación del fragmento en cursiva. La traducción es mía. «Mis sueños de niño se metamorfosearon en delirios martirológicos alimentados por aquellos libritos, *más sádicos que sagrados, más productores de masoquismos que inspiradores de mística, recomendados especialmente para la infancia y que, a partir de los once años, buscando una inspiración de tipo religioso, nos dan una curiosa razón para masturbarnos en nombre de Cristo»* (ver p. 195 de la edición definitiva en español [1998]).

paz de entenderle, le recomienda que olvide sus tribulaciones en brazos de una mujer, en tanto que el segundo le mostrará su amor y su apoyo: «Pero te quiero más que a nadie y, ahora mismo, daría la vida por poder ser como tú. Así podría ofrecerte todo el amor que te faltará siempre, así no estarías solo… y, después, que el mundo nos castigara a los dos. Pero ya ves: lo único que puedo hacer por ti es decírtelo» (*ibid.*, 314, *222-3*). Cuando Jordi acepta su condición de homosexual está todavía atormentado por la idea del pecado y el vicio y trata de superarlo defendiendo que sus relaciones serán puras, pues el móvil será el amor. Al final, tras una visita a uno de los bares que denigraba antes y sucumbir al deseo en un encuentro amoroso con un desconocido, se siente súbitamente liberado de sus rémoras religiosas y se lo cuenta en una carta a Bruno: «Que Dios me perdone, si acaso. Pero no puedo arrepentirme, y tal vez ni siquiera lo deseo. Seguramente soy un maricón que está contento de serlo» (*ibid.*, 331, *234*). Observar y ser confidente privilegiado de las dificultades y los conflictos de Jordi para aceptar su sexualidad lleva a Bruno, al hablar de Carlitus —el hermano que murió en la infancia—, a reconocerlo como una persona nunca asediada por los conflictos que han plagado su juventud:

> Nunca fue adolescente: nació niño y al morir era hombre prematuro; desconoció el sabor sublime de la locura, de los inconformismos anárquicos, de las preguntas angustiadas que yo y mis compañeros nos formulábamos sin cesar. Carlitus, ¡cómo olvidarlo!, fue un árbol que siempre permaneció puro porque no tenía sexo (*ibid.*, 468, *335*).

Bruno, como el Peter Pan de las memorias de Moix, pondera las ventajas de no crecer y la posibilidad de escapar un entorno hostil. El crecimiento de Bruno viene marcado por el descubrimiento de que los Reyes no son los padres, en un sentido literal y figurado, y por la disidencia con las figuras de autoridad en la escuela religiosa. El paso de una infancia imbuida de la ortodoxia católica ambiental, a la evaporación del sentimiento religioso al llegar a la juventud será, como Bruno intuye, otra de las referencias importantes del cambio de paradigma de la época: «una generación crecida en la extrema piedad de las ocasiones del colegio y que, súbitamente, sin que nadie se lo explicara, descubría que los santos y las vírgenes intuidos en la infancia y la adolescencia empezaban a no servirle de nada» (*ibid.*, 478, *344*).

El día que murió Marilyn contiene los modos y las obsesiones que van a reaparecer una y otra vez en la escritura posterior de Moix. El libro explora y prefigura además asuntos que serán cruciales para abrir una sociedad autocrática, tradicional y cerrada, a la nueva realidad de una democracia moderna, integrada en Europa. Si hubiera que resumir, podríamos concentrarnos en tres temas: la rebelión frente al poder, que en el libro aparece metaforizada en el enfrentamiento entre Bruno y Jordi y sus padres, el cuestionamiento de los valores religiosos heredados y la apertura mental respecto a todas las formas de la sexualidad. La novela de Moix identifica y visualiza en 1969 los ámbitos del cambio que aguardan al país en su camino a la normalización democrática: nuevas relaciones con el poder, con la religión y con la sexualidad. Asoma además entre sus páginas el fantasma del desencanto, que suele ser un efecto secundario de los cambios rápidos. Su escritura en *El día que murió Marilyn* confronta también un problema que ha asediado a la democracia desde su origen: ¿qué hacer con las memorias desagradables? A su manera, tanto con su obra como con su persona y en momentos en que no era fácil hacerlo, Terenci Moix se anticipó a los tiempos y ayudó a descorrer las cortinas mentales de un país todavía gris, antes de que el cambio fuera algo por lo que se pudiera votar.

BIBLIOGRAFÍA

BOU, Enric (1988): «IX. La literatura actual», en Martín de Riquer, Antoni Comas y Joaquin Molas (eds.): *Història de la literatura catalana*, Barcelona: Ariel, pp. 355-419.

— (1992): «Sobre mitologías (A propósito de los "novísimos")», en Joan Ramon Resina (ed.): *Mythopoesis: literatura, totalidad, ideología*, Barcelona: Anthropos, pp. 191-200.

BUCKLEY, Ramón (1991): «La generación rebelde en la literatura catalana», *Revista de Lengua y Literatura Catalana, Gallega y Vasca* 1, pp. 11-14.

CORTÉS IBÁÑEZ, Emilia (1996): «*No digas que fue un sueño*: El ocaso del esplendor egipcio», en José Romera Castillo, Francisco Gutiérrez Carbajo y Mario García-Page (eds.): *La novela histórica a finales del siglo XX. Actas del V Seminario Internacional del Instituto de Semiótica Literaria y Teatral de la UNED, Cuenca, UIMP, 3-6 de julio, 1995*, Cuenca: Visor (Biblioteca Filológica Hispana 26), pp. 189-99.

EDELMAN, Lee (1994): *Homographesis: Essays in Gay Literary and Cultural Theory*, New York: Routledge.

ELLIS, Robert Richmond (1996): «Looking queer in *El beso de Peter Pan* de Terenci Moix», *España Contemporánea* 9. 2, pp. 7-24.

FERNÀNDEZ, Josep-Anton (1998): «Perverting the canon: Terenci Moix's *La caiguda de l'imperi sodomita*», *Tesserae: Journal of Iberian and Latin American Studies* 4.1, pp. 67-76.

— (2000): *Another Country: Sexuality and National Identity in Catalan Gay Fiction*. London: Maney Publishing for the Modern Humanities Research Association.

FORREST, Gene Steven (1977): «El mundo antagónico de Terenci Moix», *Hispania: A Journal Devoted to the Teaching of Spanish and Portuguese* 60. 4, pp. 927-935.

FUENTES RODRÍGUEZ, Catalina (1992): «La cohesión y la coherencia textual, claves en el análisis e interpretación de textos», en Catalina Fuentes Rodríguez, Manuel Ariza y Antonio Sancho Royo (eds.): *Problemas y métodos en el análisis de textos*, Sevilla: Universidad de Sevilla, pp. 123-145.

GIMFERRER, Pere (1992): «Prólogo», en Terenci Moix (ed.): *Lleonard, o, el sexo de los ángeles*, Barcelona: Planeta (Colección Autores españoles e hispanoamericanos), pp. 9-11.

— (2003): «Pròleg», en Terenci Moix (ed.): *Tots els contes*, Barcelona: Columna, pp. 9-11.

HUGHES, Arthur J. (2004): «Demystification and sacrificial thinking: Violence in Terenci Moix's *Món mascle*», *Modern Language Review* 99. 4, pp. 954-967.

— (2006): «Literary cross dressing: Terenci Moix's *Nuestro virgen de los mártires* and *El amargo don de la belleza*», *Revista Canadiense de Estudios Hispánicos* 30. 2, pp. 205-224.

KING, Stewart, Jeff BROWITT y Stewart KING (2004): «Catalonia and the postcolonial condition», en *The Space of Culture: Critical Readings in Hispanic Studies*, Newark (DE): University of Delaware Press (Monash Romance Studies), pp. 39-53.

LABANYI, Jo (2005): «El cine como lugar de la memoria en películas, novelas y autobiografías de los años setenta hasta el presente», en Jo Labanyi, Joan Ramon Resina y Ulrich Winter (eds.): *Casa encantada: lugares de memoria en la España constitucional (1978-2004)*, Frankfurt/ Madrid: Vervuert/Iberoamericana (Estudios de Cultura de España 6), pp. 157-171.

MARÍ, Jorge (2000): «La astronomía de la pasión: Espectadores y estrellas en *El día que murió Marilyn* de Terenci Moix», *MLN* 115. 2, pp. 224-247.

McGOVERN, Timothy (2002): «Terenci Moix and queer identities: The intersection between national and sexual identification and character», *Letras Peninsulares* 15.2, pp. 359-376.

— (2004): «The subversive processes of camp production in the novels of Terenci Moix», en *Tesserae: Journal of Iberian and Latin American Studies* 10.1, pp. 45-59.

MERLO, Philippe (1995): «À la recherche de la ville mythique dans l'œuvre de Terenci Moix (à travers l'analyse du roman *El sueño de Alejandría*», *La Licorne* 34, pp. 223-241.

— (1996): «Terenci Moix: "enfant terrible" ou "enfant prodigue" de la littérature espagnole: À propos de *Venus Bonapart*», en George Tyras (ed.): *Postmodernité et écriture narrative dans l'Espagne contemporaine*, Grenoble: Centre d'études et de recherches hispaniques de l'Université Stendhal (CERHIUS), pp. 169-182.

— (2001): «Paris vu par Terenci Moix: Un étranger au paradis? (étude du troisième tome de ses mémoires *Extraño en el paraíso*)», *Cahiers d'Études Romanes* 6(2), pp. 253-263.

MOIX, Terenci (1983): «Biobibliografía», en Albert Porqueras-Mayo, Jaume Martí Olivella y Carme Rey i Grangé (eds.): *The New Catalan Short Story: An Anthology*, Washington: University Press of America, pp. 84-87.

— (1984): *El día que murió Marilyn*, Barcelona: Plaza & Janés.

— (1996): *El dia que va morir Marilyn*, Barcelona: Edicions 62.

— (1998): *El día que murió Marilyn*, Barcelona: Planeta.

PORQUERAS-MAYO, Albert, Jaume MARTÍ OLIVELLA y Carme REY I GRANGÉ (1983): *The New Catalan Short Story: An Anthology*, Washington: University Press of America.

ROMERA CASTILLO, José (1985): «Anacronismos lingüísticos con clara intencionalidad literaria en *Nuestro virgen de los mártires* de Terenci Moix», *Estudios de Lingüística Aplicada* 3, pp. 313-320.

SMITH, Paul Julian (1998): *Las leyes del deseo. La homosexualidad en la literatura y el cine español, 1960-1990*, traducción de Teresa Bladé, Barcelona: Ediciones de La Tempestad.

SOBRER, Josep Miquel (1998): «Ironic allegory in Terenci Moix's *El sexe dels àngels*», *Bulletin of Hispanic Studies* 75.3, pp. 339-356.

SONG, H. Rosi (2004): «From enfant terrible to prodigal son: Terenci Moix's embrace of a tradition», *Journal of Spanish Cultural Studies* 5.1, pp. 83-95.

SONTAG, Susan (1978): «Notes on *Camp*» (1964), en *Against Interpretation and Other Essays* (1966), New York: Octagon books, pp. 275-292.

STURM-TRIGONAKIS, Elke (1996): *Barcelona. La novel.la urbana (1944-1988)*, traducción de Rosa Ribas, Kassel: Reichenberger (Estudis catalans 1).

TIETZ, Manfred (2002): «Terenci Moix: *El dia que va morir Marilyn / El día que murió Marilyn. ¿dos versiones lingüísticas, dos versiones culturales?*», en Pilar Arnau i Segarra, Pere Joan i Tous, Pere y Manfred Tietz (eds.): *Escribir entre dos lenguas. Escritores catalanes y la elección de la lengua literaria*

= *Escriure entre dues llengües. Escriptors catalans i l'elecció de la llengua literaria*, Kassel: Reichenberger (Problemata literaria 54), pp. 83-100.

Vázquez-Rosino, César (1997): «"No dejes que nadie te corte las alas". Vida, cine y literatura en las memorias de Terenci Moix», *Nueva Literatura Hispánica* 1, pp. 105-114.

Vilarós, Teresa M. (2000): «El menú del Vía Venetto, o la intelectualidad espectacular (la gauche divine de barcelona, alrededor de 1971)», *Tropelías: Revista de Teoría de la Literatura y Literatura Comparada* 11, pp. 169-180.

ARQUITECTURA DE LA PALABRA: LA TRILOGÍA URBANA DE EDUARDO MENDOZA

Enric Bou
Brown University

CLAVES CRÍTICAS

Cuando Eduardo Mendoza puso a andar a unos personajes pseudopi-carescos en la Barcelona de 1917, desde la Nueva York de 1973, algo muy fuerte estremeció a las letras españolas. Alguien se atrevía a mirar hacia el pasado sin ira ni remordimientos, con un sentido del humor envidiable. Contaba una historia apasionante, de bajos fondos y fortunas cambiantes, como la espuma bursátil del dinero o los vaivenes del amor. Cambiaba así, para siempre, un escenario urbano que desde la mítica *Vida privada* de Josep Maria de Sagarra muchos —sin éxito— habían intentado capturar. En *La verdad sobre el caso Savolta* (1975) Mendoza redefinió en clave —llamémosla así— posmoderna la narrativa peninsular y encontró una fórmula de éxito para la novela urbana, barcelonesa, que ha sabido ampliar con talento, en *La ciudad de los prodigios*, hasta su, sabia y esperpéntica, *Una comedia ligera*. Mucho tiempo ha pasado desde entonces y Mendoza ha afianzado y confirmado una fama de gran escritor, en el cual, bajo una apariencia de ligereza vattiminiana, respira una honda relectura de la tradición clásica española. Una mente curiosa que sabe apropiarse sutilmente de las grandes preocupaciones de su tiempo, como ha demostrado en sus novelas. Y que confirmó con destreza durante varios años cada lunes en la última página de *El País*, en sustitución de un peso pesado del periodismo político, el fallecido Manuel Vázquez Montalbán. Con el tiempo Eduardo Mendoza ha sido valorado como uno de los novelistas que tuvo la virtud de iniciar la renovación de la narrativa del posfranquismo, antes de la muerte del dictador.

Es un tópico extendido entre la crítica la tendencia a dividir la obra de Eduardo Mendoza en novelas serias y novelas ligeras. Entre las primeras están *La verdad sobre el caso Savolta* (1975), *La ciudad de los prodigios* (1986), *Una comedia ligera* (1996) o la reciente *Mauricio o las elecciones primarias* (2006). Entre las segundas, *El misterio de la cripta embrujada* (1979), *El laberinto de las aceitunas* (1982), *La aventura del tocador de señoras* (2001)*, Sin noticias de Gurb* (1991) y *El asombroso viaje de Pomponio Flato* (2008). Esta última obra concentra algunos de los modos, narrativos y temáticos, del escritor barcelonés. La escritura de Eduardo Mendoza apuesta por un humor irónico que le acerca a la sátira, por la parodia y el pastiche que se mezclan con una trama histórica, apoyándose en una estructura narrativa afianzada y de gran popularidad, como es el relato de detectives. Con estos elementos, Mendoza consigue construir un mundo singular en el que, en apariencia, nada es mentira, pero todo se sitúa bajo un velo de duda. Mendoza ha escrito otras obras que han tenido una repercusión menor, como *La isla inaudita* (1989) y *El año del diluvio* (1992).

En opinión de Manuel Vázquez Montalbán, la novela española entre el posfranquismo y la posmodernidad, es decir, a principios de los años noventa, se caracterizaba por una ambivalencia entre la recuperación de la memoria y la presentación de la realidad bajo una capa de ironía. El grupo notable de narradores que había surgido durante la Transición era un grupo de quince o veinte escritores «cuya obra es acogida al menos con cierto interés, con curiosidad cuando aparece» (Vázquez Montalbán 1991: 14). La novelística de Eduardo Mendoza juega un papel muy importante en esta transformación. Poco después de la publicación de *La verdad sobre el caso Savolta*, surgieron voces a favor de declararla la novela que anunciaba una nueva era. Fue incluso declarada «novela emblemática» que abrió la nueva novela en España (Alonso 1988 y 1989).

Tres son los núcleos que han interesado a la crítica en la obra de Mendoza: el uso de una realidad creíble, real, pero que es manipulada de manera consciente y desconcertante. Así muchos estudios se fijan en dos aspectos interrelacionados: la incorporación de la ciudad, y la manipulación de la historia o el acercamiento a la posmodernidad; la parodia de modelos narrativos como la novela picaresca (y en particular de la apropiación de modelos de la literatura española del siglo de oro), la novela rosa, la gótica, la detectivesca, etc.; y los usos del humor.[1]

La crítica es unánime en destacar la importancia que tiene la ambientación de casi todas las novelas de Mendoza en un espacio urbano, la ciudad de Barcelona, sus deudas con él mismo, o cómo ha contribuido a cambiar nuestra percepción de ese lugar. Ya desde los primeros artículos y libros que se dedicaron a *La verdad* se reconoció este hecho (Marco 1987; Alonso 1988; Roy 1991). Oswald, en un artículo reciente (2006), aplica las teorías sobre espacio urbano de David Harvey para analizar la ciudad de Barcelona en *La verdad* y *La ciudad*. Se fija en el modo en que cinco componentes de la urbanización de la conciencia funcionan en estas novelas en relación entre ellos y respecto a la experiencia del espacio urbano de Barcelona bajo el capitalismo. Éstos son el no funcionamiento del Estado, la función del individualismo y el dinero, la familia y la comunidad, la conciencia de clase, las luchas sociales. Ruiz Tosaus, por su parte, se refiere al hecho de que Barcelona, en *La ciudad*, «adquiere tonos legendarios, míticos, bíblicos, fantásticos y acaba recibiendo el tratamiento que podría recibir un lugar metafórico. Barcelona es la verdadera protagonista del relato, escenografía "prodigiosa", causa y efecto de los acaeceres, posibilitadora de la intriga» (2001: s/p). Caragh Wells ha indicado con acierto el peligro de confundir la mímesis de la ciudad a través de las palabras que configuran la novela con la ciudad misma. También ha analizado la subversión paródica del *Bildungsroman* a través de las descripciones históricas. En efecto, las descripciones y referencias históricas producen en las novelas de Mendoza un efecto inverso al del documentalismo decimonónico: «in Balzac's fiction [...] they provide sociological and anthropological informations on Paris. The narrador therefore attempts to provide the reader with accurate impressions of the city whereas in *La Ciudad*, disgressions have the reverse effect»

---

[1] El volumen colectivo, editado por Jeffrey Oxford y David Knutson, contiene una bibliografía muy completa hasta 2002.

(2001: 721). Veronika Agócs (2003) distingue entre Espacio simbólico-alegórico, que es atemporal, y el espacio real descrito en la novela. La distinción entre una ciudad «terrena» y otra alegórica le permite concluir que la novela esconde cifrada una alusión a la Ciudad de Dios de San Agustín. Joan Ramon Resina (1994) recurre a los órdenes lacanianos de autopercepción (lo imaginario y lo simbólico) y lo aplica a *La ciudad de los prodigios*. Le interesa el lenguaje, el deseo, la relación con la autoridad (el padre y el Otro) y el capital.

A propósito de la manipulación de la historia, Ramón Buckley, en su estudio *La doble transición. Política y literatura en la España de los años setenta*, explica la función de novelas históricas como *La verdad* y *La ciudad*:

> [el novelista] rescata el pasado para proporcionarnos las claves de nuestro propio presente, o, si se prefiere, busca en el pasado un «espejo distante» [...] para comprender el «hoy», el tiempo del propio novelista. La historia parte del presente; la novela histórica regresa al presente, devuelve al lector al momento mismo de su lectura (1996: 115).

Buckley cree que en la narrativa de Mendoza se introducen referencias históricas como un modo de establecer un vínculo claro entre el presente y el pasado, entre el tiempo de la escritura y el tiempo escrito, puesto que se refiere a regímenes en proceso de descomposición, como la dictadura franquista y el régimen de la restauración decimonónica (*ibid.*, 116-117). Este tipo de afirmaciones son frecuentes en muchos críticos. Son quizá síntoma de un determinado tipo de lector ansioso de establecer relaciones entre el pasado y el presente. Jacques Maurice (1991) apuntó que la ambientación de la novela *La verdad sobre el caso Savolta* en los conflictivos años 1917-1919 no es gratuita y que se trataba de una maniobra de «selección», «condensación» y «transvestimiento» de la materia histórica para reflejar lo que sucedía en el momento clave de 1975, en el inicio de la Transición política. En esta idea ha insistido también Ruiz Tosaus (2005). Todo un campo de especialización crítica en la obra de Mendoza se dedica a corroborar los posibles ecos, relaciones especulares entre tiempo de la escritura y el de la narración. Jacques Soubeyroux (1994) ha comprobado todas las referencias en *La verdad*, confesadas por Mendoza, a textos de época para concluir que el autor utiliza la historia como pretexto. Lo que funda la novela no es su referente histórico o social, sino los intertextos que le sirven como mediación con la realidad y como modelos de escritura, que convierten al texto en palimpsesto, y por lo tanto en texto posmoderno.

La crítica también reconoce en Mendoza un acercamiento a la posmodernidad (Knutson 1999; Giménez Micó 2000; Rodríguez-García 1992). El libro de Miguel Herráez lo confirma al apuntar que el novelista usa un modelo de novela tradicional, pero que le sirve para presentar una visión del mundo desacralizadora, ecléctica, basada en la parodia para así perturbar y activar un tipo de relato característico, organizando un mundo en el que cabe la historia como representación dubitabunda de la «verdad»; una historia que es iconografía e indagación, anclada en el uso de tres géneros: policíaco, picaresco y folletinesco (Herráez 1998: 171-175). Mario Santana (2005) ha comentado que las dos partes (el cambio de registros narrativos) de *La verdad* ilustran el paso del experimentalismo narrativo (Martín Santos, Benet) a la narratividad. Es una producción caracterizada por la necesidad de mirar hacia atrás para curar las heridas del pasado (retrospección); e indagar en el presente y reinventar las bases de una convivencia (prospección). La propia pesquisa desplaza a la verdad por descubrir.

Varios críticos se han interesado por la presencia de la picaresca en la narrativa de este autor. José Saval (2003 y 2006) ha considerado al protagonista de *La ciudad de los prodigios* como una actualización en clave posmoderna del pícaro: «sabe que tiene una familia a la que ha dejado atrás durante la infancia en pos de aventuras o por obligación». Desea una mejora social «[que] les lleva al tercer estadio, el hundimiento en la abyección» (Saval 2003: 68-69). Héctor Brioso (2005) ha analizado su apropiación del modelo clásico de pícaro y concluye que la suya es una versión sumamente híbrida, asentada sobre un modelo histórico, que cruza con otras fuentes y modelos. Los efectos de parodia de los modelos narrativos van asociados a la intertextualidad. Así Geneviève Champeau (1991) ha estudiado cómo ésta forma parte de una estrategia de la distanciación respecto al personaje y al lector, en la que se ve involucrada también la práctica deliberada del anacronismo que reconocemos en la imitación del planteamiento melodramático de la novela popular, la retórica de Pajarito de Soto y de Mestre Roca.

La novela detectivesca asistió a una reconsideración y *revival* desde principios de los años setenta, como recuerda, no sin sorna, un famoso episodio cómico de *Los mares del sur*, en el que Vázquez Montalbán recrea una mesa redonda sobre el género. Mendoza es uno de los autores que ha contribuido a su recuperación. Caragh Wells, por ejemplo, ha explicado que el uso y significado de la ropa incongruente en las novelas de modelo detectivesco de Mendoza tiene como misión generar una respuesta íntima en el lector que induzca a una reflexión crítica que eleve su conciencia en cuanto a su posición en la sociedad y sus relaciones con los demás (2005: 103). En el uso de la parodia por parte de Mendoza merece una mención especial su dedicación a la novela detectivesca. Colmeiro lo ve como fruto de un planteamiento posmoderno de la primeras obras, en particular de *El misterio de la cripta embrujada* (1979) y *El laberinto de las aceitunas* (1982). En éstas «persiste la amalgama de géneros literarios heterogéneos, la revisión irónica de los mecanismos narrativos tradicionales, la importancia de la intriga y el aspecto lúdico, así como la estructura laberíntica, la temática delictiva y la crítica social, si bien convenientemente traspuestos al tiempo presente» (Colmeiro 1989: 409). Compitello apunta por su parte que se trata de una manipulación «con violencia» del modelo original y que en Mendoza se produce una problematización de los límites y estructuras de la novela policíaca (1987: 189).

En los usos del humor reconocemos otra clave. Algunos críticos han leído algunas de las obras menores, reivindicando su complejidad que puede quedar escondida bajo el humorismo. Así, Alexis Grohmann, a propósito de *La aventura del tocador de señoras*, reclama una relectura a la luz de la comicidad que Mendoza consigue provocar:

> Sin gravedad ni hondura trágica y con lo grotesco y el disparate hábilmente desplegados como ridícula contrapartida, la novela de Mendoza, a la vez que aborda una serie de temas «serios», aunque oblicuamente y dentro de un marco cómico, nos conduce a la risa (y a soltar la carcajada) (Grohmann 2005: 143).

El teatro es un aspecto en apariencia menor en el conjunto de la obra de Mendoza. Pese a haber publicado tan sólo una obra, algunos críticos le han dedicado atención. Catherine O'Leary (2005) destaca que en *Restauració*, como en muchas de las novelas, se produce un diálogo paródico con la historia y resulta en un cáustico análisis de la sociedad barcelonesa. Otro crítico, Jordi Julià, considera que el gran tema de la obra es «el juego que se establece entre la identidad y las convenciones sociales, el contraste entre la realidad hipotética y sus construcciones concretas» (2005: 179). Una sugerente aproximación a una de las novelas menos estudiadas de Mendoza (a causa de su dificultad), *Una comedia ligera*, ha sido estudiada a la luz del teatro por Marta Altisent (1999). Se fija en los elementos teatrales y metateatrales sugeridos por los ensayos de la comedia *¡Arrivederci, pollo!*, que concentran las actividades del protagonista de la misma, Carlos Prullàs. También ha despertado interés crítico *El año del diluvio*, en particular cuestiones relacionadas con el uso del mito y la identidad sexual (Blackwell 2002; Krauel 2002). Un libro atípico, pero bien útil, es la suerte de biografía que ha escrito Llàtzer Moix, *Mundo Mendoza* (2006), construida a partir de entrevistas con el autor y gente de su entorno íntimo y literario, y que proporciona una importante línea de acceso a las entrañas de la máquina mendocina. Las opiniones sobre el quehacer literario de Eduardo Mendoza pueden ser completadas con la caracterización que hizo de él Pere Gimferrer:

> Desde mi punto de vista —que no ha variado entre julio de 1973 y julio de 1990— la excelencia de la escritura de Eduardo Mendoza deriva, sobre todo, de su refinadísima capacidad de ocultar —y, al propio tiempo, dejar adivinar en filigrana, tras el barniz de lo paródico— al escritor sumamente elaborado, sabio y complejo que hay en él, y que sólo a trechos y ráfagas fugaces se manifiesta abiertamente en sus novelas publicadas, aunque domine en cambio en su única obra teatral, *Restauració* (Gimferrer 1990).

UNA TRILOGÍA URBANA

Mucho se ha escrito sobre el novelista Mendoza, pero, sin duda, el mejor lector y quizás «único» crítico que ha tenido hasta la fecha fue el anónimo censor (¿«Martos nº 6»?) que evaluó *La verdad sobre el caso Savolta* en septiembre de 1973. Él fue el único que se ha atrevido a escribir la verdad sobre una novela que entonces se titulaba todavía *Soldados de Cataluña*:

> Novelón estúpido y confuso, escrito sin pies ni cabeza. La acción pasa en Barcelona en 1917, y el tema son los enredos en una empresa comercial que vende armas a aliados y bajo cuerda a alemanes, todo mezclado con historias internas de los miembros de la sociedad, casamientos, cuernos, asesinatos

y todo lo típico de las novelas pésimas escritas por escritores que no saben escribir. [...] El título no tiene relación alguna con el contenido de la obra.

Estas palabras, graves, del censor nos sitúan ante una de las grandes dificultades con que se enfrentan el crítico literario y el llamado lector de buena fe. ¿Qué es la literatura? Como nos aclaran las sabias palabras de Ricœur, «la littérature est à la fois un amplificateur et un analyseur des ressources de sens disponibles dans l'usage ordinaire de la langue commune» (2004: 18). Ésta es, en efecto, una de las razones constituyentes de la literatura: potenciar el doble carácter amplificador y analítico de la lengua. Pero el censor de turno no era consciente, como quizá tampoco lo era Mendoza al escribirlo, de que estaba leyendo un texto de nueva índole. Un texto que iniciaba una pequeña revolución en el coto hasta entonces cerrado de la narrativa española. Contra un experimentalismo y una obligación de juzgar y denunciar la realidad opresiva, surgía un grupo de jóvenes desenfadados que tenían opiniones bien distintas y decidían dialogar con ella en otros términos. Llamémosles «Novísimos», literatos de la Transición, o posmodernos, que presentaban una alternativa estética común. El propio Mendoza lo ha resumido así: «la novela [...] era libre de utilizar cualquier convención a su antojo; [...] vivió en las décadas de los setenta y ochenta un nuevo periodo de esplendor. En cierto modo, porque su actitud también definía nuestra forma de concebir la realidad: distanciada e irónica» (1998). Distancia e ironía son, de hecho, dos componentes clave en el mundo generado por el escritor, en el doble esfuerzo de *amplificación* y *análisis* que supone la empresa literaria de Mendoza. Y esta operación se ha desarrollado en un escenario preciso. Él ocupa un lugar distinguido entre un nutrido grupo de escritores que se han centrado en cuestiones de urbanismo desde una perspectiva distinta a la rígida visión del arquitecto. La literatura ha leído y adaptado la ciudad de Barcelona de modos muy diversos. Se podría afirmar que ha producido una transformación del espacio urbano de dimensiones no previstas por ningún sabio arquitecto urbanista. La literatura ha apostado por proyectos utópicos imposibles de realizar con el tiralíneas o el cemento.

Las novelas de Eduardo Mendoza constituyen una propuesta muy original entre los diversos intentos de construcción literaria de la ciudad. Buena parte de ellas dibujan un mundo caracterizado por dos rasgos: la ambientación en una Barcelona pretérita y la focalización en torno a un personaje central ambiguo, de origen dudoso, que asciende y cae, hasta desaparecer de modo más o menos sorprendente. En el mundo narrativo de Mendoza se confirma una situación o cronotopo[2] reincidente: el loco, extraño, *parvenu* (Lepprince, Bouvila, Prullàs) integrado por impostación en una alta burguesía barcelonesa, en un tiempo histórico muy preciso que ilustra retrospectivamente el presente. Mendoza utiliza la «inversión histórica» que discute Bajtín, en la cual se refigura como ya sucedido en el pasado aquello que puede o debe ser realizado sólo en el futuro y que constituye un fin, una posibilidad y no una realidad en el pasado. La ciudad sirve no como mero fondo, sino que adquiere categoría de personaje. En el *Quijote* se mezclan el cronotopo del «prodigioso mundo extraño» con el del «camino principal a través del país natal» en un modo que cambian sustancialmente el sentido de ambos (Bajtín 1979: 390-93). Algo así sucede en las novelas de Mendoza, siempre preñadas de cervantismo de la mejor estirpe: el loco protagonista puede presentar, o mejor indagar, la normalidad del mundo extraño a través de una peripecia vital, «un individuo cuyo desarraigo le hace sobresalir por exceso o defecto del resto de la sociedad» (Juliá 1995: 132). Pero en el fondo no hace sino ofrecer una mirada deformada de una realidad bien conocida por el narrador y por buena parte de sus lectores. Así son los personajes de Miranda, Pajarito o Lepprince en *La verdad sobre el caso Savolta*, y el propio Bouvila, en *La ciudad de los prodigios*, enajenado y alienado de su familia que vive la obsesión de recrear una villa de coleccionista, como el *Xanadú* de *Citizen Kane*. O el personaje de Prullàs, de *Una comedia ligera*, autor teatral que huye de su ambiente familiar burgués y se refugia en sórdidos ambientes de teatro en la tórrida ciudad. A esta serie o trilogía podemos añadir incluso al anónimo protagonista de novelas como *El misterio de la cripta embrujada*, *El laberinto de las aceitunas* o *La aventura del tocador de señoras*, el cual añade una perspectiva más contemporánea.

Esta unidad de proyecto narrativo es lo que me permite leer las novelas de Eduardo Mendoza como una suerte de trilogía de novelas urbanas, complementadas en parte con la serie detectivesca. Con este conjunto el autor presenta una visión urbanística y literaria de una ciudad —Barcelona—, que inaugura una estantería bien característica junto a

---

[2] Como es sabido el *cronotopo* es la materialización principal del tiempo en el espacio, el centro de la concretización y encarnación representativo de toda la novela (Bajtín 1979: 398).

los modelos ya establecidos, de la ciudad industrial, detectivesca, cu-
bista o cibernética (Vidler 2007: 235) y que resulta en una incursión
original en la biblioteca que es la ciudad. El análisis que propongo tiene
su arqueología en la conocida ciudad-libro que evocó Roland Barthes
inspirándose en Balzac:

> Et nous retrouvons la vieille intuition de Victor Hugo: la ville est une
> écriture; celui qui se déplace dans la ville, c'est-à-dire l'usager de la ville (ce
> que nous sommes tous), est une sorte de lecteur qui, selon ses obligations et
> ses déplacements, prélève des fragments de l'énoncé pour les actualiser en
> secret (Barthes 1985: 268).

En efecto, el habitante/usuario de la ciudad efectúa un doble movimiento, de exploración y de enunciación, ya que la conoce y la dice al
caminar. Y el escritor colabora en esta operación de manera significativa,
al crear una ciudad alternativa, hecha de palabras y trayectos, de elecciones y fragmentos. Escribe textos que son libros y al mismo tiempo
edificios. Modificaciones de la imagen mental del espacio urbano. De
hecho, al escribir novelas urbanas contribuye a hacer verdad la visión
que tuvo Gérard Genette:

> je rêve parfois que je marche dans une rue de Paris dont les façades
> haussmanniennes se transforment peu à peu en rayons de livres superposés et
> alignés a l'infini, chaque étage devenant un rayon, chaque fenêtre un dos de
> livre. Je cherche une adresse, et je ne trouve qu'une cote (Genette 2006: 38).

La obra de Mendoza es una contribución original en la literaturiza-
ción de la ciudad.

En el caso de Mendoza, la construcción literaria de la ciudad se desarrolla en torno a la yuxtaposición de cuatro modos complementarios: el
contraste entre el lujo y la mugre; la incorporación de los textos paródicos que recrean y manipulan la historia del lugar, puesto que, como ha
indicado Wells, no persiguen un objetivo de documentación (2001: 721);
la ilustración (recreación sería más exacto) a través de notas de ambiente
que reconstruyen el espíritu y la imagen de una época; las visiones y
contemplaciones de la ciudad. Aquí estudiaré los cuatro modos, en el
sentido genettiano de regular la información narrativa (Genette 1972:
183), en la trilogía urbana.

Mendoza recrea en la ciudad, Barcelona, ese aire canalla que le atrae, la mezcla de mundos, de niveles, que se entrecruzan, ampliándose en diálogo. Éste es un valor importante en esta narrativa: puede denunciar irónicamente la Barcelona, burguesa y bienpensante, el contraste entre la mugre y el lujo como ya señaló Costa Vila (1987: 40). En ocasiones Mendoza ha utilizado la descripción de los bajos fondos para inscribir una visión pesimista de la ciudad, matizada siempre por aproximación en clave irónica. Por ejemplo, en un fragmento especialmente cómico de *El misterio de la cripta embrujada* presenta las calles sucias del Barrio Chino (el antiguo barrio de prostitución de Barcelona situado entre la Rambla y la avenida del Paralelo) como si éstas se trataran de una cloaca, una metáfora que insiste en los aspectos negativos del barrio. Pero no se limita a la mera descripción, sino que añade otros efectos ópticos inspirados en la poesía popular (o las *nursery rhymes*) para introducir una complejidad inesperada:

> Nos adentramos en una de esas típicas calles del casco viejo de Barcelona tan llenas de sabor, a las que sólo les falta techo para ser cloaca, y nos detuvimos frente a un inmueble renegrido y arruinado de cuyo portal salió una lagartija que mordisqueaba un escarabajo mientras se debatía en las fauces de un ratón que corría perseguido por un gato (Mendoza 1977: 60).

El efecto de hipérbole, al convertir la calle en cloaca, es matizado por el uso que hace de este caso particular de *clímax*, es decir, una anadiplosis continuada, o la repetición de la última parte de un segmento sintáctico o métrico en la primera parte del segmento sucesivo (Mortara Garavelli 2003: 191, 195). Un fragmento como éste demuestra la atención, irónica y detallista, al escenario urbano, pero al mismo tiempo la habilidad de intervenir a través de la palabra que permite al narrador introducir una (re)visión de este espacio. Esta revisión provoca una apreciación del entorno en función del detalle. Al introducir estos elementos de literatura popular modifica y amplía nuestra percepción del lugar, pero sobre todo lo aleja de cualquier pretensión realista. Ésta es una de las constantes de la ciudad evocada por Mendoza: el contraste entre los bajos fondos y los ambientes de la alta burguesía elegante. Y así atribuye a un mismo personaje obsesiones cruzadas, como los escaladores sociales que evocan sus humildes orígenes: Lepprince a la búsqueda de María Coral, Bouvila obsesionado por el recuerdo que ya es fantasma de Delfina, o Prullàs deambulando por el Barrio Chino. Contrastan las viviendas elegantes, soñadas y reconstruidas en todos su pormenores, como las tabernas, cabarés y tascas de los bajos fondos.

Es precisamente la pareja de personajes Miranda-Pajarito la encargada de introducir la sensación de ciudad en *La verdad sobre el caso Savolta*. En una novela, cuya primera parte está dominada por el diálogo, las extensas evocaciones de Miranda, con su peculiar registro que produce un *pastiche* folletinesco, introducen un respiro en las ristras dialogadas y añaden las necesarias acotaciones de ambiente:

> Circulaban por entre las barracas hileras de inmigrantes, venidos a Barcelona de todos los puntos del país. No habían logrado entrar en la ciudad: trabajaban en el cinturón fabril y moraban en las landas, en las antesalas de la prosperidad que los atrajo. Embrutecidos y hambrientos esperaban y callaban, uncidos a la ciudad, como la hiedra al muro (Mendoza 1975: 72).

El mismo personaje introduce callejones oscuros donde se producen asesinatos de los pistoleros (*ibid.*, 74), librerías en la calle Aribau donde se reúnen anarquistas (*ibid.*, 88), cabarés y tascas de mala muerte, todos lugares fronterizos de la ciudad moral. En la segunda parte de la novela, un narrador en tercera persona, a partir de la focalización en el personaje de Nemesio Cabra Gómez, o a través de los monólogos de Javier Miranda, nos introduce en el ambiente de la taberna (*ibid.*, 171-174, 189) y el cabaré (177, 180, 189), respectivamente. El cabaré es importante, puesto que allí Miranda conoce a María Coral. La escena de presentación del cabaré sucede a través de un largo paseo por el barrio chino, del que destaca la desorientación a causa de su carácter laberíntico y el azar que provoca reconocimiento:

> Perico y yo nos internamos más y más en aquel laberinto de callejones, ruinas y desperdicios, él curioseándolo todo con avidez, yo ajeno al lamentable espectáculo que se desarrollaba a nuestro alrededor. Así llegamos, por azar o por un móvil misterioso, a un punto que me resultó extrañamente familiar (Mendoza 1975: 177).

El lugar no es otro que el tenebroso cabaré Elegantes Variedades. En estas páginas de la novela, la presentación de los bajos fondos alterna con escenas de la nueva vida burguesa de Lepprince, recién casado con la hija del asesinado Savolta, que acaba de quedar encinta. El contraste

entre los bajos fondos y los barrios elegantes, entre lo canalla y lo burgués, da pie a cómicas situaciones que tienen, sin embargo, un gran fondo trágico. Pero son situaciones que, en definitiva, expresan la doble faz
de la ciudad, algo que el poeta Maragall percibió años antes y plasmó en
unos versos definitivos: «Tal com ets, tal te vull, ciutat mala: / és com un
mal donat, /de tu s'exhala: / que ets vana i coquina i traïdora i grollera, /
que ens fa abaixa' el rostre/ Barcelona! i amb tos pecats, nostra' nostra' /
Barcelona nostra! la gran encisera!».

El *pastiche* (juego lúdico) y la parodia (degradación) ofrecen a la novela dos instrumentos precisos para manipular el espacio urbano. Y en
las manos de Mendoza sirven para el retrato de la ciudad apartándose
de la mera voluntad documentalista de raigambre realista.[3] Ésta no es
un simple decorado de fondo, sino que se incorpora de forma integral
en el planteamiento narrativo. En *Una comedia ligera*, por ejemplo, el
narrador nos sitúa en una Barcelona de posguerra, anodina, adormecida,
colapsada. Hay una voluntad por parte del narrador de presentar el contraste entre una ciudad «roja», de antes de la guerra y la narcotizada del
presente. Estamos en 1948 y las lecturas del periódico *La Vanguardia
Española* por parte del protagonista tienen una función menos progra-
mática, pero igualmente informativa, que las que abren los capítulos de
Manhattan Transfer de John Dos Passos (Mendoza 1996: 245). Asistimos al juicio de Nurenberg (*ibid.*, 20, 56), al retorno de Dalí (*ibid.*, 56),
se respira todavía el duelo por la cogida mortal de Manolete en Linares
(*ibid.*, 14). Estas notas de ambiente se combinan con la sutil descripción de la ciudad ocupada en términos en la que bajo lo aparentemente
perfecto y normal, el ambiente edulcorado del franquismo, se respira lo
siniestro:

> Por doquier reinaban el orden, la mesura y la concordia, se valoraban
> sobre todas las cosas la discreción y la elegancia, y se observaban los buenos
> modales en todo momento y ocasión: en el tranvía y en el trolebús los hom-
> bres cedían el asiento a las señoras, y se quitaban el sombrero al pasar ante
> la puerta de la iglesia. El tráfico rodado se detenía al paso de un entierro y la

---

[3] La tesis de Begoña González Ruiz (2002: 154-384), y en especial la documentación de los «Annexes», constituye una minuciosa anotación de la ciudad que reconstruye, en que se inspira, Eduardo Mendoza. Es de una gran utilidad para constatar esta
fidelidad a, y manipulación de, unas fuentes originales, algo característico del proyecto
novelístico de Mendoza.

gente se santiguaba al salir de casa y al iniciar un viaje, porque en aquellos
años la religión desempeñaba en su vida un importante papel de contención
y de consuelo (Mendoza 1996: 6).

Esta descripción parece pertenecer al reino de los manuales de urbanidad, y tiene una función semejante a los *pastiches* de libros de historia
o de prensa de época que leemos en *La verdad sobre el caso Savolta* o
La ciudad de los prodigios. No se corresponde al mundo subterráneo,
salvaje e incoherente, de una ciudad recién ocupada, que ha sufrido una
represión brutal, como el que aparece en las novelas de Juan Marsé.
Estas frases descriptivas deben leerse contra el fondo de las láminas y
los consejos que repartían los manuales de urbanidad en la enseñanza
primaria (Guereña 2005). Estos libros, destinados a reeducar a unos ciudadanos peligrosos, rojos y separatistas, contrastan con los comentarios
irónicos que se atreve a introducir Prullàs, el protagonista autor de esa
genial obra *¡Arrivederci, pollo!*, los ensayos de la cual ocupan sus ocios
estivales. Cuando se encuentra con los suegros y le preguntan cómo
están las cosas en Barcelona, éste responde: «Nada de particular; dijo
Prullàs, salvo que la FAI ha vuelto a quemar tres o cuatro conventos»
(Mendoza 1996: 33).

El humor es de gran importancia en la obra de Mendoza, y en la trilogía es la clave para presentar una versión paródica de la historia de la
ciudad. Leídos literalmente y sin profundizar, pueden llegar a crear una
terrible confusión cómica. Mendoza se funda a menudo en una memoria
histórica, tergiversada, a partir de la mezcla de documentos, testimonios
falsos, citas de periódicos, reales o inventados, episodios de la historia
de la ciudad, reinterpretados, y puestos al servicio de la narración. En
la tipología del discurso literario de Bajtín, una de las tres categorías
básicas es el discurso de doble orientación, es decir, el discurso que se
refiere a algo que existe en el mundo, pero también a otro discurso. En
este discurso subyacente se pueden distinguir diversas categorías de las
cuales nos interesan particularmente dos: la estilización y la parodia. La
estilización consiste en tomar prestado un estilo con otras finalidades
(Lodge 1990: 33-37). Mendoza estiliza el discurso al imitar con frecuencia el lenguaje y el estilo de la etnología, de la prensa de época, de las
guías turísticas, de los manuales de historia. Se inventa leyendas como
la anécdota sobre el alcalde Rius y Taulet, según la cual, cuando el em-
prendedor Serrano de Casanova desistió de organizar la Exposición Uni-

versal de Barcelona, el alcalde exclamó: «Hòstia, la Mare de Déu». Esa frase, nos convence el narrador, «figura hoy, con otros dichos célebres, labrado en un costado del monumento al alcalde infatigable» (Mendoza 1986: 37).[4]

Gracias a otro de los efectos del discurso de doble orientación, el efecto paródico, Mendoza toma prestados otros estilos y los aplica a una finalidad expresiva contraria a la del discurso original. Mendoza parodia con frecuencia el discurso «moral» burgués. Los cuatro pilares de la sociedad, leemos, son «la ignorancia, la desidia, la injusticia y la insensatez» (Mendoza 1986: 135). Muchas páginas de Gracias a otro de los efectos del discurso de doble orientación, el efecto paródico, Mendoza toma prestados otros estilos y los aplica a una finalidad expresiva contraria a la del discurso original. Mendoza parodia con frecuencia el discurso «moral» burgués. Los cuatro pilares de la sociedad, leemos, son «la ignorancia, la desidia, la injusticia y la insensatez» (Mendoza 1986: 135). Muchas páginas de *La ciudad de los prodigios* están escritas en la órbita del *pastiche* y la parodia. La obertura del capítulo IV ofrece un ejemplo extraordinario de la imitación de las guías decimonónicas: «El viajero que acude por primera vez a Barcelona advierte pronto dónde acaba la ciudad antigua y empieza la nueva» (*ibid.*, 165). Después del engaño que produce este inicio sigue una serie de despropósitos. El hacinamiento dentro de las murallas de la ciudad antigua, según el narrador, provocaba epidemias y obligaba «a cerrar para evitar que la plaga se extendiera y los habitantes de los pueblos formaban retenes, obligaban a regresar a los fugitivos a garrotazo limpio, lapidaban a los remisos, triplicaban el precio de los alimentos» (*ibid.*, 165). O incluye falsas autoridades: «Más conciso, escribe el padre Campuzano: *Raro es el barcelonés que antes de tener uso de razón no se ha informado gráficamente del modo en que*

---

[4] Otros excelentes ejemplos de estilización los localizamos en la presentación de la ciudad, en las alusiones históricas (mezcla de reales y ficticias, cómicas), en las características fisiológicas de sus habitantes (Mendoza 1986: 7-8), en las críticas a la ciudad en cartas en la prensa (*ibid.*, 38), en los comentarios en la prensa sobre las concesiones para la Exposición de 1888 (*ibid.*, 42), en la descripción de Barcelona y la explicación del hacinamiento de la población, así como en la distinción entre el casco antiguo y el Ensanche (*ibid.*, 165-166); en la explicación del desarrollo del Ensanche: el crecimiento del barrio (*ibid.*, 183-185); en la visión cómica del Modernismo (*ibid.*, 190); en la explicación del advenimiento del cinematógrafo (*ibid.*, 265-266) o las nuevas diversiones (*ibid.*, 282-284); y en el desarrollo de la aviación en relación con Sagrada Familia y Gaudí (*ibid.*, 347-348).

fue engendrado» (*ibid.*, 166). En la misma línea se pueden mencionar la visión del alcalde acerca del futuro de la ciudad (*ibid.*, 167), la utópica «Ciudad de Dios» propuesta por Abraham Schlagober (*ibid.*, 168-169), la discusión acerca del futuro Plan de Ensanche, con la intervención del gobierno central y la crítica del Plan Cerdà (*ibid.*, 170-173), la delirante narración del crecimiento Ensanche (*ibid.*, 183-185), las estafas con las vías de tranvía que organiza Bouvila (*ibid.*, 189). Muchas de estas páginas pueden pillar desprevenido al lector y hacerle creer lo que no es. Incluso el mejor informado duda entre lo que realmente ocurrió y lo que añade Mendoza.[5] Como ha indicado Mario Santana «el discurso paródico apela al palimpsesto de voces reconocibles pertenecientes a un legado común» (1997: 140). Contribuye, por tanto, a la constitución de una apariencia de verdad al inscribirse parcialmente en una memoria colectiva de textos leídos o citados.

La verdad sobre el caso Savolta, que desarrolla la historia del asesinato del industrial catalán Savolta, un traficante de armas durante la Primera Guerra Mundial, está escrita en clave de novela detectivesca. En esta novela Mendoza no describe la ciudad sino que ésta cobra vida a partir de las rendijas que abre el *collage* de textos y de voces. Revela un corrosivo análisis de la realidad económica, política y social de una Barcelona en la que conviven una burguesía reaccionaria, otra más liberal y un potente movimiento obrero anarquista. Según explicó con precisión José María Marco, la novela se organiza a partir de tres estrategias narrativas y tres personajes principales, que tienen categoría de héroes picarescos o cinematográficos (1987: 48-52). Es la focalización en la persona de Javier Miranda, la voz de su relato, la que nos da expresa la apreciación más exacta de esta ciudad. Después de escuchar a Doloretas, en un monólogo plagado de catalanismos, en el que ella cuenta la historia de su marido Andreu, asesinado por los pistoleros, Miranda medita mientras bebe un coñac: «Su historia era la historia de las gentes de Barcelona». Y, acto seguido, al llegar a su casa, María Coral le ve cara de fantasma y le pregunta: «¿Te has topado con tu propio fantasma?». A lo que Miranda responde: «Un fantasma muy peculiar: un resucitado del futuro. Nuestro propio fantasma» (Mendoza 1975: 350-352).

---

[5]   Mendoza ha realizado una parodia genial de los capítulos catastrales de *La comédie humaine* de Balzac. En opinión de Félix de Azúa «[l]a comparación con Balzac no es gratuita» (1998: 301).

La ciudad es el escenario para una minuciosa reconstrucción de hechos históricos, en la que se aprecia el buen trabajo de hemeroteca que realizó Mendoza durante la preparación de sus novelas. Más exactamente, la ciudad proporciona el fondo de ambiente que es sutilmente mezclado con la realidad de la novela. Así en *La verdad sobre el caso Savolta* reconocemos la manifestación catalanista del primer capítulo, o bien los ambientes de pistolerismo, característicos de la «rosa roja», la Barcelona del primer tercio del siglo xx. Pequeños episodios de la ficción son ratificados por grandes episodios de la historia: sabemos que el abogado Claudedeu perdió una mano porque estaba en el Liceo el día en que Santiago Salvador arrojó las bombas «Orsini» (Mendoza 1975: 96). También el rey Alfonso XIII asiste a una cena en casa de Lepprince. Son ejemplos de legitimación de la ficción a través de referencias históricas.

Del mismo modo que la historia del pistolerismo blanco está inscrito en el destino de la infeliz pareja de Pajarito de Soto, las notas de ambiente en Mendoza reconstruyen la época, derivadas de una verdadera obsesión documental. O, mejor, de una opción estética de raigambre realista. En *Una comedia ligera*, quizá porque el autor ha conocido personalmente el lugar y el tiempo, los cuales corresponden al paisaje de su infancia y juventud, esta reconstrucción de la realidad es mucho más precisa. Informa con detalle de los locales que ve Prullàs desde la parte posterior de un tranvía: *Granjas la Catalana*, el *Términus*, o los programas de los cines *Fantasio* y *Savoy* (Mendoza 1996: 57). En ese contexto tiene sentido la atención detallista a los cortes de energía eléctrica (*ibid.*, 9-10), la referencia a la abundancia de taxis que funcionan con gasógeno. La actitud documental le lleva también a inventariar oficios y personajes con un ágil trazo, como un modo incisivo de recrear el ambiente humano de la ciudad. Cuando Prullàs, en *Una comedia ligera*, se entrevista con el abogado Fontcuberta en el interior de El Oro del Rhin, introduce la escena con una conspicua descripción de ambiente que incluye, en particular, el paisaje humano que puebla el lugar:

> Hombres graves y oscuros pontificaban sobre temas banales en largas y adornadas faenas retóricas que remataban con la certera estocada de un dicho sentencioso e irrebatible. Correteaban de mesa en mesa ofreciendo sus servicios tipos pálidos, sinuosos, de hombros escurridos, piel sebosa y mirada turbia, vestidos con sudorosos trajes de rayadillo, zapatos deforma-

dos por el uso, sombreros de paja y cartera. A sí mismos gustaban de llamarse falsamente interventores (Mendoza 1996: 217).

En otras ocasiones son pequeños detalles que resucitan el *Zeitgeist* y otorgan un valor de autenticidad a la época recreada. En *El misterio de la cripta embrujada*, un negro que aparece en un sueño canta la canción del *Cola-Cao*,[6] que es de una publicidad comercial muy popular. Un taxista de la policía secreta piensa votar a González y vigila al líder socialista Reventós. O en las páginas finales del libro, durante un rápido viaje de retorno al manicomio, el protagonista rememora y valora la aventura vivida mientras contempla y da testimonio del paisaje suburbial, y se dirige desde el centro de la ciudad al manicomio (Mendoza 1977: 203). La visión caleidoscópica recompone el viaje de la ciudad al extrarradio y constituye un poderoso retrato de la Barcelona de la Transición.

Las visiones y contemplaciones de la ciudad, por último, adoptan diversas funciones complementarias. En *La ciudad de los prodigios*, una novela inscrita en la posmodernidad, la ciudad de Barcelona desempeña un papel singular. En primer lugar es una ciudad que deviene escenario-personaje. Barcelona es el teatro de la ascensión y caída de Onofre Bouvila: allí peregrina buscando trabajo y asciende en la escala social a través de encuentros fortuitos, lugares de reunión (bares, casas) y la utilización de las bandas callejeras. De hecho, hay un paralelismo entre la fortuna de Bouvila, las mujeres que ama y la de la ciudad, como pone en evidencia la estructura de la novela. En los capítulos I y II, Onofre Bouvila encuentra su lugar en el submundo. Estamos en la Barcelona de la Exposición del 1888, el inicio de la «Renaixença» (el catalanismo), la recuperación económica, cuando se enamora vagamente de Delfina. En los capítulos III y IV, el protagonista se instala en la buena y mala sociedad, inicia el amor por Margarita, la hija de Figa y Morera, y se introduce en el mundo del pistolerismo y los negocios de especulación inmobiliaria. Corresponde a la Barcelona del Ensanche. En la última parte de la novela —capítulos V, VI y VII—, la acción gira en torno a los negocios de armas y cinematográficos, y Bouvila se enamora de María Belltall. La ciudad entra en el siglo xx, se prepara la Exposición del 1929 y el protagonista se refugia en la reconstrucción de la torre elegante. Las frases del inicio y final de la novela configuran el doble movimiento de

---

[6] «Yo soy aquel negrito del África tropical...» (Mendoza 1986: 184).

ascensión y decadencia: «El año en que Onofre Bouvila llegó a Barcelona la ciudad estaba en plena fiebre de renovación» (Mendoza 1986: 9). La última frase es: «Después la gente al hacer historia opinaba que en realidad el año en que Onofre Bouvila desapareció de Barcelona había entrado en franca decadencia» (*ibid.*, 394). El calculado paréntesis que abre y cierra estas dos frases contiene lo que Barthes llamaba la caja negra de la novela (1993: 1335). La ciudad no es sólo el escenario donde se pueden desarrollar las «hazañas» de Bouvila, sino también el marco espacial y temporal para las aventuras del protagonista.

La ciudad también está presente en *La verdad sobre el caso Savolta*. El paseo por la plaza de Catalunya de Miranda en compañía de Teresa da pie a una confesión. Teresa odia la ciudad, en cambio Miranda afirma: «Al contrario, no sabría vivir en otro sitio. Te acostumbrarás y te sucederá lo mismo. Es cuestión de buena voluntad y de dejarse llevar sin ofrecer resistencia» (Mendoza 1975: 18). Una frase de Lepprince abre un hondo misterio: «¿Sabes una cosa? Creo que Barcelona es una ciudad encantada. Tiene algo, ¿cómo te diría?, algo magnético. A veces resulta incómoda, desagradable, hostil e incluso peligrosa, pero, ¿qué quieres?, no hay forma de abandonarla. ¿No lo has notado?» (*ibid.*, 252). Asimismo se produce una identificación entre algunos personajes y la ciudad, como una variante de las personificaciones de la misma. Cuando Miranda se entera del arreglo entre Lepprince y María Coral exclama: «Soy el mayor cornudo de Barcelona» (*ibid.*, 336).

En ocasiones la voz de Miranda, teñida impecablemente por los códigos de la novela rosa, nos presenta la ciudad: «recorrimos cada uno de los rincones de la ciudad dormida, poblados de mágicas palpitaciones» (*ibid.*, 68). Suben a las azoteas y se sienten como «el diablo cojuelo de nuestro siglo». Y añade: «Con su dedo extendido sobre las balaustradas de los terrados señalaba las zonas residenciales, los conglomerados proletarios, los barrios pacíficos y virtuosos de la clase media, comerciantes, tenderos y artesanos» (*ibid.*, 68). Nemesio Cabra Gómez presencia el fusilamiento de unos anarquistas en el castillo de Montjuïc, lo que da pie a una observación de la ciudad desde lo alto, similar a la de Miranda y Pajarito: «Frente a sí veía los muelles del puerto, a su derecha se extendía el industrioso Hospitalet, cegado por el humo de las chimeneas; a su izquierda, las Ramblas, el Barrio Chino, el casco antiguo y más arriba, casi a sus espaldas, el Ensanche burgués y señorial» (*ibid.*, 304). La escena que contempla a continuación, el fusilamiento de compañeros anarquistas, le provoca la locura. Es el propio Miranda quien introduce la sensación de soledad urbana, «cuando se vive en una ciudad desbordada y hostil» (*ibid.*, 93). En la misma novela un narrador en tercera persona traza un vivo panorama de la situación social en 1919 y el impacto que ésta tiene en el paisaje urbano: «en las paredes aparecían signos nuevos y el nombre de Lenin se repetía con frecuencia obsesiva» (*ibid.*, 175).[7]

El mismo interés por el trasfondo social, pero de mucho mayor calado, predomina en *La ciudad de los prodigios*. En el capítulo VI, Onofre Bouvila compra una mansión abandonada (Mendoza 1986: 296). Buena parte del capítulo es destinado a narrar las operaciones de restauración de la misma. Un momento significativo sucede durante la primera visita a la casa, cuando Bouvila se asoma a una ventana y mira hacia abajo:

> Los matorrales y arbustos habían borrado los lindes de la finca: ahora una masa verde se extendía a sus pies hasta el borde de la ciudad. Allí se veían claramente delimitados los pueblos que la ciudad había ido devorando; luego venía el Ensanche con sus árboles y avenidas y sus casas suntuarias; más abajo, la ciudad vieja, con la que aún, después de tantos años, seguía sintiéndose identificado. Por último vio el mar. A los costados de la ciudad las chimeneas de las zonas industriales humeaban contra el cielo oscuro del atardecer. En las calles iban encendiéndose las farolas al ritmo tranquilo de los faroleros (Mendoza 1986: 307-308).

Bouvila, que en el fondo es un pueblerino instalado en la ciudad, en la que ha realizado una fulgurante ascensión social, ve corroborado su puesto con esta mirada de dominio y control del espacio a sus pies. Aunque es un espacio que observa desde lejos, con el que no se siente identificado, excepto parcialmente con la parte vieja de la ciudad. Aquí se inicia una obsesiva y enfermiza maniobra de reconstrucción de la casa, que es algo más compleja que la simple ilustración de la «synthesis of time by money» (Resina 1994: 962). Lo que en verdad hace el protagonista es construir una especie de *Xanadú* a la *Citizen Kane*. Es un «rompecabezas sin solución» en el que «cada cosa tenía que ser exactamente como había sido antes» (Mendoza 1986: 309). Coincide esta maniática reconstrucción con un viaje de retorno a su pueblo natal, Basora, y a un

---

[7] Cuando Miranda y Coral regresan a Barcelona tras la luna de miel, hay otra importante escena en la que se documenta el ambiente social del momento (Mendoza 1975: 300-301).

reencuentro con la familia que no ha visto en décadas. La personalidad del protagonista, nos recuerda el narrador, se refleja en la apropiación del espacio:

> Aunque la reconstrucción podía considerarse perfecta había algo inquietante en aquella copia fidelísima, algo pomposo en aquel ornato excesivo, algo demente en aquel afán por calcar una existencia anacrónica y ajena, algo grosero en aquellos cuadros, jarrones, relojes y figuras de imitación que no eran regalos ni legados, cuya presencia no era fruto de sucesivos hallazgos o caprichos, que no atesoraban la memoria del momento en que fueron adquiridos, de la ocasión en que pasaron a formar parte de la casa; allí todo era falso y opresivo. [...] [l]a mansión adquirió una solemnidad funeraria. Hasta los cisnes del lago tenían un aire de idiocia que les era propio. El alba amanecía para arrojar una luz siniestra y distinta sobre la mansión. Estas características eran del agrado de Onofre Bouvila (Mendoza 1986: 332).

La crisis personal del personaje Bouvila se proyecta en este espacio iluminado por una luz siniestra, alejado de la ciudad, en el que todo es falso y opresivo, acentuando así la oposición entre un espacio interior, privado y controlable, y uno exterior, público e imprevisible. Tocado por la locura del coleccionista, los gestos del personaje en el cenit de su éxito, a las puertas de la decadencia, significan su identificación con un espacio fúnebre: la casa es la lápida que anuncia su caída.

¿Cuál es el sentido de la construcción literaria en Eduardo Mendoza? Un personaje de *La verdad sobre el caso Savolta*, el abogado Cortabanyes, da en el clavo cuando dice con sorna: «La vida es un tío-vivo que da vueltas hasta marear y luego te apea en el mismo sitio en que has subido» (Mendoza 1975: 371).[8] El tío-vivo que constituye el mundo narrativo de Eduardo Mendoza consiste en una serie de movimientos de desorientación como algunos de los aquí analizados. Otro concepto constituyente de su mundo es la búsqueda de la verdad, la resolución de los misterios. Esperanza vana, como se encarga de anunciarnos otro personaje de *La verdad sobre el caso Savolta*. En palabras del anarquista «*mestre* Roca» cuando termina su defensa de la sustitución de las ideas por la acción: «Ésa es la verdad, lo digo sin jactancia, y la verdad escandaliza; es como

---

[8] Páginas antes la frase era ligeramente distinta: «La vida [...], la vida es un tío-vivo, que da vueltas... y vueltas hasta marear y luego... y luego... te apea en el mismo sitio en que... has subido» (Mendoza 1975: 85).

la luz, que hiere los ojos del que vive habituado a la oscuridad» (Mendoza 1975: 107). Y Ésta es una de las verdades de este ciudadano escritor, de estirpe cervantina, con inflexiones entre lo picaresco y lo gótico: que a partir de documentación y parodia, visión y contrastes, consigue la recreación de un mundo urbano, de las miserias y glorias, el lujo y los bajos fondos siempre en combinación. Con una fina ironía, las «luces de la ciudad» son en Mendoza brillantes recreaciones desfiguradas del espacio urbano. Como Orson Welles hizo decir a Lelland en *Citizen Kane*: «He was disappointed in the world. So he built one of his own — An absolute monarchy». De modo semejante en la Barcelona de Mendoza, él es el rey. Aquí «construcción» cabe entenderlo en el sentido literal de evocación de la construcción de la ciudad (en especial en *La ciudad de los prodigios*, su novela más arquitectónica y urbanística), pero también de juego paródico y recreación de una ciudad que nunca existió. Su proyecto narrativo, la propuesta de una ciudad literaria a partir de la trilogía de novelas, presenta un contrapunto a las voces funestas que maldicen la ciudad real. Contra lo que ha escrito Paul Virilio —«villes panique qui signalent, mieux que toutes les théories urbaines du chaos, le fait que la plus grande catastrophe du XXᵉ siècle a été la ville, la métropole contemporaine des désastres du Progrès» (2004: 23)— se alzan proyectos alternativos como el de Mendoza. Un proyecto que encarna una verdad a la que se puede aplicar la reflexión de Don Quijote al visitar una imprenta en Barcelona en la que corrigen la *Segunda parte* de la obra de Tordesillas: «las historias fingidas tanto tienen de buenas y de deleitables cuanto se llegan a la verdad o la semejanza della, y las verdaderas tanto son mejores cuanto son más verdaderas» (Cervantes 2001: 1146). Mendoza, combinando hábilmente *civitas* y *urbs*, ciudadanos y espacio urbano, ha conseguido edificar una verdadera ciudad fingida, que está en el centro de su mundo. Y cuando nos paseamos por ella, en maniobra parecida a la de Genette, reconocemos en las calles las casas-libros con su número de registro.

BIBLIOGRAFÍA

AGÓCS, Veronika (2003): «Espacio simbólico, espacio alegórico en *La ciudad de los prodigios* de Eduardo Mendoza», en Gabriella Menczel y László Scholz (eds.): *El espacio en la narrativa moderna en lengua española*, Budapest: Eötvös József Könyvkiadó, pp. 81-90.

ALONSO, Santos (1988): «*La verdad sobre el caso Savolta*» *de Eduardo Mendoza*, Madrid: Alhambra

— (1989): «La transición: hacia una nueva novela», *Ínsula* 512-513, p. 25.

ALTISENT, Marta E. (1999): «Theater and life in Eduardo Mendoza's *Una Comedia Ligera*», en Dru Dougherty y Milton M. Azevedo (eds): *Multicultural Iberia: Language, Literature, and Music*, Berkeley: University of California Press/University of California International and Area Studies Digital Collection, pp. 134-153.

AZÚA, Félix de (1999): «Novelas y ciudades: Barcelona 1900-1980», en *Lecturas compulsivas. Una invitación*, Barcelona: Anagrama, pp. 295-309.

BAJTÍN, Michail (1979): *Estetica e romanzo*, Torino: Einaudi.

BARTHES, Roland (1985): «Sémiologie et urbanisme», en *L'aventure sémiologique*, Paris: Éditions du Seuil, pp. 261-271.

— (1993): «Nouveaux essais critiques», en Éric Marty (ed.): *œuvres complètes. Tome 2. 1966-1975*, Paris: Éditions du Seuil, pp. 1335-1411.

BLACKWELL, Frieda H. (2002): «The Myth of the Great Deluge, the Postmodern Novel, and Eduardo Mendoza's *El año del diluvio*», en Jeffrey Thomas Oxford y David John Knutson (eds.): *Eduardo Mendoza: a New Look*, New York: Peter Lang, pp. 159-170.

BRIOSO SANTOS, Héctor (2005): «La materia picaresca en la novela de Eduardo Mendoza La ciudad de los prodigios», en José V. Saval (ed.): *La verdad sobre el caso Mendoza*, Madrid: Fundamentos, pp. 49-70.

BUCKLEY, Ramón (1996): *La doble transición. Política y literatura en la España de los años setenta*, Madrid: Siglo Veintiuno.

CERVANTES, Miguel de (2001): *Don Quijote de la Mancha*, ed. de Francisco Rico, Barcelona: Crítica.

CHAMPEAU, Geneviève (1991): «Les Enjeux intertextuels dans *La verdad sobre el caso Savolta*», en Yvan Lissorgues (ed.): *La Rénovation du roman espagnol depuis 1975. Actes du Colloque des 13 et 14 fevrier 1991*, Toulouse: Presses Universitaires du Mirail, pp. 107-116.

COLMEIRO, José F. (1989): «Eduardo Mendoza y los laberintos de la realidad», en *Romance Languages Annual* 1, pp. 409-412.

COMPITELLO, Malcolm Alan (1987): «Spain's Nueva novela negra and the Question of Form», *Monographic Review/Revista Monográfica* 3.1-2, pp. 182-191.

COSTA VILA, Jordi (1987): «El autor contra su ciudad», *Quimera* 66-67, pp. 39-41.

GENETTE, Gérard (1972): *Figures III*, Paris: Éditions du Seuil.

— (2006): *Bardadrac*, Paris: Éditions du Seuil.

GIMÉNEZ MICÓ, María José (2000): *Eduardo Mendoza y las novelas españolas de la transición*, Madrid: Pliegos.

GIMFERRER, Pere (1990): «Imágenes de Eduardo Mendoza», *El País*, 27 de septiembre.

GONZÁLEZ RUIZ, Begoña (2002): *Le roman de Barcelone, Eduardo Mendoza et ses devanciers*, Vileneuve d'Ascq: Presses Universitaires du Septentrion.

GROHMANN, Alexis (2005): «*La aventura del tocador de señoras* o la forma y nobleza de la risa», en José V. Saval (ed.): *La verdad sobre el caso Mendoza*, Madrid: Fundamentos, 133-144.

GUEREÑA, Jean Louis (2005): *Alfabeto de las buenas maneras*, Madrid: Fundación Germán Sánchez Ruipérez.

HERRÁEZ, Miguel (1998): *La estrategia de la postmodernidad en Eduardo Mendoza*, Barcelona: Ronsel.

JULIÀ, Jordi (2005): «El inestable papel de la identidad en *Restauració*», en José V. Saval (ed.): *La verdad sobre el caso Mendoza*, Madrid: Fundamentos, pp. 161-719.

JULIÁ, Mercedes (1995): «El protagonista en las novelas de Eduardo Mendoza: Un ajuste de cuentas con el lector», en Adelaida López de Martínez (ed.): *A Ricardo Gullón: Sus discípulos*, Erie (PA): Pub. de la Asociación de Licenciados y Doctores Españoles en Estados Unidos, pp. 131-141.

KNUTSON, David (1999): *Las novelas de Eduardo Mendoza: la parodia de los márgenes*, Madrid: Pliegos.

KRAUEL, Ricardo (2002): «Sexualidad y sacralidad: reescritura de *Los pazos de Ulloa* en *El año del diluvio*», en Jeffrey Thomas Oxford y David John Knutson (eds.): *Eduardo Mendoza: a New Look*, New York: Peter Lang, pp. 63-75.

LODGE, David (1990): «Mimesis and diegesis in modern fiction», en *After Bakhtin. Essays on Fiction and Criticism*, London: Routledge, pp. 25-44.

MARCO, José María (1987): «El espacio de la libertad», *Quimera* 66-67, pp. 48-52.

MAURICE, Jacques (1991): «De la manipulation de l'Histoire dans *La verdad sobre el caso Savolta*», en Yvan Lissorgues (ed.): *La Rénovation du roman espagnol depuis 1975. Actes du Colloque des 13 et 14 fevrier 1991*, Toulouse: Presses Universitaires du Mirail, pp. 75-85.

MAURICE, Jacques (1997): «La ciudad de los prodigios o la deconstrucción de Barcelona», en Jacqueline Covo (ed.): *Historia, espacio e imaginario*, Villeneuve d'Ascq: Presses Universitaires du Septentrión, pp. 61-70

MENDOZA, Eduardo (1975): *La verdad sobre el caso Savolta*, Barcelona: Seix Barral.

— (1977): *El misterio de la cripta embrujada*, Barcelona: Seix Barral.

— (1986): *La ciudad de los prodigios*, Barcelona: Seix Barral.

— (1996): *Una comedia ligera*, Barcelona: Seix Barral.

— (1998): «La novela queda sin épica», *El País*, 16 de agosto.

— (2001): *La aventura del tocador de señoras*, Barcelona: Seix Barral.

MOIX, Llàtzer (2006): *Mundo Mendoza*, Barcelona: Seix Barral.

MORTARA GARAVELLI, Bice (2003): *Manuale di retorica*, Milano: Tascabili Bompiani.

O'LEARY, Catherine (2005): «La historia en *Restauració* de Eduardo Mendoza», en José V. Saval (ed.): *La verdad sobre el caso Mendoza*, Madrid: Fundamentos, pp. 145-159.

OSWALD, Kalen R. (2006): «Anticipating Transformation: The Urbanization of Consciousness in Eduardo Mendoza's *La verdad sobre el caso Savolta* and *La ciudad de los prodigios*», *Letras Hispanas: Revista de Literatura y Cultura* 3(2), s/p.

OXFORD, Jeffrey Thomas y David John KNUTSON (eds.) (2002): *Eduardo Mendoza: a New Look*, New York: Peter Lang.

RESINA, Joan Ramon (1994): «Money, desire, and history in Eduardo Mendoza's City of Marvels», *PMLA* 109.5, pp. 951-968.

RICŒUR, Paul (2004): *Parcours de la reconnaissance. Trois études*, Paris: Éditions Stock.

RODRÍGUEZ-GARCÍA, José Maria (1992): «Gatsby goes to Barcelona: On the configuration of the post-Modern Spanish Novel», *Letras Peninsulares* 5, pp. 407-424.

ROY, Joaquim (1991): «*La ciudad de los prodigios* de Eduardo Mendoza: Una meditación cultural sobre Barcelona», *Hispanic Journal* 12.2, pp. 231-246.

RUIZ TOSAUS, Eduardo (2001-2002): «La Barcelona prodigiosa de Eduardo Mendoza», *Espéculo: Revista de Estudios Literarios* 19, s/p.

— (2005): «El caso Savolta de Eduardo Mendoza, treinta años después», *Espéculo: Revista de Estudios Literarios* 29, s/p.

SANTANA, Mario (1997): «Antagonismo y complicidad: Parábolas de la comunicación literaria en *Volverás a Región* y *La verdad sobre el caso Savolta*», *Revista Hispánica Moderna* 50.1, pp. 132-143.

— (2005): «Eduardo Mendoza y la narrativa de la Transición», en José V. Saval (ed.): *La verdad sobre el caso Mendoza*, Madrid: Fundamentos, pp. 19-31.

SAVAL, José V. (2003): *La ciudad de los prodigios, de Eduardo Mendoza*, Madrid: Síntesis.

— (2006): «Comicidad y estructura en la columna de *El País* de Eduardo Mendoza», en Alexis Grohmann y Maarten Steenmeijer (eds.): *El columnismo de escritores españoles (1975-2005)*, Madrid: Verbum, pp. 165-173.

SOUBEYROUX, Jacques (1994): «De la historia al texto: Génesis *de La verdad sobre el caso Savolta* de Eduardo Mendoza», en Juan Villegas (ed.): *Lecturas y relecturas de textos españoles, latinoamericanos y US latinos*, Irvine (CA): University of California, vol. V, pp. 370-378.

VÁZQUEZ MONTALBÁN, Manuel (1991): «La novela española entre el posfranquismo y el posmodernismo», en Yvan Lissorgues (ed.): *La Rénovation du roman espagnol depuis 1975. Actes du Colloque des 13 et 14 fevrier 1991.* Toulouse: Presses Universitaires du Mirail, pp. 13-25.

VIDLER, Anthony (2007): «Reading the City: The Urban Book from Mercier to Mitterand», *PMLA* 122.1, pp. 235-251.

VIRILIO, Paul (2004): *Ville panique. Ailleurs commence ici*, Paris: Galilée.

WELLS, Caragh (2001): «The City of Words: Eduardo Mendoza's *La Ciudad de los Prodigios*», *Modern Language Review* 96.3, pp. 715-722.

— (2005): «El uso y significado de la ropa incongruente en las novelas "de detectives" de Eduardo Mendoza», en José V. Saval (ed.): *La verdad sobre el caso Mendoza*, Madrid: Fundamentos, pp. 103-116.

FÉLIX DE AZÚA
O EL ESTUPOR DE LA REVELACIÓN

Laura Silvestri

Universidad de Roma «Tor Vergata»

> *El poeta, si tiene suerte, puede lograr*
> *dos cosas: representar su tiempo y*
> *presentar algo para lo cual todavía el*
> *tiempo no ha llegado.*
>
> Ingeborg Bachmann

LA POESÍA

Con la publicación de *Última sangre* (2007), Félix de Azúa ha sorprendido una vez más a sus lectores, ofreciéndoles, tras un largo silencio de casi veinte años, siete nuevos poemas (los que dan el título al volumen) recopilados junto a toda su producción poética anterior y sin una palabra por parte suya que explique su inesperada vuelta lírica. Quizá este silencio se deba al hecho de que él ya había explicado su apego a la poesía en otra colección de versos que también incluía unos poemas inéditos. En aquella ocasión subrayaba que en nuestros tiempos de crisis la poesía sobrevive sólo como «una voz insensata» que se manifiesta de manera azarosa e intermitente para contrarrestar el ruido y la charlatanería de los lenguajes técnicos-descriptivos. Y añadía:

> para que llegue, basta con prestar atención y atender a lo que significa, en especial bajo la forma de su necesidad. En esto cada cual es irrepetible. Y se va en cuanto entra a formar parte de un proyecto. Su ir y venir es, pues, la labor de la insensatez contra el sentido común. Por otra parte, es posible, también (pero ahora ya es de noche) que sea poesía todo aquello que callamos para ser oído como silencio. Un silencio alerta, similar al que producen los centinelas. No hay que perder de vista, sin embargo, que la tarea poética no tiene fin, porque el fin de la tarea poética es alejar el fin (Azúa 1989: 9).

Estas reflexiones, que remiten a lo que Heidegger llamaría *poeticidad originaria*, la *Dichtung* que surge cuando la palabra ilumina una verdad que va apareciendo y desapareciendo para no dejarse nunca atrapar, marcan el alejamiento del autor de sus comienzos de novísimo y, a la vez, nos ofrecen una clave para entender los muchos cambios de género y registro que él ha abordado a lo largo del tiempo. Por lo que concierne a su estreno de poeta, hay que recordar lo que el propio autor ha afirmado:

> Yo comencé a hacer poesía espontáneamente, como las gentes sencillas: me parecía algo «natural». Bien es verdad que me salían unos versos bastante refitoleros y muy poco espontáneos pero estaban escritos con sencillez de corazón, de manera que sin duda eran execrables. Al poco tiempo de hacer poesía me eché a perder porque dejé de hacer poesía y comencé a escribir libros de poesía. Y esto si que no es posible; uno puede aceptar que alguien haga poesía, como la locomotora hace kilómetros, o sea, en sentido figurado, pero hacer «libros de poesía», eso no me cabe en la cabeza. Sería como afirmar que los vegetales son capaces de hacer botánica. Tras unos cuantos libros de poesía, mi perplejidad fue absoluta. Poco a poco iba cayendo en la cuenta de que lo más interesante de la poesía, para un hombre sencillo como yo, no era hacerla, sino interrogarla, asediarla, marearla (Azúa 1989b: 199-200).

De hecho, su quehacer de novísimo, que —caracterizado por elementos extremadamente intelectualizados y artificiosos— le ha otorgado la fama de autor difícil y hasta hermético,[1] tenía muy poco que ver con lo que él piensa de la verdadera poesía. Por ello, sintiéndose indigno del nombre de poeta, se dedica a la prosa y empieza a redactar novelas, ensayos, artículos y columnas.[2] Para él sólo existe la poesía y la no poesía y, a esta última, la considera literatura en general. O sea: arte de la escritura, habilidad de manejar palabras. No extraña pues que haya (al menos al principio) un notable contagio entre los varios géneros que ha practicado (Pittarello 2000: 781). Como no extraña que de la novela diga:

> me parece un género bastardo que permite todo tipo de formas y juegos, pero ha de ser muy rigurosa con sus propias leyes; en las mías procuro que el lenguaje sea limpio, el estilo aseado, la construcción ingeniosa y la dicción elegante. El resto querría que fuera buenas ideas (Tello Casao 1998: 199).

---

[1] Por ejemplo, Sainz Villanueva destaca que Azúa es quien ha mostrado «una inclinación al hermetismo que es la más extremada y persistente de todo su grupo generacional, en el que no abundan los poetas precisamente fáciles» (1991: 445). Además, al comentar la trayectoria poética del autor, Pittarello afirma: «Esta práctica literaria desemboca en un discurso en versos fundamentalmente metareflexivo: una escritura enigmática más por la vastedad de las implicaciones metatextuales que por la originalidad de las relaciones semánticas» (2000: 780), y Tello Casao subraya: «Uno de los rasgos más interesantes y, al mismo tiempo, más criticado de la obra narrativa de Félix de Azúa es su carácter enciclopédico y culturalista» (2000: 634). Y también Gimferrer, en el prólogo a *Última sangre*, afirma: «entre todos nosotros, el Félix de Azúa poeta se caracterizaba, como de otra forma también el prosista, por la coexistencia del esplendor de léxico e imagen, riqueza y variedad de datos sobreentendidos y un humor que no era nunca parodia, sino una forma más de palimpsesto» (2007: 7).

[2] Aunque el autor afirme que su «inclinación hacia la novela se produjo por desesperación hacia la poesía» (Azúa 1998: 206), en realidad hay también otros motivos que lo empujaron a cambiar género, como el proyecto «Nueva Novela Española» que las editoriales Barral y Planeta habían promovido en la huella del *boom* de la novela hispanoamericana, como si esta iniciativa fuera una exhortación para que los nuevos poetas dejaran atrás los caprichos juveniles y se hicieran cargo del país en su nueva fase histórica (cf. Silvestri 1995: 69 y 2005b: 201). Y a este propósito, Juan Benet ha observado: «una sociedad considera que debe haber novelistas como debe tener flota mercante, tanques, electricidad y otras cosas. Si nos ponemos a ese nivel, el de la literatura que se debe consumir y que un país debe producir para creer que está en una situación culta, muy bien. Pero ése no es el nivel de las grandes novelas» (citado en Echevarría 2004).

Un género bastardo son también el ensayo, el artículo y la columna que tienen los mismos rasgos temático-formales. Es decir: tratan de todo, su argumento se elige al azar, no pretenden ser exhaustivos, admiten la argumentación lógica junto a las digresiones subjetivas con el resultado de expresar una opinión, su propósito es el de ser comunicativos y reflexivos puesto que remiten siempre a una relación concreta entre un yo que habla y un tú que escucha (Silvestri 2005a: 132). Esto significa que, no pudiendo ser poeta, Azúa no tuvo más remedio que ser literato (o intelectual, que a él le da lo mismo). Y más concretamente: el literato revolucionario, preocupado por romper con el pasado, que había nacido con el libro de Castellet.

LAS PRIMERAS NOVELAS

Como recuerda el propio autor, la importancia que se le ha dado a los novísimos «no obedece a la sustancia de la obra y personalidad de sus componentes, sino al *gesto*», que no fue sino la irrupción de algo nuevo e imprevisto «en el recinto de la momia» (Azúa 1998: 203). De hecho, la característica más evidente de los novísimos fue su voluntad de ruptura: en contra tanto de la tradición literaria española como de la realidad contingente de la dictadura (Castellet 1970 y 2001).

Así que la antología funcionó como el *encuentro* a través del cual el individuo recibe su propia *cara*, trazada en términos de atributos sociales positivos (Goffman 1967: 76). Claro está que la cara no es para siempre, sino que es algo que se puede perder o conservar, descuidar o defender. Algo que no tiene ningún valor en sí mismo, sino sólo *en relación a*. De ahí que necesite tanto de la iniciativa del sujeto como de la respuesta ajena. Por eso, una vez que se dedica a la novela, Azúa se siente obligado a confirmar su papel de rebelde. Y lo hace escribiendo artículos eruditos sobre arte, cultura, política y costumbre, y novelas que, en vez de desarrollar una trama coherente a través del encadenamiento lógico de episodios, enlazan una serie de imágenes.

En efecto, en sus primeras novelas Azúa traslada a la prosa los mecanismos de la poesía, creando un lenguaje que progresa a través de contracciones y retornos, sin los recursos formales del verso. El resultado es un discurso críptico, metaliterario, desaforadamente subjetivo que lleva a la pérdida de todo sentido. No sorprende pues que las haya tachado de la lista de sus obras. El hecho es, como señala Benjamin (1973: 305), que la narrativa no puede prescindir de la experiencia comunicable. Sin embargo, cuando empezó su carrera de prosista, Azúa (como los otros novísimos) no tenía (o creía no tener) nada en común con los demás. Como la mayoría de los españoles, quería olvidarse de la dictadura y con la dictadura también de la imagen que de sí mismo se había formado dentro y en contra de ella (Silvestri 1995a: 67). Por lo que, sin experiencia y sin memoria, no puede contar nada, o, mejor dicho, sólo puede contar su saber enciclopédico y sus experiencias de escritura.

De este modo, mientras las dos primeras novelas cuentan la historia minimalista de un intelectual que inútilmente intenta poner en acción sus palabras, *Última lección*, novela policiaca muy *sui generis,* plantea un problema de identificación. La acción se desarrolla en un cuartel y habla de un caso de traición. Andrés Gainz, el acusado, acaba por ser fusilado, a pesar de que su culpabilidad no se demuestre a lo largo de todo el libro. Sin embargo, una vez acabada la historia, el narrador explica que el enigma no es el planteado al comienzo, sino otro anterior a la historia misma y causa de la misma: se trata de reconocer unos restos humanos encontrados en una cueva marina. De ahí que el lector se vea obligado a volver atrás para buscar, sin éxito, los indicios necesarios para reconocer a la víctima. No se puede descubrir de quién es el esqueleto, porque los personajes se confunden entre ellos y parecen todos una misma persona. Es decir que carecen todos de lo que le falta al propio autor: un estilo reconocible, un habla personal que comunique a los demás su propia especificidad humana. En efecto, en *Última lección* nos enfrentamos con una palabra descarnada: un modo de hablar que pasa de una representación a otra sin echar nunca raíces en la experiencia concreta (Silvestri 1995a: 36). Sin embargo, al recordar las circunstancias sobre el por qué ha nacido la historia, Azúa utiliza el recurso del *skatz,* el cuento folclórico en el que el narrador, al terminar su historia, se quita la máscara (Lodge 1994: 80). Como si el autor quisiera renunciar a su rol de rebelde, dándose cuenta de que el papel de intelectual requiere no sólo un lugar privilegiado desde el cual poder hablar en libertad, sino también, y sobre todo, la capacidad de procurarse un público atento y partícipe.

La historia

Convencido de que sin el reconocimiento y la aceptación de los demás corre el riesgo de perderse en el posible inmanente de su interioridad, quedando descolgado del movimiento general, Azúa decide destacar su especificidad en conformidad con el mundo compartido y, en 1984, publica *Mansura*, una reescritura de la crónica que Jean de Joinville hizo de la cruzada del rey Luis de Francia.

Del libro del antiguo cronista, Azúa elige el episodio de Mansura, la batalla que provocó la mayor derrota de la cristiandad en Tierra Santa. Rompe así con la ejemplaridad de la historia tradicional, que condenaba a los perdedores al olvido, y cuenta el efecto destructor del paso del tiempo, mostrando que, con sus actos, el hombre quiere dejar una huella de sí mismo pero, una vez llevado a cabo su proyecto, el resultado no le corresponde, porque él ya no es el mismo que lo había planeado (Silvestri 1993: 265 y 1995b: 35).

Tras demostrar su capacidad de interpretar de manera personal el pasado (o mejor dicho: su capacidad de imitar la escritura del pasado), Azúa puede ahora ofrecerse como narrador-testigo de su propia época. Entrar en la historia (en el tiempo colectivo) no sólo conlleva por su parte la conciencia de pertenecer al mundo compartido, sino también la voluntad de hablar el mismo lenguaje de los que le rodean. En efecto, tanto en *Historia de un idiota contada por él mismo* como en *Diario de un hombre humillado*, un narrador anónimo, en el que se pueden reconocer muchos rasgos del autor empírico, cuenta su vida que transcurre durante la dictadura y la transición.

Sin embargo, en *Historia de un idiota* lo único que el protagonista logra comunicar es el profundo desconcierto de quien vive separado de la vida, aislado en un mundo donde las palabras ya no corresponden a la realidad humana. Él es «una memoria sin dueño» (Azúa 1986: 120) que para recordar su pasado necesita unas fotografías. Como éstas lo representan siempre con la misma sonrisa, el elemento unitario del texto (el nexo interior o el punto de vista interpretativo mediante el cual él selecciona y coordina los episodios de su existencia) llega a ser una investigación sobre la felicidad. O mejor dicho, sobre lo que el sentido común considera consustancial a ella: la infancia, el arte y naturalmente el amor. El resultado es una sensación de derrota, ya que la vida del protagonista aparece cuajada de decepciones, errores y fracasos. Para él la infancia había sido un periodo parecido al «servicio militar» (1986: 10); el arte, el efecto de un suicidio inacabado y el amor una especie de castigo que «se presenta en la vida de cada quisque con el fin de dar una lección» (*ibid.*, 39). La paradoja, pues, parece ser el rasgo específico del autor, como si su originalidad de escritor consistiera sólo en contradecir la opinión de la mayoría. Y es este afán de oposición lo que destruye el fundamento de su discurso.

En realidad, él no nombra nunca, ni siquiera de paso, la componente esencial de la felicidad; es decir, la coincidencia entre cuerpo y mundo, aquel *bien-estar* en el que el yo se adhiere al cuerpo, reconociéndolo como propio y reconociéndose en él (Natoli 1994: 80-85; Carrera y La Porta 2000: 31). Esto significa que el protagonista pretende hablar de sí mismo prescindiendo precisamente del cuerpo. No sorprende, por lo tanto, que no tenga recuerdos personales y que viva fuera de sí mismo. Al fin y al cabo, el idiota es un hombre sin cualidades, cuya única especificidad es la de un individuo que se sitúa más allá de la muerte, en una condición posthumana desde la cual ya no le es posible ni siquiera esperar. Así, falto de futuro y de pasado, termina fatalmente con asumir la visión de un muerto, parecida a la que se vislumbra en *Última lección*, donde Andrés Gainz inexplicablemente continúa hablando hasta tras haber sido fusilado.[3] La transgresión de la verosimilitud narrativa (la que obliga a respetar la línea irreversible del tiempo compartido) muestra que la vuelta a la trama (a la semántica de la acción), empezada en *Mansura*, no ha logrado el resultado esperado. Más que atestiguar su época y su generación, el protagonista de *Historia de un idiota*, como el narrador de *Última lección*, sólo puede dejar constancia de la agobiante soledad a la que se siente condenado.

La memoria

Sin embargo, cuando ya está totalmente resignado a su triste destino, de repente él observa: «esa sonrisa me ha recordado algo que olvidé alguna vez. Mejor sería decir que esa sonrisa me recuerda que he olvidado algo. Pero no sé lo que es porque lo he olvidado. ¿Y cómo es posible recordar que se ha olvidado algo?» (Azúa 1986: 125-126). Con esta pregunta él expresa su estupor al descubrir que no lo sabe todo como suponía.[4] Tras

---

[3] También en *Mansura* hay un personaje, Berenguer d'Entença, que misteriosamente reaparece después de su muerte.

[4] El estupor frente a lo desconocido es el origen del pensamiento y de la filosofía en cuanto estupor, o sea en cuanto «emoción que fluctúa entre la aprensión de algo que a la vez huye a su captura total e integral» (Gargani 1999: 22; traducción mía).

darse cuenta de haber perdido el sentido de la felicidad y de no tener posibilidad alguna para recuperarla, siente su llamada: una especie de atracción irresistible hacia algo desconocido y a la vez imprescindible.

Tenemos aquí una *paradoja en sentido fundacional*, es decir, un hecho imprevisible e impensable que lleva a un cambio de perspectiva, un nuevo horizonte de sentido, un nuevo paradigma de verdad (Garroni 1995: 71; Gargani 1992: 56). A partir de aquí, en efecto, la especificidad del autor ya no será la de *pensar contra*, sino la de *pensar hasta el fondo*, hasta donde procede todo su modo de ser y pensar. No por nada, en *Diario de un hombre humillado,* puede hablar de su pasado confiando exclusivamente en su propia memoria, como ocurre con este episodio de su lejana adolescencia:

> Un verano, en Ibiza, logré establecer una sólida amistad con los lagartos […]; acudían a que les diera de comer y beber en mi refugio, una choza encalada, fresca y oscura, en pleno monte. Todo lo comían; albaricoques podridos o restos de macarrón con tomate. Me duchaba con cubos de agua para aliviar el calor palestino, y los lagartos se amontonaban a mis pies, lamiendo los charcos con su lengua de pómez. Superaban en fidelidad a los perros; verbigracia, al atardecer me trepaban por el cuerpo mientras leía o escribía, y aunque escapaba disparatados al menor gesto brusco (lo que me obligaba a volver las páginas con una lentitud que, por fortuna, me hacía olvidar completamente lo que había leído en las páginas anteriores), una vez satisfecho su instinto de conservación, regresaban a dormitar en mis piernas o en mis brazos hasta que se alzaba la luna (Azúa 1987: 158).

Mientras en *Historia de un idiota* el sujeto se identificaba con una mente, que, situada fuera de sí mismo, despreciaba, maltrataba y mutilaba el cuerpo,[5] juzgándolo y controlándolo con su ojo rencoroso y escudriñador, aquí, gracias a los lagartos que le corren a lo largo del cuerpo, el sujeto recupera su totalidad e indivisibilidad. Como si fuera

---

[5] Para no hablar de los estragos de cuerpos que encontramos en las novelas anteriores. Si *Última lección* termina con un cuerpo que «había sido devorado» (Azúa 1981: 138), *Mansura* está repleta de descripciones como ésta: «Hug de Forcalquer, maestre del Hospital, recibió tan gran golpe en la cara que le arrancó un ojo; al obispo Jaume Sarroca le atravesaron un hombro y de la herida saltó la sangre como de un tonel sin canuto; a Blasco de Alagón, maestre del Hospital en tierra del Ebro, le arrancó la nariz uno de los nuestros, al maniobrar con la espada, tan juntos y apretados estábamos» (Azúa 1984: 63-64).

el acto mismo de rememorar lo que cumple la recomposición (hay que subrayar que en italiano recordar se dice también *rimembrare* —como el inglés *remember*— o sea *devolverle al cuerpo sus partes*). Y, de hecho, a la recuperación de la memoria corresponde la toma de conciencia de *ser un cuerpo*, como se puede observar en la descripción que el protagonista hace de sí mismo:

> Mi cuerpo es más bien grande, de huesos anchos. Las costillas son mi sección ósea más particular; si hincho el pecho —cosa que hago muy rara vez y siempre con tristeza— parezco un gran simio. Sin embargo no soy fuerte, ni mucho menos; mis muñecas y tobillos son delgados, casi femeninos; las manos pequeñas y la tendencia a la transpiración; los dedos quebradizos, como canutos de hojaldre. Lo peor, con diferencia, son mis caderas, desproporcionadas, avícolas, con nalgas planas y fláccidas, cubiertas de vello rojizo. La cintura blanda, estúpida, se sostiene sobre dos piernas arqueadas hacia afuera, o que me da un aire de ganso. Con todo soy atractivo. Mi rostro, aunque no supera lo ordinario, tiene una expresión concentrada, cerril, fácil de confundir con la inteligencia. Las pestañas son largas, lo que despierta el instinto protector de las mujeres y distrae de mirar mis orejas, cuyos lóbulos son excesivamente pendulares y rosados; lóbulos de presbítero. Tengo los pies grandes —calzo un cuarenta y cinco— pero son finos y lampiños. Me gustan mucho. Esta exagerada planta no se corresponde con mi altura, apenas metro setenta y cinco; en consecuencia poseo un gran aplomo. Lo de la altura no me inquieta; tengo comprobado que los hombres altos sólo agradan a las personas sin imaginación como los niños, el servicio doméstico y los taxistas: gente que distingue cosas muy simples como «grande», «fuerte» o «negro» (Azúa 1987: 16).

La descripción se divide en dos partes: en la primera tenemos una imagen casi «científica», como si el sujeto se contemplara a sí mismo a través de una mirada omnipotente (la del saber enciclopédico y de las realizaciones de la técnica), capaz de traspasar la piel para revelar detalles anatómicos. De ahí que resulte un cuerpo generalizado, abstracto, irreconocible (huesos, costillas, muñecas, tobillos, manos, dedos...) y ridiculizado («gran simio», «aire de ganso»). En la segunda, en cambio, la imagen es más subjetiva en tanto que se opone a la otra («Con todo soy atractivo») y remite a lo que la experiencia le ha enseñado al autor, como el sentimiento que despierta en las mujeres y el placer consciente que su cuerpo le brinda («Tengo los pies grandes [...]. Me gustan mucho»). A pesar de las diferencias entre las dos representaciones, aquí no hay contradicción porque el cuerpo supone la ambivalencia, uniendo lo que el pensamiento disyuntivo separa (cf. Sini 1989 y 1991; Galimberti 1994) y aceptando todo lo que la mente rechaza.

El punto crucial de la prosa de Azúa está justamente aquí (en la ambivalencia que el cuerpo supone), de tal modo que al final del *Diario de un hombre humillado* el narrador define este libro «modesto y lleno de esperanza» (1987: 286). Modesto, porque desde ahora el instrumento de duda e indagación será el cuerpo. Y lleno de esperanza, porque el cuerpo cambia el campo de investigación. Ahora al sujeto ya no le importa contradecir lo que piensa la mayoría, sino lo que él mismo decía. Por eso, en 1989, además de la recopilación de sus poemas publica también la de sus artículos aparecidos en periódicos y revistas. El nuevo libro se titula *El aprendizaje de la decepción* y, como hemos visto en el caso de la colección *Poesía 1968-1988*, se abre con una introducción en la que, sin rechazar los supuestos de su obra anterior, el autor invita al lector a considerarla de otra manera.

EL AUTORRETRATO

De hecho, en la introducción a *El aprendizaje de la decepción*, tras remitir a su amigo José Ángel González Sainz la idea de reunir los artículos, el autor afirma:

> Pido al lector un esfuerzo para leer estas páginas como si de una conversación se tratara; algo inane, informal, un pasatiempo. En compensación le juro que a partir de hoy, si acaso vuelvo a decir algo relativo a las así llamadas artes, procuraré que sea una ocurrencia enteramente distinta de las aquí impresas; una opinión, desde luego, improductiva. Sé que me señalo una meta difícil, pero, como dice el título de un libro publicado por José Ángel, auténtico causante de este producto «nunca se sabe» (Azúa 1989b: 13).

Al ver reunidos sus textos, él se percata de que todos expresan una misma opinión. Puesto que, al repetirse, las ideas se radicalizan, transformándose en algo momificado que no tiene nada que ver con las innumerables mutaciones de la vida, hace falta desconfiar de uno mismo. Y para que esto ocurra hay que encarnar las propias opiniones en un cuerpo (que cambia con el paso del tiempo, manteniéndose siempre fiel a sí mismo), porque solamente así se puede cambiar sin traicionarse a sí mismo. De ahí que el autor le ruegue al lector que tome sus textos como si se tratara de una conversación, es decir, un discurso que supone la presencia de una persona concreta con su derecho a ser lo que es y con su derecho a cambiar. Por ello, *El aprendizaje de la decepción* no es sólo el desencanto que surge cuando algo o alguien resulta peor de lo que se esperaba, sino también la pacífica aceptación de los propios límites, con la consiguiente decisión de abandonar la lucha.

No por nada, a partir de aquí Azúa empieza otra fase de su narrativa. En *Cambio de bandera* cuenta de nuevo la historia de un fracaso (el del proyecto separatista vasco de 1937), sólo que ahora lo importante no es el hecho de que el protagonista cumpla o no lo que se había propuesto, sino más bien los motivos de su derrota, o sea, su extremado apego a la causa y la estricta fidelidad a sus principios. Mientras que en *Demasiadas preguntas* pone en tela de juicio el recorrido narrativo hecho hasta ahora, concretamente aquella técnica discursiva que, desarrollada a través del mecanismo de causa-efecto, sostiene la trama narrativa de sus novelas anteriores,[6] aquí, en cambio, queda claro que si se quiere alcanzar algún tipo de cambio social y de transformación personal hay que librarse de la lógica causal, que establece de antemano que el porvenir seguirá repi-

---

[6] En el Madrid de principios de los años ochenta, Dámaso Medina, un profesor de Filología, y Silvestre Gómez Pastor, autor de novelas populares, renuncian al proyecto de escribir una gramática castellana tras la absurda pretensión del ministro de que el libro deba cumplir en América Latina con la misma función que tuvo la de Nebrija en su época. Saben muy bien que los mecanismos más sofisticados de todo tipo de violencia e hipocresía se esconden precisamente en una determinada manera de hablar. Primera víctima de esos automatismos es el novelista convencido de que, a través de sus novelas, podrá fustigar los vicios sociales como ocurría en tiempos de Balzac. Sin darse cuenta de que los cambios de circunstancias exigen una nueva contextualización de las gastadas técnicas comunicativas, se convierte en cómplice inconsciente del ministro, pues su uso de la narración contribuye a conservar la herencia del sistema que, aparentemente, habría querido derribar. Por otra parte, el filólogo, a pesar de haber dedicado su vida a «descifrar lo que en verdad dicen las palabras» (Azúa 1994: 192), no deja de caer en la misma trampa. Tanto el uno, con su saber técnico, como el otro, con su saber narrativo, son inadecuados para comprender un mundo que ha perdido sus perfiles. Pero, al final, cuando el filólogo, al levantar la mirada, mide la distancia que lo separa del cielo, sintiéndose a la vez parte de él, descubre una compensación alternativa, a uno y a otro lenguaje, en el pensamiento simbólico.

tiendo el pasado,[7] y confiar en el pensamiento simbólico que, arraigado en el cuerpo, queda suspendido en la duda de sus preguntas, la mayoría de las cuales no tienen respuestas (Sini 1991: 85).

Al no ofrecer soluciones, ni explicaciones, al problema fundamental de la muerte, el saber del cuerpo reabre el abismo que la razón cree haber colmado. Así, marcado por su inevitable fin, el sujeto se siente obligado por vínculos más fuertes de responsabilidad, como le ocurre a Dámaso Medina, cuando observa: «Si somos una sombra que brilla al sol unos pocos años antes de regresar a la eternidad vacía y muda, entonces es preciso vivir decentemente [...] debemos ser responsables porque sólo las personas responsables aunque sean sombras ajenas iluminadas son libres» (Azúa 1994: 10). La responsabilidad supone libertad porque se sitúa en el ámbito de la conciencia, entendida como la capacidad de dialogar consigo mismo, para valorar críticamente la propia conducta, para distinguir las mentiras de la verdad, la percepción de las elaboraciones mentales, y medir las distancias entre las intenciones y los resultados.

De ahí que, en vísperas de las elecciones de 1996 (en las que ganó el Partido Popular), Azúa reúna cincuenta artículos sobre la política de los años anteriores, titulándolos *Salidas de tono* y presentándolos con estas palabras:

> me alegro de escribir este *Aviso* sin conocer a ciencia cierta lo que va a suceder dentro de pocos meses. Tengo para mí, sin embargo, que aunque de nuevo ganara las elecciones el Partido Socialista, el mandato de mi generación ha concluido. Nuestra oportunidad de pavonearnos sobre el escenario, a la manera de los borrachos de Shakespeare, ya se ha consumado. Como todos los que se pavonearon antes que nosotros sobre el gran teatro del mundo, en algún momento creímos poder cambiar el argumento de la obra, pero ahora ya sabemos que «envejecer, morir, es el único argumento de la obra». Y no es mal argumento (Azúa 1996: 9).

---

[7] Sperber (1994: 45-52) afirma que, así como los virus luchan por la supervivencia, distribuyéndose lo más posible dentro de la población, también las ideas luchan dentro de la mente para aumentar sus posibilidades de sobrevivir y transmitirse. Sin embargo, sólo las representaciones muy repetidas y muy poco transformadas llegan a formar parte de la cultura. Esto quiere decir que el encadenamiento causal, al ser el fundamento mismo del pensamiento racional, inevitablemente es vehículo de estereotipos y condicionamientos, produciendo el contagio de las ideas y de las conductas y creando relaciones convencionales entre el lenguaje y el caudal de las experiencias.

El hecho de que ahora los que nunca se opusieron a Franco tomen de nuevo otra vez el mando significa que la revolución cultural en la que participó el autor fue sólo un hecho meramente espectacular puesto que ni él, ni nadie de su generación, ha contribuido a cambiar realmente el estado de las cosas. Para ellos lo esencial era estar en contra de Franco y no les importaba si quien conducía la oposición era socialista, una etiqueta que comprendía de todo: «comunistas, ácratas, socialdemócratas, terroristas (a la italiana), castristas, banderas rojas, banderas negras, trotskistas, estalinistas, antiestalinistas, libertarios [...] toda suerte de rojos» (1996: 11) y también los que, como el propio Azúa, nunca lo habían sido.

En su aparente uniformidad, el socialismo ha sido una especie de ejército al que se han enganchado todos los antifranquistas. Y el error ha sido precisamente éste: el de combatir la ideología de la dictadura con otra ideología. De ahí que la Transición no haya provocado ningún cambio sustancial en el sistema, tal como afirma el narrador de *Cambio de bandera*:

> La guerra es perpetua. Todo es guerra o preparación para la guerra porque no luchamos hombres contra hombres [...] sino ideas contra ideas. Enteras generaciones de hombres y mujeres son destruidas para mantener con vida a las ideas, cuya magnitud no puede medirse en tiempo humano. Las ideas forman parte del orden superior cuyos intereses nos destruyen a nosotros, los efímeros (Azúa 1991: 147).

Las ideas pertenecen al ámbito de la guerra porque nacen y se desarrollan en el logos que, vale la pena recordar, se ha hecho necesario precisamente para aplacar (al menos aparentemente) los conflictos. Para el logos existe la lucha o el olvido de la causa de la lucha. Así, dando todo por sentado, excluye la oposición y se hace universal y consensual. Al fin y al cabo, gracias a su capacidad de resolver cualquier clase de contienda, el logos justifica todo tipo de agresión: desde la esclavitud de las sociedades arcaicas hasta las formas más sofisticadas de control de la sociedad tardocapitalista.

Para escapar de la maquinaria institucional no basta con ser contestatarios y críticos. Frente a las infinitas astucias del logos hay que inventarse un gesto diferente e ir allá donde el logos se ha generado, como hace el autor cuando dice:

No he querido ordenar los artículos cronológicamente, como si tuvieran un desarrollo temporal. He preferido adoptar la idea de mi buen amigo José Ángel González Sainz y desordenarlo por orden alfabético. Me gustaría que el libro, si alguien se aventura en él, fuera leído como algo simultáneo; como si se hubiera cerrado una puerta y todo el tiempo acumulado en el interior de estas páginas fuera un solo y fugaz momento (Azúa 1996: 13).

De nuevo acude a su amigo González Sainz y este recurso le sirve para subrayar la necesidad del otro a fin de construir la obra y, a la vez, construirse a sí mismo como sujeto específico reconocible. En efecto, la introducción de *Salidas de tono* tiene mucho de autorretrato, un género cuya característica principal se resume en la famosa frase de Beaujour, «Je ne vous raconterai pas ce que j'ai fait, mais je vais vous dire qui je suis» (1980: 76). Esto quiere decir que el autorretrato se distingue por el hecho de que su coherencia no reside en la sucesión cronológica (no en las categorías del cronos y del logos que rigen la autobiografía y la histo-riografía), sino en el procedimiento analógico y metafórico que remite a las imágenes simultáneas y omnicomprensivas de la pintura.

A través de este procedimiento el autor se pone dentro de su propio lenguaje para asumir el problema que hasta entonces ha atribuido a los demás:

Y aunque estos artículos sólo tratan la política desde un punto de vista teórico y no pragmático, un punto de vista que en ocasiones no alcanza a ser «alto» y se queda en «altivo» (es preciso asumir los propios defectos si uno desea enmendarse), sí es cierto que dependen por completo de la situación creada por los sucesivos avatares del socialismo (Azúa 1996: 12).

Aquí, Azúa no se limita a afirmar su derecho a cambiar de opinión, como en *El aprendizaje de la decepción*, sino que desenmascara el ca-rácter condicionado de su propia obra y encuentra en sí mismo el espíritu de superchería que hasta ahora había criticado en los demás. Y es el descubrimiento de sus propias contradicciones lo que le aleja definiti-vamente de la universalidad abstracta del logocentrismo, permitiéndole contrarrestar el sentido común. Sólo que ahora éste ya no es en el con-junto de «las instrucciones para la felicidad», como ocurría en *Historia de un idiota*, sino todo lo que da por descontado el mundo y reduce la complejidad de lo real y de los seres humanos a estereotipos, empe-zando por aquel concepto de identidad que, al afirmarse a través de la segregación y eliminación de la alteridad, construye un yo que, para ser tal, debe en primer lugar sacrificar una parte de sí mismo. Para Azúa, en efecto, la identidad no es un don intemporal que acompaña al individuo a lo largo de toda su vida, sino el resultado de una metamorfosis. De ahí la invitación al lector para que acople con una sola mirada las distintitas imágenes, deduciendo de ellas una unidad de sustancia, a pesar de sus diferentes manifestaciones.

LA NARRACIÓN

Es cierto que en el *Aviso al lector* de *Mansura,* en el que el autor ofrece las claves para interpretar su libro, se entrevé lo que, en palabras de Benveniste, se llama «el aparato formal del discurso» (1966: 44): el que deja percibir a la persona que escribe, una pluma que traza la hoja (o si se quiere una mano que teclea el ordenador). Además, el trasfondo autobiográfico subyacente en *Historia de un idiota* y en *Diario de un hombre humillado* sirve para establecer una relación comunicativa con un determinado público (D'Intino 1989: 45-53). Sin embargo, es con la toma de conciencia de la propia identidad-alteridad que el autor logra comunicar de veras con sus lectores. Mejor sería decir: logra comunicar éticamente con sus lectores.

LA ÉTICA DE LA COMUNICACIÓN

De hecho, para que la comunicación alcance el fin que su significado etimológico sugiere (*estar con,* Galimberti 1994: 80), requiere forzosamente una ética. Y la ética de la comunicación se realiza cuando el acto de hablar es tan sincero como para convertirse en una confesión: aquel tipo de discurso en el que el sujeto reconociéndose como lo que es, está dispuesto a enfrentarse con la parte más profunda, más desagradable y más dolorosa de sí mismo (Gargani 1999: 68). No sorprende, pues, que *Momentos decisivos*, su última novela, tenga una forma epistolar (o sea una forma confesional).[8] Como tampoco sorprende el éxito

---

[8] De hecho, *Momentos decisivos* se abre con la declaración del narrador que cuenta haber recibido una carta en la que un viejo amigo le empuja a relatar la historia de los que han compartido con ellos su juventud. Así, aunque desarrollada como una serie de cuadros en una exposición, la novela se ofrece como la respuesta a aquella carta.

que Azúa tuvo como columnista de *El País* y tiene ahora en su blog *El Boomeran(g)*.

El prestigio de su prosa no proviene sólo del esmero de su escritura, ni de la amplitud de su cultura, ni tampoco de su ingenio y de su humor. Y ni siquiera del toque especial subrayado por Savater: «lo que en francés llamarían *panache* un alegre y vistoso desenfado, una simpática petulancia. Incluso cuando es más pesimista y negativo [...] vibra en el acero de su prosa una carcajada contenida, un tonificante "¡y aún así, tampoco importa demasiado!"» (2006). Además de todas estas cualidades, los textos de Azúa sobresalen por el compromiso ético que él ha contraído con sus lectores.

De hecho, mientras critica ferozmente todo lo que amenaza al individuo, en el sentido etimológico de la palabra (indivisible) —los prejuicios, la arbitrariedad, la injusticia, el empequeñecimiento de la visión del mundo, la unilateralidad y la rigidez del pensamiento—, nunca se pierde de vista a sí mismo. Así, junto a sus blancos más frecuentes (la ignorancia masificada, el poder corruptor del dinero, la hecatombe de la enseñanza, la estupidez de los nacionalismos, los intentos totalitarios del catolicismo, la mala fe de los políticos), él delata también su propio rol de opinante que, por hablar como habla, no se expone a ningún peligro:

> Quienes opinamos en los diarios solemos caer en exhibicionismo moral. Nos ponemos a la puerta del colegio con la gabardina abierta para dar en espectáculo nuestra grandeza de alma. Pero Savater se juega la vida para defender a sus vecinos. Mientras que Haro sólo se defiende a sí mismo por un sueldo. Yo también. Más nos vale mantener la gabardina cerrada. Corremos el riesgo de que se percaten del verdadero tamaño de nuestra alma (Azúa 2006: 154).[9]

---

[9] Y en una entrevista, a la pregunta sobre la función que les queda hoy a los intelectuales contestó: «Tenemos exactamente la misma función que los suplementos culturales. Somos el cura que se sube al púlpito y echa su sermón. Los políticos no pueden decir "damas y caballeros, no creemos en ningún valor que no sea el dinero y el poder". Tienen que decir que hay valores, y como ya no pueden apelar a la religión apelan a los del arte, la cultura, los viajes o la gastronomía, que son los valores que defienden los suplementos culturales en general. Pero los intelectuales no tenemos ninguna función, y los que se creen tenerla se convierten en instituciones y son ridículos, como Günter Grass, o estos personajes que creen ser muy influyentes y en realidad son puros apéndices de la administración» (Serra 2002).

Como hemos visto, gracias a la implicación del cuerpo que, conforme el autor avanza en su proceso creador, es cada vez más evidente, él ha logrado pensar por experiencia, que significa ser siempre testigo de sí mismo, mostrándose, cuando es necesario, en desacuerdo consigo mismo.[10] La primera consecuencia de esta actitud es el hecho de que los varios géneros, que al principio se mezclaban, confundiéndose, hayan ido adquiriendo sus propias características específicas. Y no hay que extrañarse. Si recuperar el cuerpo supone comunicar con los demás, es natural que el autor se preocupe cada vez más por el horizonte de espera del destinatario.[11] Justamente porque la novela supone la ficción,[12] mientras que en el periódico quien habla garantiza lo que dice con su existencia física, Azúa diferencia la prosa de sus novelas y de sus columnas y lo que marca la diferencia es el uso que hace de la metáfora del cuerpo.

En las recopilaciones de artículos empieza a *dar cuerpo* a sus ideas hasta llegar a las columnas de los últimos años en las que parece ser el autor en carne y hueso quien habla. En ellas se muestra como una persona cualquiera que pasea por las calles de Barcelona o de otra ciudad, se sienta en una terraza, va a la playa, observa a la gente, conversa con un amigo, disfruta de un paisaje, mira desde una ventana, conduce en una autopista, comenta un libro que acaba de leer. Y mientras tanto reflexiona sobre todo lo que le llama la atención: el destino de la literatura, la muerte de un amigo, el tiempo que pasa, el cambio de las estaciones, dos chicos enamorados; pero también sobre las muchas incongruencias de la sociedad, de la cultura y de sí mismo. Y lo hace la mayoría de las veces con ironía y resignación. A menudo con indignación. A veces con ternura. De vez en cuando con optimismo. Pero siempre con la competencia de un narrador consumado, o sea, con la habilidad de contar, abarcando la totalidad de la experiencia humana de manera que cada uno pueda reconocerse en lo narrado y continuar la historia por su cuenta (Benjamin 1973: 329).

---

[10] Como dice Galimberti (1994: 290-291), sólo a partir del cuerpo se pueden criticar todos los falsos mitos y valores de nuestra cultura.

[11] No hay que olvidar que los géneros son «configuraciones normativas "abiertas" a las decisiones de la comunidad hermenéutica que propone, sostiene y modifica una configuración genérica» (Mignolo 1986: 89).

[12] Franco Rella (1986: 54) observa que la ficción narrativa tiene el mismo estatuto que la máscara en el teatro clásico, puesto que el poder expresivo de ambas depende de su capacidad de ocultar la persona física del actor (o del autor).

Sin embargo, si consideramos su trayectoria de novelista, podemos ver que el autor se va despojando cada vez más de la historia factual y de sus propias circunstancias de vida hasta llegar a *Momentos decisivos* en donde no hay nada que remita directamente a él. O mejor dicho, aquí el autor está presente sólo a través de los *signos del alma*: de las huellas indelebles que las experiencias vividas intensamente han dejado en él (Sini 1989: 38). No por nada *Momentos decisivos* relata cómo un contexto histórico (la Guerra Civil, la dictadura y la Transición) influyó en la formación de los hijos que lo padecieron. Se trata así de un contacto con lo histórico que acaba enlazando con lo cotidiano y, en este sentido, el análisis psicológico que se puede hacer de los individuos que crecieron en tales circunstancias alude sobre todo a individuos censurados, a la soledad, al hastío, a la muerte, a la incomunicación. Lo que prevalece es la continua huida, una necesidad gregaria de esconderse en la colectividad, una capacidad de decisión minada por el miedo y el dolor que se va transmitiendo y heredando a través de generaciones y que no perdona a nadie, ni siquiera a los niños. Más bien éstos son sus primeras víctimas, como observa un personaje de la novela:

> El dolor es una niebla, la llevas contigo a donde vayas, estás sumergido por el dolor, un niño no tiene defensa, no sabe ni siquiera lo que le duele, no puede luchar contra el dolor porque no sabe que está poseído por el dolor, a veces está alegre, parece jovial, juega con los otros niños, pero es una imitación, imita a los otros niños con mucha obediencia para no distinguirse, pero está separado de ellos por una barrera, está encerrado en la burbuja de su dolor, sin escapatoria, se ve a sí mismo jugando con otros niños y hace esfuerzos para ser como los demás niños, pero sólo puede imitar y sabe que está imitando, no tiene más compañía que su dolor, por eso no he podido ayudarte ni podré ayudar a nadie nunca, no me puedo ayudar, ojalá pudiera hacer lo que ha hecho Gabriel, pero no soy poeta (Azúa 2000: 354).

En la falsa alegría del niño y en su dolor, que le rodea como una niebla, se podrían ver tanto la misteriosa enfermedad de los ojos, que afecta a Dámaso Medina en *Demasiadas preguntas*, como la sonrisa-máscara llevada por el protagonista de *Historia de un idiota*. Así, la estética del fracaso que caracteriza las novelas del autor, como su destino de perdedor vocacional, no es sólo una manifestación del escepticismo nihilista de nuestra cultura en crisis, sino que parece ser más bien el síntoma de un sufrimiento existencial empezado en la infancia y consecuencia inevitable del momento histórico que le ha tocado vivir. Por eso *Momentos decisivos* se ofrece como el espejo de una época y de una mentalidad. Pero, como dice el narrador, justamente porque se trata de una historia común, cada uno ha de vivir «como si pudiera cambiarla aprovechando su propio momento» (Azúa 2000: 361). Si bien muchos momentos puedan parecer decisivos, «uno solo lo es, sólo uno arma los huesos de la espina dorsal de nuestra vida y nos hace altos o bajos, jorobados o apolíneos, romos o curiosos» (*ibid.*, 13). De ahí que sea necesario descubrirlo.

El mito

Por lo que le concierne al autor, se podría decir que su momento decisivo es el que aparece en el texto que abre *Esplendor y nada*, la recopilación de columnas escritas semanalmente para *El País*, desde el 8 de octubre de 1997 hasta el 31 de julio de 2002, donde, al hablar de la vocación del neurólogo Oliver Sacks, Azúa afirma:

> También yo recuerdo mi chispazo infantil de comprensión. Fue un día de verano tras una lluvia breve, cuando vi en un matorral y punteada con minúsculas gotas, la tela de una araña epeira. Estaba en el centro de la red, el lomo esmaltado con una cruz, y se balanceaba suavemente. Las gotas centelleaban y temblaban. Era yo un niño influido por los cómics y Walt Disney, de modo que tenía a las arañas por monstruos bebedores de sangre, pero aquella conjunción de geometría, crueldad y esplendor me pareció sagrada y quise formar parte de ella. Así como Sacks intuyó la capacidad de la mente para hacer del caos un mundo, y se dedicó a explorar cerebros, yo intuí, seguramente, la imposibilidad del mal y la necesidad de que incluso lo más espantoso cupiera en un relato verosímil, quizás en el discreto ámbito de un poema, o en un artefacto sin otra finalidad que afirmar la vida, una parte de la cual es, en efecto, espantosa (Azúa 2007: 19).

De este recuerdo habla tanto en la *Historia de un idiota* como en la introducción a *La invención de Caín*, que reúne sus escritos sobre ciudades. Y en esta última queda claro que se trata de la experiencia primitiva y originaria: el manantial del que se desprende una determinada manera de ver el mundo, un determinado lenguaje y una determinada concepción de la literatura (Silvestri 2004: 155). De hecho, la araña remite a la creatividad artística y, en concreto, con el arte textil que a su vez se relaciona con la escritura. Se trata, claro está, de un tejer (y escribir) especial que no se limita a urdir hilos (o palabras), sino que urde hilos y palabras para formar una figura y competir así con la pintura, como se puede comprobar en la mitología.

El mito más famoso es el de Aracné que desafía a Atenea en un certamen de bordado y, cómo castigo, se transforma en araña, condenada a tejer sin fin. Sin embargo, existe otro mito en el que la textura adquiere un sentido más amplio y profundo: me refiero al de Filomela. Tereo, marido de Procne su hermana, la viola y para que no lo delate le arranca la lengua. Pero Filomela consigue revelar lo mismo sus desgracias, bordándolas en una tela. Procne entonces se venga de las fechorías de su marido matando a Itilo, hijo de ambos, y presentándoselo guisado en la mesa.

Esta versión nos recuerda que, según lo que cuenta Ovidio, también Aracné teje una historia de crímenes puesto que, para competir con Atenea, elige como argumento los delitos cumplidos por los dioses para realizar sus amores con los mortales. Ambas formas del mito, por lo tanto, subrayan que el texto figurado (la imagen simbólica que cierra la experiencia-clave de una vida) es la expresión propia de quienes se rebelan ante la historia de violencias y arbitrios decidida desde lo alto. Sin embargo, entre las dos historias hay una diferencia fundamental. Mientras para Aracné la textura que muestra es la causa de una condena, para Filomela es un instrumento semiológico apto a devolverle su propia voz. No por nada la historia termina con la huida de las dos hermanas que, perseguidas por Tereo, se ponen a salvo gracias a la intervención de los dioses que las transforman en pájaros: Filomela en golondrina y Procne en ruiseñor.

Sin embargo, en otra variante de la saga, Filomela es la mujer de Tereo. Así al final ella se convierte en ruiseñor y Procne en golondrina. La inversión de los roles, por una parte, se conforma mejor con la etimología del nombre Filomela que evoca la música y el canto y, por otra, llama la atención sobre dos hechos: el primero es que si para expresar una experiencia «muda» hace falta un autor con un extraordinario talento, para entenderla se necesita un destinatario, capaz (o mejor dicho: puesto en la condición) de identificarse (y hasta intercambiarse) con él. Y el segundo es que cuando se habla de crímenes nadie es inocente, porque los estrechos vínculos que la víctima entabla con el verdugo conllevan una responsabilidad inevitable de eludir. Por eso, quizá, Filomela-Procne mata a su propio hijo. Como si con este acto extremo ella hubiera querido cortar toda relación (toda complicidad) con su marido (con el poder agresivo y violento), y echar así las premisas para una auténtica transformación.

Por lo que se refiere a Azúa, podríamos decir que los dos sentidos del mito se resumen en aquel «mundo de luz y espanto» descubierto en la tela de araña y que le lleva a concebir la literatura (y más concretamente la poesía) como una tabla de salvación. Se comprende entonces por qué su obra es así *como es*: un calidoscopio de cambios y repeticiones. Es para afirmar la vida contra la muerte (el recuerdo contra el olvido, el esplendor contra la nada) que sus textos parecen integrarse mutuamente, utilizando, a menudo y con ligeras variaciones, los mismos argumentos, las mismas descripciones y hasta los mismos títulos.[13] De hecho, podríamos considerar su trayectoria como una larga y dura preparación en consideración de una meta mucho más importante. Y en confirmación de eso define sus columnas (pero podríamos decir lo mismo de todos su textos en prosa) como unos «ejercicios literarios», parecidos a los que hace el atleta «días tras días, sin más empeño que perfeccionar un movimiento, siempre el mismo aunque nunca repetido, que tiene un punto inflexivo de perfección, a partir del cual ya no es posible mejorarlo» (Azúa 2006: 11).

La poesía, sobre todo

Si para un gimnasta este punto de perfección es la cruz de anillas, concretamente «el Cristo»,[14] para Azúa es la poesía en el sentido que hemos visto al comienzo y que no necesariamente tiene que coincidir con el discurso en verso. La verdadera poesía, en efecto, no es una cuestión de forma y tampoco es una cuestión de lenguaje, puesto que la poesía usa el lenguaje para trascenderlo y decir lo indecible. No hay que olvidar que Dante en el *Convivio* conecta la actividad del poeta, del *autor* sin la

---

[13] En efecto, el 14 de diciembre de 2003, apareció en *El País* una columna sobre el nacionalismo independentista catalán titulada *Momentos decisivos*.

[14] Aquel «movimiento despacioso que va dejando reposar el cuerpo en el cruz aérea, mientras se van abriendo los brazos como si el peso hubiera sido desprendido de la carne y el cuerpo flotara ahora en el mero esplendor de la figura. Es música, la cual tiene su tiempo, y cada maestro le da el suyo» (Azúa 2006: 11).

letra c, al verbo *aiueo* que significa *yo ato*.[15] Poeta, por lo tanto, sería el que sabe unir las palabras con un soplo vocal, o sea, quien, como Filomela, se expresa gracias a un proceso dinámico y afásico que no tiene nada que ver con la articulación de un sentido lógico y que, precisamente por eso, se opone a la lengua de la *auctoritas*.

Sin embargo, aunque la poesía no necesita del verso, sólo la poesía en verso ofrece la posibilidad de construir un mundo aparte (Eco 1988: 258; Costanzo 1985: 15-22) y de mantenerlo en orden perfecto. Un mundo que no es una muestra de objetos (o de palabras), sino el lugar en el que confluyen todas las decisiones fundamentales que el sujeto ha recogido o descuidado, rechazado o cogido de nuevo (Heidegger 1950: 27-29). Esto quiere decir que si podemos encontrar páginas de auténtica poesía en la prosa de Azúa, a él, lo que parece importarle de veras está en sus versos. Por eso, de vez en cuando, los publica de nuevo, añadiéndoles poemas inéditos, y por eso no hace ningún comentario a su última recopilación. Casi que con esta elección hubiera querido subrayar una vez más el abismo que separa la poesía del banal parloteo de todo lo demás. De hecho, sólo el discurso en versos —con *el tiempo vertical del ser* que supone (Bachelard 1966: 89)— le ofrece el apoyo necesario para competir con la suprema excelencia del gimnasta que alcanza la perfección sin otra finalidad que el movimiento mismo y que, a pesar de esto, «la agonía de su Cristo se abría con tal expresividad que provocaba el llanto» (Azúa 2006: 11). Sólo el discurso en versos le permite comunicar una enorme carga emotiva «sin decir nada», como se puede comprobar en la imagen que cierra «Eva y Adán», uno de los nuevos poemas de *Última sangre* (Azúa 2007: 252):

> el amor
>
> serpiente
> madre
> mía

---

[15] Dante utiliza la palabra *autore* sólo para los poetas porque, dice, sólo ellos saben atar sus palabras a la música. Para él, en efecto, la lengua poética se mueve entre dos polos: en uno encontramos la lógica demostrativa del *auctor* y en el lado opuesto la letra perdida, o a punto de perderse, que no dice nada y queda en vacío del sentido. Esto significa que la palabra fundamental es la que queda en la sombra, la que se resiste a cualquier tentativo de traducción y que se puede encontrar en los enredos sin sentido de sus nudos (Dragonetti 1990: 18).

y en sus escamas
yo

La verdad a media luz que aquí se vislumbra nos recuerda que la auténtica poesía es siempre dolor transformado en belleza (como decía Goethe) y siempre viene de una herida, de una comprensión oscura de la existencia y del mundo. Así, tendríamos que considerar de manera diferente su labor de poeta novísimo y decir que el motor de su escritura —como ocurre con los verdaderos poetas—, más que la voluntad de ruptura (más que la rebeldía), ha sido el deseo,[16] entendido no como el esfuerzo para recuperar una supuesta plenitud originaria, sino más bien como el «movimiento que desde lo idéntico va hacia lo otro sin volver nunca a lo idéntico» (Lévinas 1979: 30) para subrayar una falta (Ciaramelli 2000: 104).[17]

Se comprende entonces mejor el proceso a través del cual el autor pasa de la escritura críptica y elíptica de los comienzos a otra más clara (pero no por eso más simple) y sugerente. Se comprende por qué su lenguaje, a lo largo de los años, se ha hecho cada vez más íntimo y personal, catalizando todas sus experiencias (pasadas, presentes, intelectuales, sensoriales), como si hubiera nacido de él, como si fuera el hilo que la araña segrega para fabricar su tela. Porque sólo así, sólo utilizando el lenguaje para revelarse, a sí mismos y a los demás, en su propia, única y sorprendente especificidad humana, Azúa ha podido lograr el milagro de la comunicación y dar sentido al vacío.

Bibliografía

Azúa, Félix de (1981): *Última lección*, Madrid: Alfaguara.
— (1984): *Mansura*, Barcelona: Anagrama.
— (1986): *Historia de un idiota o el contenido de la felicidad*, Barcelona: Anagrama.
— (1987): *Diario de un hombre humillado*, Barcelona: Anagrama.
— (1989a): *Poesía (1968-1988)*, Madrid: Hiperión.

---

[16] No es casualidad que Octavio Paz dijera que la poesía es «deseo en acto» (1986: 81). Cf. también Silvestri (2002: 18).

[17] Y a confirmación del carácter irremediablemente subjetivo de su poesía hay que recordar que *Cepo para nutria,* su primer libro de versos, se publicó dos años antes que la antología de Castellet saliera a la calle.

— (1989b): *El aprendizaje de la decepción*, Pamplona: Pamiela.

— (1991): *Cambio de bandera*, Barcelona: Anagrama.

— (1994): *Demasiadas preguntas*, Barcelona: Anagrama.

— (1996): *Salidas de tono. Cincuenta reflexiones de un ciudadanos*, Barcelona: Anagrama.

— (1998): «Sobre el tiempo y las palabras. Los novísimos», en *Lecturas compulsivas. Una invitación*, Barcelona: Anagrama, pp. 201-209.

— (2000): *Momentos decisivos*, Barcelona: Anagrama.

— (2006): *Esplendor y nada*, Barcelona: El lector universal.

— (2007): *Última sangre (Poesía 1968-2007)*, Barcelona: Bruguera.

BACHELARD, Gaston (1966): *L'intuition de l'instant*, Paris: Gallimard.

BEAUJOUR, Michel (1980): *Miroirs d'encre. Rhétorique de l'Autoportrait*, Paris: Éditions du Seuil.

BENJAMIN, Walter (1973): «El narrador», *Revista de Occidente*, 129, pp. 301-333.

BENVENISTE, Émile (1966): *Problèmes de linguistique générale*, Paris: Gallimard.

CARRERA, Alessandro y Filippo LA PORTA (2000): *Il dovere della felicità*, Milano: Baldini & Castaldi.

CASTELLET, Josep Maria (1970): «Justificación», en *Nueve novísimos poetas españoles*, Barcelona: Barral, pp. 4-18.

— (2001): «Apéndice documental», en *Nueve novísimos poetas españoles*, Barcelona: Península, pp. 1-32.

CIARAMELLI, Fabio (2000): *La distruzione del desiderio. Il narcisismo nell'epoca del consumo di massa*, Bari: Dedalo.

COSTANZO, Mario (1985): *Discorso quotidiano, poesia, prosa*, Roma: Bulzoni.

D'INTINO, Franco (1989): *L'autobiografia moderna*, Roma: Carocci.

DRAGONETTI, Roger (1990): «Auctor, autor, actor», en *I tranelli della finzione*, Bari: Dedalo, pp. 13-49.

ECHEVARRÍA, Ignacio (2004): «Benet y la "novelística" española», *El País*, 3 de julio.

ECO, Umberto (1988): «Il segno della prosa, il segno della poesia», en *Sugli specchi e altri saggi*, Milano: Bompiani, pp. 242-260.

GALIMBERTI, Umberto (1994): *Il corpo*, Milano: Feltrinelli.

GARGANI, Aldo G. (1992): *Lo stupore e il caso*, Roma/Bari: Laterza.

— (1999): *Il filtro creativo*, Roma/Bari: Laterza.

GARRONI, Emilio (1995): *Senso e paradosso*, Roma/Bari: Laterza.

GIMFERRER, Pere (2007): «Cancel», en Félix de Azúa: *Última sangre (Poesía 1968-2007)*, Barcelona: Bruguera, pp. 4-9.

GOFFMAN, Erwing (1967): *Interaction Ritual*, New York: Doubleday.

HEIDEGGER, Martin (1950): «L'origine dell'opera d'arte», en *Sentieri interrotti*, Firenze: La Nuova Italia, pp. 27-35.

LÉVINAS, Emmanuel (1979): *La traccia dell'altro*, Napoli: Pironti.

LODGE, David (1994): *L'arte della narrativa*, Milano: Bompiani.

MIGNOLO D., Walter (1986): *Teoría del texto e interpretación de textos*, México: UNAM.

NATOLI, Salvatore (1994): *La felicità. Saggio sulla teoria degli affetti*, Milano: Feltrinelli.

PAZ, Octavio (1986): *El arco y la lira*, México: Fondo de Cultura Económica.

PITTARELLO, Elide (2000): «Félix de Azúa o la transgresión de los géneros», en Antonio Sánchez Trigueros, María Ángeles Grande Rosales y María José Sánchez Montes (eds.): *Miradas y voces de fin de siglo. Actas del VIII Congreso Internacional de la Asociación Española de Semiótica: Granada, 15-18 de diciembre de 1998*, Granada: Asociación de Semiótica/Grupo Editorial Universitario, vol. III, pp. 779-787.

RELLA, Franco (1986): *La battaglia della verità*, Milano: Feltrinelli.

SAINZ VILLANUEVA, Santos (1991): *Historia de la literatura española. Literatura actual 6/2*, Barcelona: Ariel.

SAVATER, Fernando (2006): «El acero de la prosa», *Babelia*, 24 de junio.

SERRA, Catalina (2002): «El panorama artístico está detenido», *El País,* 1 de noviembre.

SILVESTRI, Laura (1993): «*Mansura*: Félix de Azúa riscrive Jean de Joinville», en *Scrittura e riscrittura. Traduzioni, refundiciones, parodie e plagi. Atti del Convegno di Roma, 12-13 novembre 1993*, Roma: Bulzoni/AISPI, pp. 263-272.

— (1994): «La lógica de la acción (reseña a *Demasiada preguntas* de Félix de Azúa)», *Archipiélago* 18, pp. 229-230.

— (1995a): «Vicente Molina Foix o el autorretrato de un novelista», en Alfonso de Toro y Dieter Ingenschay (eds.): *La novela española actual. Autores y tendencias*, Kassel: Reichberger, pp. 33-54.

— (1995b): «Félix de Azúa: en principio era la narración», en Alfonso de Toro y Dieter Ingenschay (eds.): *La novela española actual. Autores y tendencias*, Kassel: Reichberger, pp. 33-54.

— (2002): «Note d'apertura. Perché la poesia?», en Renata Londero (ed.): *I mondi di Luis Cernuda*, Udine: Forum, pp. 13-19.

— (2004): «Cuerpo y escritura en la obra de Félix de Azúa», en Claudio Cifuentes Aldunate (ed.): *Síntomas en la prosa hispana contemporánea (1990-2001)*, Odense: University Press of Southern Denmark, pp. 151-175.

— (2005a): «El opinante corporal: Félix de Azúa entre columnas y novelas», *Il bianco e il nero* 8, pp. 131-148.

— (2005b): «Il boom latinoamericano e il romanzo spagnolo della transizione», en Mario Sartor (ed.): *Realismo magico. Fantastico e iperrealismo nell'arte e nella letteratura latinoamericane*, Udine: Forum, pp. 197-209.

SINI, Carlo (1989): *I segni dell'anima. Saggio sull'immagine*, Roma/Bari: Laterza.

— (1991): *Il simbolo e l'uomo*, Milano: EGEA.

SPERBER, Dan (1994): *Il contagio delle idee*, Milano: Feltrinelli.

TELLO CASAO, Juan Antonio (1998): «Félix de Azúa: la ironía es inseparable de la novela moderna», *Turia* 45, pp. 195-191.

— (2000): «Félix de Azúa o la agonía de lo moderno. Historia de un agotamiento», en Antonio Sánchez Trigueros, María Ángeles Grande Rosales y María José Sánchez Montes (eds.): *Miradas y voces de fin de siglo. Actas del VIII Congreso Internacional de la Asociación Española de Semiótica: Granada, 15-18 de diciembre de 1998*, Granada: Asociación de Semiótica/Grupo Editorial Universitario, vol. III, pp. 789-795.

PERE GIMFERRER

Julia Barella
Universidad de Alcalá de Henares

Pere Gimferrer (Barcelona, 1945) nos aporta numerosos datos autobiográficos en sus obras[1] y, en la mayoría de los casos, suele hacerlo entremezclando con naturalidad sucesos acaecidos en su vida cotidiana, de niño o adolescente, con otros originados o procedentes de sus lecturas; la misma actitud se mantiene cuando le han hecho entrevistas,[2] vida y literatura siempre han ido unidas. Se confiesa un muchacho solitario, en la Barcelona de los años cincuenta, que no sólo ha convertido la lectura y el cine en aficiones o formas de entretenimiento, sino en dos de los ejes sobre los que construir su idiosincrasia, su carácter estético y su pensamiento ético. Cuando estudia Derecho y Filosofía y Letras en la

---

[1] Cf. los diarios de Pere Gimferrer (1981 y 1982), editados juntos en el 2002, con un «Prólogo» de Justo Navarro, clave para entender la unión entre sucesos vividos y lecturas en la obra de Gimferrer. Otras obras significativas al respecto son: *Los raros* (1985) e *Itinerario de un escritor* (1993).

[2] Como las interesantes entrevistas que le hacen su amiga Ana María Moix (1972 y 2001), Antoni Munné (1978), Lluis Bassets (1983) y Víctor García de la Concha (1989).

Universidad de Barcelona, las lecturas y el cine ya le han ido alejando de los gustos literarios de muchos de sus compañeros, en la Barcelona de la última década de la dictadura franquista.

Gimferrer inaugura esa primera generación de escritores que han nacido después de la Guerra Civil y que viven los años del despegue de la industria editorial en Barcelona, de la Ley Fraga de Prensa y de la televisión. Lejos de haber experimentado en sus propias carnes los desastres de la guerra, Gimferrer prefiere que su arte y su literatura se desarrollen con independencia de las ideologías, pues cree en la autonomía del lenguaje, en la libertad de la experiencia artística y en la experimentación con las formas, los temas y los géneros, incluyendo el cine y los nuevos medios de comunicación.

Los primeros libros publicados en castellano —*Mensaje del tetrarca* (1963), *Arde el mar* (1966), *Tres poemas* (1967) y *La muerte en Beverly Hills* (1968)— cuentan con una edición completa introducida y anotada por Julia Barella (2000) y, el libro *Arde el mar* con la imprescindible edición de Jordi Gracia (1994). La edición de la *Obra completa en catalán* corre a cargo de Arthur Terry (1995), y la útil y muy cuidada recopilación *Arde el mar, el vendaval, la luz. Primera y última poesía* (1992) incluye un prólogo de Fernando Lázaro Carreter y una nota preliminar del propio Gimferrer. Entre las antologías de su obra más completas y mejor prologadas podemos destacar: *24 poemas* (selección de Ana María Moix, 1997), la *Antologia poètica* (edición de Enric Bou, 1999) y *Marea solar, marea lunar* (selección de Gimferrer y edición de Luis García Jambrina, con motivo de la entrega del Premio Reina Sofía, 2000).

La bibliografía (especialmente de reseñas, entrevistas o artículos) sobre la poesía de Gimferrer en periódicos y revistas fue abundante desde el principio, no así los estudios más profundos sobre alguno de sus libros o sobre aspectos determinados.[3] La polémica que levantó la publicación de la antología *Nueve novísimos* (1970) amplió el interés que ya había despertado *Arde el mar*, de ahí que muy pronto apareciera un primer número monográfico dedicado a Pere Gimferrer en la revista *Peña Labra* (1987), con una completa bibliografía preparada por Manuel Vilas. Más adelante, Guillermo Carnero coordina un número extraordinario sobre

---

[3] Algunas bibliografías completas pueden consultarse en la página electrónica preparada por Enric Bou, http://www.brown.ed/Research/Gimferrer, y en las ediciones de Jordi Gracia (1994) y Julia Barella (2000). La bibliografía está muy actualizada en José Luis Rey (2005).

Novísimos en la revista *Ínsula* (1989), con un grupo importante de artículos dedicados a Gimferrer. Poco después, en 1993, Enric Bou coordina un número monográfico dedicado a la obra de Pere Gimferrer para la revista *Anthropos* y, recientemente, la revista *Zurgay* (2006) ha reunido algunos artículos también sobre la figura literaria de Gimferrer. Ahora bien, hasta el momento, el estudio más ambicioso y más pormenorizado sobre la obra completa de Gimferrer es el realizado por José Luis Rey (2005).

Los artículos de V. García de la Concha (1972), J. González Muela (1973), A. Sopeña (1977), G. Carnero (1978), J. Barella (1983), E. Bou (1989), P. Provencio (1988: 113-123), A. P. Debicki (1993) y O. Paz (1999) son estudios imprescindibles para conocer los primeros momentos. En todos ellos, se nos confirma lo interesado que estaba Gimferrer por lo que estaba sucediendo culturalmente fuera de España y, también, su desprecio o desinterés, al igual que muchos de sus compañeros de la antología *Nueve Novísimos*, por los estilos poéticos realistas o neorrománticos, intimistas o sociales, que llevaban de moda desde los primeros años de la posguerra, de los que apenas se salvaban Juan Eduardo Cirlot y Blas de Otero (Capecchi 1981; Barella 2000; Rey 2005). Ahora bien, si hay un poeta que siempre está presente en todas sus manifestaciones poéticas, entrevistas o discursos, ése es Rubén Darío. En *Itinerario de un escritor*, dice haber descubierto en Darío la poesía: su primer impulso fue «escribir como Rubén Darío» (1993: 19-21). Ya había hecho con anterioridad una interesante introducción a la edición de la *Poesía de Rubén Darío* (1987). Pero, a medida que va estableciendo relaciones con escritores vivos, irán apareciendo otros tipos de complicidades e influencias literarias y también la amistad. Por ejemplo, con Jaime Gil de Biedma o con Vicente Aleixandre,[4] con los que empieza a cartearse ya en junio de 1965. También con Octavio Paz[5] mantiene una profunda amistad y una interesante correspondencia, desde que recibiera el primer Premio Nacional de Poesía en 1966 por *Arde el mar*;[6] sin olvidar su rela-

---

[4] Véanse su discurso de entrada en la Real Academia Española titulado «Perfil de Vicente Aleixandre» (Gimferrer 1985c) y Barnatán (1978).

[5] En 1980 publica *Lecturas de Octavio Paz* (Barcelona: Anagrama) y en 1999 es el editor de *Memorias y palabras. Cartas a Pere Gimferrer 1966-1997*.

[6] Más adelante volverá a recibir éste y otros premios: Premio Nacional de Poesía en 1988, Premio Nacional de las letras españolas por el conjunto de su obra en 1998, Premio Reina Sofía en 2000 y Premio de Ensayo Octavio Paz en 2007, entre otros.

ción con los hermanos Luis y Juan Goytisolo, y con los poetas catalanes Joan Brossa y Josep Vicenç Foix.

Gimferrer ha señalado con frecuencia su interés por servir de enlace entre su generación y la Generación del 27 y poder, así, proyectar una herencia, olvidada o silenciada por las sucesivas generaciones de escritores de la posguerra. En la tradición iniciada por Rubén Darío y Juan Ramón Jiménez, Gimferrrer había encontrado, mientras leía a Vicente Aleixandre y a Octavio Paz, el modo de enlazar con las vanguardias.[7] Por eso es importante cuando lo declara en 1980 al publicar *Lecturas de Octavio Paz*: «lo que en Paz hallaba no era una ficticia función supletoria, sino algo genuino: era la poesía que, en castellano, debía escribirse tras las experiencias de la Generación del 27» (1980a: 9-10).

Arde el mar suponía continuar con las actitudes estéticas modernistas y también con las iniciadas por el Grupo del 27, por eso significó un modo de entender la literatura más cosmopolita, más abierto al mundo cultural occidental, proclive a la experimentación y a la independencia (Jiménez 1972; Yánez y Arrangoiz 1975; Gracia en Gimferrer 1994; Barella en Gimferrer 2000a; Virtanen 2006). Pero, a pesar del revuelo que levantó, *Arde el mar* no fue una publicación aislada. Poco después, con mayor o menor fortuna, hubo toda una generación de jóvenes poetas que estaban intentando enlazar con la misma tradición, buscando u ordenando datos encontrados en otros mundos culturales, organizando su propio espacio verbal, su arquitectura poética sobre la base de nuevas realidades. Claramente *Arde el mar* significó un cambio en la concepción estética del poema, también la posibilidad de inaugurar nuevos caminos en la investigación del lenguaje y la incorporación libre de todo aquello que, de manera natural, enriqueciera el poema: imágenes visuales recuperadas de la pintura, de la fotografía, de los cómics o del cine, y también las impresiones sacadas de nuevas lecturas de escritores poco leídos, poco traducidos y poco citados hasta entonces: Hölderlin, Baudelaire, Lautréamont, Perse, Rimbaud, Mallarmé, Wallace Stevens, Rilke, Eliot, Pound, Pessoa...

El culturalismo de Gimferrer ha sido una de las características que más señaló la crítica desde el principio, que más sorprendió a críticos y

---

[7] Rey hace un estudio especialmente atento a la influencia de Rubén Darío y Juan Ramón Jiménez (2005: 62-108).

lectores (Carnero 1978 y 1992; Cuenca 1979-1980; Barella 1983; García Berrio 1989; Gracia en Gimferrer 1994; Rey 2005). Para los poetas de esa generación el culturalismo se alimentaba de una profunda alianza con la vida, y para muchos sigue teniendo la misma importancia. Con el tiempo, hemos podido comprobar que en esa voluntad de modificar el canon poético de su época no había impostación, sus lecturas, sus pintores o las películas de las que hablaban formaban parte de esa nueva realidad que el poema fundaba; eran los materiales con los que construir una nueva y necesaria realidad en la que vivir.

Pere Gimferrer, nada más publicar *Arde el mar*, ya había conseguido convertirse en un crítico de talento, que colaboraba en las más importantes revistas de la época: *El Ciervo, Film Ideal, Ínsula* etc. También era un reclamado prologuista, traductor, antólogo, guía y consejero de muchos otros jóvenes poetas, a los que les unía esa función de despertar las conciencias estéticas y alterar o subvertir los gustos de los lectores, antes que despertar sus conciencias políticas.

La relación que mantiene Gimferrer con el ambiente literario del momento viene acompañada de una entretenida vida social. Muchos le recuerdan asistiendo a las reuniones del café El oro del Rhin o en El Velódromo, donde acostumbraba a reunirse con sus amigos. Por allí aparecen con frecuencia Guillermo Carnero y Ana María Moix, Antonio Colinas, Marcos Ricardo Barnatán, Ignacio Prat, Vicente Molina, Félix de Azúa, Leopoldo María Panero, etc. Escuchan a Juliette Gréco, Yves Montand, Frank Sinatra y George Brassens, y todos leen y comparten a los poetas barrocos: Bocángel, Villamediana o Jáuregui; y también a los citados Wallace Stevens, Eliot, Pound, Saint-John Perse o Lautréamont, mientras hablan del psicoanálisis.

El ambiente de estos años ha sido estudiado por Benito J. Fernández en la biografía que hace de Leopoldo María Panero, titulada *El contorno del abismo* (1999). En esta biografía, se nos cuenta cómo se conocen ambos poetas y qué impresionados quedan el uno del otro. Gimferrer le comenta a su amiga Ana María Moix que Panero le ha parecido un poeta capaz «como Artaud de organizar, desde la Sinrazón, un discurso razonable, ser un poeta constructivista a partir de la destrucción» (Fernández 1999: 31 y 94). También Panero hace referencia al encuentro con Gimferrer en *Por el camino de Swann*, pues esa tarde, mientras escuchan a una todavía desconocida Donna Hightower, tienen una conversación «harto peculiar, como en un nuevo *lenguaje cifrado* que estuviéramos creando sobre la marcha» (Panero 1968: 88; el subrayado es mío).

Me interesa resaltar ambas versiones de ese primer encuentro, la del «poeta constructivista a partir de la destrucción» y la del «lenguaje cifrado», ya que ambas definiciones nos sirven para definir el nuevo lenguaje poético que inaugura la poesía de Gimferrer. Se trata de construir desde la destrucción, pues el espacio y el lenguaje que le nombra ya no sirven, no interesan. Se trata de organizar los nuevos materiales y de construir nuevas escenografías sobre las que discurran los poemas, y se trata de hacerlo en un lenguaje cifrado literaria y artísticamente. Estos mensajes-poemas-conversaciones (con sus referencias míticas, en un lenguaje cifrado) se convierten en un modo de comunicarse desde el refugio, en «estrategias de evasión» (Castellet 1970: 28); canales de comunicación, en suma, que presentan sistemas de referencias solo para los iniciados.

La importancia que tiene para Gimferrer el enriquecimiento del lenguaje la comparte con sus compañeros de generación (Cuenca 1980: 245-251; Álvarez 1989: 15; Vázquez Montalbán 1998: 42). Todos coinciden en señalar el grado de empobrecimiento al que había llegado el lenguaje poético realista de las generaciones de posguerra precedentes y la necesidad de una renovación.[8] Para algunos críticos, efectivamente, la necesidad de un lenguaje que se alejara del realismo social y que aportara un nuevo mundo de referencias era muy saludable, para otros se limitaba a una vana pretensión «de sustituir la berza por el sándalo»:

> El cernudismo, un tanto atenuado, así como la enseñanza de Pound y de su discípulo Eliot, junto con exquisiteces voluntariamente decadentistas, acaparan la orientación de algunos muy jóvenes poetas que, según se ha dicho y repetido, quieren sustituir, han sustituido, la berza por el sándalo (Jiménez Martos 1972: 12).

Pero para Castellet, como recordaba en unas recientes declaraciones:

> El contacto con aquellos jóvenes fue como una liberación [...]; me quité de encima el realismo histórico, que para mí no fue nunca realismo social. Quisimos decir literariamente que el franquismo se había acabado e incluso

---

[8] Véanse Jiménez 1972; Yáñez y Arrangoiz 1975; De la Peña 1982; Lanz 1990; Barella 2000: 23; y, más recientemente, Rey 2006: 81 y ss., y Virtanen, que repasa la acogida que entre los críticos tuvo la publicación de *Arde el mar* (2006: 103).

que se había acabado aquello de la poesía como arma de combate (en Salas Romo 2001: 12).[9]

En lo que sí coincide la mayor parte de la crítica, especialmente tras la exitosa y polémica publicación de la antología *Nueve novísimos*, fue en denominar las referencias estéticas y culturales a la nueva realidad de la que hablaban los poemas con el término «venecianismo» (Vignola 1981; Barella 1983; Masoliver Ródenas 1983; Barnatán 1989; Jiménez Heffernan 1997-1998). De «veneciano» calificaron, por ejemplo, los poemas de *Dibujo de la muerte*, de Guillermo Carnero, o los de *Sepulcro en Tarquinia*, de Antonio Colinas.

Otro de los temas a los que la critica ha dedicado particular atención es a la importante aportación de la imaginería procedente del cine y a la influencia de la técnica fílmica sobre los poemas, como puede verse en los artículos de M. Vilas (1987), A. Monegal (1993), S.-L. Martín-Márquez (1995), L. González (1997), J. Barella (en Gimferrer 2000a) y J. L. Rey (2005: 108-162). El propio Gimferrer, tan aficionado al cine desde muy joven, nos indica en *Itinerario de un escritor* lo que significó para él y para su generación este espectáculo:

> Para mi generación, el cine era un producto que ya existía. Era un dato, un hecho establecido que no necesitaba ser reivindicado como expresión artística porque para nosotros era *natural* que lo fuese y así lo entendíamos (1993: 14; el subrayado es mío).

En la poesía de Gimferrer percibimos esos intentos por acomodar las técnicas y los recursos del cine a la creación poética. En sus poemas, la construcción, la descripción y la organización de los espacios visuales es metódica y sistemática, como lo es en los cuadros de De Chirico[10] o en los encuadres de un director de cine. El atractivo fundamental en esta operación radica en saber combinar la instantaneidad y la sucesión, como en el cine. Saber *mirar* esos instantes y producir asociaciones entre ellos. Por eso, con frecuencia encontramos la construcción de un poema

---

[9] Véase también mi contribución: Barella 2001: 96-104.

[10] Es éste uno de sus pintores favoritos y sobre él escribe el ensayo *Giorgio De Chirico* (1980). Otras referencias sobre la pintura en Barella (en Gimferrer 2000: 45-54), Rey (2005: 439) y Corredor-Matheos (2006).

mediante un discurso de fragmentaciones y encadenamientos que nos recuerda al montaje cinematográfico. Así, como dice Antonio Monegal:

> Con estas imágenes fragmentadas sobre las que se proyecta la ilusión del devenir, que lo evocan sin contenerlo, construye Gimferrer una metáfora cuyo vehículo primordial es el cine [...]. En la obra de Gimferrer el eco de lo cinematográfico, manifestándose como motivo o como imitación de unas técnicas, llena los silencios de lo que no puede decirse y acaba por constituir una gran metáfora de la temporalidad [...]. La insistente referencia a lo cinematográfico y la evocación de su forma no se explican sólo por la afición del cinéfilo y sus recuerdos, no se reducen a material extraído del mundo de la experiencia, sino que mediante ese material se reproduce la experiencia. Y la experiencia reproducida no es únicamente la del cine, sino la experiencia del tiempo, cuya metáfora es el cine (1993: 61-63).

La dimensión visual se manifiesta en esa especial facilidad para la creación de escenarios y, en suma, para la ambientación del poema. La operación de reconstrucción de ambientes, por ejemplo de ciudades —Venecia, Barcelona o París—, se organiza como si se tratara de un barrido visual y metódico sobre todo el espacio. Ningún detalle se olvida y todos los objetos están elegidos respondiendo a la misma perspectiva estética que, al final, acabará contaminando el escenario. Y es que para Gimferrer todo en el poema, como en las películas de los grandes cineastas, sigue los desplazamientos de la cámara, de la mirada del director. Ese «barrido visual» es tan importante para el poeta, como para el pintor o el cineasta. Por eso la principal tarea consistirá en conseguir la reproducción de esos instantes que son la vida, esos momentos, como fotografías, que conforman la experiencia, el poema, la película, la vida.[11]

En el libro donde mejor puede verse la influencia del cine en la obra de Gimferrer es en *La muerte en Beverly Hills*. Algunos artículos indispensables para el análisis de este libro en sus aspectos más generales son los de: Martín-Márquez (1995), Barella (1993) y Rey (2005: 113-131). La influencia del cine en estos poemas está presente a lo largo de todo el libro, en su construcción, en su temática, en la imaginería que adorna

---

[11] Véase *Dietario* (1984: 195). El arte o poética del instante es uno de los aspectos más tratados por la crítica: Bou (1989: 36-37 y 1993: 43), Lanz (1994: 82-85), Barella (en Gimferrer 2000: 35 y ss.), García Jambrina (en Gimferrer 2000b: 46) y en distintos lugares del estudio de Rey (2006).

cada uno de los versos de este extenso poema. La lectura de *La muerte en Beverly Hills* aviva en el lector el recuerdo de ambientes, motivos, imágenes concretas procedentes del cine de Hollywood, en concreto del cine negro de los años cuarenta y cincuenta: *La esclava libre* de Raoul Walsh, *Los ángeles del infierno* con Jean Harlow de protagonista, *Gilda*, *Muro de tinieblas* o *Melodía de Broadway* con Robert Taylor. En estos poemas vemos aparecer mujeres con vestidos negros de grandes escotes, mientras se hacen referencias a la música jazz, se ve la sangre sobre el asfalto, y se oye el ruido de pistolas y la lluvia cayendo sobre la noche, completando la escenografía.

Gimferrer sabe con su imaginería fílmica trasladar al lector a un espacio de película, donde la belleza y la violencia se disputan el espacio en el verso. En el poema, como en el cine, las imágenes se suceden con rapidez, son fotogramas, que van formando un rico *collage*, en el que los temas de amor y muerte encubren otros más íntimos: la soledad, la incomunicación de un joven con el mundo que le rodea, la dificultad para el amor y el miedo a la muerte:

> Debo de parecer un loco batiendo palmas solo y cantando
> en alta voz en este cuarto de hotel.
> (*La muerte en Beverly Hills*, II)

También en los poemas de *De «Extraña fruta» y otros poemas (1968-1969)* encontramos interesantes referencias al cine, pero serán referencias directas a películas, como en el caso de los poemas «Shadows», «By love possessed», «Farewell»[12] o «Relato a dos voces». En éstos recordamos imágenes de la película *Shadows* de John Cassavetes, la adaptación al cine de *Bajo el volcán* de J. Huston o *Zapata* de Elia Kazan con Marlon Brando, etc. (Gimferrer 2000a: 57-65 y notas).

La mirada del poeta funciona con la intuición de la cámara que al irse desplazando capta, unas veces, simples fragmentos de escenas o paisajes vistos, leídos o soñados; otras veces, la mirada se sorprende y percibe fragmentos de belleza, que retiene e inmoviliza en la memoria, hasta que algo hace que éstos reaparezcan en los poemas, enhebrándose, en sucesión, como en las películas. Al final, todos esos fragmentos son palabras contaminadas por la luz de una emotividad que ha sido capaz de transformar esos fragmentos, no sólo en escritura poética, sino también en vivencia.

---

[12] Véase sobre este poema en concreto el interesante artículo de Vilas (1987).

Esta manera de enfocar del poema, tan proclive a la visualización, no cambia a lo largo de su producción poética, ni siquiera en la novela *Fortuny* (1983), en el *Agente provocador* (1998) o en *Interludio azul* (2006). Además, en la etapa de escritura en catalán, encontramos tres libros fundamentales que aclaran algunas de estas observaciones y que nos sitúan en la tradición de las *Iluminaciones* de Rimbaud, donde las palabras son la luz y el sonido, son objetos visuales y también sonidos. Me refiero a *Apariciones* (1982), con la irrupción de algunos elementos oníricos, que ya señaló la crítica en su momento,[13] *El vendaval* (1988) y *La llum* (1991), cuya escritura genesíaca, como dice José Luis Rey «libera propiedades benéficas para el sujeto de la enunciación» y también «nos ofrece una nueva forma de mirar, una contemplación *ex nihilo*, desvinculada de toda relación anterior» (2006: 346).[14]

Gimferrer sigue entroncando con la tradición surrealista de André Breton, al considerar el tiempo del sueño y de la vigilia uno mismo. Pero también nos recuerda al Rimbaud visionario, en el que «las palabras dejan de pertenecer al dominio de la lógica, dejan de poseer otra lógica que la de su sonoridad, la de sus asociaciones» (Gimferrer 2005: 28). Estos poemas de luz y sonido crean en el lector una experiencia verbal que nos recuerda a la experiencia onírica leída y vista en los versos y dibujos de William Blake o en los poemas de Mallarmé. Al final, la poesía se vuelve luz, se visualiza por voluntad del poeta. Recordemos los versos del poema «Arte poética»:

> Algo más que el don de síntesis:
> Ver en la luz el tránsito de la luz.
> (Gimferrer 1988b: 277).

La visualización en el poema es uno de los conceptos básicos para aproximarnos a la teoría de la creación poética de Gimferrer. Así, nos cuenta lo que aprendió del poeta brasileño Cabral de Melo:

---

[13] Muy acertado es el reciente artículo de Túa Blesa, en el que se señala de qué manera en estos estados oníricos, el sueño se comporta como un «estado sin tiempo, hecho de un instante que se prolonga a sí mismo, que perdura en sí mismo, que transcurre en su estatismo, un tiempo soñado como faltando a su ser tiempo, así, tiempo sin tiempo» (2006: 91).

[14] Sobre *El vendaval* y *La llum,* véanse Bou (1990: 28-29), Masoliver Ródenas (1993: 13-14) y el análisis pormenorizado de Rey (2006: 334-385).

El papel de la visualidad en la poesía recuerdo que me lo explicó muy bien Cabral de Melo, cuando estaba en Barcelona. Hizo que me fijara en los poetas primitivos, en Berceo, o en *La Chanson* de Roland y no digamos ya en Villon. Jamás explican nada que no fuera posible *imaginar visualmente*, a pesar de que se tratara de hechos fantásticos. Nunca hay en su poesía un concepto no visualizable. La pura comunicación de conceptos abstractos no es poesía. Desde entonces siempre lo he aplicado así, incluso quizás de forma excesivamente rigurosa (en Bassets 1983: 13; el subrayado es mío).

No olvidemos que:

El poema es el espectáculo mental y sensitivo del proceso de creación de la poesía, parecido al proceso de revelado de un negativo fotográfico, en el que el contraste pálidamente plateado del blanco y del negro irá virando, en una mutación progresiva, hasta el resplandor conciso y suave, o fuerte e impresionante, de los colores límpidos (Gimferrer 1984: 135).

En *La llum* se ha constatado la influencia de *El arco y la lira* de Octavio Paz (Rey 2005: 361). Se considera el ejercicio de la poesía como una revelación de la verdadera realidad. La realidad está muy presente en este libro junto a las referencias a la muerte que «llegan envueltas en un clima de luz dorada» (Rey 2005: 362). En la interesante interpretación de José Luis Rey, Gimferrer acabaría haciendo una reflexión sobre la plenitud poética, al tiempo que una reflexión también sobre el silencio,

sobre el inmenso vacío que queda tras la palabra lograda. Se trata de una experiencia similar al silencio que sigue a la unión mística [...]. Gimferrer ha creado en *La llum* una muy particular metafísica que en absoluto es religiosa; es una suerte de mística verbal (Rey 2005: 385).

La luz enfoca, libera el discurso y dota a la palabra de nuevos significados. Al final, de lo que se trata es de crear una nueva realidad iluminada y un escenario en el que el poema pueda visualizarse, pues a lo que aspira el poema no es ya a ser fiel reflejo de la realidad o a representar las cosas, sino a crear un mundo, a fundarlo, a ser mundo él mismo. Los poemas de Gimferrer están iluminados por esas palabras-luz que, a veces, se comportan como luces artificiales, luces de neón, luces de quirófano, luces blancas, plateadas, de mercurio o metálicas; otras como sombras, negras y alargadas, como en el poema:

Yo, que fundé todos mis deseos
bajo especies de eternidad,
veo alargarse al sol mi sombra en julio
sobre el paseo de cristal y plata
mientras en una bocanada ardiente
la muerte ocupa su puesto bajo los parasoles
(Gimferrer 2000a: 185).

En los primeros libros de poemas, como hemos visto, el proceso de creación se produce bajo la presión de dar forma (y sentido) al espacio que rodea el poema, con el fin de poder visualizarlo. En los siguientes, ya en catalán,[15] como *L'espai desert* (1977), uno de los libros más importantes de la poesía catalana del siglo xx, el lenguaje entra en diálogo con el mundo, y la palabra logra trasladar al lector a ese lugar que empieza a vislumbrarse, como una aparición. A lo largo de toda la poesía escrita en catalán, los poemas se configuran como realidades donde vivir, la poesía recompone el mundo, el poema se convierte en el hogar y el mundo cobra sentido.

En los últimos libros de poesía *Amor en vilo* (2006) y *Tornado* (2008), Gimferrer vuelve a escribir en castellano. El castellano es la lengua elegida para hablar del amor, de una relación amorosa, que se interrumpe en 1969 y que es la que genera estos dos libros de poemas de amor enardecido y de versos plenos de erotismo.[16] El castellano se convierte en la lengua apropiada para expresar la relación de amor que se experimenta en esa lengua, la lengua en la que se comunican los amantes. En la entrevista que le hace María Luisa Blanco, Gimferrer declara:

> Los libros son un diálogo con ella, y el castellano es la lengua en la que ella y yo hablamos, dejando aparte el hecho de que por separado cada uno habla catalán. Si los libros están dedicados a ella no puedo concebir el escribirlos en otra lengua (Blanco 2006: 15).

---

[15] Es abundante la bibliografía sobre la decisión de cambiar de lengua poética en 1970: Talens (1972), Carnero (1978), Gracia (1993), Lázaro Carreter (1993), Terry (1995), Bou (1999: 17-18) y Rey (2005).

[16] (2004: 65-80); pero el nuevo erotismo de estos nuevos libros está aún por estudiar.

Vuelve al castellano, sintiéndose más libre que nunca para continuar experimentando e, incluso, escandalizando al lector con algunas de las imágenes más atrevidas de la lengua castellana. Estos poemas sumergen al lector en un espacio nuevo, distinto al de los libros anteriores, en el que se vislumbra, a través de la creación poética, a un joven poeta enamorado, lujurioso y radiante, que se deja llevar por una incontenible pasión de palabras, por su sonido, por sus rimas y ritmos, muchos de ellos tantas veces atestiguados por la tradición. Como dice acertadamente José Luis Rey:

> *Amor en vilo* es el canto de una juventud conquistada por el verbo. Aquí radica su grandeza y nadie que haya sido joven una vez dejará de comprender el mérito indiscutible de este logro: volver a ser joven por obra y gracia de la palabra (Rey 2006: 81).

En estos últimos libros, se cumplen las palabras que un día profetizó Octavio Paz, en una conversación distendida con Gimferrer, y que se recogen en la contracubierta de *Amor en vilo*: «dentro de 10 años será usted un hombre joven y dentro de 40 un viejo, pero siempre será, estoy seguro, un poeta joven. Con esto no quiero decir un poeta imperfecto sino un poeta dueño de esa perfección que sólo lo joven tiene» (Gimferrer 2006a: contracubierta). Gimferrer parece querer conectar al lector con los primeros libros, pues encontramos las mismas escenografías, las mismas referencias pictóricas, cinéfilas o a lecturas, que estaban entonces. También vuelve a utilizar esa conexión entre la prosa y el verso —como en *Interludio azul* o en *Amor en vilo*—, o entre la lectura y la vida, lo inventado y lo real —como en *Mascarada* (1996) y *El agente provocador*.

Me interesa especialmente ese Gimferrer arquitecto, el que desde un principio fue capaz de crear con la palabra un mundo en el que vivir, el que se alimenta de imágenes,[17] ese Gimferrer que ha ido consiguiendo, desde sus primeros versos, hacer visibles sus construcciones poéticas, vivir en sus creaciones y sobrevivir a lo que queda escrito. Si los primeros libros nos enseñaron a entender los cambios que se estaban produciendo

---

[17] Recuerden ese verso del poema «Recuento» en *De «Extraña fruta» y otros poemas (1968-1969)*: «vivo de imágenes son mi propia sangre / la sangre es mi idioma ciego en la luz del planeta / buceando en la tiniebla con rifle submarino» (Gimferrer 2000a: 222).

en el mundo interior de un joven y, al tiempo, los cambios que se estaban dando en toda esa generación que se incorporaba a la sociedad española a finales de los años sesenta, los últimos poemarios materializan un proceso bien distinto. No hay generación representada, ni hay cambios en el interior del yo poético que entender, pues éstos se presentan con claridad, sin decorado. Por el contrario, parece que la experiencia personal y los datos concretos y directos, memorizados en el poema, proceden de la realidad vivida. En estos últimos poemas en castellano, la vida ha elegido el idioma y la vida lo ha convertido en poesía, pero sigue siendo inútil hacer diferencias entre la historia vivida y el poema escrito, ya que ambos son producto de un pasado vivido y soñado, recreado y recordado, fotografiado, filmado o leído.

La realidad de la que hablan hoy sus últimos versos se ha ido construyendo sin fronteras entre la realidad y la ficción cultural, por eso podemos sospechar, como lectores, que la experiencia vivida sigue sin llevarse al poema antes de haber pasado por el tamiz embellecedor de la experiencia literaria o cinéfila, pero esto no es ninguna novedad y el lector sigue disfrutando con ello, como ya ocurrió en aquellos míticos versos:

> Bésame entre la niebla, mi amor. Se ha puesto fría
> la noche en unas horas. Es un claro de luna borroso y húmedo
> como una antigua película de amor y espionaje

BIBLIOGRAFÍA

ÁLVAREZ, José María (1989): «Las rayas del tigre: Introducción a la actual Poesía Española», *Zurgai* 12, pp. 14-17.

BARELLA, Julia (1983): «La reacción veneciana: poesía española en la década de los setenta», *Estudios Humanísticos* 5, pp. 69-76.

— (1993): «Un paseo por el amor en Venecia y por *La muerte en Beverly Hills*», *Anthropos* 140, pp. 50-53.

— (2001): «José María Castellet: *Nueve novísimos ubi sunt*», en Eduardo A. Salas Romo (ed.): *De sombras y de sueños. Homenaje a J. M. Castellet*, Barcelona: Península, pp. 96-104.

BARNATÁN, Marcos Ricardo (1978): «Vicente Aleixandre y la poesía novísima», *Ínsula* 374-375, pp. 23-31.

— (1984): «Cuando los novísimos comenzaban a serlo», *Barcarola* 16-17, pp. 69-78.

— (1989): «La polémica de Venecia», *Ínsula* 223, p. 1.

BASSETS, Lluis (1983): «Entrevista a Pere Gimferrer», *El País*, 24 de abril.

BLANCO, María Luisa (2006):Entrevista: «Estoy intentando interpretar mi propia vida», *El país. Babelia*, 11 de marzo, p. 15.

BLESA, Túa (2004): «Si l'amor és el lloc de l'excrement», en *Tránsitos. Escritos sobre poesía*, Valencia: Tirant lo Blanch, pp. 65-80.

— (2006): «Apariciones en *Aparicions*», *Zurgay* XI, pp. 90-94.

BOU, Enric (1989): «Un novísimo en la Academia: imágenes de/en Pedro/Pere Gimferrer», *Ojáncano: Revista de Literatura Española* 2, pp. 29-40.

— (1990): «Brisa en el Parnaso: *El vendaval* de Pere Gimferrer», *Ínsula* 526, pp. 28-29.

— (1999): *Pere Gimferrer. Antologia poètica*, Barcelona: Edicions 62.

CAPECCHI, Luisa (1981): «El romanticismo expresivo de Pere Gimferrer», *Ínsula* 434, pp. 1-11.

CARNERO, Guillermo (1978): «Poesía de posguerra en lengua castellana», *Poesía* 2, pp. 77-89.

— (1992): «*Culturalism and "New" Poetry. A poem by* Pedro Gimferrer: "Cascabeles" *from Arde el mar* (1966)», en Andrew Debicki (ed.): *Studies in 20th Century Literature. Contemporary Spanish Poetry: 1939-1990*, Manhattan (KS): STLC/Kansas State University, pp. 93-107.

— (2008): *Poéticas y entrevistas 1970-2007*, Málaga: Centro cultural Generación del 27.

CASTELLET, Josep Maria (1970): *Nueve novísimos poetas españoles*, Barcelona: Barral.

CORREDOR-MATHEOS, José (2006): «Pere Gimferrer ante el mundo de Joan Miró», *Zurgay* 12, pp. 106-110.

CUENCA, Luis Alberto de (1979-1980): «La generación del lenguaje», *Poesía. Revista Ilustrada de Información Poética* 5-6: pp. 245-251.

DEBICKI, Andrew Peter (1993): «*Arde el mar* como índice y ejemplo de una nueva época poética», *Anthropos* 140, pp. 46-49.

DE LA PEÑA, Pedro J. (1982): «Hacia la poesía española trascontemporánea», *Cuadernos Hispanoamericanos* 382, pp. 129-144.

FERNÁNDEZ, Benito J. (1999): *El contorno del abismo. Vida y leyenda de Leopoldo María Panero*, Barcelona: Tusquets.

GARCÍA BERRIO, Antonio (1989): «El imaginario cultural en la estética de los "novísimos"», *Ínsula* 508, p. 14.

GARCÍA DE LA CONCHA, Víctor (1989): «Entrevista a Pere Gimferrer», *Ínsula* 505, pp. 27-28.

GIMFERRER, Pere (1963): *Mensaje del tetrarca*, Barcelona: Trimer.

— (1966): *Arde el mar*, Barcelona: El Bardo.

— (1967): *Tres poemas*, Málaga: Librería Anticuaria El Guadalhorce.

— (1970): *Els miralls*, Barcelona: Edicions 62.

— (1971): *30 años de literatura en España (Narrativa y poesía) en colaboración son Salvador Clotas*, Barcelona: Kairós.

— (1977): *L'espai desert*, Barcelona: Edicions 62.

— (1978): *Radicalidades*, Barcelona: Antoni Bosch.

— (1980a): *Lecturas de Octavio Paz*, Barcelona: Anagrama.

— (1980b): *Giorgio De Chirico*. Barcelona: Polígrafa

— (1981): *Dietari*, Barcelona: Edicions 62.

— (1982a): *Apariciones y otros poemas*, Madrid: Visor.

— (1982b): *Segon dietari*, Barcelona: Polígrafa.

— (1983): *Fortuny*, Barcelona, Seix Barral.

— (1984): *Dietario (1970-1980)*, traducción de Basilio Losada, Barcelona: Seix Barral.

— (1985a): *Los raros*, Barcelona: Planeta.

— (1985b): *Cine y literatura*, Barcelona: Planeta (ed. revisada y ampliada de 1999: Barcelona: Seix Barral).

— (1985c): «Perfil de Vicente Aleixandre», discurso de entrada en la Real Academia Española, Madrid: RAE; reimpr. en 1986: *Vuelta* 10, pp. 12-15.

— (1987): «Introducción» a *Poesía de Rubén Darío*, Barcelona: Planeta.

— (1988a): *El vendaval*, Barcelona: Edicions 62.

— (1988b): *Espejo, espacio y apariciones (Poesía 1970-1980)*, Madrid: Visor.

— (1991): *La llum*, Barcelona: Edicions 62/Península.

— (1992): *Arde el mar, el vendaval, la luz. Primera y última poesía*, prólogo de Fernando Lázaro Carreter, Barcelona: Círculo de Lectores.

— (1993): *Itinerario de un escritor*, Barcelona: Anagrama.

— (1994): *Arde el mar*, edición de Jordi Gracia, Madrid: Cátedra.

— (1996): *Mascarada*, Barcelona: Edicions 62.

— (1997): *24 poemas*, selección de Ana María Moix, Barcelona, Plaza & Janés.

— (1998): *El agente provocador*, Barcelona: Península.

— (2000a): *Poemas (1962-1969)*, edición de Julia Barella, Madrid: Visor.

— (2000b): *Marea solar, marea lunar*, edición de Luis M. García Jambrina, Salamanca/Madrid: Ediciones Universidad de Salamanca/Patrimonio Nacional.

— (2002): *Dietarios*, prólogo de Justo Navarro, Barcelona: Seix Barral.

— (2005): *Rimbaud y nosotros*, Madrid: Publicaciones de la Residencia de estudiantes.

— (2006a) *Amor en vilo*, Barcelona: Seix Barral.

— (2006b): *Interludio azul*, Barcelona: Seix Barral.

— (2008): *Tornado*, Barcelona: Seix Barral.

GONZÁLEZ, Laura (1997): «P. G. Literatura y cine: la coherencia de una poética», *La Nueva Literatura Hispánica* 1, pp. 95-103.

GONZÁLEZ MUELA, JOAQUÍN (1973): *La nueva poesía española (Gloria Fuertes, Ángel González, Valente, Claudio Rodríguez, Jaime Gil de Biedma, Vázquez Montalbán, Pedro Gimferrer. Con un capítulo final sobre las antologías de poesía nueva)*, Madrid: Alcalá.

GRACIA, Jordi (1993): «Primera madurez de una poética: poesía en castellano», *Anthropos* 140, pp. 32-36.

JIMÉNEZ, José Olivio (1972): «Redescubrimiento de la poesía: "Arde el mar" de Pedro Gimferrer», en *Diez años de poesía española. 1960-1970*, Madrid: Ínsula, pp. 364-374.

JIMÉNEZ HEFFERNAN, Julián (1997-1998): «El espacio de la huida: formas del venecianismo en Gimferrer, Carnero y Colinas», *Studi Ispanici*, pp. 131-140.

JIMÉNEZ MARTOS, Luis (1972): «Novísimos», *Reseña*, XI, 51, p. 12.

LABRADOR MÉNDEZ, Germán (2001-2003): «*In stercore invenitur: sacralidad, coprofilia y melancolía* en *Mascarada* de Pere Gimferrer», en *Tropelías. Revista de Teoría de la Literatura Comparada* 12-14, pp. 219-233.

LANZ, Juan José (1990): «Etapas y reflexión metapoética en la poesía castellana de Pere Gimferrer», *Iberoamericana: Lateinamerika, Spanien, Portugal* 2-3, pp. 26-51; reimpr. (1994): *La llama en el laberinto. Poesía y poética en la generación del 68*, Mérida: Editora Regional de Extremadura, pp. 67-103.

LÁZARO CARRETER, Fernando (1993): «De *Arde el mar* a *Exili*», en *Creació i crítica en la literatura catalana*, Barcelona: Publicaciones de la Universidad, pp. 123-128; y como «Prólogo» a Pere Gimferrer, *Arde el mar, el vendaval, la luz. Primera y última poesía*, Barcelona: Círculo de Lectores, pp. 13-21.

MARTÍN-MÁRQUEZ, Susan-L. (1995): «Death and the cinema in P. Gimferrer's *La muerte en Beverly Hills*», *Anales de Literatura española Contemporánea* 1-2, pp. 155-172.

MASOLIVER RÓDENAS, Juan Antonio (1983): «Venetia, Venecia, Vinieixa, Venice...», *La Vanguardia*, 27 de septiembre, p. 3.

— (1993): «*La luz* de Pere Gimferrer: el fulgor del silencio», *Ínsula*, 553, pp. 13-14.

MOIX, Ana María (1972): «Pere Gimferrer», en *24x24: Entrevistas*, Barcelona: Península, pp. 207-212.

— (2001): «La biblioteca del poeta. P. G: "el futuro de la poesía no lo deciden ni los premiados ni los académicos, sino los jóvenes"», *El país (Babelia)*, 1 de septiembre.

MONEGAL, Antonio (1993): «Imágenes del devenir: proyecciones cinematográficas en la escritura de Pere Gimferrer», *Anthropos* 140, pp. 57-61; reimpr. (1998): «El poeta espectador», en *En los límites de la diferencia. Poesía e imagen en las vanguardias hispánicas*, Madrid: Tecnos, pp. 226-235.

MUNNÉ, Antoni (1978): «Función de la poesía y función de la poética. Entrevista con Pere Gimferrer», *El Viejo Topo* 26, pp. 40-43.

NAVARRO, Justo (2002): «Prólogo» a Pere Gimferrer, *Dietarios*, Barcelona: Seix Barral.

PANERO, Leopoldo María (1968): *Por el camino de Swann*, Málaga: Librería Anticuaria El Guadalhorce (Cuadernos de María José 88).

PAZ, Octavio (1999): *Memorias y palabras. Cartas a Pere Gimferrer 1966-1997*, Barcelona: Seix Barral.

PROVENCIO, Pedro (1988): *Poéticas españolas contemporáneas/2. La generación del 70*, Madrid: Hiperión.

REY, José Luis (2005): *Caligrafía de fuego. La poesía de Pere Gimferrer (1962-2001)*, Valencia: Pre-Textos.

— (2006): «El primer día del lenguaje», *Zurgay* 12, pp. 80-82.

SALAS ROMO, Eduardo A. (ed.) (2001): *De sombras y de sueños: homenaje a J. M. Castellet*, Barcelona, Península.

SOPEÑA, Ángel (1977): «La generación del 27 y los *novísimos*. El caso de Pere Gimferrer», *Peña Labra* 24-25, pp. 85-88.

TALENS, Jerano (1972): «Reflexiones en torno a la poesía última de Pere Gimferrer», *Ínsula* 304, p. 15.

TERRY, Arthur (1995): «Introducción» a Pere Gimferrer, *Obra catalana completa/1. Poesía*, Barcelona: Edicions 62, pp. 7-101.

VÁZQUEZ MONTALBÁN, Manuel (1998): «Gimferrer y yo», *El País*, 26 de octubre, p. 42.

VIGNOLA, Beniamino (1981): «La manía de Venecia y las letras españolas (diez años de *novísimos*)», *Camp de l'Arpa* 86, pp. 38-41.

VILAS, Mamuel (1987): «Pólvora y ojos verdes: Gimferrer en el laberinto», *Peña Labra* 62, pp. 25-28.

VIRTANEN, Ricardo (2006): «Cuarenta aniversario de *Arde el mar* (1966-2006): balance de un hito de nuestra contemporaneidad», *Zurgay* 12, pp. 102-105.

YÁNEZ, Adriana y Pablo ARRANGOIZ (1975): «Gimferrer: lectura del mundo a través de un nuevo lenguaje», *Revista de Bellas Artes* XXI (México), pp. 48-55.

Monográficos de revistas citados

Ínsula (1989): 505 y 508, número extraordinario sobre «Novísimos», Guillermo Carnero (coord.).

Anthropos (1993): 140, número monográfico sobre Pere Gimferrer, Enric Bou (coord.).

Zurgay (2006): 12, número monográfico sobre Pere Gimferrer.

LAS VOCES DE MONTSERRAT ROIG

Patrizio Rigobon
Università Ca' Foscari di Venezia

El juicio sobre la obra de Montserrat Roig (MR) ha sido a menudo marcado por la propia muerte de la escritora que sobrecogió tanto a los familiares como a todo el medio literario barcelonés. Parece por lo tanto oportuno, considerando los años que han pasado desde entonces y la consiguiente acumulación de material crítico, esbozar desde la lejanía un balance sobre esta considerable figura de las letras catalanas de finales del siglo xx. En tiempos muy recientes Isabel-Clara Simó lamentaba cierto olvido de la autora barcelonesa[1] a pesar de que sus obras se continúen reeditando. Lo cual, como mínimo, representa una contradicción que, añadimos nosotros, afecta posiblemente a un cambio en la sensibilidad colectiva sobre temas tan importantes como la memoria, el papel de la mujer, el catalanismo, la Transición. Si no un real cambio de sensibili-

---

[1] «He notat que s'està oblidant la Montserrat Roig. Ja fa temps, fa anys que ho dic. S'està oblidant. Els nostres editors estan reeditant-la, per tant ens hem d'acostar a aquests llibres i llegir-los», «Conferència del cicle *Referents*», organizada en Vic por el Centre de Normalització Lingüística d'Osona e insertada en YouTube el 28 de enero de 2007: http://www.youtube.com/watch?v=HzSVR4tUVVA (21 de febrero de 2008).

dad colectiva, sí de la realidad histórica y política sobre estas cuestiones. Ya a partir de su muerte, el 10 de noviembre de 1991, la cantidad de estudios, artículos y homenajes ha ido creciendo, signo de una sincera admiración por su obra y de auténtica conmoción ante su tan prematuro fallecimiento, cosa que se repitió en el año 2001 con motivo de la conmemoración del décimo aniversario.[2] Si echamos un vistazo a los más recientes estudios críticos sobre la malograda escritora, posiblemente podamos manifestar cierto optimismo, dentro de una situación que, de todas formas, está lejos de ser satisfactoria. El tema biográfico ha sido abordado por Pere Meroño (2005) y ha representado una contribución bastante novedosa aunque se encuentre a faltar en el libro una apropiada perspectiva histórica que pueda enmarcar más exactamente la biografiada desde un punto de vista que deje ya de lado la crónica y el chismorreo. El autor, sin embargo, utiliza treinta y ocho testimonios orales, entre los que caben destacar a varios escritores y amigos (Jordi Sarsanedas, Narcís Comadira, Josep Maria Benet i Jornet, Josep Benet y Marta Pessarrodona) que contribuyen, por el sistema de la entrevista, a matizar la semblanza de la escritora. Por lo que se refiere a una valoración o bien a una interpretación de sus obras, el libro nada nuevo ha podido añadir, siendo sus fuentes referenciales obras críticas ya conocidas y citadas en la propia bibliografía del autor (Meroño 2005: 269-273).

El libro de la ya mencionada Isabel-Clara Simó (2005) mezcla recuerdos personales ahondando también en la faceta histórico-literaria con referencias a las cuestiones más candentes en la obra de MR: papel de la mujer, memoria e historia, nación, lengua y cultura catalanas. También se han leído numerosas tesis doctorales sobre la obra de MR, desde Estados Unidos hasta Japón.[3] En Estados Unidos se concentra, como veremos, el mayor interés para con la obra de MR que, muchas veces, se ha estudiado junto con la de otras escritoras (Carmen Laforet, Esther Tusquets, Ana María Matute, Rosa Montero, Ana María Moix, etc.). En Europa y en Italia concretamente Giovanna Fiordaliso ha publicado artí-

---

[2] Véanse los periódicos y revistas con sus páginas especialmente dedicadas a Montserrat Roig y a su obra, entre otros: *Serra d'Or* 387 (marzo de 1992), *Catalan Review* VII 2 (1993) o bien *El País/Babelia* 520 (10 de noviembre de 2001).

[3] Véase por ejemplo el trabajo de Noriko Hozaki citado en http://repository.tufs. ac.jp/bitstream/10108/37976/3/dt-ko-0094001.pdf (31 de enero de 2009).

culos sobre la escritura autobiográfica según los planteamientos herme-
néuticos más autorizados al respecto (2005 y 2007).[4]

De todas formas, como ya hemos dicho, es en el mundo de habla
inglesa, y norteamericano muy especialmente, donde la obra de MR se
estudia con muy apreciable ahínco, dentro de una tradición de ensayos
de género o bien tematológicos o de literatura comparada. Para ceñirnos
a los publicados en el siglo XXI, cabe mencionar el capítulo «Montserrat
Roig: twilight memory» del libro de Ofelia Ferrán (2007) y también el
volumen de Kathryn A. Everly (2003) sobre escritoras catalanas. Con
diferente punto de vista, Stewart King plantea un interesante contraste entre Juan Marsé y MR en su capítulo «La desmitificación cultural:
los casos de Juan Marsé y Monserrat Roig» (2005: 111-130). Dentro de
una trayectoria temporal más amplia se encuentra el artículo de una de
las autorizadas especialistas internacionales de la obra de la escritora
barcelonesa, Christina Dupláa, autora del primer estudio completo sobre MR publicado a mediados de los años noventa. El artículo, cuyo
título es «Monserrat Roig: Women, genealogy, and mother tongue», se
puede leer dentro de una obra editada por Lisa Vollendorf (2001)[5] que
trata de escritoras y feminismo a lo largo de seis siglos. Pueden citarse
también los numerosos congresos en donde muy a menudo se han leído
comunicaciones que tienen por objeto la obra de MR y sus muy variadas
implicaciones, aunque los mismos hagan referencia preferentemente al
mundo cultural de habla castellana (véase por ejemplo la contribución
teórica de Genara Pulido Tirado (2000) en el XIII Congreso de literatura
española contemporánea) o bien a otros autores catalanes (véase la comunicación de Anna Tous incluida en el «Col·loqui de l'any Pla» 2001:
295-301). De este muy variado paisaje, del que naturalmente faltan mu-
chísimos artículos publicados en un sinfín de revistas y periódicos, se
puede desprender la seña de identidad más clara del mismo quehacer
literario de MR cuyo trabajo tiene un compromiso diario, una obra cotidiana, en conclusión un «engagement» hacia el mundo y hacia su oficio. Del panorama bibliográfico sobre MR destaca, de entre los estudios
más recientes, al menos un volumen que vuelve a plantear la cuestión
de la «literatura testimonial» y de su híbrida constitución. Se trata de

---

[4] El estudio y las citas de las obras de MR se hacen a partir de las versiones caste-
llanas.

[5] Planteamiento semejante en el volumen coordinado por Cristina Segura Graíño
(2001), cuya última contribución tiene por objeto *La hora violeta* de MR.

un ensayo redactado por Mercè Picornell Belenguer que constituye una aproximación metodológica a la cuestión y que se centra asimismo en una distinción muy clara entre la historia basada en los diferentes pactos de lectura de los hechos (verdad historiográfica factual) y la del testimonio (verdad literaria testimonial y «veredictiva»):

> Veurem tot seguit com la «diferència» que estableixen els discursos testimonials respecte als gèneres factogràfics que se'ls assimilen es refereix senzillament al contracte de lectura pel qual ens arriba un determinat gènere com a tal. Aquest contracte, en l'escriptura testimonial, es troba predeterminat per la voluntat de la instància autorial de crear com a «més real» la seva versió dels fets sobre o contra un discurs que ha estat l'hegemònic. La voluntat *veridictiva* en la construcció d'un testimoni, que aspira a ser veritat però també proposa un veredicte sobre les seves implicacions, es concreta en un pacte de lectura (Picornell Belenguer 2002: 73-74).

Como ya puede desprenderse de lo antedicho y citado, otro rasgo específico de la bibliografía sobre MR es la absoluta escasez de estudios monográficos sobre sus obras, única y exclusivamente, en comparación con las misceláneas que incluyen, entre otras, investigaciones sobre ellas. Eso naturalmente se debe a la mirada de grupo, que aquí recogemos, y quizás, en el caso concreto, a las «miradas de grupos» a los que puedan atribuirse los libros de la escritora barcelonesa, sin menoscabo de su individual independencia y originalidad: como declaró en una entrevista de mediados de los años ochenta, «yo, en esto de reglas narrativas, soy poco dogmática» (Regazzoni 1984: 35). Por esto un estudio sobre un aspecto de la obra de MR puede encajar perfectamente tanto dentro de una miscelánea sobre inmigración y catalanidad como, más típicamente, como ya hemos visto, en «narrativa feminista».[6]

Una cuestión que en cambio no se ha trabajado todavía, con referencia a la obra de MR, es la textual. Parece que, al menos hasta ahora, los críticos se hayan detenido más en la interpretación, en el estudio del contenido, haciendo caso omiso de un problema que nos parece muy relevante: la fiabilidad de los textos y su proceso genético. Una parte no intrascendente de la obra de la autora se publicó bajo el franquismo,[7]

---

[6] Véanse, por ejemplo, el ensayo de Rull-Montoya (2003) y el estudio de Davies (1994).

[7] Véase la contribución de Real (2004).

cuando aún existía la censura, y muchos de sus textos tienen varias versiones impresas, la última en vida de la escritora siendo a menudo la edición «revisada» (y por lo tanto, tendríamos que añadir, «definitiva»). Su primer libro *Molta roba i poc sabó... i tan neta que la volen* fue censurado en la edición de 1971 (Broch 1992), y sin duda ha sufrido cambios y/o añadiduras en la(s) siguiente(s).

El problema textual tiene una doble vertiente: la primera incluye naturalmente la reconstrucción del propio texto según la última voluntad de la autora; la segunda, y quizás la más interesante y urgente (puesto que nada nos hace dudar, por ahora, de que la última edición impresa, revisada por la autora, no contenga ya el texto «definitivo»), es el aspecto genético de la formación de la obra[8] que cruza el tiempo a través de muy distintas situaciones individuales e históricas que dejan sus huellas en las variantes que puedan encontrarse a raíz de una cuidadosa colación entre las diferentes ediciones. A manera de ejemplo, podemos observar como algunos de los cuentos incluidos en 1989 en el *Cant de la joventut*,[9] se habían escrito mucho antes. Es el caso de «Mar» que MR escribió en 1980, publicándolo por primera vez en 1981 en *Carnets de mujer* (Dupláa 1996: 129). Podemos asimismo observar cómo la redacción de las obras narrativas pasa con frecuencia por muy distintos lugares a través de un tiempo a veces muy dilatado, si consideramos el nunca exagerado tamaño de las obras mismas. *L'hora violeta* se escribe entre 1978 y 1980 en cuatro lugares diferentes de la geografía; *La veu melodiosa* entre 1985 y 1987 y en tres lugares distintos, para citar algunos ejemplos nada más. La edición de *L'òpera quotidiana* de 1991, publicada por primera vez en 1982, resulta «revisada l'estiu de 1990» (Roig 1982:[10] 177). Desde luego, sería interesante ahondar un poco en el proceso genético de un

---

[8] Según el esbozo metodológico de Giuseppe Tavani, que compartimos también a propósito de nuestra autora: «l'opera letteraria non è un dato ma un processo, non un'entità stabile, fissata una volta per tutte, bensì una variabile, o meglio un complesso dinamico di variabili in perpetuo divenire, i cui successivi coaguli sincronici in stesure compiute —non importa se accantonate o pubblicate, disattese, rinnovate o rinnegate— possono essere stati indotti, oltre che da una precisa volontà d'autore e da esigenze interne al testo, anche da accidenti extra-testuali, che nulla hanno a che vedere con i meccanismi della produzione letteraria» (Tavani 1996: 67).

[9] Sobre esta obra, véase, entre otros, el artículo de Maria Escala (1994: 45-54).

[10] Siempre citamos la fecha de primera edición de cada obra. En el apartado «bibliografía», al final del artículo, figurará, después de la editorial, la fecha de la edición consultada, cuando ésta difiera de la primera.

cuento casi metaliterario como «El profesor y el librero asesino» (Roig 1989b: 205-213), traducido al castellano del catalán por la propia autora, que se remonta al cuento «Bibliomanie» escrito por Flaubert en 1836, sin ignorar el texto de Miquel i Planas, que lleva casi el mismo título *El llibreter assassí de Barcelona*, y considerando también que existía por aquellos mismos años (finales de los ochenta y comienzos de los noventa) un proyecto de novela cuyo título sería *La novelista asesina*, según el testimonio de Joan Rigol, a la sazón «conseller» de cultura de la Generalitat.[11] Un serio trabajo filológico-genético podría desvelarnos, si no descubrimientos revolucionarios, sí aproximaciones más certeras a la obra de MR, tratándose de una autora que siempre ha compaginado las tareas del oficio periodístico con la narrativa y otras actividades en los medios de comunicación y en el espectáculo. Como observa Elide Pittarello a propósito de *La hora violeta*, «se narrare è comunque selezionare, Montserrat Roig preferisce consegnare [quest'opera] in forma di materiali non del tutto organizzati, quasi un romanzo non finito» (1981: 80); y por esto es importante poder entrar en su taller a través del cotejo de las diferentes ediciones de la misma obra y de los materiales que se conozcan y que se puedan descubrir con nuevas investigaciones,[12] lo que podría incluso revelarnos las concretas razones de su quehacer profesional sin menoscabo de su teoría literaria, sin duda más conocida.

Precisamente a propósito de lo que acabamos de llamar «teoría literaria», cabe destacar que la misma autora diseminó, a lo largo de sus obras, numerosas reflexiones sobre sus propias inquietudes literarias y estéticas. Entre las muchas hemos escogido dos que nos parecen más significativas y sin duda consecuentes con las obras a las que pertenecen. La primera viene de *La agulla daurada*:

> Però amb els anys, aquest sentiment viu i trist dels anys joves va desapareixent. Ja no busques amb masoquisme la tristesa per escapar de la mono-

---

[11] «[…] fue a restablecerse en Caldes de Malavella, mientras tomaba notas para un libro que se iba a titular *La novelista asesina*» (*La Vanguardia* del 26 de octubre de 2001, citado en la web del Corpus Literari Ciutat de Barcelona, http://www.xtec.es/~jducros/Montserrat Roig.html (17 de marzo de 2008).

[12] Ignoro si hasta la fecha se han llevado a cabo pesquisas en el archivo personal de la escritora del que la madre Albina Fransitorra, cuando se quedó viuda, se hizo cargo: «li anava a ordenar l'arxiu, l'ajudava amb els papers» (R. Mora, «Montserrat Roig la veu que perviu», *El País*, 1 de noviembre de 2001, citado en la aludida web del Corpus Literari Ciutat de Barcelona).

tonia (i és que la busques perquè no la coneixes prou). Un sentiment narcisista que, en el fons, et fa feliç. La tristesa i la malenconia dels anys joves esdevenen un plaer perquè creus en l'eternitat, en el futur. Però, després, la necessitat de la separació ve de l'enuig d'allò que coneixes. La realitat és desordenada, no tens les claus per a entendre-la millor. I aleshores tens por de l'autèntica tristesa, de deixar-t'hi embarcar. Ja no queda tant de temps per endavant, i forces la ment —i la voluntat— per comprendre l'entorn que has deixat. La nostàlgia, aleshores, ja no és un plaer. Més aviat una nosa, o una pèrdua de temps. I és així, potser, quan neix l'evocació literària. Que no és més que el succedani d'un fracàs vital (Roig 1985: 107).

Y la segunda de *Digues que m'estimes encara que sigui mentida*:

Consciència de finitud, atrapar el temps. Heus aquí el plaer i el càstig de l'ofici d'escriure. A la trama de la narració, m'invento que el temps no s'acaba, quan sé que s'acaba. Somnio que tinc les paraules i que amb elles, posseeixo el món sencer (Roig 1991: 17).

Hay por lo menos un elemento en común y es el sentimiento de la fugacidad del tiempo, algo clásico en la literatura, por cierto. Lo interesante parece esa idea de la nostalgia como «pérdida de tiempo» junto con la percepción de que las palabras pueden frenar la carrera hacia la nada. Reflexiones que la autora lleva a cabo, junto a otras, tanto dentro de la recopilación de artículos publicada bajo el título *Melindros*[13] como en *Un pensament de sal, un pessic de pebre. Dietari obert 1990-1991*, publicado de forma póstuma.[14] Dentro de esa idea caben muchas voces que no nacen del percatarse uno de su propio fracaso vital, sino de la necesidad de poder poseer el mundo de una forma definitiva. Ahí está la conciencia de que las palabras lo pueden todo, pero también la sensación que la literatura tiene muy poco que ver con lo que «podemos encontrar ahí fuera». Cuando Espardenya, protagonista de *La veu melodiosa*, metáfora en cierta medida de un fracaso vital pero no literario, se da cuenta de eso, asume la imposibilidad de la perfección del mundo en que ha estado viviendo, encerrado por el abuelo, y entiende con meridiana claridad dos cosas: «que el món dels adults no [té] cap valor» (Roig 1987: 138) y que «res no [té] a veure amb les citacions de l'avi» (*ibid.*, 137). Entre estos

---

[13] Barcelona: Ediciones B, 1990.
[14] Barcelona: Edicions 62, 1992.

dos conceptos, opuestos en cierta medida, podríamos situar la fuerza ética del compromiso literario de MR. Posiblemente nada nuevo en el mundo de las letras, que sin embargo la autora trabajó con fidelidad y eficacia narrativa. Un compromiso que se inserta en un momento álgido de la historia política de la Catalunya que está recuperando su identidad y autonomía. Por esta razón, dentro de las voces de MR, ya estudiadas por reputados críticos, cabe destacar la voz ética y el compromiso con «el otro» a través de la literatura. Desde una perspectiva de cambio generacional, es así como Enric Bou esboza tal evolución:

> Hi ha un element comú a tots els escriptors que començaren d'escriure a finals dels anys seixanta: el rebuig de l'estètica realista. Aquest rebuig fou resolt de moltes diverses maneres. Per molts hi ha hagut un progrés moral des de la politització radical dels anys 1966 i 1968, passant pel civisme d'inicis dels 70 [...] fins arribar a la posició ètica individualitzada —civil—posterior a l'any 1975 (citado por Picornell Belenguer 2002: 145).

Desde el punto de vista de la traducción dentro de un concreto planteamiento literario, este hecho se entrelaza estricta y fuertemente con la vivencia autobiográfica: ¿en qué medida una proposición ética entra en un proyecto literario? Pues, de muy distintas maneras: en el caso de MR a través del testimonio propio y ajeno. De hecho, según Ángel Loureiro, citando parcialmente a Lévinas, «in opposition to ontological formulations of the self, [...] the constitution of the self begins in its relation with the other, in an "ethical intrigue prior to knowledge"» (Loureiro 2000: 6). La constitución ontológica del sujeto, a partir precisamente de la existencia del «otro», es, según Loureiro «far from being concealed in an inaccessible domain» y, así lo asevera citando a Lévinas, «manifests itself daily "in the empirical event of obligation to another, as the impossibility of indifference [...] before the misfortunes and faults of a neighbour, the unexceptionable responsibility for him"» (ibid., 7). La autora siente una absoluta necesidad y sensibilidad para con la historia y la sociedad más desafortunada. En este sentido en MR lo autobiográfico es la identidad «created or constructed at the moment of writing, resorting to a number of collectively shared discourses» (ibid., 16). El compromiso ético, de cierto modo, resulta del propio compromiso como narrador de historias ajenas y comúnmente compartidas. Parece casi obvio encontrar en la Cataluña (y España) de la época un relevante papel de lo político dentro de lo ético. Luego, ya se sabe, que la cuestión política —en cuanto poder y no sentimiento del otro— nunca encaja con las exigencias de éticas más o menos consecuentes. Efectivamente, la necesidad de escribir, de ser escritor, sobrepasa cualquier estructura teórica que trate de abarcar lo inabarcable. Por eso, como para todo gran escritor, en la obra de MR se levantan varias voces y el aspecto político queda reducido a una entrega de una enciclopedia mucho más amplia:

> Hi ha massa dolor en la història de la humanitat per atiar-ne més [...]. Sense Franco, sense les monges, l'escriptora també hauria necessitat escriure. Cada dia mor un nen que et fa obrir els ulls. El terror és inherent a la nostra condició [...]. M'empenyia el desig d'endreçar allò que no entenia. També vaig fracassar: el món continuava sent un disbarat (Roig 1991: 56-57).

Desde una historia sobre la emigración de la provincia de Córdoba a Catalunya —«De com una criada de l'Eixample intenta d'escarxofar-se a la nostra estimada Barcelona» (Roig 1970: 49-58)—, huyendo del hambre, a un cuento breve y complejo a la vez, donde el protagonista masculino es «un dels crítics més reconeguts. Un llatinista» —«La poma escollida» (Roig 1989a: 115-121)—, media una evolución importantísima que va de los matices sociales y políticos a una introspección existencial, dentro un contexto que se caracteriza por algunas constantes: en ambos casos la voz narradora es una mujer que se ha enfrentado con un medio desfavorable u opiniones contrarias para llevar a cabo su propio designio. Si en las primerísimas obras encontramos a una Barcelona sumida en los avatares de un franquismo moribundo —véanse las ejemplares páginas sobre la ejecución por garrote vil del anarquista Salvador Puig i Antich en *El temps de les cireres* (Roig 1977: 10-16)—, en «Amor i cendres» (Roig 1989: 23-29), la ciudad casi ha desaparecido («la ciutat era estreta i el món ample»), pero sobre todo ha desaparecido ese mundo y nos encontramos a Marta y María, con sus deseos y sus relaciones con las parejas. A Marta cuyos sueños de viaje se realizan sin problemas y María que «no sabia que somniava fins que la Marta no li va explicar els seus somnis» (*ibid.*, 29). Un cuento breve que acaba, podríamos decir, con el frasco donde María guarda las cenizas de su marido, muerto al caer del lomo de una jirafa, durante el primer viaje que hicieron juntos a África. Las palabras, no ya como simple medio sino como materia misma de la lengua, se convierten en el objeto de la literatura. Y ésta parece prescindir cada vez más de lugares y tiempos concretos, como en el caso de «Variacions sobre un poema de K.», cuyo otro título hubiera podido ser «El destructor o el creador de palabras»: el protagonista del cuento, que tiene su origen en un hecho real (un profesor de instituto descubierto por unas alumnas dentro de un armario del vestidor femenino), es un profesor y también censor del régimen, quien «corrige» y borra palabras que parecen conllevar el peligro verdadero. «¿Per què la meva mirada és més culpable que les paraules?» Y haciendo referencia a un fragmento de Alejo Carpentier citado a tal propósito, «¿És que l'escriptor no traduïa, així, els seus desigs més soterrats?» (Roig 1989a: 139). La urgencia de las historias de la primera MR (hasta 1982) parece dejar más espacio a la reflexión metaliteraria de las últimas narraciones hasta 1987, considerando también que contamos con varias excepciones, entre las que veremos detenidamente una más adelante (*El mateix paisatge*). Cabe subrayar que las referencias a la literatura propia (la catalana) y ajena (las demás), o sea al mundo de la memoria de los textos, de la historia y de la tradición, son permanentes en muchas de sus obras. En la ya citada entrevista de 1984 declara

> [h]ay escritores que me gustan desde el punto de vista intelectual, p.-e. Thomas Mann, porque tienen una solidez mental, intelectual al momento de escribir, envidiables, pero ni Virginia Woolf es mi modelo. Me interesan aspectos de ciertos escritores, pero no todos. […] Cuando leí *Los hermanos Karamazov* o Faulkner, pero no te podría decir ese escritor e[s] el mío, o sea son novelas o son aspectos a veces de algunas novelas; p.e. Merc[è] Rodoreda es la escritora que ha sido más importante para mí, porque escribe en mi lengua, porque en el momento que leí *La Plaza del Diamante* me di cuenta [de] que en mi lengua se podían e[x]plicar cosas de la vida cotidiana, fue una revelación porque era la primera vez que leía en mi propia lengua (Regazzoni 1984: 36).

Si hay una constante entre las referencias literarias, que cabría estudiar con más detenimiento, ésta parece ser la literatura rusa que encontramos citada directamente en *La agulla daurada* —«La felicitat passa de llarg i s'oblida de nosaltres, diu el príncep Mixkin» (Roig 1985: 108)—, pero también en *L'òpera quotidiana*[15] teniendo en cuenta que Esperdenya en *La veu melodiosa* presenta muchos rasgos en común con el ya citado protagonista de *El idiota* de Dostoievski, muy especialmente esa inocencia primordial y quizás existencialmente radical y extrema. Dentro de las voces propias de MR hay también vivencias de partituras ajenas como en cualquier gran escritor que, antes que nada, es impenitente lector. Otro aspecto destacable en su obra es el plan narrativo centrado en su propia ciudad, mejor dicho, en una parte muy concreta de su propia ciudad: Barcelona y el Ensanche. Todas las novelas y muchos de sus cuentos constituyen algo que se parece a una «comédie humaine» barcelonesa, come ha sido observado. Un «barcelonisme» que sin duda debe mucho a Josep Maria de Sagarra,[16] y que en muchos casos es metáfora de un «catalanisme» difícil y fuera del alcance de la política. Una ciudad que, para MR, tiene una historia de «teatralidad» e incluso de decadencia, muy lejos de la simbología actual plasmada por el Modernismo y por una gran variedad de «arquitectos estrella». Según ha podido estudiar Enric Bou, con respeto a *El temps de les cireres*,

The changes that occur in the urban landscape *after* R. writes her novel allow us to reflect critically on the changes —and continuities— that are presented *in* the novel. And in the novel what comes to the fore is the funereal-like theatricality of the Ribera neighborhood, which functions not only as a space of habitation but also as a setting for cultural memory, for the representation of Catalan history (Bou 2004: 152).

Un testigo pues de una ciudad que naturalmente ya no es lo que era y que, si el proyecto de su novela sobre Barcelona hubiese cuajado (y a lo mejor algo escrito se podrá encontrar entre sus documentos), MR hubiera podido precisar con más detalles. Sin duda, entre la Barcelona de *Ramona adéu* —«m'esgarrifava veure Barcelona plena de deixalles, d'escombraries en estat de putrefacció» (Roig 1972: 11)— y la detectada

---

[15] «¿Ha llegit *Crim i càstig*, de Dostoievski? No, però recordo que el meu home sempre deia que, a Dostoievski, li sobrava l'angoixa. En tenia tanta, deia, que semblava com si estigués a punt de cagar-la. I perdoni, que això eren paraules d'ell» (Roig 1982: 93).

[16] Su primera colección de cuentos se abre con una cita sacada de *Vida privada* (Roig 1970: 5).

por el protagonista de «El profesor y el librero asesino» —«Quizás lo
bueno de Barcelona es que siempre hay un momento en que podría ser
cualquier ciudad italiana» (Roig 1989b: 212)— media una variedad urbana casi inabarcable, lo cual hace de la Barcelona de MR una universal
ciudad de ciudades, verdadero centro de una trama narrativa que desbor-
da los límites mismos de la metrópoli catalana. Mito literario que muchos otros escritores, de la misma generación de MR, han ido formando
y conformando: Manuel Vázquez Montalbán y Eduardo Mendoza, entre
los más significativos en lengua castellana, una sensibilidad que en los
años noventa cambia radicalmente, según Julià Guillamon:

> Davant els assoliments arquitectònics i urbanístics dels darrers anys, els
> escriptors han preferit el residu, la barreja, la realitat mental i els mons pos-
> sibles. La Barcelona que apareix en la narrativa dels anys noranta permetria
> articular una mena de mapa imaginari, a la manera de les psicogeografies dels
> situacionistes: un seguit de llocs, fragments de realitat seleccionats d'acord
> amb les afinitats electives i els interessos comuns d'una sèrie de personatges
> desarrelats (citado por Castellanos 2004: 146).

Nada más lejano de su voluntad de «enraizamiento», del enraizamiento que es precisamente lo contrario de la tragedia humana que representa
el desarraigo, la pérdida del pasado, colectivo o individual en las palabras de Simone Weil (citado por Rigobon 1994: 38). Su Barcelona,
fundada en la memoria y en las ausencias que la memoria llena u olvida
adrede, resulta algo completamente diferente de la imagen de la ciudad
hoy internacionalmente afamada. Ésta es la Barcelona de MR:

> La meva ciutat ja no és la Barcelona sorollosa d'avui, que intenta ser
> optimista, la ciutat esventrada, tènuement aterrida per guerres properes, la
> ciutat que pretén canviar i que cada dia es pregunta si encara és provinciana.
> Aquesta ciutat és la que surt als papers, però a mi no em serveix per a la fic-
> ció. És massa a prop, feta d'urgències i de fantasia present. La meva ciutat és
> laberíntica, apedaçada amb els records que ja no sé si recordo. Esfilagarsada
> amb retalls de memòria oblidada. La ciutat que jo busco potser no ha existit
> mai, o potser sí, i aleshores és un desgavell de sons que no sentim, de fantas-
> mes que no veiem («Barcelona, una geografía literaria», Roig 1991: 157).

Es una ciudad «personaje» y no la ciudad escenario o trasfondo de
muchas novelas «barcelonesas» contemporáneas. Una Barcelona preo-

límpica y generacional que vive de la teatralidad, de la ropa tendida en algunas de las calles de la Ribera o del Raval, una Barcelona vista muchas veces por ojos burgueses con pasión popular y destinos políticos, la Barcelona catalanista del «Fossar de les Moreres» y del «Camp de la Bota». Quizás no una ciudad solamente, sino varias, según las distintas obras y las opciones político-literarias en ellas contenidas: desde la rebelión, el «trencament», el abandono, en los años setenta y comienzos de los ochenta (Real 2008: 212), para llegar a la memoria de la ciudad perdida, a una Barcelona casi nostálgica, a comienzos de los años noventa. Decíamos antes «generacional» en el sentido que tal forma de «barcelonismo» la comparten muchos escritores de lo que se llamó «generación del 70»,[17] que dentro del mundo de las letras catalanas tuvo también muchos otros méritos, entre los que cabe destacar el afianzamiento de la lengua a niveles literariamente muy notables. Así lo subrayó Carme Riera: «Mi trayectoria ha sido parecida a la de Montserrat Roig y a la del resto de integrantes de la generación del 70, por eso este libro[18] viene a ser un reconocimiento a toda la literatura de aquella época, en que tratábamos de construir una lengua literaria en un momento en que la situación de la lengua era miserable» (citado en Piñol 2000: 44). En este sentido, a pesar de su brevedad, la trayectoria de MR ha sido bastante completa y, si bien siempre encontraremos a faltar todo lo que no pudo ser, nos queda muchísimo para la historia.

Hemos antes aludido a una excepción en la reflexión metaliteraria con una «historia» redonda y es una obra que realmente no se ha estudiado mucho por no ser única y exclusivamente «literaria»: *El mateix paisatge*. Este texto sirvió de guión para una serie de la televisión catalana, según nos explica con más detalles Josep Maria Benet i Jornet (Roig 1992: 9), entrega que se llevó a la pequeña pantalla en 1987. Puesto que se trata de un encargo, hay naturalmente ciertas limitaciones determinadas por tener un comitente, por el medio (la televisión) y las leyes que gobiernan un guión; con excepción de esto, la autora tuvo todas las libertades: «no es va haver de subjectar a cap tema imposat; [...] es tractava d'històries i

---

[17] El libro de Oriol Pi de Cabanyes y Guillem-Jordi Graells, *La Generació literària dels 70: 25 escriptors nascuts entre 1939-1949* (Barcelona: Pòrtic, 1971) se ha vuelto a editar más recientemente (Barcelona: Generalitat de Catalunya/Institució de les Lletres Catalanes, 2004).

[18] Alude la escritora al tomo, coordinado por Luisa Cotoner, dedicado a su propia obra y titulado *El mirall i la màscara* (Barcelona: Destino, 2000).

de personatges que ella va triar d'acord amb els seus gustos, al dictat del seu instint de creadora. I prou que es nota. Les constants de la narrativa de la Roig tornaven a fer-se presents, malgrat el canvi de gèneres» (Roig 1992: 11-12).

Conviene detenernos en su argumento para poder luego fijar más exactamente algunas ideas. La época es la de finales de los años cincuenta y Rafael trabaja de «boy» en un music-hall barcelonés (El Molino, lugar de muy entrañable memoria para la escritora), es homosexual pero sin ostentaciones. Hay un *flash-back* que repetidas veces nos remite a un episodio de la Guerra Civil, pues asistimos a una escena muy cruel en la que un «rojo» mata con una pistola al padre de una niña quien asiste a la escena junto con su madre en su propia casa. También asiste a la misma escena, sin poder hacer nada, el hijo del asesino, un chico muy joven. Joana, hija de una acomodada familia rural catalana, espera una noche a Rafael fuera del music-hall donde unos camellos también están al acecho y le pegan una paliza tremenda, dejándole tendido en el suelo, medio muerto. Joana socorre a Rafael y lo lleva a su piso donde traban amistad, descubriendo cosas que les acomunan, como haber visto en la niñez «el mateix paisatge», o sea, proceder ambos del mismo pueblo. Rafael confía mucho en Joana, su única amiga. A partir de ese momento una serie de catástrofes sacuden la vida del protagonista: Rafael pierde el trabajo acabando en la cárcel y su novio le deja sin más explicaciones. Al cabo de un tiempo, al salir de la prisión, se dirige al piso de su única amiga para pedirle ayuda. Pero la realidad es terrible: Joana, para vengar la muerte de su padre (asesinado, según la escena del *flash-back*), ha actuado de manera que la ruina cayera sobre Rafael, convenciendo (con dinero) a su novio para que le dejara y delatándole a la policía. Y con esto concluye: «Tu viuràs, però et moriràs a poc a poc. Com jo. Perquè tots dos hem vist el mateix paisatge…» (Roig 1992: 71).

Este texto, muy breve y funcional al medio al que estaba destinado, contiene una cantidad de sugestiones y una trabazón interna muy fuerte. El tema de la memoria, la inutilidad de la venganza, la falta de piedad para quien no tiene ninguna culpa de lo acaecido, van al mismo compás de la vida de Joana: su trágica niñez, su compromiso de vengar el asesinato de los padres muertos desde hace tiempo (la madre pocos años después del episodio de la Guerra Civil). Ambos resultan perdedores de la historia, por descontado el hijo homosexual del «rojo feroz», pero también la «nacional» sedienta de venganza, dos hijos de la guerra, infelices a raíz de la misma, infelices en el mundo que les ha tocado vivir una vez acabado el conflicto. Así muchos años después (concretamente en la «Diada» de 1977)[19] vemos a Joana en un bar mientras el amo dice: «Viu aquí prop. Li diem la "dona de la ratafia". Està completament guillada. No es fa amb ningú. I cada nit acaba pitofa» (Roig 1992: 72).

Dentro de la revisión del la historia española, y de la Guerra Civil sobre todo, ese texto establece una perspectiva a partir de un planteamiento «de izquierdas» sobre el «pacto del olvido», base constitutiva del éxito de la Transición: en realidad en esta obra no hay olvido, sino una búsqueda de venganza retrospectiva por parte de una mujer «ganadora» de la guerra que acaba dañándose definitivamente, perjudicando asimismo cualquier futuro compartido. Así que el «ajuste de cuentas» no parece un tema de los perdedores, que esperan la democracia, sino de los ganadores que quieren continuar en el estado de guerra indefinidamente: la sociedad de todas formas ha cambiado en su conjunto y la gran manifestación callejera del 11 de septiembre de 1977 en Barcelona parece sentar las bases de un futuro compartido. Desde un punto de vista crítico, la obra de la escritora barcelonesa se desarrolla dentro de una trayectoria modélica. Centrada preferentemente en la ciudad de Barcelona, desde un planteamiento de catalanidad universal, y universal por catalana, se ofrece a la cultura de la Transición española como una voz individual que se caracteriza por el optimismo desencantado de una literatura ética. Partiendo de la realidad presente, mira hacia atrás, a la historia reciente de España y Europa, para interpretarla de una forma que, sin perder sus trágicos rasgos, no deja de ser comedia, ridícula y patética a la vez. Comedia familiar y tragedia histórica se reúnen en la memoria mediada por la palabra sin que el escritor pueda despegarse de este compromiso. Ahí está la vigencia ética. La otra cuestión atañe al papel de la «mujer escritora», sin que ninguno de los dos substantivos se transforme en el adjetivo del otro. Unos de los objetivos finales de las obras de MR es precisamente la desaparición de la sustancia histórica que el género ha ido propagando a lo largo de los años. El quehacer literario de una escritora

---

[19] En el paratexto del guión MR acota lo siguiente: «surt un polític que diu que "la guerra ja s' ha acabat definitivament. Que som a l'Espanya de la reconciliació i que cal oblidar el passat"» (Roig 1992: 72).

siempre cumple con un «engagement» metaliterario porque la narrativa, el ensayo, la poesía, el teatro, el artículo se constituyen en muchos casos como meditaciones coetáneas sobre el porqué de la escritura. Su reflexión procede de un «yo» más colectivo que individual, más plural que singular, utilizando la propia lengua (el catalán) como voz de la memoria y del presente, siendo su obra más plurilingüe que monolingüe. De este modo MR cumple con su compromiso ético que precede al mismo ser y a la política,[20] según un proyecto de fijación que aún no se ha realizado —ni que nunca podrá realizarse— dentro de una historia que tampoco precede al ser, todo explicándolo. La mirada de MR está muy cerca a la de los clásicos, marcada por la *pietas* y la *humanitas* que atenúa la tragedia sin que, a pesar de esto, haya salvación posible.

Bibliografía

Bou, Enric (2004): «"Decrepita i teatral"? On Literary Explorations of Barcelona», *Catalan Review. International Journal of Catalan Culture* XVIII 1-2, pp. 149-160.

Broch, Alex (1992): «Els orígens d'una narrativa», *Serra d'Or* 387 (marzo), pp. 14-16.

Castellanos, Jordi (2004): «Barcelona en literatura: imatges en conflicte», *Catalan Review. International Journal of Catalan Culture* XVIII 1-2, pp. 131-148.

Davies, Catherine (1994): *Contemporary Feminist Fiction in Spain: the Work of Montserrat Roig and Rosa Montero*, Oxford/Providence: Berg.

Dupláa, Christina (1996): *La voz testimonial en Montserrat Roig. Estudio cultural de los textos*, Barcelona: Icaria.

Escala, Maria (1994): «Homenaje a Montserrat Roig», en Susanna Regazzoni y Leonardo Buonuomo (eds.): *Maschere. Le scritture delle donne nelle culture iberiche*, Roma: Bulzoni, pp. 45-54.

Everly, Kathryn A. (2003): *Catalan Women Writers and Artists: Revisionist Views from a Feminist Space*, Lewisburg (PA)/London: Bucknell University Press/Associated University Presses.

---

[20] "While for Levinas ethics is 'prima philosophia' and thus antecedes ontology, for Deleuze and Guattari 'politics precedes being.' And if Levinas pay attention fundamentally to the relation between self and other that antecedes justice and politics, Deleuze and Guattari, professing like Levinas adherence to an ethology, focus relentlessly on the political" (Loureiro 2000: 14).

FERRÁN, Ofelia (2007): *Writing Remembrance in Contemporary Spanish Narrative*, Lewisburg (PA): Bucknell University Press.

FIORDALISO, Giovanna (2005): «*La aguja dorada* di Montserrat Roig», *Rivista di Filologia e Letterature Ispaniche* VIII, pp. 147-178.

— (2007): «"Dime que me quieres aunque sea mentira" di Montserrar Roig: frammenti di autobiografia letteraria», *Artifara* 7, enero-diciembre, sección Addenda.

KING, Stewart (2005): *Escribir la catalanidad. Lengua e identidades culturales en la narrativa contemporánea de Cataluña*, Woodbridge/Rochester (NY), Tamesis.

LOUREIRO, Angel G. (2000): *The Ethics of Autobiography. Replacing the Subject in Modern Spain*, Nashville (TN): Vanderbilt University Press.

MEROÑO, Pere (2005): *El goig de viure. Biografia de Montserrat Roig*, Barcelona: Publicacions de l'Abadia de Montserrat.

PICORNELL BELENGUER, Mercè (2002): *Discursos testimonials en la literatura catalana recent (Montserrat Roig i Teresa Pàmies)*, Barcelona: Publicacions de l'Abadia de Montserrat.

PIÑOL, R. Maria (2000): «Riera aspira a crear una novela que aúne a Villalonga, Pla y Rodoreda», *La Vanguardia*, 8 de noviembre, p. 44.

PITTARELLO, Elide (1981): Reseña a Montserrat Roig (1980): *L'hora violeta...*, *Rassegna Iberistica* 11, pp. 78-80.

PULIDO TIRADO, Genara (2000): «El arte de novelar en la versión teórico-crítica de Montserrat Roig», en Cristóbal Cuevas García y Enrique Baena (eds.): *Escribir mujer: narradoras españolas hoy*, Málaga: Publ. del Congreso de Literatura Española Contemporánea.

REAL, Neus (2004): «Montserrat Roig. El cicle narratiu dels anys setanta», *Els Marges* 73.

— (2008): «A la recerca d'identitat: la Barcelona de Terenci Moix i de Montserrat Roig», en Margarita Casacuberta y Marina Gustà (eds): *Narratives urbanes. La construcció literària de Barcelona*, Barcelona: Fundació Antoni Tàpies/Arxiu Històric de la Ciutat, pp. 211-229.

REGAZZONI, Susanna (1984): *Cuatro novelistas españolas de hoy. Estudio y entrevistas*, Milano: Cisalpino-Goliardica.

RIGOBON, Patrizio (1994): «Nazione e radicamento negli ultimi scritti di Montserrat Roig», en Susanna Regazzoni y Leonardo Buonuomo (eds.): *Maschere. Le scritture delle donne nelle culture iberiche*, Roma: Bulzoni, pp. 37-41.

— (1997): «Introduzione» y «Nota bibliografica», en Montserrat Roig, *La voce melodiosa*, Milano: Jaca Book, pp. 9-19 y 151-155.

ROIG I FRANSITORRA, Montserrat (1970): *Breu història sentimental i altres contes*, Barcelona: Edicions 62, 1995.

— (1972): *Ramona, adéu*, Barcelona: Edicions 62, 1981[9].

— (1977): *El temps de les cireres*, Barcelona: Edicions 62.

— (1980a): *L'hora violeta*. Barcelona: Barcelona: Avui [edició especial], 1994.
— (1980b): *Personatges. Segona sèrie*, Barcelona: Pòrtic.
— (1982): *L'òpera quotidiana*, Barcelona: Edicions 62, 1991[2].
— (1985): *L'agulla daurada*, Barcelona: Edicions 62/Caixa de Catalunya [edició especial], 1987.
— (1987): *La veu melodiosa*, Barcelona: Edicions 62.
— (1989a): *El cant de la joventut*, Barcelona: Edicions 62, 1992[8].
— (1989b): «El profesor y el librero asesino», en *Cuentos barceloneses*, Barcelona: Icaria.
— (1991): *Digues que m'estimes encara que sigui mentida*, Barcelona: Edicions 62,1992[13].
— (1992): *Reivindicació de la senyora Clito Mestres seguit de El mateix paisatge*, prólogo de Josep M. Benet i Jornet, Barcelona: Edicions 62.
RULL-MONTOYA, Rosa (2003): *Ciudadanas e inmigrantes en la narrativa catalana de la transición: Montserrat Roig, María Barbal, María Jaen y Maruja Torres*, Valladolid: Universitas Castellae.
SEGURA GRAÍÑO, Cristina (coord.) (2001): *Feminismo y misoginia en la literatura española: fuentes literarias para la historia de las mujeres*, Madrid: Narcea.
SIMÓ, Isabel Clara (2005): *Si em necessites, xiula: ¿qui era Montserrat Roig?* Barcelona: Edicions 62.
TAVANI, Giuseppe (1996): «Filologia e genetica», *Cuadernos de Filología Italiana* 3, pp. 63-92.
TOUS, Anna (2001): «L'emprempta de Josep Pla en Montserrat Roig», en Glòria Granell y Xavier Pla (eds.): *Josep Pla, memòria i escriptura. Actes del col·loqui de l'any Pla, Universitat de Girona, octubre 1997*, Girona: Universitat de Girona/Josep Pla Fundació, pp. 295-301.
VOLLENDORF, Lisa (2001): *Recovering Spain's Feminist Tradition*, New York: Modern Language Association of America. [Traducción española (2005): *Literatura y feminismo en España (s. XV-XXI)*, Barcelona: Icaria.]

VICENTE MOLINA FOIX

Isabel Giménez Caro
Universidad de Almería

El escritor «mestizo» Vicente Molina Foix nació en Elche (Alicante) en 1946 (o en 1949, como él prefiere) y el paisaje mediterráneo se puede rastrear en toda su obra, sobre todo en sus novelas. De hecho, él habla de su propia Comala como una ciudad o zona intermedia del mediterráneo español, con el mar siempre al lado y un clima sensual elevado. Sin él darse cuenta, es un paisaje que reaparece una y otra vez en sus novelas. Tras estudiar Derecho y Filosofía y Letras residió ocho años en el Reino Unido, allí impartió durante tres años clases de literatura española en Oxford; quizá sus traducciones de Shakespeare sean fruto de esta experiencia. En España fue asimismo profesor de Filosofía del arte en la Universidad del País Vasco.

Molina Foix es uno de los poetas que selecciona Josep Maria Castellet en su conocida antología *Nueve novísimos poetas españoles* (1970) y —como sucede con muchos de sus compañeros de generación— le interesa el cine, ha sido profesor universitario, ha versionado y traducido clásicos como Shakespeare; escribe crítica de televisión, y ópera. César Oliva le incluye también en el grupo de «Narradores en los escenarios de los ochenta» junto a Eduardo Mendoza, Carmen Martín Gaite, Lourdes Ortiz o Manuel Vázquez Montalbán, entre otros (Oliva 1992: 446). Es significativo que, cuando treinta años después, se reúnen los novísimos en torno a Castellet, el «mestre» barcelonés les diga que si sigue vigente la antología *Nueve novísimos* es porque están llevando a cabo una «labor cultural» y añade: «Nunca fuisteis un grupo poético sino un grupo intelectual y cultural que después de tantos años representáis algo en el complejo mundo cultural español» (Maurell 2006: s/p).

Aunque la faceta que en él predomina es la de novelista (su última novela publicada, *El abrecartas* ha sido Premio Nacional de Narrativa del 2007), tras su aparición en la antología *Nueve novísimos* Molina no publica poesía hasta el año 1990 con *Los espías del realista*. Su siguiente publicación poética será en 1998 con *Vanas penas de amor*, en la colección que dirige su «compañera generacional» Ana María Moix. Sin embargo, su producción novelística es más abundante y premiada: ya en 1970 publica *Museo provincial de los horrores*; en 1973 publica *Busto* (Premio Barral, 1973), le siguen *Los padres viudos* (Premio Azorín, 1983), *La comunión de los atletas* (Alfaguara, 1979, en 1989, en Anagrama, se publica seguido de *El ladrón de niños*) y, aún dentro de la década de los ochenta, la que le supuso entonces un mayor reconocimiento, *La Quincena soviética* (Premio Herralde, 1988). Otras de sus novelas son *La misa de Baroja* (1995), *La mujer sin cabeza* (1997), *El vampiro de la calle de Méjico* (2002, Premio García-Ramos de Novela) y la última hasta ahora y también premiada *El abrecartas* (2006). Desde 1984 con *Los abrazos del pulpo* (Madrid: Centro Nacional de Nuevas Tendencias Escénicas) entra también en el mundo del teatro. Ya en una entrevista de 1979 —a raíz de la publicación de *La comunión de los atletas*— daba cuenta del interés que empezaba a sentir por el teatro:

> El papel distanciador y yo creo que enriquecedor, que el cine tuvo para mí cuando yo escribía mis primeras novelas, ahora, para mi propia sorpresa, lo está teniendo el teatro. Yo era uno de los que creían en la muerte del teatro como género literario, me encuentro desde hace un año obsesionado con poner en un escenario algunos de los temas que hasta ahora sólo había desarrollado en novelas o en guiones de cine (Molina Foix 1979).

También es autor de: *El viajero indiscreto* (1988); *Don Juan último* (1992); *La madre invita a comer* (1994); y *Seis armas cortas* (1998).

En el 2002 estrenó la obra teatral *Lenguas de plata*. Entre 1990 y 1994 fue director literario del Centro Dramático Nacional. De Shakespeare traduce *Hamlet* (1989), *El mercader de Venecia* (1992) y *Romeo y Julieta* (2005). Dirigió en 2001 la película *Sagitario*. En 2005 presentó su segunda película, *El dios de madera*. Él se define a sí mismo como «un escritor mestizo» y, entendemos, esta definición da cuenta de un escritor que se mantiene fuera de lo académico, que no considera que exista un tipo definido e inamovible de cultura, sino que basa su concepción de la cultura en la mezcla, en la mixtura: tan válida es la «alta cultura» como la «cultura popular»; mestizo es porque —a través, fundamentalmente, de la imagen— entrelaza diversos géneros y —al igual que hicieran los Beatles en la portada de su disco *Sgt. Peper's* (Pardo 2007)— mezcla lo considerado superficial con la más clásica tradición. Además, esta posición de «mestizo» le permite mantener una interesante distancia irónica con respecto a su obra. Este mestizaje, sin duda, tiene mucho que ver, como señala Enric Bou, con «el surgimiento de una nueva sensibilidad, a partir de los sesenta» y la creación de una nueva mitología, «una mitología alternativa, que ponía en duda la entidad de los mitos clásicos y que se difundía por medios muy distintos» (Bou 1992: 192). Molina Foix no duda en considerar dicho mestizaje una ventaja a la hora de crear:

> Soy un escritor mestizo, yo siento que ésa es mi gran ventaja, aunque tengo la impresión de que es considerada por los otros como un handicap. Para la gente del cine y del teatro, yo soy un escritor de visita en su mundo; para los escritores, soy poco serio y sospechoso. Aunque yo me siento básicamente escritor. Escribir ópera, traducir a Shakespeare o a Kubrick son variaciones del hecho de escribir. No soy menos escritor por meterme en otros géneros, al contrario (Ferrari s/f).

Y añade que no le interesan las novelas cinematográficas o el cine literario, opinión que mantiene en una de las últimas entrevistas:

> No he cambiado mucho de idea en estos años. Sigo manteniendo intacta, como lo hizo Cabrera Infante, la pasión literaria y la cinematográfica. En lo que a mí respecta Cine y Literatura siguen siendo amantes, pero el desarrollo de estas dos artes ha sido muy distinto. El cine nació como un precipitado del teatro y la fotografía: teatro en movimiento, pero también nació, y sigue estando, muy unido a los relatos novelescos. El cine sigue viviendo muy frecuentemente de las adaptaciones novelísticas. […] No me gustan esas nove-

las que definen como cinematográficas, como tampoco me gustan las películas literarias. Me gusta la literatura en los libros, y me gusta un lenguaje de cine, peculiar, autónomo, que se muestre en imágenes y en montaje. Ambos territorios son independientes, e incluso, en algunos casos, opuestos, aunque en ocasiones el punto de partida sea el mismo: un relato (Vera 2008: s/p).

Esta fragmentación que supone la diversidad de acercarse a la creación por parte de Molina Foix y que forma parte de la sociedad posmoderna, lleva a Laura Silvestri a señalar en «Vicente Molina Foix o el autorretrato de un novelista» que la «actividad [del historiador, del literato, del filósofo] consiste en tomar conciencia frente a la sociedad, poniéndose como *ser cultural*, capaz de dar un nuevo orden a la realidad» (Silvestri 1995: 171).

La trayectoria como novelista de Molina Foix culmina —por ahora— con la publicación de *El abrecartas* (2006). Empieza a publicar sus novelas en la época de la Transición, es decir, el periodo que abarca desde que termina la dictadura en España hasta los años ochenta (André-Bazzana 2006). José Carlos Mainer resume las diferencias de los jóvenes escritores —nacidos entre 1939 y 1950— con respecto a los «niños de la guerra», diciendo que sus profesores universitarios fueron los mejores de la «generación del 36», son «quienes se formaron en las redacciones de *Pueblo* e *Informaciones*, cursaron la carrera de Ciencias de la Información, hablan inglés con soltura y dieron la tónica de la prensa de la Transición en *El País*, el Grupo 16 o el Grupo Zeta» (Mainer y Juliá 2000: 153). Cuando habla de la «normalización» que se produce en la novela española en los años de la Transición, Constantino Bértolo opina que hay que tener presente varios aspectos, tales como la alegría por la despolitización de la novela, la apertura del «campo literario» hacia el campo de la industria editorial, el éxito del *boom* latinoamericano:

> al socaire de los aires cortazarianos y experimentales que se respiraban, aparece una tímida y desigual hornada de autores con vocación de «nueve novísimos narradores», que no encontraron el favor del público. Son los años dominados por la alta (e incómoda) estatura intelectual y literaria de Juan Benet (Bértolo 2004: s/p).

Y, lo que sería, en definitiva, la causa y la consecuencia al mismo tiempo de la situación de la novela, es que ya no hay separación entre la «cultura popular» y «La Cultura» (Bértolo: 2004). Hay que indicar que

si bien en muchas de las novelas de estos años predomina el llamado
«desencanto» —pensemos como ejemplo en *La luz de la memoria* de
Lourdes Ortiz—, en la novelística de Molina Foix prevalece —aún con
cierto desencanto— el humor, la distancia irónica. Y esa característica es
esencial a lo largo de su producción novelística. Aun así, *La Quincena
soviética* se reconoce por parte de la crítica como una de las novelas
españolas que surgen a raíz de la Transición y que recogen el pesimismo
generacional de estos escritores:

> El desencanto ideológico va a constituir precisamente una de las ramas
> temáticas más frondosas de la novela de estas décadas, con una textura polí-
> tica casi unívoca en la que la militancia se ofrece en claves de caricatura o
> sarcasmo y la derrota se transfigura en juvenil equivocación o en ingenua
> autoestafa. Entre otros títulos: *La Quincena Soviética* de Vicente Molina
> Foix, *Historia de un idiota contada por él mismo* de Félix de Azúa, *Los vie-
> jos amigos* de Rafael Chirles, *La tierra prometida* de José María Guelbenzu
> (Bértolo 2004).

Las novelas de Vicente Molina se estructuran en torno a dos líneas
fundamentales: por un lado, la fragmentación que, generalmente, se presenta mediante duplicidades de los diferentes personajes;[1] por el otro,
la presencia del guía o maestro; el aprendizaje que llega a través de la
experiencia y enseñanza de otro pero sólo a través de la propia experiencia. Éste es el tema en torno al cual gira *Los padres viudos*: la necesidad
de un maestro en el viaje a la madurez de César, el protagonista. En una
entrevista que le hace Maruja Torres, Molina Foix explica la génesis de
Los padres viudos:

> Digamos que parto de un núcleo mínimo, de un acontecimiento. En el
> caso de *Los padres viudos* fue la muerte del padre. Aunque no se trata de una
> novela autobiográfica, la idea me la dio la muerte de mi padre, la evidencia
> de que yo ya no era hijo, de que yo ya era yo, todo eso cobró un peso sim-
> bólico, me marcó. Y esa ausencia se convirtió en el punto de partida de la
> novela que fue una forma de objetivar lo que sentía (citado en Torres 1984).

---

[1] María-Paz Yánez, al estudiar *Don Juan Último*, señala también esta fragmentación de los personajes, llegando Don Juan a tener tres dobles: «El fraccionamiento de
la figura se realza, pues, a nivel actorial, por medio de los dobles, que contrastan con la
acumulación de mujeres en una sola mujer, invirtiendo, así, la configuración tradicional»
(Yánez 2003: 184).

A continuación Molina Foix se refiere a las tres partes que constituyen la novela. La primera rescata las raíces de esa primera idea; es la parte de la vida familiar, de la muerte del padre, y a partir de aquí la novela se convierte en una reflexión sobre la relación entre paternidad y filiación en todas sus variantes: el maestro, el amigo más influyente que uno mismo, las sustituciones que la familia empieza a hacer de la figura del padre, etc. Todo ese proceso mezclado, a su vez, con la aparición de la figura femenina (Torres 1984).

César, el protagonista de *Los padres viudos* dice que gracias a Alcaraz, su maestro, «descubrí en el viaje los nombres de las cosas que llevaba veinte años viendo sin advertir» (Molina Foix 1984: 151). Por lo que respecta a esa duplicidad a la que nos referíamos, podemos recordar que cuando publicó en 1979 *La comunión de los atletas* el mismo autor contó que la dualidad de los puntos de vista es fundamental en esta novela, siendo su último objetivo señalar la dualidad de la moralidad: «Lo que más me atraía al escribir esta novela era la idea de confrontar dos tipos y, al mismo tiempo, dos maneras de contar. La novela tiene estos dos frentes narrativos, los dos en primera persona. [...] Hay, por tanto, un enfrentamiento de dos moralidades» (Molina Foix 1979).

En el caso de *Los padres viudos* lo que encontramos no son personajes con dos o tres nombres —con dos o tres identidades—, sino pares de personajes (los pares de hermanos de César) que forman, en cierta medida, una sola identidad. Al final de la novela, César también encontrará una hermana, una doble, pero en su caso, él terminará ejerciendo de «maestro» de Ángela,[2] con la salvedad de que sus nombres son diferentes, e inventará una realidad para Ángela en la que el resto de los hermanos no tiene cabida: sólo ellos dos; y un padre y una madre ficticios, inventados para conseguir recrear desde la falsa memoria un pasado feliz en el que

---

[2] Es significativo el nombre de la hermana, ya que el tema de los ángeles —generalmente a través de los ángeles representados en cuadros— también aparece en la producción literaria de Molina Foix. Por ejemplo, en su última novela, se nos presenta al emigrante almeriense Angelico, que más tarde pasará a ser Angélico. El autor lo explica: «El ángel de la historia está sacado del cuadro de Klee que comentó brillantemente en un ensayo Walter Benjamin; es un ángel que actúa. El del grabado de Durero es un ángel agobiado, pero no actúa. En mi novela *La Quincena Soviética* el protagonista se encuentra entre dos ángeles y acaba teniendo en una iglesia de Madrid, que existe junto a Callao, San Antonio de los Alemanes, un éxtasis pictórico. Yo, ahora mismo, quizá por la edad, estoy más cercano al melancólico de Durero que al aguerrido de Klee» (Ramón 2008: s/p).

se sitúan tanto Ángela como César. Precisamente, analizando la primera novela de Molina Foix, Laura Silvestri señala esa capacidad de transformación de la realidad en relación al pasado:

> Ese conjunto de imágenes, que, a través de un proceso analógico y metafórico, transforma lugares reales e imaginarios en ideales paraísos perdidos, lleva a suponer que el problema alrededor del cual está construido *Museo provincial de los horrores* consista en la preocupación existencial del autor por lo que iba a ocurrir en el pasado (Silvestri 1995: 176).

Relacionado, creemos, con esta preocupación existencial que muestra Vicente Molina Foix en sus novelas, más evidente sobre todo en las primeras, las publicadas antes de la década de los noventa, está el hecho de que Gonzalo Sobejano cite *La comunión de lo atletas* como una novela poemática, definida ésta como

> la novela que tiende a integrar superlativamente un conjunto saturado de las virtudes del texto poético por excelencia: el texto en verso (épico, dramático, lírico, temático), en el cual todos los estratos de la obra de arte del lenguaje, desde el sonido al sentido, cumplen un máximo de concentración y perdurabilidad; semiosis (no mimesis), lámpara (no espejo), símbolo (no concreción), mito (no historia), espacio íntimo, tiempo rítmico, acción como vehículo de conocimiento, exploración de las fronteras entre lo perceptible y lo oculto, personajes insondables, narrador omnímodo, lenguaje que más que decir lo visto canta lo soñado (Sobejano 2003: 91).[3]

La cita de *La vida de Lazarillo de Tormes* que abre su primer libro de poemas, *Los espías del realista*, es significativa y resume perfectamente la necesidad del conocimiento de uno mismo que encontramos a lo largo de la narrativa de Vicente Molina: «¡Cuántos debe de haber en el mundo que huyen de otros porque no se ven a sí mismos!». Ese conocimiento debe de ser también físico, corporal. Los dobles en *Los padres viudos* no se limitan a los hermanos, aparece un personaje, el hombre del orzuelo —el que le conducirá al «maestro» Alcaraz—, que se presenta un día

---

[3] Junto a esta novela, Sobejano cita también, entre otras, como ejemplo de novelas poemáticas, *Saúl ante Samuel Ágata ojo de gato, Toda la noche se oyeron pasar pájaros, Escuela de mandarines, La orilla oscura, Makbara* o *El héroe de las mansardas de Mansard*, todas ellas publicadas entre 1974 y 1985 (Sobejano 2003: 91).

acompañado de otro personaje: «era un doble del hombre del orzuelo, su misma edad, su boca, la entrada solapada de una sola sien, el entrecejo cano, la punta de un orzuelo en el ojo izquierdo» (Molina Foix 1984: 158). Es decir, se trata también de dobles corpóreos.

En *La Quincena Soviética* el desdoblamiento del protagonista y su lucha —irónica y, en ocasiones, cómica— por elegir una de sus dos personalidades —la pública, la que pertenece al Partido, o la que le permitiría desarrollar su vida personal— recorren toda la novela, es decir, la conversión de Ramiro en Simón que recuerda —con todas las salvedades, claro está— a otro Ramiro: el Fonseca delator de *El abrecartas* a quien su «verdadero» nombre Trinidad, nunca le gustó.

Su reconocimiento como novelista llegó con la publicación en 1988 de *La Quincena soviética*. Según cuenta en una entrevista, la novela la escribió a partir de un relato «sobre una reunión de militantes comunistas de los años sesenta, que escribió entre 1972 y 1973» (Rosell 1988: s/p). Molina Foix habla de la diferencia de esta novela —generacional: «[los] datos que permiten identificar personas y personajes del momento es uno de los elementos que hará atractivo el libro» (Rosell 1984)— cuando dice:

> He dejado de ver el mundo herméticamente, como cuando era joven. Tengo un poco de nostalgia por ello, pero como escritor puedo exponer las cosas con claridad. Mis novelas son ahora más concretas, frente a la abstracción de las anteriores (Rosell 1984).

Años después, en 2006, en una entrevista a raíz de la publicación de la premiada *El abrecartas* reproduce Foix unas palabras de Félix de Azúa en las que afirma que en esta novela «había conseguido un contrapunto entre las voces oficialistas y las progres» (Cruz 2006, s/p).

Hay otro aspecto que se repite en las novelas de Vicente Molina: la presencia de la carta como elemento esencial, y es en la última novela donde ésta se convierte en absoluta protagonista. Además, la escritura y lectura de las cartas se realiza tanto por parte de «personajes reales» como de personajes ficticios. Molina Foix en una reciente entrevista habla de la necesidad que tenemos de seguir recibiendo mensajes: «Aunque cambie el soporte, seguimos necesitando los mensajes que llevan las cartas». O bien: «cartas de sobre y sello hay muchas menos, pero el prestigio de recibir algo escrito no se ha perdido» (Vera 2008: s/p).

El lector se adentra ya desde la presentación, en el mundo epistolar desde el punto de vista de la privacidad, de lo íntimo: «En cuanto esfera social y discursiva, lo privado ha estado desde su origen vinculado a lo natural, al hogar, a lo íntimo y en último término a lo femenino», nos dice Roxana Pagés-Rangel en su libro *Del dominio público: itinerarios de la carta privada* (1997: 19).

La importancia de la carta en la literatura ha generado muchas páginas, bástenos una cita de Pedro Salinas que, en su libro *El Defensor*, hace una «Defensa de la carta misiva y de la correspondencia epistolar» y, en este ensayo, se pregunta lo siguiente: «¿ustedes son capaces de imaginarse un mundo sin cartas? ¿Sin buenas almas que escriban cartas, sin otras almas que las lean y las disfruten, sin esas otras almas terceras que las lleven de aquéllas a éstas. ¿Un universo en el que todo se dijera a secas, en fórmulas abreviadas, de prisa y corriendo, sin arte y sin gracia?» (2002: 24).

En *Múltiples Moradas. Ensayo de literatura comparada*, Claudio Guillén recoge también las ideas de la «Defensa de la carta misiva» de Salinas y señala dos dimensiones principales del género epistolar: «La primera es lo que podría llamarse la disposición retórica», y explica esto como: «el compromiso de quien al escribir se encuentra ante todo con la obligación de tratar determinado asunto [...]. La prioridad la tiene para empezar, o mejor dicho antes de empezar, aquello acerca de lo cual toca escribir»; la historia de unos personajes a lo largo de ochenta años (en un determinado país, con una determinada Historia, es, creo, «aquello de lo cual toca escribir» en *El abrecartas*). La segunda dimensión, sigue Claudio Guillén, es «*la ficcionalidad*». Y, refiriéndose al *Lazarillo*, habla de la confluencia de epístola y de la autobiografía fingida (1998: 183). La carta, la noticia inesperada, el mensaje que llega, en definitiva, se encuentra a menudo en la novelística de Foix. Efectivamente es en *El abrecartas* donde se convierte no ya en un elemento más de la novela sino en la estructura de la novela. Podemos recordar cómo César, protagonista de *Los padres viudos*, ha de esperar un año después de la muerte de su padre para leer la carta que éste ha dejado para él. Esta carta cambiará definitivamente su vida. A partir de la *carta* —que lleva consigo pero no lee hasta que no llega la fecha indicada por su padre para hacerlo y que, además, coincide con el término de su aprendizaje—, César pasará de ser el aprendiz a ser el que guía, el que enseña, el que inventa pasados para su recién conocida hermanastra Ángela. También para Simón-

Ramiro, el protagonista de *La Quincena Soviética*, serán importantes las cartas, importancia que culmina irónicamente cuando Ramiro encuentra un mensaje en una botella: «Me hizo gracia. Una botella. [...] Un mensaje de California que viaja por los océanos en botella hasta mis manos sucias de la costa valenciana. Dejé de jugar a las coincidencias de los sueños y la realidad y desenterré la botella. Tenía algo dentro. Era un mensaje» (Molina Foix 1988: 240).

La carta —como elemento literario— que recorre las novelas de Foix la encontramos también en su poesía. Tal como el mensaje en la botella que encuentra Ramiro, es irónico y humorístico el soneto «Epístola»,[4] incluido en su segundo y último libro de poemas *Vanas penas de amor*, que empieza diciendo: «Conservo en un buró noventa cartas / de amantes que tenían buena letra».

Vicente Molina Foix es uno de los componentes de la *coqueluche* de la conocida y controvertida antología del crítico barcelonés Josep Maria Castellet, *Nueve novísimos poetas españoles* (1970), junto con Moix, Panero, Félix de Azúa, Gimferrer y Carnero; los *seniors* eran Vázquez Montalbán, José María Álvarez y Martínez Carrión. Al reeditarse la antología en el año 2000, de nuevo acaparó la atención de la crítica, atención que se centraba —además del lógico análisis con la perspectiva que ofrecen los 30 años que separaba ésta de la primera edición— en las críticas que suscitó su publicación. En la del año 2000 se adjunta una serie de opiniones que se vierten con motivo de la aparición de la antología y que son muestra, efectivamente, del «impacto» que supuso su publicación. Jaume Pont señala la neutralización que la poesía de las dos últimas décadas hace de la estética novísima, siendo una de las causas «el proceso de desideologización seguido por el posfranquismo en el interior del marco cultural de la desmemoria histórica» (Pont 2005: 268). La escritura novísima

> puso de relieve las contradicciones latentes entre cultura artística o libresca y cultura popular (cine, imaginario pop-rock, canción, cómic), subrayando las tensiones entre el yo como unidad de sentido y el sujeto fragmentado de la posmodernidad. Y lo hizo patente —lo que se ha entendido en su retórica más superficial— desde la misma problematización del lenguaje (Pont 2005: 268).

---

[4] «Poema inacabat» de Gabriel Ferrater (Bou 1990: 96).

Los poetas seleccionados en esta antología y los que fueron apareciendo en otras antologías

Antonio Colinas, José Miguel Ullán, Jenaro Talens, Luis Alberto de Cuenca, Jaime Siles, Justo Jorge Padrón, Luis Antonio de Villena, Miguel d'Ors, José Luis García Martín y Abelardo Linares [conformarían] la primera generación de poetas nacidos después de la Guerra Civil [frente a la anterior, «los niños de la guerra»], comienzan a escribir en una sociedad de consumo, que mantenía una estrecha formación católica tradicional, donde los niños se evadían a través de la lectura de tebeos, a la espera de quedar deslumbrados frente al cine americano, las primeras televisiones y los discos de jazz y pop-rock (Barella 1998: 1).

En *El abrecartas* leemos:

A los Novísimos, dice Maenza, les gustan García Lorca y Aleixandre, las copas falsas y las calaveras de los teatros, se analizan con el Dr. Freud y se despiertan con la Concha Piquer, y él, por el contrario, sólo pisa la Tierra Baldía, está Loco de verdad como Nerval, Roussel y Ingeborg Bachmann, toma para no curarse la medicina del Dr. Faustroll de Jarry, y escucha los lamentos musicales del único gran asesino melódico que ha habido, el Príncipe Gesualdo de Venosa (Molina Foix 2007: 324)

Joaquín Marco señala el radical cambio de sensibilidad que se anuncia con la aparición de la antología de Castellet y cómo estos jóvenes poetas enlazan con las vanguardias y los movimientos contemporáneos de otros países (Marco 1980: 13). Vicente Molina Foix asegura que ellos constituyen el último movimiento vanguardista, «es, creo, el último manifiesto que se ha hecho en la literatura española del siglo xx. Fue el último ismo» (Maurell 2006). Su primer libro de poemas tras la famosa antología es *Los espías del realista* publicado, veinte años más tarde, en 1990.

En la «Poética» que Molina Foix escribe para los novísimos, indica como pilar fundamental para la concepción de la nueva poesía española la «constitución, por medio de la palabra, de una nueva realidad distinta a la personal, de un universo propio» y destaca la importancia para los nuevos poetas de algunos poetas anteriores españoles:

los poetas de la revista *Cántico*, la poesía postista y el grupo poético de los años cincuenta —los Valente, Rodríguez, Gil de Biedma, Gomis, González, Barral, Brines—, que en su papel de poetas de transición no sólo han desempeñado y desempeñan cabalmente su cometido, la propia obra, sino que, en contra de lo que ha veces se ha dicho, enlazan a los nuevos con la poesía del 27, con ciertos grandes poetas ingleses, con el surrealismo, y aún con valores desprestigiados muchos años, pero aprovechables, de la inmediata posguerra civil (Molina Foix 2000: 182).

Es con uno de los poetas que nombra Molina Foix, Jaime Gil de Biedma, con el que encontramos una continuidad y similitud poética. El vocativo que utiliza Biedma lo dirige hacia el yo poético, se invoca a sí mismo, por ejemplo, en «Después de la muerte de Jaime Gil de Biedma» o en «Contra Jaime Gil de Biedma». Mientras que Molina Foix habla a un tú aparentemente ajeno al yo poético. Así, leemos en «Llamadas de la carne»: «Te conozco, vecino de entresuelo / pasión baja / y hoy no te voy a abrir / [...] / sueles comparecer / sin pedir hora / y eso es falta de consideración» (Molina Foix 1990: 33). O en el poema de Foix «Ruina en Agrigento» con el tratamiento del nosotros, las imágenes de las ruinas, motivos tan presentes en la poesía de Gil de Biedma. También con Jaime Gil comparte Molina Foix el «silencio poético», aunque este último dirá en repetidas ocasiones que él no ha dejado de escribir poesía aunque no haya publicado. Como ya comentamos, veinte años separan su aparición en los *novísimos* de la publicación de *Los espías*: «tengo debilidad por el encanto de lo coincidente y el ceremonial de las efemérides, y algo de eso hay en sacar este libro exactamente veinte años después de aquella antología y en una editorial que dirige su ideador, Josep Maria Castellet» (Molina Foix 1990: 126).

Con el título *Vanas penas de amor*, traducción de la comedia de Shakespeare *Love's Labour's Lost*, y en una colección que dirige Ana María Moix, Molina Foix publica en 1998 su segundo libro de poemas. Se trata —como explica el autor en el prólogo— de una antología de versos amorosos, de los cuales veintiocho ya habían sido publicados en *Los espías del realista*. Contiene también doce sonetos inéditos de «un próximo libro, *Los sonetos del contrariado*». Molina Foix nos explica así sus poemas:

> *Vanas penas de amor* reconstruye una peripecia en la que el poeta, a lo largo de bastantes años, entra y sale de algunos corazones y bastantes camas

deshechas, quiere o se cree querer, deja pronto de amar y deja que le amen, persigue, sin distinción de sexos, una figura o un sueño amoroso cuya gruesa materialidad en estos versos no debe engañar, las intenciones eran elevadas, pero estrellada la barca del amor en los arrecifes del deseo, el poeta se hundió —con más frecuencia de la que él hubiera querido— en la vulgaridad del cinismo o la venganza. Lo abundante del verso vocativo es [porque el autor] se confiesa incapaz —al margen del sadismo y el odio solitario que su palabra rezume— de prescindir del Tú, por mucho que a menudo lo convierta en cosa, un Eso muy precioso como objeto sexual. La madurez (¿Cómo poeta? ¿Cómo amante?) se alcanza el día en que uno aprende a dirigirse vocativamente a sí mismo, sin temor de que su Yo entre a saco en su Ello y lo deje al desnudo. Tan desnudo como los cuerpos que pasan y se fugan de este libro (1998: 5-6).

Donde, sin duda, más prolífico ha sido Vicente Molina Foix es como periodista crítico de cine y televisión. Ya en el año 1987 publicaba *Fan fatal*, que recoge una serie de artículos que habían sido publicados en tales medios. Si bien es cierto que hoy día muchos de estos artículos no tienen actualidad, no lo es menos que la lectura del conjunto de ellos nos da una idea clara de la proyección social de la televisión en estos años y de la capacidad de Molina para analizar un fenómeno que, por entonces, todavía resultaba algo impredecible sociológicamente. En la «Carta de ajuste» con la que abre el libro compara el fenómeno de la tele con el cine y, dice que:

> pese a sus profundas diferencias, quizá la televisión despierte esos recelos y ese desprecio por la misma razón que un día confinaba al cine en la barraca ferial: su ilimitado cauce, su parloteo insustancial que no llega a lengua, su propia dimensión de algo que, siendo tan visible y tan aparatoso, *aún no es del todo* y nadie sabe dónde puede llegar a esconderse (1987:15).

Guillermo Cabrera Infante reconoce que el estilo de Molina Foix como crítico «es el de un escritor extraordinario que ama el cine tanto como a la vida —y video versa—. Como en su libro *Fan Fatal*» (1993: 9). Si tuviéramos que destacar una actividad —o mejor, afición crítica— importante en la producción de Molina Foix, ésta es —sin duda— el cine. Efectivamente, y como al resto de su generación, el cine se convierte en un elemento esencial en la configuración de su idea del «arte». Además Molina no duda en afirmar que el cine «es el instrumento de reflejo de la realidad más potente que tenemos» (Cubillo 2006: s/p). Asimismo le interesan profundamente el mundo de Hollywood:

> Elvis Presley, Marlon Brando, Montgomery Clift, James Dean, Jean Serberg, Greta Garbo, Marlene Dietrich, Marilyn... y muchos más, unidos por el común denominador de alentar el deseo erótico de un espectador, Vicente Molina Foix. Tal podría ser el tosco resumen de *El cine de las sábanas húmedas*, el nuevo libro que publica el actual premio Nacional de Narrativa (Harguindey 2007: s/p).

Respecto a su labor como traductor de diálogos cinematográficos, Molina Foix aduce lo importante que este hecho ha sido para su producción literaria, ya que esta experiencia le ha permitido «soltarle la lengua a mis personajes» (Ferrari s/f).

Y por lo que concierne a las traducciones de Shakespeare afirma que «*Hamlet* o *El rey Lear* no nos gustan sólo por las historias que narra, sino por la absoluta originalidad con que son expuestos cada uno de sus elementos», por lo tanto esa «riqueza, esa poesía del lenguaje hace que cada traducción sea un reto. Pero Shakespeare siempre está, incluso en las adaptaciones que más le traicionan la presencia de Shakespeare es imborrable» (citado en Ramón 2008: s/p). Ante la pregunta de cómo se enfrenta a una traducción de Shakespeare, responde Foix:

> Para mí ha habido un antes y un después desde que comencé a traducirlo. La «escuela Shakespeare» constituye un entrenamiento fabuloso para un escritor. A mí me cuesta mucho hacer una traducción de Shakespeare, por eso hago pocas. Necesito al menos seis meses para realizar una, y tienen que ser algunas de las diez o doce obras suyas que realmente me apasionan (citado en Ramón 2008).

Podemos concluir diciendo que parece necesario un estudio de la obra de Foix, sobre todo de su producción novelística, ya que no existe un corpus crítico sobre la literatura de Vicente Molina Foix y lo que ésta supone en las letras españolas contemporáneas. El constante y múltiple juego de espejos que produce la fragmentación de sus personajes permite, a su vez, a Molina Foix ofrecer otro punto de vista acerca de la cultura. Y ese otro punto de vista se lleva a cabo a través de los géneros elegidos, novelas poemáticas, poemas de lenguaje coloquial, teatro poético, es decir, el punto de vista de un escritor mestizo que, desde la ironía y bajo el paisaje mediterráneo, ofrece al lector un mundo en el que no cabe la uniformidad moral.

BIBLIOGRAFÍA

ANDRÉ-BAZZANA, Bénédicte (2006): *Mitos y mentiras de la transición*, Barcelona: El Viejo Topo.

BARELLA, Julia (1998): «De los novísimos a la poesía de los noventa», en *Clarín: Revista Nueva de Literatura* III 15, pp. 13-18.

BÉRTOLO, Constantino (2004): «La novela española en los últimos veinte años: ¿una comedia ligera?», en *Centro Virtual Cervantes, Anuario 2004*, http://cvc.cervantes.es/lengua/anuario/anuario_04/bertolo/.

BOU, Enric (1990): «Epistolaris: afers, amics, amors i batusses», *Revista de Catalunya* 41, pp. 95-106.

— (1992): «Sobre mitologías (A propósito de los "novísimos")», en Joan Ramon Resina (ed.): *Mythopoesis: literatura, totalidad, ideología*, Barcelona: Anthropos, pp. 191-200.

CABRERA INFANTE, Guillermo (1993): «Prologo», en Vicente Molina Foix: *El cine estilográfico*, Barcelona: Anagrama.

CASTELLET, Josep Maria (2000): *Nueve novísimos poetas españoles*, Barcelona: Península.

CUBILLO, Ígor (2006): «Entrevista: Vicente Molina Foix, escritor y crítico de cine», *El País*, 24 de enero.

CRUZ, Juan (2006): «Entrevista. Vicente Molina Foix», *El País*, 18 de octubre.

FERRARI, Enrique (s/f): «Molina Foix, Vicente», http://www.catedramdelibes.com/archivos/000062.html.

GUILLÉN, Claudio (1998): *Múltiples moradas. Ensayo de literatura comparada*, Barcelona: Tusquets.

HARGUINDEY, Ángel S. (2007): «Una excursión por el territorio del placer», *El País*, 29 de diciembre.

MAINER, José Carlos y Santos JULIÁ (2000): *El aprendizaje de la libertad, 1973-1986*, Madrid: Alianza.

MARCO, Joaquín (1980): «La poesía», en Domingo Ynduráin y Fernando Valls (eds.): *Historia y crítica de la literatura española. Vol. VIII: Época contemporánea 1939-1980*, Barcelona: Crítica, pp. 109-138.

MAURELL, Pilar (2006): «Nueve novísimos treinta años después», *El Mundo*, 6 de marzo.

MOLINA Foix, Vicente (1979): «*La comunión de los atletas*, última novela de Vicente Molina Foix. Entrevista», *El País*, 2 de mayo.

— (1984): *Los padres viudos*, Madrid: Cátedra.

— (1987): *Fan Fatal*, Madrid: Ediciones Libertarias.

— (1988): *La Quincena Soviética*, Barcelona: Anagrama.

— (1990): *Los espías del realista*, Barcelona: Edicions 62.

— (1998): *Vanas penas de amor.* Barcelona: Plaza & Janés.

— (2007): *El abrecartas*, Barcelona: Círculo de Lectores.

Oliva, César (1992): «El Teatro», en Darío Villanueva *et al.*: *Historia y crítica de la literatura española. Vol. IX: Los nuevos nombres: 1975-1990*, Barcelona: Crítica, pp. 432-458.

Pagés-Rangel, Roxana (1997): *Del dominio público: itinerarios de la carta privada*, Ámsterdam/Atlanta (GA): Rodopi.

Pardo, José Luis (2007): *Esto no es música*, Barcelona: Galaxia Gutenberg.

Pont, Jaume (2005): «La poesía hispánica de vanguardia y la formación del canon», en Andrés Sánchez Robayna y Jordi Doce (eds.): *Poesía hispánica contemporánea*, Barcelona: Círculo de Lectores, pp. 245-273.

Ramón, Emilio (2008): «Entrevista a Vicente Molina Foix», en http://www.ucm.es/info/especulo/numero35/vmolinaf.html

Rosell, María del Mar (1988): «El tiempo recobrado de Vicente Molina Foix», *El País*, 17 de diciembre.

Salinas, Pedro (2002): *El Defensor*, Barcelona: Península.

Silvestri, Laura (1995): «Vicente Molina Foix o el autorretrato de un novelista», en Alfonso de Toro y Dieter Ingenschay (eds.): *La novela española actual. Autores y tendencias*, Kassel: Reichberger, pp. 167-191.

Sobejano, Gonzalo (2003): *Novela española contemporánea*, Madrid: Marenostrum.

Torres, Maruja (1984): «Vicente Molina Foix presenta *Los padres viudos*», *El País*, 27 de marzo.

Vera, Pascual, (2008): «Entrevista a Vicente Molina Foix», en http://www.um.es/campusdigital/entrevistas/Molina%20Foix.htm.

Yánez, María-Paz (2003): «Vaciado y fragmentación de Don Juan en el teatro español de la modernidad», *Salina* 17, pp. 179-184.

JUAN JOSÉ MILLÁS:
LA REALIDAD Y EL DELIRIO

Pepa Anastasio
Hofstra University

INTRODUCCIÓN

Juan José Millás (Valencia, 1946) publica su primera novela, *Cerbero son las sombras* en 1975. En los años siguientes publica *Visión del ahogado* (1977) y *El jardín vacío* (1981), y a continuación, *Papel mojado* (1983) y *Letra muerta* (1984). Estas cinco novelas son el objeto de un conocido ensayo de Gonzalo Sobejano dentro del volumen editado en 1987 por Ricardo Landeira y Luis T. González del Valle, *Nuevos y novísimos: algunas perspectivas críticas sobre la narrativa española desde la década de los 60*. El ensayo de Sobejano, titulado «Juan José Millás, fabulador de la extrañeza» dice de ellas que son «edificios poemáticos destinados a memorable supervivencia» (Sobejano 1987: 214), y su lectura de las obras dará la pauta para cualquier estudio que se haga de ellas de ahí en adelante. Las características que de acuerdo a Sobejano unifican estas cinco novelas son el ambiente de pesadilla angustiosa; la extrañeza (entendida como una versión de lo siniestro, aquello que es familiar y extraño a un tiempo), así como la extrañación, «el efecto enajenador del mundo descrito sobre la conciencia que vive o describe ese mundo» (*ibid.*, 196). *Visión del ahogado*, en concreto, se ha interpretado como un trasunto de ese momento en la historia reciente de España que marca la Transición de la dictadura a la democracia.[1] Sobejano dice que los protagonistas de la novela «[s]on *los desplazados del 60*, con su vaivén de la apatía a la anarquía, los que atestiguan el franquismo avanzado, ya marchito y extenuante, en que se formaron o deformaron. Y la novela capta muy bien ese *ritmo de angustia* de una juventud incapaz de mejorar» (*ibid.*, 208; énfasis del original). Sobejano usa una cita de la novela que ilustra bien esa angustia. Así, en palabras de Jorge, uno de los tres protagonistas: «Pasan los años sin que nada, bueno o malo, madure en mí. No soy peor ni mejor que aquel adolescente insoportable. Ni siquiera soy distinto. Me parece que no tengo acceso a nada. Me parece que todo esto ya estaba previsto» (Millás 1977: 212). Más recientemente Brad Epps ha vuelto a la novela para interpretarla como una representación de la actitud de desencanto que cristaliza ya en los últimos años del franquismo. Señalando la ausencia en la novela de referencias a hechos políticos o históricos concretos, Epps sugiere que el texto de Millás es una pequeña historia sobre seres pequeños, quizá mezquinos, cuyas vidas transcurren y se relatan sin ningún asomo de grandeza ni heroísmo, sin posibilidad alguna de redención (Epps 2001: 30). Por otro lado, Epps señala que, en contraste con versiones más celebratorias que proliferarán en los primeros años de la democracia, el ambiente reflejado en la novela de Millás «does not bring to mind the *Movida*, or the *Destape*; it does not represent something wild, ecstatic, glamorous, campy, or kitsch. Instead, it stays with what has not quite changed: the routines of daily work, the presence of the police, the eyes and ears of others» (*ibid.*, 32). Al hablar de su novela de 1977 en una entrevista reciente Millás corrobora estas lecturas: «Mi intención [al escribir *Visión del ahogado*] fue comentar la Transición sin nombrar la dictadura y de hecho creo que ese recurso resultó eficaz. Yo creo que es una novela que refleja muy bien la atmósfera de esos años» (Beilin 2001: 120).

---

[1] Sobejano cita un estudio anterior de Constantino Bértolo en 1983 que declara *Visión del ahogado* como la novela de una generación fracasada; más tarde José-Carlos Mainer, al ocuparse de algunas novelas de la Transición señala también que *Cerbero son las sombras* «debe ser leída, en parte, como una parábola política, pero también como una clave emocional que precede al más desosegante diagnóstico sobre la alta transición: *Visión del ahogado*» (Mainer 2000: 320).

No obstante, si bien el influyente ensayo de Sobejano unificaba las primeras cinco novelas de Millás, lo cierto es que se aprecia un antes y un después de *Cerbero, El jardín vacío* y *Visión*.[2] La novela de 1983 *Papel mojado* se libera de lo que el mismo autor llama «encorsetamiento»: los pasajes reflexivos ceden el paso a recursos que tienen que ver más con la técnica narrativa; el sentido del humor se hace más explícito y la paradoja va ganando terreno (Cabañas 1998: 117). Estos elementos se verán reforzados en *El desorden de tu nombre* (1988), la novela que le establece como uno de los autores más leídos de lo que se dio en llamar (quizá como estrategia de mercado) la «nueva narrativa» española.

En un importante ensayo para la *Revista de Occidente* a finales de los ochenta, Constantino Bértolo enfatiza precisamente que desde *Papel mojado*, y sobre todo en *El desorden de tu nombre*, Millás aprovecha al máximo la narratividad no sólo como motor de la lectura, o como vehículo para facilitar el acercamiento al lector, sino como «el lugar donde se encuentra la propia sustancia de la novela» (Bértolo 1989: 47). La narratividad y la complicidad con el lector son, para Bértolo, características salientes en muchas de las novelas publicadas en España desde el fin de la dictadura hasta el momento en el que escribe. Otros rasgos generales que él aprecia en esas novelas, y que han sido comentados por la crítica sucesiva, serían: la indagación sobre el proceso de construcción de los referentes simbólicos colectivos; la presencia de un narrador escéptico; el aprovechamiento de las mitologías culturales más populares; y el continuo planteamiento sobre cómo representar el mundo que proponen (*ibid.*, 49-60).

Como explica Bértolo, en el momento en el que escribe su ensayo han aparecido «dos docenas y media de nuevos narradores» (*ibid.*, 29). En aquel contexto, y frente a la presión de las leyes del mercado en la creación literaria y la proliferación de literatura que él denomina «ligera», Bértolo proponía, a manera de criterio para valorar el vasto conjunto de las obras publicadas, si éstas exploraban «los nuevos referentes simbólicos de nuestra sociedad, los mecanismos de formación de las subjetividades privadas o colectivas o las transformaciones en las escalas de

---

[2] Los estudios sobre la novelística de Millás tienden a ocuparse de su obra en cuatro grandes grupos: sus tres primeras novelas; lo que se ha llamado la trilogía de la soledad (*El desorden de tu nombre, Volver a casa, La soledad era esto*); su cuentística; y sus novelas de finales de los noventa, *Tonto, muerto, bastardo en invisible* y *El orden alfabético*.

valores con que nos relacionamos con nosotros mismos y con los otros» (*ibid.*, 58). Los criterios para establecer el valor de la literatura, como ha indicado John Guillory, no pueden despojarse del contexto histórico y social en el que se crean (1995: 237). El presente volumen, sin embargo, incluye a varios de los autores en los que Bértolo se detuvo en su ensayo de 1989. Otros faltan, y el lector sabrá encontrar significado en la ausencia. En lo que se refiere a la obra de Juan José Millás, en las páginas que siguen me propongo definir algunas líneas generales que han marcado su trayectoria hasta su última novela de 2007, *El mundo*. Si damos por buenos los criterios que propuso Bértolo, esta lectura nos dará también noticia de la trayectoria que han seguido los referentes simbólicos colectivos desde los setenta hasta el momento actual.

LA HERIDA

El mundo (publicada en 2007 y ganadora del mediático Premio Planeta) es una novela autobiográfica, o una biografía novelada, que cuenta la historia, efectivamente, de Juanjo Millás, el individuo que nace en Valencia en los años cuarenta y cuya familia numerosa se muda a mediados de los cincuenta al barrio madrileño de la Prosperidad. Es la historia también del escritor Juan José Millás, autor de 14 novelas, varios volúmenes de relatos y numerosos artículos y reportajes periodísticos. Como en toda la obra millasiana, la memoria tiene una función central en esta nueva historia. En la contraportada del libro, Millás afirma que más que planear la novela, ésta le arrolló empujándole hasta el taller de trabajo en la casa familiar de la calle Canillas donde su padre, fabricante de aparatos de electromedicina, le muestra la efectividad y precisión del bisturí eléctrico, proporcionándole además la frase fundacional de la novela: «Fíjate, Juanjo, cauteriza la herida en el momento mismo de abrirla» (Millás 2007: 8). Ésta es, por extensión, la idea que sirve también de fundamento a la literatura de Millás: la escritura, dice el narrador, como el bisturí «abre y cauteriza al mismo tiempo las heridas» (2007: 8).

El tiempo de la novela alterna entre el presente de la escritura y el pasado remoto de la infancia en la calle Canillas, pasando por distintos momentos de la vida del narrador protagonista, que la novela ordena no de manera cronológica, sino a la medida del tiempo de su memoria. El lector es consciente, a lo largo de las cuatro partes y un epílogo en que se divide el cuerpo de la novela, tanto de la voz narrativa del adulto que

JUAN JOSÉ MILLÁS: LA REALIDAD Y EL DELIRIO 211

escribe como de la voz del niño/joven cuyas experiencias (físicas como el frío, pero sobre todo psíquicas, como los sueños y las fantasías) va narrando. Algunas de esas experiencias aparecerán después transformadas en las novelas y cuentos de Juan José Millás; a veces el narrador informa de ese hecho, otras veces el lector familiarizado con la obra de Millás reconoce acontecimientos u obsesiones. En el universo millasiano desde *Cerbero*, novelas, cuentos y personajes vienen manteniendo una larga conversación; el lector está acostumbrado a encontrar distintas encarnaciones de la misma obsesión. Una de esas obsesiones es la de la no pertenencia.

El texto presenta al joven protagonista poco después de que su familia haya llegado a un Madrid frío e inhóspito donde Juanjo se va convenciendo, a medida que crece, de que entre él y su familia, la calle, el barrio, hay un abismo: «yo no era uno de ellos» (2007: 125). Este cuestionamiento de la realidad subjetiva es característico de Millás y también de muchas de las novelas de los ochenta, como en ocasiones ha señalado la crítica: «La búsqueda de las señas de identidades escamoteadas por el régimen dictatorial ha dejado paso, una vez superado ese problema, a la puesta en duda de la identidad, de la realidad», sugiere Enrique Murillo en 1988, y en una muy citada frase añade: «A la vieja pregunta del "¿quién soy yo?", la nueva narrativa nos responde: "soy ficción, soy una historia que me cuento a mí mismo"» (Murillo 1992: 303). Como uno de los personajes de *El mundo* le dice al narrador: «Eres escritor [...] porque generaste recursos para contarte la realidad modificándola al mismo tiempo que te la contabas» (Millás 2007: 152).

Si la literatura abre las heridas al mismo tiempo que las cierra, es porque ocurre desde ese espacio liminar, el de la no pertenencia, que provoca dolor pero que ofrece consuelo en la medida en que proporciona un lugar desde el que mirar la realidad para comprenderla, o al menos para cuestionarla. En *El mundo*, se hace un recuento de los distintos lugares liminales, estados de conciencia desde donde al narrador le ha sido posible percibir el otro lado de las cosas: la invisibilidad que le otorgaba ser el mediano entre los hermanos; la fiebre; el estado convaleciente; el hachís; el psicoanálisis; los sueños; y claro, la imaginación y la literatura, espacio liminal por excelencia, el borde de la herida.

El discurso psicoanalítico le ha servido a Millás como instrumento eficaz para indagar en la subjetividad. Ya desde *El desorden de tu nombre* el autor ha venido haciendo un uso irónico y consciente del psicoanálisis, un recurso indispensable para alcanzar cierto tipo de autenticidad, en cuanto que representa, según lo expone el protagonista de *El desorden*, una «esperanza de recomposición interna» (Millás 1988a: 19).

La crítica ha subrayado con insistencia la tendencia de los narradores de los ochenta a la introspección y el intimismo, insistencia que en ocasiones tiende a ser una acusación al escapismo o al narcisismo.[3] Sin embargo, la indagación en la subjetividad no es obstáculo, en el caso de Millás, para presentar una visión crítica de la sociedad en la que se mueven sus personajes. Esto es, su narrativa no se aleja de la problemática colectiva. De hecho, los personajes de sus relatos, que muchas veces no tienen nombre, o que reciben una y otra vez los mismos (Teresa, Laura, Julio, Vicente), pueden entenderse como dobles de nosotros mismos, poniendo así en entredicho la percepción de quiénes somos y de la realidad en la que vivimos.

AUTOMATISMO

Sobejano ha usado el término «acomodación» para referirse a una cuestión ya presente en *Letra muerta*: «a fuerza de aparentar, se viene a ser aquello que se aparenta» y así «el individuo se convierte en un autómata: una apariencia de individuo manejado o conducido realmente por una instancia superior cuyos fines permanecen ocultos al obediente muñeco» (1992: 320). Escribiendo sobre *Visión del ahogado* Brad Epps advierte el uso repetido del concepto de «adecuación» en la novela, que él interpreta como «either a forgetting of the *misery of history* or a sad, sick accommodation or resignation to it» (2001: 26; énfasis del original). No es difícil ver el poso existencialista en esta preocupación millasiana por la acomodación, o la adecuación: al fin y al cabo es una versión de la *mauvaise foi* sartriana. Ya en *Visión del ahogado*, Jorge critica la imitación de comportamientos sacados de la industria de la cultura:

no hemos vivido nuestra vida, sino que hemos imitado la de los otros; o mejor dicho, la que creíamos que vivían los otros. El cine y las canciones

---

[3] Los ensayos incluidos en el volumen IX dedicado a *Los nuevos nombres: 1975-1990* de la *Historia y crítica de la literatura española* contienen numerosas alusiones a esa tendencia. Por ejemplo, José-Carlos Mainer (1992: 54-72) y Santos Sanz Villanueva (*ibid.*, 249-284).

nos han proporcionado unos modelos de comportamiento que no guardaban ninguna relación con nuestras circunstancias (Millás 1977: 211).

La búsqueda de un ser auténtico, en cuanto que consciente de los referentes que lo componen, ha sido una de las bases de su narrativa.[4] Como el narrador de *El mundo* explica, la noción de mimetismo —«Un fenómeno según el cual las cosas próximas tendían a establecer semejanzas» (2007: 184)— ha tenido gran influencia en su vida. Vicente Holgado, el personaje que protagoniza muchos de los relatos de Millás y que funciona como compendio de las obsesiones de los personajes de sus novelas, a menudo fabrica su identidad de manera mimética, a través de la imitación de gestos aprendidos de los otros. El término «gestos» (frente a «acciones») es, de hecho, habitual en la narrativa de Millás; sin embargo, lo que cambia desde sus novelas iniciales es la manera en que la falta de «acciones» y la abundancia de «gestos» son juzgados por el autor implícito de los textos. Este cambio es un cambio de registro, de la mirada trágica a la mirada cómica. Como explica Henri Bergson, las acciones son movimientos conscientes, con intención, y corresponden a la tragedia. Los gestos, por el contrario, son movimientos mecánicos o automáticos, que no involucran a la persona entera, sino solamente una parte aislada de ella. La comedia se ocupa de los gestos, no de las acciones (Bergson 1911: 143). Las primeras novelas de Millás parecen no perdonar a los personajes imitadores de gestos y los juzgan por ello, como lo hacía Jorge en *Visión del ahogado*. El sentido del humor, como señalaba el mismo Millás, se hace más evidente en las novelas posteriores a *El jardín vacío*, y eso le permite un cambio de registro. Algunos ejemplos: en el relato «Él no sabía quién era», Vicente logra «sincronizar» sus movimientos en el exterior y así consigue abrir una cuenta corriente «reproduciendo las frases y los gestos que había visto en las películas», y se hace con un plato combinado en una cafetería al pedirlo «tal como había visto hacer a un personaje en un documental de televisión» (Millás 1994: 74). En *Tonto, muerto, bastardo e invisible*, por ejemplo, Olegario, un *alter ego* inventado por el protagonista Jesús, disimula su condición de tonto a través de la imitación:

    [4] Dale Knickerbocker ha escrito acerca de esta cuestión en un artículo de 1997, «Búsqueda del ser auténtico y crítica social en *Tonto, muerto, bastardo e invisible* de Juan José Millás».

Llevaba siempre en el bolsillo un cuaderno en el que tomaba nota de las frases que escuchaba y que le parecían especialmente útiles para ocultar su condición. Luego, por la noche, en la habitación, las memorizaba pronunciándolas frente al espejo imitando los gestos de los otros. Aprendió a cruzar las piernas cada vez que decía algo importante y a levantar las cejas de este modo cuando fingía no haber escuchado bien alguna cosa (Millás 1992: 62).

Pero estas instancias de repetición y mimetismo no apuntan a una crítica de los personajes, sino más bien al automatismo incrustado en el comportamiento social, a donde se dirige la crítica del autor. Dice Bergson que imitar consiste en resaltar el elemento de automatismo que se ha colado en el individuo (1911: 33-34). Es divertido observar los movimientos mecánicos de los otros, sin embargo, como señala Jesús en *Tonto*: «muy pocos soportan ver su propia trayectoria fuera de sí; no hay reproducción de uno mismo, en fin, que no parezca una burla» (1995: 40). Es precisamente esta incomodidad provocada en los otros la que da significado al gesto de Jesús cuando, despedido de su puesto ejecutivo en la empresa estatal para la que trabajaba, decide instalarse en el pasillo con un trozo de papel de embalar sobre el que dibuja con rotulador «los utensilios propios de un escritorio» con la intención de imitar «los movimientos del que trabaja en una oficina». Los empleados se acercan curiosos a ver el espectáculo y se ríen al ver a Jesús de esa guisa, lo cual provoca esta reflexión: «Reconocí esas risas y sonreí a mi vez, porque sabía que no eran producto del placer, sino del miedo» (1995: 38).

Las situaciones que plantean las novelas de Millás recuerdan a veces al teatro del absurdo, lo cual no es de extrañar si tenemos en cuenta que la educación sentimental e intelectual de Millás pasa por el existencialismo del que también se nutre el teatro del absurdo. Uno de los pasajes más memorables de su novela *El orden alfabético* parece hacerle guiños a *La cantante calva* de Ionesco (Millás 1998: 236). Tanto el teatro del absurdo como la narrativa millasiana parecen compartir una visión deshumanizada, en el sentido de Ortega; pero como éste indica, la deshumanización no implica «asco a lo humano, a la realidad, a la vida», sino que «es más bien todo lo contrario: respeto a la vida y repugnancia al verla confundida con el arte» (Ortega y Gasset 1987: 33). La fascinación de Millás por las figuras de cera (*Volver a casa*); por los autómatas (*Tonto*); o por los maniquíes (*El orden*) aluden, finalmente, a esa sensación de lo siniestro —lo que Freud describe como *das Unheimliche*—: lo que nos parece familiar y aterrador a un tiempo, la sospecha de encontrar en esos dobles de nosotros mismos la vacuidad y la falta de propósito que nos dejaría perdidos, pidiendo más vida, como los replicantes del film posmoderno por excelencia *Blade Runner*. La referencia a la película de Ridley Scott no es gratuita ya que forma parte de los referentes que componen el repertorio imaginativo de Millás. Hacia el final de *El mundo*, el narrador alude ella:

> Me viene a la memoria la escena de *Blade Runner* en la que los replican-
> tes observan las fotos de sus padres falsos, de sus hermanos falsos, de sus
> abuelos falsos, al tiempo que construyen una historia familiar falsa (todas lo
> son). Sospecho desde hace algún tiempo que todos nosotros, también usted,
> lector, somos replicantes que ignoramos nuestra condición (2007: 203).

Se ha dicho que en cierta manera, y a pesar del énfasis en la subjetividad, la nueva narrativa propone una nueva concepción del realismo en cuanto que le preocupa la representación de referentes simbólicos colectivos. La importancia que se le otorga a los elementos formales —la estructura de la trama; la utilización de distintos géneros para generar distintos significados; la abundancia de referencias intertextuales; la ironía como elemento narrativo; la repetición de símbolos u obsesiones, etc.— podría hacer pensar que la realidad que presentan es sumamente «estilizada» y narcisista, tendiendo hacia el solipsismo. Sin embargo, y aprovechando la referencia anterior a Ortega, quizá sería fructífero establecer conexiones entre la nueva narrativa de los ochenta y la novela vanguardista de los años veinte, acerca de la cual José Manuel del Pino ha escrito, interpretando a Ortega: «la victoria del arte nuevo no es otra que la presentación de la forma artística en grado de máximo alejamiento de la forma real, pero *sin que se quiebre el lazo que las conecta*» (Del Pino 1995: 33; mi énfasis). Desde *Tonto, muerto, bastardo e invisible* —donde el protagonista acaba convertido en un personaje de Hans Christian Andersen—, Millás ha venido incorporando elementos fantásticos, excesivos y parabólicos en sus novelas (*El orden alfabético* imaginaba un mundo en el que desaparecían las palabras; en *No mires debajo de la cama* los zapatos cobran vida, y en sus relatos, en fin, es habitual que los personajes puedan viajar a través de armarios empotrados). Sin embargo, toda su obra habla de lo que nos hace humanos; al fin y al cabo, para Millás, «la literatura o es metáfora de la realidad, o es la representación de un mundo, o no es nada» (Rosemberg 1996: 144).

La calle, el barrio, el mundo

No es entonces extraño que el título de la última novela de Millás sea, precisamente, *El mundo*. Uno de los pasajes más significativos de la novela refiere la experiencia del pequeño Juanjo invitado por su amigo Vitaminas a observar su calle desde el sótano de su casa, experiencia que le proporcionará una visión alternativa de la realidad y, por lo tanto, la certeza de que hay otro lado:

> Miré y vi una perspectiva lineal de mi calle [...]. Me pareció una ton-
> tería, al menos durante los primeros minutos, pasados los cuales tuve una
> auténtica visión. Era mi calle, sí, pero observada desde aquel lugar y a ras
> del suelo poseía calidades hiperreales, o subreales, quizá oníricas. Entonces
> no disponía de esas palabras para calificar aquella particularidad, pero sentí
> que me encontraba en el interior de un sueño en el que podía apreciar con
> increíble nitidez cada uno de los elementos que la componían, como si se
> tratara de una maqueta. [...] Más que mi calle, era una versión mística de mi
> calle (2007: 48).

El narrador explica que esa visión de la calle le acompañará durante el resto de su vida hasta llegar a comprender que su calle «era una imita-ción, un trasunto, una copia, quizá una metáfora del mundo» (2007: 92) y que su obligación era contar la historia de esa calle, esto es, la historia del mundo. Si bien la totalidad de la obra de Millás nos enfrenta con una noción de la realidad «interna, psíquica, conformada por las ideas, los delirios, las emociones, y en la que habitan los impulsos más oscuros del hombre» (Millás 1988b: 124), la calle real de la que habla está en un lugar determinado: el suburbio del barrio de la Prosperidad, con su frío, sus descampados, sus farolas rotas y con la presencia vigilante del ojo de dios y del estado. Huir de ese barrio real, con su opaca realidad, se con-vierte en el objetivo del protagonista de *El mundo* (2007: 161), como ha sido también el objetivo de muchos de los personajes de Millás, quienes no han dejado nunca de pensar en ese barrio:

He visto la Calle, es decir, una especie de versión platónica de mi calle, en otras ocasiones, después de haberla recorrido en aquel sueño, y siempre la Calle era una especie de maqueta del mundo. [...] Y cada vez que se me aparece la calle me veo también a mí mismo e intento entenderme con una piedad a la que, con el paso del tiempo, he logrado despojar de lástima. No me doy lástima, sino curiosidad. ¿Cómo logró sobrevivir a todo aquello alguien tan frágil? (2007: 104-105).

El barrio tiene una presencia angustiante en las novelas de los setenta (*Visión* y *El jardín*). Después, dos de las mejores novelas de Millás en los noventa, *La soledad era esto* y *Tonto, muerto, bastardo e invisible*, contienen personajes que reflexionan acerca de ese barrio y del lugar que ocupa en su conciencia. Enrique, marido y antagonista de Elena en *La soledad era esto*, visita el barrio desde su posición en el gobierno democrático, y la confrontación con las condiciones de vida de la gente en los suburbios le hace consciente de que «afortunadamente» ya no era uno de ellos:

Estuvimos haciendo un proyecto de remodelación de un barrio periférico para el Ministerio de la Vivienda y cuando fui allí y vi las condiciones de vida de la gente me acordé de la lucha de clases y todo eso. Esa noche [...] comprendí que, en otro tiempo, siempre que hablábamos de la lucha de clases lo hacíamos desde el punto de vista de los perdedores. Sin embargo, yo, personalmente, había ido ganando esa lucha en los últimos años, pero todavía hablaba como si estuviera en un barrio periférico. Entonces decidí reconvertirme (1990a: 87).

La novelística de Millás encierra una crítica a esa actitud «reconvertida». Enrique —la generación a la que representa— se desdice del compromiso político que en su momento abrazara, y es su postura cínica la que le permite pasarse al bando de los vencedores sin un asomo de mala conciencia. Al fin y al cabo, ésta, como dirá Jesús en *Tonto, muerto, bastardo e invisible*, es patrimonio de las clases medias y bajas (1995: 171), a las que él ya no pertenece. Esta novela es quizá la que mejor ejemplifica la presencia del barrio en la conciencia de los protagonistas millasianos. *Tonto* puede interpretarse como una crítica mordaz al abandono, por parte de la clase política, del proyecto político moral en beneficio del liberalismo económico, o la socialdemocracia, como se denomina en la novela, que domina la política europea (y también la del gobierno socialista en España) en los noventa.

El argumento de la novela es el siguiente: despedido del puesto ejecutivo que ocupaba en una papelera multinacional, y una vez fuera, Jesús abomina de la corrupción que reina en el sistema. El despido, junto a la reciente muerte de sus padres, le obliga a replantearse su lugar en el mundo y le empuja a emprender un curioso proceso de autoanálisis a través del cual intentará dar con las claves que han definido su identidad hasta ese momento. A lo largo de ese proceso, y con la excusa de contarle un cuento a su hijo, Jesús inventa un personaje, Olegario, en cuya historia irá poniendo elementos de su propia biografía con el propósito de comprenderla. La novela culmina con la absoluta identificación entre el personaje protagonista y el ser de ficción que éste crea.

La novela no solamente refleja el escenario político de la España de principios de los noventa, sino que el parecido es mucho más profundo: Jesús, el protagonista de *Tonto*, puede entenderse como una metáfora del país mismo, un ejemplo de la proliferación del nuevo sujeto político caracterizado por el cinismo y producto, como han señalado Eduardo Subirats y otros, de la (in)transición española.[5] Si las novelas *Visión del ahogado* y *El jardín vacío* suponen un reflejo del desencanto característico de los setenta, la novela de 1995 puede entenderse como una metáfora de una sociedad empeñada en olvidar sus orígenes —el barrio— para abrazar sin un asomo de mala conciencia la falsa promesa de modernidad que representa la Europa socialdemócrata. Como lo explica Jesús:

> Yo, lanzado a la vida, ocupado en disimular mi deficiencia, mi subnormalidad, había ido cerrando las puertas que me alejaban de aquel niño, de aquel barrio lleno de casas húmedas y arrugadas como una caja de zapatos expuesta a la intemperie. Había creído encontrar la salida por haber triunfado más o menos en la imitación de los gestos de mis contemporáneos [...]. El caso es que el niño estaba ahí, en algún lugar de mi universo [...] a una distancia que era medible en cantidades de memoria (1995: 116).

En la novela de 2007 el narrador vuelve a reencontrarse con el barrio y con el niño en un intento de reconocerse en los dos:

---

[5] En otro lugar he analizado esta cuestión más detenidamente (ver Anastasio 2004).

Es imposible que este hombre mayor que escucha a Bach mientras golpea con furia el teclado del ordenador haya salido de aquel muchacho sin futuro. Podría presumir de haberme hecho a mí mismo y todo eso, pero lo cierto es que resulta imposible entender lo que soy a partir de lo que fui. O soy irreal yo o es irreal aquél (2007: 203).

Quizá parte del éxito de esta novela de 2007 resida en que ese niño y ese barrio tienen una familiaridad siniestra para el lector. Sospecho que si diéramos un paseo por el barrio de *El mundo* no tardaríamos en encontrarnos con los niños que una vez fueron Juan Marés y Juan Faneca; Javier Miranda; ciertos protagonistas de las novelas de Belén Gopegui; no pocos héroes de Muñoz Molina, y también, sin duda, muchos de los personajes de Almodóvar. La novelística de Millás, en definitiva, cuenta la historia de nuestra calle, de todas las calles. Su mayor virtud, en mi opinión, es la constatación de que existe una realidad distinta a la versión mostrenca que a veces presenciamos, ese «cuadro de costumbres», como dice Juanjo, en que la gente actúa de un modo práctico, «como si no existiera en su interior una dimensión onírica, una instancia delirante, como si la ciudad entera no fuese un delirio en sí misma» (2007: 226). Lo que la obra de Millás viene constatando desde 1975 es la existencia de esa realidad alternativa y delirante.

Bibliografía

Anastasio, Pepa (2004): «*"Tonto, muerto, bastardo e invisible* de Juan José Millás"*: El sujeto político español y la fantasía de la novela familiar», *Symposium* 58.2, pp. 122-135.

Beilin, Katarzyna Olga (2001): «Vivir de la huída: Entrevista con Juan José Millás», *Confluencia* 17.1, pp. 117-128.

Bergson, Henri (1911): *Laughter: An Essay on the Meaning of the Comic*, traducción de Cloudesley Brereton y Fred Rothwell, New York: MacMillan.

Bértolo, Constantino (1989): «Introducción a la narrativa española actual», *Revista de Occidente* 98-99, pp. 29-60.

Cabañas, Pilar (1998): «Materiales gaseosos: Entrevista con Juan José Millás», *Cuadernos Hispanoamericanos* 580, pp. 103-120.

Castilla, Amalia (1995): «Mi novela es una metáfora literaria de lo que sucede en este país», *El País*, 10 de febrero, p. 37.

Del Pino, José Manuel (1995): *Montajes y fragmentos: una aproximación a la narrativa española de vanguardia*, Ámsterdam/Atlanta (GA): Rodopi.

EPPS, Brad (2001): «Battered bodies and inadequate meanings: Violence and disenchantement in Juan José Millás's *Visión del ahogado*», *Arizona Journal of Hispanic Cultural Studies* 5, pp. 25-53.

GUILLORY, John (1995): «Canon», en Frank Lentricchia y Thomas McLaughlin (eds.): *Critical Terms for Literary Study*, Chicago (IL): University of Chicago Press.

KNICKERBOCKER, Dale F. (1997): «Búsqueda del ser auténtico y crítica social en *Tonto, muerto, bastardo e invisible* de Juan José Millás», *Anales de Literatura Española Contemporánea* 22, pp. 221-233.

— (2003): *Juan José Millás: The Obsessive Compulsive Aesthetic*, New York: Lang.

MAINER, José-Carlos (1992): «Cultura y sociedad», en Darío Villanueva *et al.*: *Historia y crítica de la literatura española. Vol. IX: Los nuevos nombres: 1975-1990*, Barcelona: Crítica, pp. 54-72.

— (2000): «Juan José Millás», en Jordi Gracia *et al.*: *Historia y crítica de la literatura española. Vol. IX/I: Los nuevos nombres: 1975-2000, Primer suplemento*, Barcelona: Crítica, pp. 320-325.

MILLÁS, Juan José (1975): *Cerbero son las sombras*, Madrid: Alfaguara, 1989.

— (1977): *Visión del ahogado*, Madrid: Alfaguara.

— (1983): *Papel mojado*, Madrid: Anaya.

— (1984): *Letra muerta*, Madrid: Alfaguara.

— (1988a): *El desorden de tu nombre*, Madrid: Alfaguara.

— (1988b): «Literatura y realidad», *Revista de Occidente* 85, pp. 122-125.

— (1989): *Primavera de luto y otros cuentos*, Barcelona: Destino.

— (1990a): *La soledad era esto*, Barcelona: Destino.

— (1990b): *Volver a casa*, Barcelona: Destino.

— (1994): *Ella imagina y otras obsesiones de Vicente Holgado*, Madrid: Alfaguara.

— (1995): *Tonto, muerto, bastardo e invisible*, Madrid: Alfaguara.

— (1997): «Prólogo», en Sigmund Freud: *Relatos Clínicos*, traducción de Luis López Ballesteros, Barcelona: Siruela, pp. 9-13.

— (1998): *El orden alfabético*, Madrid: Alfaguara.

— (1999): *No mires debajo de la cama*, Madrid: Alfaguara.

— (2002): *Dos mujeres en Praga*, Madrid: Espasa.

— (2007): *El mundo*, Barcelona: Planeta.

MURILLO, Enrique (1992): «La actualidad de la narrativa española», en Darío Villanueva *et al.*: *Historia y crítica de la literatura española. Vol. IX: Los nuevos nombres: 1975-1990*, Barcelona: Crítica, pp. 299-305.

ORTEGA Y GASSET, José (1925/1987): *La deshumanización del arte y otros ensayos de estética*, Madrid: Alianza.

ROSEMBERG, John R. (1996): «Entre el oficio y la obsesión: Una entrevista con Juan José Millás», *Anales de Literatura Española Contemporánea* 21, pp. 143-160.

SANZ VILLANUEVA, Santos (1992): «La novela», en Darío Villanueva *et al.*: *Historia y crítica de la literatura española. Vol. IX: Los nuevos nombres: 1975-1990*, Barcelona: Crítica, pp. 249-284.

SOBEJANO, Gonzalo (1987): «Juan José Millás: fabulador de la extrañeza», en Ricardo Landeira y Luis T. González del Valle (eds.): *Nuevos y novísimos: algunas perspectivas críticas sobre la narrativa española desde la década de los 60*, Boulder (CO): Society of Spanish and Spanish-American Studies, pp. 195-215.

— (1992): «Juan José Millás: fábulas de la extrañeza», en Darío Villanueva *et al.*: *Historia y crítica de la literatura española. Vol. IX: Los nuevos nombres: 1975-1990*, Barcelona: Crítica, pp. 315-322.

SUBIRATS, Eduardo (ed.) (2002): *Intransiciones: crítica de la cultura española*, Madrid: Biblioteca Nueva.

FERNANDO SAVATER, O EL JUICIO JUBILOSO

Jordi Gracia
Universitat de Barcelona

La abusiva vitalidad de Fernando Savater puede estar en el origen de la escasa atención bibliográfica que ha merecido su pensamiento y sus libros, reos ambos del éxito de lectores casi instantáneo y siempre mal encajado por el sistema universitario, que lo expulsó al principio y lo recuperó después para la docencia en la Universidad Complutense. Es verdad también que hay un factor más básico: la discusión de sus puntos de vista es particularmente antipática. El don de persuasión de su prosa y la sensatez fundamental de sus argumentaciones tienden a situar al oponente en posiciones inestables o involuntariamente *profundas*, tan profundas como ese garaje situado en el sótano al que invitó a un periodista que le pedía una entrevista *en profundidad*… El humor es un arma dúctil y poliédrica en un escritor capaz de desarmar con un juego verbal una argumentación solemne, lo que podría explicar complementariamente que entre sus grandes amigos hayan estado algunos de los ingenios verbales más luminosos de las letras contemporáneas en español, José Bergamín y Guillermo Cabrera Infante.

Sobre su biografía, por tanto, es explicable que no existan trabajos de gran relevancia y lo más completo que conozco sobre su obra son tres libros: uno de Javier Prado Galán (2001), de carácter introductorio; otro es el del sacerdote Fernando Susaeta (2006); y el más completo y útil publicado por la editorial Ariel en 2007 como resultado de un encuentro académico sobre el autor editado por Francisco Giménez Gracia y Enrique Ujaldón. El volumen contiene un capítulo autobiográfico del propio Savater y ha sido excelente memorialista en *Mira por dónde. Autobiografía razonada* (2003), además de haber sido muy usual comentarista de sus aficiones y múltiples placeres, que están en la base de una turbina intelectual incesante. Su inquebrantable afición a las carreras de caballos le obligó a contestar a una pregunta que ya sospechaba en la punta de la lengua de muchos: «¿No le basta haber sido frívolo *en* filosofía para dedicarse luego a serlo *contra* ella?». Su respuesta vuelve a ser uno de los múltiples autorretratos diseminados por su obra. Éste lo cito porque tiene la virtud enumerativa que de vez en cuando practica el autor y es además de una concreción inusual:

> Como me ha sucedido con todas las principales aficiones de mi vida (los relatos de aventuras, los chistes verbales, la lengua francesa, Chesterton, la controversia teórica, las vistas al mar, las rotundidades de la figura femenina y la esencial prominencia masculina, las películas de monstruos, lo salado frente a lo dulce, la poesía rimada, la canción mexicana, leer en la cama, no hacer sacrificios), me enamoré para siempre de las carreras de caballos en una época muy temprana: creo que no le he cogido verdadero gusto a nada a partir de los quince años, exceptuando el sabor del whisky (2001: 13-14).

Y a lo mejor es algo más que una ocurrencia la conclusión inverosímilmente seria del autor un poco más adelante en ese mismo lugar: «A fin de cuentas cualquier actividad lúdica humana experimentada a fondo es cifra y resumen de todo nuestro destino sobre la tierra» (2001: 14).

Los trabajos dedicados a su obra suelen abordar asuntos de filosofía y moral y son más escasos en el ámbito de la reflexión política o de su ensayo sobre literatura, aunque ambos ingredientes definen no sólo un perfil inabarcable sino un estilo de pensar. En los últimos años ha concentrado muchos esfuerzos políticos e intelectuales en su combate contra el radicalismo nacionalista en el País Vasco y eso mismo ha tendido a inmovilizar o reducir la imagen pública de un escritor cuya mejor virtud ha sido justamente la contraria: ensanchar y multiplicar los estímulos reflexivos y vitales en lugar de concentrarse en especialización alguna. Es de por sí sintomático que un libro importante de su bibliografía como *La vida eterna* (2007) haya visto mermada su resonancia pública en parte debido a su activa participación en el impulso al nuevo partido político Unión, Progreso y Democracia. Sin embargo, es posible mencionar algunos otros estudios académicos con la obra a la vista y no sólo como comentarios de actualidad. Destaco los trabajos de Paul Julian Smith (1998) y de Enrique Gil Calvo (1993), y al menos tres capítulos de libros, dos de ellos centrados en la etapa de la Transición temprana: uno es de Ramón Buckley (1996); el otro de Eugenia Afinoguénova, en *El idiota superviviente* (2003); y por fin el de Inger Enkvist en *Pensadores españoles del siglo* xx (2005). Mientras que una semblanza general del personaje se hallará en el artículo de Jesús Ferrer Solà, «Fernando Savater: tormento y gozo de un filósofo burlón» (1995) y una apreciación sintética y entusiasta de su actitud filosófica en el primer capítulo de Juan Antonio Rivera, *Menos utopía y más libertad* (2005), además de una revisión de su obra en el prólogo de Alberto González Troyano a la conferencia de Savater *La libertad como destino* (2004). La antología que preparó Héctor Subirats titulada *Misterios gozosos* (1995) es complementaria del tomo que resultó de la *Semana de autor* dedicada a su obra (1991), y existe otra antología preparada por José Sánchez Tortosa, *Pensamientos arriesgados* (2003). Muy recientemente, Israel José Pérez Calleja ha dedicado un buen análisis a la vieja batalla de Savater contra «El Estado Clínico» (que fue el título de su primera contribución a la revista que codirige con Javier Pradera desde 1990, *Claves de Razón Práctica*) en un *Homenaje a Savater* preparado por la revista *Araucaria* (2007) con colaboraciones de José Luis Pardo, Félix de Azúa o Juan Malpartida. Dos libros de conversaciones son el con Marcos-Ricardo Barnatán (1984) y el otro con Juan Arias diez años después (1996), que es traducción de la primera edición italiana del año anterior, mientras que es valioso el diálogo por correo electrónico que publicó con José Luis Pardo con el título *Palabras cruzadas. Una invitación a la filosofía* (2003).

Si es verdad que Savater se ha convertido en el ámbito del ensayo en el par de Pedro Almodóvar, también lo es que resulta insuperable como laboratorio para detectar los rastros del envilecimiento civil de una sociedad que procedía sin rupturas del franquismo: no los llevaba él esos rastros pero supo identificarlos y combatirlos. Sus batallas han sido infaliblemente desactivadoras de la peor herencia franquista y, en particular, de su ideología de fondo, difusa, coactiva, opresiva, embrutecedora: el nacional-catolicismo y una ética represiva en lugar de formativa o creadora. Entre las razones fundamentales de su ventaja con respecto a otros escritores (Savater es sobre todo un excelente escritor) es que su obra extiende un ramaje prolífico y estimulante que atañe a un sinnúmero de deficiencias cívicas todavía rastreables en el *ADN* ético de nuestro tiempo, y no sólo en España. Pero lo mejor es que sus burlonas insolencias estuvieron dirigidas contra la izquierda anclada en lenguajes redentoristas o percepciones reverenciales de la historia y también —por descontado— contra la derecha histórica como su enemigo propio y mucho mejor armado que la izquierda vagamente ilusa (cuando no cínica): mucho mejor armado porque poseía una escolarización dogmática, una preceptiva ética pre-moderna, un aparato de poder sólido y la convicción de que de un modo u otro el poder sofisticaría sus mecanismos de control social e ideológico. Savater ha batido desde entonces su cobre como un pirata recto contra la inconsistencia lógica y la propensión gregaria de derechas e izquierdas a dogmas y supersticiones más o menos disfrazados de certezas racionales. Y lo ha hecho como si le fuese la vida en ello, porque en ello iba de veras su vida de escritor y de miembro de una sociedad que habrá de ser mejor cuanto mejores sean cada uno de sus miembros (como defiende una filosofía moral detenidamente razonada en su *Ética como amor propio*, de 1988). Como escribió en el prólogo a *Contra la patrias*, «la manía de hablar y escribir del modo más claro y contundente posible» (1984: 17) está en el origen de buena parte de sus numerosos adversarios (y hasta enemigos) intelectuales y políticos, desde aquellos tiempos de Transición. O desde antes, porque fue la consigna central de su infancia: que no te hagan callar.

La deriva del pensamiento de Savater ha acentuado esa dimensión política de la reflexión ética al tiempo que ha rebajado las aristas más agresivas y provocadoras de su explosiva, retadora juventud. El anarquista culto, burgués, hedonista e irreverente ha ido construyendo una ruta pragmática que no neutraliza su origen pero casa subversión y sensatez, orden y desorden, con la gracia del gran prosista y una inteligencia irradiante. *La tarea del héroe. Elementos para una ética trágica* (1981) fue la expresión compleja de esa nueva madurez basada en la lógica de la lucidez y aplicada a múltiples ámbitos, y para empezar el del Estado como opresión y necesidad. La colisión entre la aspiración a una democracia transparente y la tensión totalizadora del Estado no tiene solución real, pero la acción política deberá aspirar a ese ideal ético pese a su irrealización o a su inviabilidad. Ese imposible cumplimiento del ideal no anula ni inutiliza su búsqueda pero lo pone bajo la perspectiva de lo real y no del sueño o la utopía. Por eso había escrito ya unos años atrás un resonante *Panfleto contra el Todo* (1978) bajo la aspiración a desactivar unas cuantas falacias comunes que iban desde la del Bien Común hasta la de la Opinión Pública: era una forma de defender la independencia más o menos inoportuna de pensamiento frente al gregarismo necesario de una sociedad que empezaba a disfrutar de libertades políticas y de opinión, y aunque ese ejercicio depurador significase desengañar a quienes creían con exceso de inocencia en semejantes mayúsculas. No es extraño que para aquellos años ese libro llegase a colmar la paciencia de la izquierda políticamente encuadrada y nada receptiva a la libérrima insolencia de un humorista que pensaba por cuenta propia: ajeno a la conveniencia práctica de la opinión pero fiel en cambio a lo que más ha agradecido a Cioran, el valor de la lucidez. Y el lugar preferente de esa actividad había de ser la prensa, como sucedió con el diario *El País*, en cuyo segundo número, de 5 de mayo de 1976, es posible encontrar ya un trabajo de Savater: «me fastidia soberanamente todo experimentalismo literario, toda novela que exige para ser gozada afición a la semiología o un número extraordinario de *Tel Quel*, pero nada me divierte y me hace disfrutar tanto como los libros de Nabokov» (Savater 1976).

Esa franqueza expresiva y a menudo impúdica (de acuerdo con parámetros muy puritanos de la impudicia, y el puritanismo es una alergia mayor de Savater) es lo que más desarma a su lector más superficial, como si pudiese permitirse hacer y decir lo que quiere. Y el hecho de que sea felizmente así, y que no haya lugar dramático para el abatimiento en sus prosas, ni siquiera cuando medita en torno al dolor, se convierte en una insolencia, en un desafío o en el desplante del gamberro intelectual para el que no se han hecho las normas que acatan los demás... Ese díscolo sujeto moral que quiere hacer lo que le viene en gana, y decirlo donde le parezca, es un provocador, y el provocador tiene la enemistad segura del reglamentista y el ordenancista, del legislador miope y del editorialista interesado. La lealtad como virtud ciega o la fidelidad perruna a uno mismo, a lo pensado con anterioridad, no constituyen parámetros fiables de nada en la obra de Savater en tanto que su despliegue no pretende ser sistemático sino honrado y veraz, y la única voracidad de su pensamiento es la satisfacción racional con la menor lesión de vida posible. De ahí que sus lealtades estén muy circunscritas a valores primordiales que se anclan en la ilustración francesa —y sobre todo a las *ilustradas* francesas: Cioran le enseñó también que es en ellas donde mejor se cifra el proyecto ilustrado dieciochesco— y no renuncian a la superioridad de la razón porque cualquier otro medio para entender algo es peor. O improductivo como suele serlo la imaginación esotérica o trascendental urgida por la debilidad o el desconsuelo contra la falta de sentido de la vida o la ausencia de justicia… La suya es una filosofía moral generosa porque es valiente, porque no se protege sino que se descubre incluso con candidez (aunque sea fingida), y no enmascara ni oculta sus propias debilidades o flaquezas. Contagia la vitalidad lúcida de la alegría porque no es dañina y es recompensadora, y por eso no acepta como razón para no hacerlo las coartadas de la prudencia o la incorrección, que tantas veces suelen esconder impotencia inconfesada o cobardía pura y dura. Su «Elogio de la embriaguez», incluido en *A decir verdad* (1987), no es una apología del borracho; es el elogio del virtuoso capaz de disfrutar de ese estado, y disfrutarlo significa domesticarlo sin ser su esclavo de por vida: «considerar la embriaguez como algo pecaminosamente malo en sí mismo es cosa propia de comunidades frígidas y civilizaciones sin gracia» (1994: 44-45).

Ha reivindicado a menudo que no es ni por asomo filósofo sino profesor de filosofía, pero que antes de serlo fue básicamente escritor: escritor en revistas y en seguida que pudo en periódicos, escritor de libros que inventó él (con Jesús Aguirre cuando estuvo al frente de Taurus y recibió a aquel muchacho atrevido de veintipocos años en su despacho) y traductor de libros que aprendería a escribir traduciéndolos (como hizo con Voltaire y con Diderot, como hizo con Cioran). Pero ni estuvo solo ni era el único dispuesto a discutir con intrepidez los nuevos dogmas, aunque sí quizá el más empeñado en decirlo en voz alta y sin miedo. El entorno de complicidades de Savater se expande hacia atrás y hacia el mismo presente sin que le hayan faltado nunca lectores atrapados por una estrategia de pensamiento de estirpe ilustrada, racionalista de base y autocrítico sin autopunición ni sentido trascendental de la culpa: el cambio de criterio o la evolución de las propias ideas no lo vive Savater como una derrota de lo pensado sino como una adaptación fecunda a una realidad que también cambia (una nueva conquista... provisional). Lo último que desearía es figurar en el más irrelevante de todos los partidos, que es el de los ideales traicionados, en palabras suyas, y en monserga que ha azotado sin piedad, quizá porque su propia fecundidad de ideas y perspectivas deja sin tiempo para la complacencia en lo deseado un día como definitivo o inalterable. Agustín García Calvo fungió explicablemente como interlocutor muy fundamental de su obra en su primerísima etapa, y quizá incluso modelo indígena de una rebeldía teórica y ensayística sin fácil colocación política en los años setenta. Por eso también fue el movimiento situacionista —y la obra de Guy Debord— una de las querencias de Savater y de algunos otros nuevos ensayistas de entonces, como Félix de Azúa. Nunca ha perdido las ganas de leer a Rafael Sánchez Ferlosio, aunque tampoco oculta su preferencia inequívoca por los textos breves de *Vendrán más años malos y nos harán más ciegos*: un «Ferlosio en comprimidos», como escribió en el dossier de *Archipiélago* de 1997 dedicado al escritor.

El núcleo duro de amistades creció fuera de las conspiraciones de partido y cerca de una fratría de amigos que habilitaron la fiebre de Nietzsche en las letras españolas de aquellos años: no todos estaban en el departamento de filosofía de Zoroaga, en el País Vasco, pero muchos habían pasado por allí. Y de allí salió alguno de los libros colectivos que parecen diseñar algo de lo que demanda un tiempo, como *En favor de Nietzsche*, en 1973. Hoy no inquieta en absoluto lo que pudo haber entonces de abuso e insistencia en un modelo de pensamiento y agradecemos las virtudes inequívocamente saludables de esa matriz esencial: la excitación euforizante de Nietzsche la padecieron García Calvo y Savater, Eugenio Trías, Félix de Azúa o Javier Echeverría, los *jóvenes turcos* que leen a Nietzsche como redescubrimiento central para una España cortocircuitada. Todos son lectores de fanzines y recreaciones contraculturales pero también son seguidores de *Triunfo* porque es el portavoz de la izquierda política clandestina, y todos tienen algo también de la jactancia de la juventud confiada: *el contenido de la felicidad* pasaría a ser casi un guiño irónico diez años después, cuando proyectaron entre muchos de ellos una colección que iba a dirigir Savater con ese título y para que la que ya había algunos libros entregados (de García Calvo, Aranguren o Luis Antonio de Villena). Uno de esos iba a ser del propio Savater con ese mismo título, en 1986, y otro fue la *Historia de un idiota contada por él mismo o el contenido de la felicidad*, de Félix de Azúa, del mismo año y dedicado entre otros precisamente a Fernando Savater porque «posee el secreto de la felicidad» (Azúa 1986). O lo que es lo mismo: conquistar la libertad de querer contra la necesidad y la fatalidad, porque ley inamovible sólo hay una, que es el curso del tiempo y la muerte. Y contra ella tampoco valen ni soluciones esotéricas ni versiones laicas de metafísicas menores.

Es llamativo que la mayor parte de ellos no hayan padecido el síndrome del *desencanto*, quizá porque antes estuvo la lección fundamental de Cioran, al menos en el caso de Savater. No ha dudado en burlarse sin piedad de sus obsesiones primeras de nuevo e inconformista escritor, cuando diagnosticaba a la crítica de filosofía en España como una ausencia, sin capacidad de discusión interesante y arremetía sin piedad contra la filosofía institucional, de *escalafón*, mera reproducción comentada de lo leído (frente a lo que será su propuesta de una *filosofía narrativa*). Explica en *Mira por dónde* (2003) que no recuerda de dónde procedía aquel empeño suyo de tener *voluntad de estilo*, pero es más que probable que su origen fuese un libro históricamente fundamental en la consideración del ensayo español contemporáneo. Ése había sido el título que Juan Marichal puso en 1956 a un conjunto de estudios que abría con Feijoo y terminaba con Américo Castro o Pedro Salinas, y ninguno de los dos últimos era precisamente modelo del pensamiento y el estilo de pensamiento que Savater practicaba a finales de los años sesenta, cuando tuvo que ganarse la vida tras su expulsión de la universidad en 1969. En ese estado *ocioso* nació su primer libro, *Nihilismo y acción*, brotado del entusiasmo por un Cioran curioseado primero en un artículo de *Le Monde* y descubierto después en una librería de Madrid (porque sin pasaporte no podía seguir abasteciéndose en las librerías de la *rive gauche* de París, como solía):

> encontré a un gnóstico contemporáneo, el archimandrita desesperado e irónico de la inviabilidad de nuestra existencia, nostálgico del decadentismo pagano, debelador de las legitimaciones que apuntalan la buena conciencia metafísica, obsesionado por la pirueta definitiva del suicidio, pero estilísticamente todo vivacidad, la negación misma de lo mortecino: deambulando desde los rigores trascendentales a la susceptibilidad más irritable de lo intrascendente cotidiano. Truculento y sagaz, irreconciliable, caprichoso, contundente, lo menos parecido que pueda imaginarse a la filosofía que se empeñaban en asestarme en la facultad a la que por mis pecados asistías cada mañana. Me enamoré de él (1998: 266-267).

La primera de sus traducciones del rumano será *Breviario de podredumbre*, que es el brillante título que halló para *Précis de décomposition*, también el primero de los libros publicados en francés por Cioran. Su tesis doctoral a la fuerza debía de ser un *Ensayo sobre Cioran* (1974), aunque fue en realidad un ensayo sobre la lucidez, y seguirán más traducciones para poner en el mapa de las ideas la prosa clara y viva de un militante pesimista y que Savater utilizará como contrafuerte compensatorio de un hedonismo explosivo, excesivo y hasta temerario. Y a ratos es casi como si fuese su prosa, porque el don de la persuasión es anterior a la información misma, el impulso expansivo y comunicativo es previo al oficio de enseñar, la construcción de una lengua agitadora está antes que la construcción de un discurso profesoral. Por tanto, cada una de las partes necesarias de la filosofía como género literario (siguiendo en esto como en tantas cosas a Borges) nacerá con Savater tocada de ese bendito vicio de origen que es hacer literatura para la vida con el placer de vivir como fin moral: para ser más felices en el tumefacto día a día y no en la campana de cristal de un destilado de ideas (o un mundo feliz descarnadamente inexistente). El método infalible fue entonces, mucho más que ahora, escribir a la contra, pensar en pugna con otros, y saberse menos defendiendo algo que desengañando a alguien de algo. La certidumbre será así el estado transitorio que se conquista tras un equívoco desmontado, para ir rebajando la candidez de los ilusos, aunque sea sólo para volver a enfrentarse a un nuevo equívoco porque no hay epifanía alguna salvadora ni redentora de una sola vez.

Con los años ya no será la *voluntad de estilo* la razón primordial del escritor sino la aptitud para mostrar con el mejor humor y sin perder transparencia su manera de pensar en torno a la voluntad y el poder, en torno a la contingencia y la trascendencia, en torno al nacionalismo o la queja como forma de irresponsabilidad ética con consecuencias políticas (o sea, civiles). Cambia el eje del planteamiento y se medita sobre ello en muchas páginas de *La tarea del héroe*, destinadas a proponer una *filosofía narrativa* con un significado preciso que es no tanto la aspiración a la especulación intransitiva como el esfuerzo por reinventar lo leído al contarlo, hacerlo propio como estrategia de ensanchamiento y multiplicación, aspirar a «autoinstaurarse, a redefinirse de nuevo, a inventarse una y otra vez» (1981: 214) en lo leído y en el hecho mismo de contarlo. Ese libro, sin embargo, empieza a escribirse cuando ya se ha publicado otro de sus grandes ensayos, y decisivo en la construcción de un lector desacomplejado y en todo caso más libre: *La infancia recuperada* de 1976. Éste no fue un canto a la nostalgia, porque es casi un sentimiento inválido en Savater, sino la relectura razonada como adulto del mundo fascinante de la aventura, el relato, el cuento épico plagado de adversidades vencidas y soluciones inverosímiles: exorcismos de la impotencia y la rigidez de lo real, lecciones éticas dramatizadas en mundos más o menos pintorescos o extraños pero en todo caso tónicos fundamentales de la energía creadora. Lo que tenía de provocación ese libro sobre las historias de Wells o de Tolkien, con protagonistas como John Silver o Guillermo Brown, es también lo que tiene de programa a favor de la narración clásica y la legibilidad de las novelas, que era asunto de primera fila entre teóricos, críticos y narradores de aquellos años. Por eso era también un libro contra el reputado prestigio de la metaliteratura, la autorreferencialidad, la metaficción y las novelas que constituyeron por entonces la *pesadilla* de la que habló Manuel Vázquez Montalbán. Hoy no deja de producir alguna risueña perplejidad incluso el inicio profético de alguno de los capítulos, como éste: «Creo que se ha escrito poco sobre la enorme importancia de los dinosaurios» (1976: 77).

La imaginación racional del autor está al servicio de la contingencia —maravillosa noción básica que ha rehabilitado para la filosofía moral en España— porque es en ella donde se prueban nuestras decisiones y la validez de nuestros criterios. Por fortuna para él y para nosotros ha sido el modelo contrario a la construcción de un sistema de pensamiento estático porque ha sido tironeado por las circunstancias históricas, los cambios sociales y los suyos propios: no aludo sólo al nacionalismo como asunto, que también, sino a cada uno de los nuevos debates que ha debido afrontar una sociedad que fue en buena medida posmoderna antes de ser posfranquista (como sugirió alguna vez Manuel Vázquez Montalbán) y cuya primera Transición agitó gran parte de las mismas banderas que la juventud del resto de Europa. La batalla por la legalización de las drogas no tuvo tanto el propósito de lograrla efectivamente cuanto de desactivar algunos de los argumentos más banales para oponerse a ella mientras que la libertad de uso de cada cual sobre su propia vida —frente al proteccionismo del Estado o el paternalismo social— no es un objetivo absoluto sino un intento de introducir la relatividad reflexiva contra cualquier fe. Quizá por eso, paradójicamente, uno de sus mejores libros ha acabado siendo un falso diccionario que es el concentrado de algunas de sus pulsiones más activas, y entre ellas el hedonismo de la lectura. Como mínimo los artículos que redactó para ese *Diccionario filosófico* (1995) podrían acabar dándole la razón cuando defiende que ése, el artículo, es su mejor género, donde el galope tendido y la belleza no se sueltan: originalidad reflexiva, imaginación nutrida y plasticidad estilística.

El nervio más hondo de su pensamiento y de su misma actitud vital como agente provocador de la primera democracia está en una noción caliente de la ética: la vida es lo que uno decida que sea en cualquier caso y más allá de la opresión castrante de la realidad, de la naturaleza, la biología o la mala suerte. Es una ética valiente pero es también una ética para la felicidad, concebida para conjurar el acceso inhibidor de la melancolía o el acoso de la desventura: se trata de armar al ciudadano por sí mismo, de dotarlo de los mecanismos intelectuales y éticos que logren hacerlo dueño de sí mismo, aunque no sea dueño de nada más que eso. Las lecciones más tonificantes de su pensamiento tienen que ver por tanto con la libertad y el vértigo de decidir lo que se desea ser (y hacer) más allá de toda otra consideración, como no sea la definición misma (y consecuente, responsable) de ese querer ser en libertad. Sin embargo, ese querer ser que es la ética se hace conciencia trágica desde el instante en que comprende que el acecho del no (de la muerte o de sus figurantes) es crónico y no accidental y no existe espacio alguno de libertad íntegra: la libertad será un modo de pugnar por ser lo que se desea y ser consecuente tanto con el deseo como con los descartes de toda elección razonada.

La voluntad y la fantasía, la valentía y la racionalidad parecen ingredientes incompatibles de ese programa filosófico y sin embargo constituyen pedazos irremplazables de un modo de entender el mundo. Sin alguno de esos cuatro (como mínimo), el sujeto estaría en manos del ingobernable azar o, peor aún, de la obediencia debida, que es justamente lo que anula la posibilidad misma de la vida escogida desde la propia conciencia del querer. Ese fulgurante libro que fue en 1976 *La infancia recuperada* enseñaba por vías literarias y metafóricas el gozo y el riesgo de abrir la propia vida al deseo de ser y hacer. Pero enseñaba también la alegría de hacerlo sin miedo a las consecuencias porque estaban en el boleto mismo de salida de la aventura, como posibilidad, como secuela, como forma derivada de emprenderla. El júbilo intelectual —el placer hedonista de la inteligencia— es un impulso que en Savater lo contamina todo de posibilidad y nunca de renuncia (y si hay renuncia, ella no ha de alimentar la melancolía ni el sentimiento de fracaso sino la lucidez sobre el comportamiento de lo real). Proyecta sobre el mundo la apertura de posibilidades en lugar de la lógica de la prohibición o la impotencia o, peor todavía, la lógica de la queja como resignación pasiva: *la tarea del héroe* es ser libre con los demás y procurar que en los demás emerja el deseo de serlo también en razón de un bien superior, compartido y pactado, hecho institución social y política dinámica y no esclerotizada: «hacer más intenso nuestro proyecto de libertad, no mutilarlo» (2003: 205) es el objetivo de todo libro de ética, según el propio Savater en *Mira por dónde*, y sin duda lo es de todos los suyos. Su mérito inexplicable es la vivacísima aptitud para eludir el sermón o la prédica, el señuelo constante del humor como actitud relativizadora pero no cínica, la convicción jovial de tener razón sin cargarla sobre las espaldas del lector.

La prelación de la literatura es tan fundadora que su ensayo sólo podía ser deudor del magisterio de grandes escritores: Borges está en la matriz de esa vocación y está Octavio Paz, porque el panorama español de los años sesenta, o hasta los años sesenta, dejaba muy hambriento al joven donostiarra incapaz de hablar otra lengua distinta de la suya pero dispuesto a leer en cualquiera de las románicas y hasta en inglés... Pasadas las urgencias cosmopolitas de una sociedad crecida bajo el franquismo, pudo llegar el regreso a autores que daban sentido y daban literatura: Ortega y Gasset, por supuesto, está entre esos autores pero me parece que mucho más que él, una especie de Unamuno cruzado con Bergamín: la devoción por la paradoja como método (tan savateriano), su impronta autobiográfica tamizada y tan a menudo sin tamizar, su misma impulsividad urgente de articulista. También sus libros menos filosóficos suelen escribirse a toda velocidad y en caliente para no dejar escapar el brío de la razón alterada y no perder tampoco la motivación para intervenir y contar lo suyo. Brío y brillo son obvias virtudes de su prosa, tantas veces tatuada de citas que nunca sobran ni desde luego son sólo decorativas (es el mejor citador de nuestro ensayo contemporáneo, también), además de las citas de algunos maestros a los que ya casi ni es necesario citar de puro sabidos, como Borges o Spinoza, como Voltaire o Nietzsche, como Schopenhauer, Stevenson o el muy sensato y muy querido Bertrand Russell. Y si alguna vez se le ha asimilado con Albert Camus, el paralelismo es poco útil, porque en el fondo sirve para oponerlo a Sartre, lo cual es razonable pero deja de serlo en tanto que en Camus el hedonismo y la alegría misma están prácticamente ausentes o muy atenuados. Y ése es en cambio un vector tan fundamental de Savater que casi nada de lo que ha hecho tendría explicación sin reparar en que lo ha hecho sin causa forzosa o fuera del impulso de quererlo.

Hacer las cosas por el placer y la alegría de hacerlas forma parte de una ejemplaridad que no ha sido sólo teóricamente formulada sino que ha operado de forma efectiva en la realidad social española desde sus mismos orígenes democráticos. La ejemplaridad es radical y sin complejo alguno: su autobiografía se inicia con una frase memorable, con su intertextualidad y su socarronería, con su paradoja y su jactancia, y además es veraz: «En el comienzo... en el comienzo estuvo siempre mi firme propósito de no trabajar» (2003: 11). El ingenio verbal no va a abandonar al lector en el resto de esta autobiografía divertida y... ejemplar. Diez años antes de escribir esas memorias, y en uno más de los múltiples recodos autobiográficos que prestan tantas de sus páginas, trataba de explicar ese don que lo protege del abatimiento o, mejor, esa virtud instintiva que reactiva el favor de vivir y con él la alegría de estar ahí para contarlo (sin finalidad práctica, sin objetivo concreto, una finalidad sin fin que es pura estética kantiana...). Tras el dolor o la alarma, tras la tristeza o la decepción y «con el pretexto más nimio o contra la evidencia más horrenda, se me vuelve a venir encima la alegría. De esa alegría que sobreviene es de lo que he hablado en mis libros y de nada más. Soy monotemático, aunque con modulaciones» (1994: 350). Son palabras escritas en enero de 1995 en el epílogo a una antología de sus textos preparada por Héctor Subirats. Y son verdad sólo en parte, no porque haya habido razones distintas al deseo o la voluntad para hacer sus libros, sino porque el compromiso cívico y responsable es otra forma de la ética egoísta y combativa contra la pasividad, la resignación o el fatalismo. Entre los rasgos más rotundos de su obra ensayística o literaria en general está la onda que él mismo ha llamado *expansiva*, es decir, la propensión a compartir con los demás sus hallazgos y su jovialidad, sus ganas de hacer partícipes a los demás de lo que le ha hecho sentir (más) feliz: un hallazgo intelectual, la disipación de un equívoco, la clarificación de una falsa verdad, una película de ciencia ficción, una confidencia autobiográfica de Joseph Conrad o una entrega más de *Harry Potter*.

El valor de elegir fue en 2003 el resumen apresurado y con menor tensión estilística de lo que Savater difundió desde finales de los años setenta y hoy es responsable ideológico de esa nueva asignatura que llamamos *Educación para la Ciudadanía*. La oposición tanto cerril como vana de la jerarquía católica y de las asociaciones de padres más reaccionarias (y mayoritarias) es suficiente razón para paliar con ella el peso aún asfixiante de una tradición irrespetuosa con los parámetros ilustrados. Para algunos despistados esa asignatura del siglo XXI será la prueba definitiva del aburguesamiento del viejo ácrata o de su aclimatación posmoderna al mercado político socialdemócrata. Pero es un espejismo porque ese dato habla del modo en el que ha ido asentándose el cuadro básico de valores que Savater ha ido atrayendo a la sociedad española y que esta misma ha ido situando en zonas de respeto desconocidas: la libertad agresiva y burlona de opinión no fue bien protegida ni el respeto por el laicismo ilustrado fueron el pan de cada día, pero empiezan a serlo. Lo que fue primero casi estrictamente efusivo —como contar en los años setenta el derby de Epsom o la calidad de los vinos franceses a los lectores de ceño cejijunto y revolución en marcha de *Triunfo*— se ha hecho en los años noventa militantemente cívico y precisamente político. Y a eso responde en gran medida esa vasta y nunca suficientemente agradecida labor de pedagogía que emprendió con la serie de libros pensados a medida que su propio hijo Amador Fernández Savater crecía para contárselo. *Ética para Amador* (1991) y *Política para Amador* (1992) han sido el inicio de una higiénica y decisiva intervención de Savater en el ánimo desorientado o perezoso de adolescentes y (más de lo que él cree) de profesores de adolescentes a quienes contagia la pasión de ser mejores (es decir, felices) de manera racionalmente fundada, de acuerdo con la realidad empírica y no según obediencia alguna a creencias o sistemas que propicien la represión injustificada o la amputación gratuita. O mejor, de acuerdo con el principio del placer inteligente, del buen juicio y el júbilo. El efecto higiénico de esta labor social, de educador público, que ha desarrollado Savater será difícil de evaluar pero sin duda ha sido decisiva, como ha sido exportable a países europeos como Alemania o Italia donde esos libros han disfrutado de una acogida tan masiva como en España. No es poca cosa que haya sucedido así, pero mucho más importante es que eso ha sucedido *aquí*. Entre otras cosas porque el objetivo confesado e inconfesado es construir personas dueñas de su propia libertad, capaces de usarla responsablemente para que la decisiones en libertad no condenen la libertad de seguir eligiendo.

La fecundidad de su ensayismo sería inexplicable si las fuentes de su imaginación filosófica no fuesen literarias, novelescas, fantásticas incluso, y en un sentido insospechadamente abierto para la sociedad literaria de los años setenta: ni la literatura de aventuras ni la de género, ni la

ciencia ficción ni las novelas de detectives eran precisamente figurantes de relevancia en el canon de nuestras letras tardofranquistas, pero
sí para él, y para unos pocos más. No está en Proust ni está en Faulkner
el fulminante que pone en marcha la imaginación ética de Savater. Está
antes en Chesterton o en Salgari (aunque esté también y muy primor-
dialmente en Borges) y ninguno de los dos lo está sólo como ilustración
rasa de una idea de la ética sino como nutriente fundador de una idea de
la aventura adulta: la de hacerse una vida feliz escogida y auxiliada por
la razón, pero tomando su alimento de lo imprevisto y lo maravilloso,
seducido por el éxito de la hazaña, incluso cuando parece imposible que
algo termine bien a la vista de los consejos prudentes y las consideraciones juiciosas de los demás. Esa dimensión novelesca del pensamiento de
Savater explica en buena medida su perspectiva para leer a Nietzsche o
a Schopenhauer, a María Zambrano o al mismo Cioran, de manera casi
involuntariamente optimista o vitalista: las razones para la depresión se
convierten en argumentos para la aventura y la exploración, para el hallazgo inesperado porque la esperanza no juega en el tablero ético de
Savater. Es una dimensión de la ética que pivota fuera de la intervención
del sujeto, allí donde no alcanza la propia mano y el propio gobierno, y
no ofrece por tanto herramienta alguna fuera de la expectativa pasiva.
No es la esperanza razón movilizadora sino apenas consuelo improductivo: Aurelio Arteta le reprochaba desde la complicidad ese menosprecio
de la esperanza como virtud ética en tanto que podía significar una forma
del acicate a actuar mejor, pero tiene un difícil encaje en su mosaico
ético. Dada la elasticidad primordial de Savater como pensador —o la
astucia del sofista que no ha perdido nunca—, bastará que alguien des-
autorice la esperanza como virtud ética para que emprenda su defensa
parcial y circunstanciada. No es defensor de minorías ni de acosados por
una u otra razón; lo es en tanto que cada cosa real puede ser el instrumento necesario de la alegría o el mero bienestar del otro. Pero Savater
no espera, busca y conquista, o lo intenta, por el puro aliciente de inten-
tarlo. La razón de hacerlo es que eso es mejor que eso otro, y es mejor
porque es —como hubiese dicho el gran Carlo Cippola— lo que menos
consecuencias lesivas trae para uno y para los demás. El tonto superior
es aquel que emprende acciones que lo perjudican a él y a los demás.
O incluso, y es una razón en apariencia banal, pero la mejor, es lo que
deseo: «A veces el corazón necesita intriga y asombro, mientras que en
otras ocasiones requiere perplejidad metafísica; hay momentos en que

pide ritmo desgarrado y en otros exige armonía celestial; ahora quiere temor y temblor, luego carcajadas» (1998: 247). La lección implícita y ejemplar de este vitalismo lúcido es una de las sacudidas más felizmente corruptoras que ha recibido la sociedad española en democracia contra el conservadurismo represivo por ley de tradición o la ideología como dogma de fe por ley revolucionaria.

BIBLIOGRAFÍA

AFINOGUÉNOVA, Eugenia (2003): «¿La filosofía del hombre? (Eugenio Trías y Fernando Savater)», en *El idiota superviviente*, Madrid: Libertarias, pp. 25-54.

ARIAS, Juan (1996): *Fernando Savater: el arte de vivir*, Madrid: Planeta.

BARNATÁN, Marcos-Ricardo (1984): *Fernando Savater contra el todo*, Madrid: Anjana.

BUCKLEY, Ramón (1996): «A favor de Nietzsche», en *La doble transición: política y literatura en la España de los años setenta*, Madrid: Siglo XXI, pp. 76-82.

ENKVIST, Inger (2005): «Savater: el filósofo y la ética ciudadana», en *Pensadores españoles del siglo XX*, Rosario: Ovejero Martín, pp. 129-152.

AZÚA, Félix de (1986): *Historia de un idiota contada por él mismo o el contenido de la felicidad*, Madrid: Espasa Calpe.

Fernando Savater. Semana de autor (1991): Madrid: Instituto de Cooperación Iberoamericana.

FERRER SOLÀ, Jesús (1995): «Fernando Savater: tormento y gozo de un filósofo burlón», *Turia* 32-33, junio, pp. 123-132.

GIL CALVO, Enrique (1993): «Querer y no querer: los dilemas éticos de Fernando Savater», *Cuadernos Hispanoamericanos* 513, marzo, pp. 61-72.

GIMÉNEZ GRACIA, Francisco y Enrique UJALDÓN (eds.) (2007): *Libertad de filosofar. Ética, política y educación en la obra «1991» de Fernando Savater*, Barcelona: Ariel.

Homenaje a Fernando Savater en su sexagésimo cumpleaños (2007): *Araucaria*, 17.

PRADO GALÁN, Javier (2001): *Fernando Savater. Grandeza y miseria del vitalismo*, México, D.F.: Universidad Iberoamericana.

RIVERA, Juan Antonio (2005): «Cómo dejar de ser un progre», en *Menos utopía y más libertad*, Madrid: Tusquets, pp. 15-29.

SAVATER, Fernando (1976): «*Los nacionalistas o el destierro como estilo*», *El País*, 5 de mayo.

— (1976): *La infancia recuperada*, Madrid: Taurus.

— (1981): *La tarea del héroe. Elementos para una ética trágica*, Madrid: Taurus.

— (1984): *Contra la patrias*, Barcelona: Tusquets.

— (1994) : *Misterios gozosos*, edición de Héctor Subirats, Madrid: Espasa Calpe.

— (1998): *Despierta y lee*, Madrid: Alfaguara.

— (2001): *A caballo entre milenios*, Madrid: Aguilar.

— (2003): *Mira por dónde. Autobiografía razonada*, Madrid: Taurus.

— (2003): *Pensamientos arriesgados*, edición de José Sánchez Tortosa, Madrid: La Esfera de los Libros.

— (2005): *La libertad como destino*, prólogo de Alberto González Troyano, Sevilla: Fundación Fernando Lara.

—(2007): *La vida eterna*, Barcelona: Ariel.

— y José Luis Pardo (2003): *Palabras cruzadas. Una invitación a la filosofía*, Madrid: Pre-Textos.

Smith, Paul Julian (1998): «Social space and symbolic power: Fernando Savater's intellectual field», *The Modern Language Review* 93.1, enero, pp. 94-104.

Susaeta, Fernando (2006): *La conciencia trágica de Fernando Savater y José Antonio Marina*, Madrid: Idea.

APROXIMACIONES A LA POESÍA DE GUILLERMO CARNERO

Elide Pittarello
Università Ca' Foscari di Venezia

El autor por sí mismo

En el volumen *Poéticas y entrevistas (1970-2007)*, que abarca casi cuatro décadas, Guillermo Carnero reúne las reflexiones teóricas y críticas que atañen a su poesía (Carnero 2007). La andadura de estas páginas es discontinua con respecto a la dinámica del corpus poético. Sin embargo, aunque son inconmensurables, ambos discursos se sostienen recíprocamente. La definición de poeta culturalista no tiene hoy acepciones despectivas, gracias también a las repetidas intervenciones del autor, según el cual no hay antítesis entre el bagaje cultural y la emoción artística. Teniendo a mano los materiales autógrafos que el propio Guillermo Carnero ha facilitado, examinaremos primero lo que el poeta ha pensado acerca de su poesía, que inicialmente se contrapone a la literatura y la cultura españolas de los sesenta, para alinearse luego al resto del mundo occidental, en cuyo seno la figura del poeta resulta cada vez más esquinada.

La primera poética del autor aparece en la antología *Nueva poesía española* que editó Enrique Martín Pardo en 1970, colección coeva de la más célebre antología *Nueve novísimos poetas españoles* de Josep Maria Castellet. Guillermo Carnero sintetiza la cuestión en dos conceptos: «La poesía es un humanismo» y «El poema es un objeto» (Carnero 2007: 17). A primera vista, las dos afirmaciones encierran una contradicción. Eso se debe al uso corriente del término «humanismo», anclado en la idea optimista del hombre como medida de todas las cosas. No obstante, la acepción de «humanismo» elaborada por el pensamiento existencialista tiene poco que ver con la originaria. Por lo que atañe a Guillermo Carnero, destaca especialmente la concepción que del «humanismo» tenía Jean-Paul Sartre, quien ve al hombre como un haz de límites y posibilidades, cuyo destino es el error de juicio y la decepción.

Guillermo Carnero se respaldaba en justificaciones metaliterarias que rompían con el paradigma crítico-literario de la época, abocado a la asfixia. Compartía la misma opinión con la aguerrida élite de novísimos promocionados por Josep Maria Castellet, a golpes de ideología marxista y visibilidad mediática. Para todos ellos quedaba descartado quien siguiera pensando que la poesía era una expresión de la conciencia del sujeto, situado en el centro de su experiencia. El yo como principio sintético del conocimiento inmanente era un anacronismo. Por aquellas fechas, en el resto del mundo occidental se afirmaban el estructuralismo, de origen francés, y el posmodernismo, procedente de Estados Unidos.

En el contexto español, la poética de Guillermo Carnero es un acto de beligerancia. La segunda definición, «El poema es un objeto», incluye la concepción de la autonomía del arte y el eclipse de la figura del autor, el cual se ve más como un producto del medio socio-económico y del lenguaje preexistente, que como un demiurgo de la palabra reveladora. La importancia de la creatividad individual se empaña, mientras adquiere envergadura un esfuerzo hermenéutico de gran amplitud. Cuando empieza la Transición, el autor mitiga su vehemencia y se concilia con los más destacados representantes de la poesía social, que también están revisando sus antiguas convicciones artísticas. Ahora él ve una posibilidad de convergencia entre una ética circunstanciada y la estética formalista, a condición de que se mantenga el planteamiento metadiscursivo del poema. Sin esta autopsia del decir los contenidos no pasarían de ser escorias, como dijo el autor en la conferencia inédita «Situación de la poesía española en 1976» (Carnero 2007: 35).

Cuatro años más tarde, en la antología de Concepción García del Moral y Rosa María Pereda, *Joven poesía española*, Guillermo Carnero se distancia de la actitud inicial. Redacta una poética para afirmar su caída en desuso, ya que la poesía le parece irreductible a la racionalización. «La propia práctica se ha vuelto la mejor teoría», afirma el poeta, aquilatando la intención iconoclasta de los comienzos. Con optimismo, el autor opina que la España democrática goza de un momento favorable para «una poesía de gran alcance» y que no hay necesidad de luchar, «porque ya no hay enemigo» (Carnero 2007: 43-44).

Era verdad, pero tampoco quedaban compañeros de aventura, dentro o fuera del territorio nacional. Los novísimos fueron solidarios en abanderar rechazos: en política, del régimen franquista; en literatura, de la poesía social y neorromántica. Sin embargo, la renovación que ellos propulsaban no hizo resurgir otra vanguardia. Mientras fueron un grupo, los novísimos tuvieron la fuerza de la utopía, que se deshizo tan pronto como se realizaron sus deseos en el ámbito socio-político español. No sospechaban que alinear España al resto del mundo significaría importar también el ocaso de la(s) ideología(s) y el fin de la historia. Algo por otra parte implícito en todos sus versos, desde los más jocosos y *camp* hasta los más dolientes y crípticos.

Los novísimos se integran en la cultura española cada uno por su lado y Guillermo Carnero vuelve sobre el papel del artista en términos más personales, reivindicando el derecho a exponerse al menos como responsable de su propia circunstancia. Pero, ¿a qué presente se estaría refiriendo? El compromiso colectivo se había quebrado. En la poética redactada para *Los Cuadernos del Norte* sobre «El estado de las poesías», en 1986, el autor afirma: «Jamás he escrito una línea en la que no estuviera presente la necesidad de dar cuenta de mí mismo» (Carnero 2007: 46). Acontecimientos de importancia planetaria están a punto de producirse con el impacto de un terremoto que cambiará el mundo de manera irreversible. La caída del telón de acero y el derrumbe de la Unión Soviética se aproximan. La consecuencia más vistosa e imprevista es la globalización, dominada por la agresividad del capitalismo sin fronteras ni reglas y por un *boom* tecnológico que impone ritmos atropellados, arduos de metabolizar. El consumismo involucra todos los ámbitos de la vida. Un nuevo totalitarismo ideológico arrincona el saber humanístico, cuya galopante pérdida de prestigio abruma. Veinte años después de la muerte de Franco, en una España que ya no es diferente, en un artículo aparecido en *La Página*, Guillermo Carnero se pregunta por los gustos y las competencias del público lector. Se le ocurren dos posibilidades: «desentenderse de él y vivir en conversación con los difuntos en el interior de la tradición de la poesía» o bien «intentar captarlo; y para ello, posiblemente, la poesía tenga que ser banalizada, desprovista de reflexión y referencias culturales» (Carnero 2007: 52).

A finales del siglo xx, el autor se apresta a una vieja batalla contra nuevos detractores. En un texto inédito, de 1998, sobre *El estado de las poesías II*, por un lado Guillermo Carnero arroja un balance severo acerca del fenómeno socio-literario de los novísimos y, por otro, lamenta el retorno a una poesía de la experiencia parecida a la de los años cincuenta. Puesto que la crítica española, en su opinión, no ha orientado suficientemente al lector, los novísimos se ven obligados a buscar una legitimación literaria aun teniendo una obra consistente, como si hubieran sido tan sólo los protagonistas de un episodio de rebeldía aparatosa y efímera (Carnero 2007: 58). En particular, el autor asegura de nuevo no haber escrito un solo verso sin emoción. Al igual que Sísifo, vuelve a subir a la montaña la roca del culturalismo, explicando una y otra vez que no es un factor antipoético.

En 1999, en «Píos deseos al borde del milenio. La alegría de los naufragios 1-2», el autor ilustra cómo la apropiación simbólica de detalles de objetos culturales de otras épocas enriquecen a diario su existencia personal, coincidiendo con lo que sostenía Lotman a propósito de la permeabilidad espacio-temporal de las artes en la vida cotidiana (Lotman 1998: 23-37). Para Guillermo Carnero esto aporta «un adicional procedimiento desautomatizador de la expresión de la intimidad» (Carnero 2007: 62).

Las tres entregas «Reflexiones egocéntricas», del 2000, son «confesiones de "taller"» (Carnero 2007: 67), sumamente útiles para el lector, que comprueba cómo los objetos de la cultura se convirtieron en figuras de su poesía. Aun así, tantas revelaciones no disipan el misterio de la creación artística. Al contrario, subrayan el límite de toda exégesis del texto poético, empezando por la del mismo autor.

EL AUTOR POR SUS INTÉRPRETES

Sobre la producción en verso de Guillermo Carnero hay una gran cantidad de trabajos críticos, como prueban las bibliografías recogidas en las obras que aquí se comentan. Si cada autor forma a sus propios lectores, el reto es serio y los muchos que lo aceptaron han vuelto su poesía más accesible y, por ello mismo, más admirable. Artículos y reseñas de varia índole preceden la consagración, en 1979. Es el año de *Ensayo de una teoría de la visión (Poesía 1966-1977)*, que recoge *Dibujo de la muerte* (1967), *El sueño de Escipión* (1971), *Variaciones y figuras sobre un tema de La Bruyère* (1974), *El azar objetivo* (1975) y tres poemas del libro inacabado que le da el título a la colección. Parte de este evento literario es el extenso y elogioso estudio preliminar de Carlos Bousoño, cuya vasta producción crítica y teórica influía mucho en el ámbito académico español. Las consideraciones de orden general que contiene el ensayo no son hoy tan vigentes, mientras sigue siendo ejemplar la lectura de algunos poemas, con el análisis de los correlatos objetivos, los prosaísmos, el humor y la metapoesía.

Habrá que esperar la última década del siglo xx para leer las primeras monografías, ambas en lengua inglesa. Desde el punto de vista de la recepción, el dato es elocuente. Con *Poetry and Doubt in the Work of José Ángel Valente and Guillermo Carnero*, de 1996, Catherine R. Christie enfoca la obra de nuestro autor —hasta *Divisibilidad indefinida*— en el marco del posmodernismo, visto como quiebra globalizada de la epistemología. Con una sólida formación interdisciplinaria, Christie investiga la semántica de los poemas, en cuya exquisitez figurativa y conceptual lee la crisis del sujeto contemporáneo.

En 1997, Jill Kruger-Robbins publica *Frames of Referents. The Postmodern Poetry of Guillermo Carnero*, en el que se ocupa de las mismas colecciones con esmerados análisis de los poemas más aptos para ejemplificar la identidad dispersa del artista y el desprestigio ontológico de la obra de arte. Centrándose en el exiguo alcance referencial de la palabra poética y en sus conexiones intertextuales, sin olvidar la solidaridad nihilista de ciertas técnicas expresivas, Kruger-Robbins subraya el móvil ético del posmodernismo del autor, en el seno de la alienada cultura occidental.

Ignacio Javier López, que tiene el gran mérito de haber llevado a cabo la edición *Dibujo de la muerte. Obra poética*, de 1998, ofrece en su «Introducción» una sinopsis eficaz del trayecto estético de Guillermo Carnero, integrando los aportes de la crítica más perspicaz con sus interpretaciones enriquecedoras, propias de quien ha estado en contacto largamente, verso a verso, con cada poema. Sus notas a los textos editados no contienen sólo una copiosa información bibliográfica e intertextual,

incluyen también comentarios iluminantes. Es un trabajo imprescindible
para todo lector.

Marta B. Ferrari, en *La coartada metapoética. José Hierro, Ángel
González, Guillermo Carnero*, de 2001, analiza la función de los pa-
ratextos (epígrafes, citas y notas) en la obra del autor, con exclusión
de *Verano inglés*. Este enciclopedismo atenta por un lado a la cohesión
semántica del poema y, por otro, neutraliza el riesgo de una lectura erró-
nea, a la vez que sostiene el planteamiento metapoético e intertextual.
Luego la autora evidencia cómo el poeta aborda el desengaño epistemo-
lógico de la representación.

EL PARADIGMA PERDIDO

El culturalismo de Guillermo Carnero privilegia la fenomenología del
sentir (la *aisthesis*) para mostrar hasta qué punto es escabroso el acto
de pensar y frustrado el afán de saber. En sus incursiones arqueológicas
y extraterritoriales, el poeta no celebra la herencia, lamenta la fractura,
tanto más abrupta por la comparación de su tiempo descreído con épocas
que hacían corresponder la armonía, la simetría y euritmia de las formas
sensibles a la verdad y a la bondad de las formas inteligibles y viceversa. Para los pitagóricos y sus secuaces, todo era calculable y traducible,
todo fluía física y mentalmente a través de la vista y el oído: los sentidos
nobles y públicos por excelencia, ya que el intelecto podía compartir sus
articulaciones conmensurables (Bodei 1995: 19-23, 36-37). No extraña,
entonces, que uno de los periodos favoritos de Guillermo Carnero, en
la etapa fundacional de su escritura, sea el Renacimiento italiano, que
alberga en su propio nombre el ideal de un ideal, o la re-invención de
apariencias y esencias concordantes, base del misticismo mundano neoplatónico. Ni sorprende tampoco que el XVIII francés sea otra referencia
ineludible, por lo que atañe a las obras de arte que persiguen la proporción de la línea, el volumen, el color o el sonido, en pos de un clasicismo
convertido en depósito de modelos amanerados. De la filosofía secreta al
fasto cortesano: cualquiera que sea el contexto histórico-cultural seleccionado, el poeta apunta al orden de la belleza en oposición a la anarquía
de la fealdad, vista como marca de un realismo desmitificador siempre
al acecho. Y, en efecto, sobre las galas de una sociedad obnubilada por el
hedonismo rococó o decadentista se cierne el derrumbe. La revolución
del Siglo de las Luces no sería sólo política. La alianza milenaria entre

lo bello natural y lo bello artístico estaba a punto de romperse por el avance de la ciencia y la técnica, que explotarían el mundo físico (Bodei 1995: 9). Sin embargo, la razón triunfante no ahuyenta la amenaza de lo sagrado, la arrecia. Ni el culto finisecular del arte por el arte, que aquí depara a sus sacerdotes un final amargo, zanja la bancarrota ontológica del siglo xx.

Desde su desalmado y acelerado presente, Guillermo Carnero extrae del pasado inactual las figuras de una escisión que se ha consumado con daños irreparables. Tras romper con el legado socio-político y literario de la España de posguerra, el poeta define lo «propio» tensando la confrontación con lo «ajeno». Ensaya así un poliglotismo que pudo asombrar en su momento por los referentes elegidos, pero que constituye la práctica normal de cualquier artista, sea cual sea la tradición a la que pertenece y el estilo que adopta. Si el sistema de una cultura no fuera heterogéneo no habría rechazos ni innovaciones. Limitándonos al campo estético, por un lado, artes diversas modelan de maneras diversas los mismos objetos; por otro, cada arte fija su especificidad en presencia de otras artes y de lenguas paralelas (Lotman 1998: 32). Bajo este aspecto, el neoplatonismo florentino y veneciano abastece la poesía de Guillermo Carnero con imágenes híbridas y reticentes, incrustadas en el hermetismo órfico que prescribía la vaguedad semántica, el injerto alusivo del símbolo en el signo. Lexemas de uso común como «aire», «llama», «río» o «monte» son, a la vez, cifras sensibles del Uno que se diferencia y solidifica bajando o que se deshace subiendo, en la circulación infinita de su energía. Con estas transposiciones intersemióticas, que posibilitan una sintaxis figurativa de la percepción sensorial (Fabbri 2000: 276-279), Guillermo Carnero sustenta la armazón enigmática de sus poemas. La retórica del enigma implica la conexión analógica de significados que no respetan la unicidad del significante, volviendo aleatoria la interpretación del mensaje (Cuesta Abad 1999: 39). Un ejemplo elocuente es «Tempestad», un poema sobre el casi homónimo cuadro de Giorgione, *La tempesta*. Sin asomo de *ékphrasis*, no habría relación entre las figuras estáticas del lienzo y las figuras dinámicas del texto si no fuera por el neoplatonismo subyacente, dentro de cuyo *circuitus espiritualis* cada diferenciación morfológica es un estado transitorio del Uno. El nexo silenciado se desplaza a los autores: al pintor neoplatónico del siglo xvi, que aplica una concepción vigente, y al poeta posmodernista de ahora, que recrea un mito pretérito (Pittarello 2004: 217-218).

En la poesía de Guillermo Carnero el neoplatonismo es la reserva de *ideas* o *ídolos* que configuran —por diferencia— la condición actual del hombre, para el cual el problema del ser se ha vuelto incuestionable. Hoy su mundo no es el de las formas sensibles y las sustancias inteligibles que se traducen recíprocamente como partes de una realidad única y comunicante. Su *polis* confusa no reproduce en pequeña escala el orden del cosmos, ni su destino final es volver a la patria celeste como alma depurada del lastre del cuerpo. Las bellas formas del neoplatonismo, cuyo acceso a lo real era estético y ontológico a la vez, exacerba el deseo del sujeto contemporáneo, aquejado por la falta de sustancia, la finitud sin rescate, la intrascendencia de los signos. En la imposibilidad de decir el *pathos* con las fórmulas del egotismo, el poeta novísimo adopta las imágenes que juntan el sentir y el saber, abriendo paso al retorno de lo reprimido, tanto voluntario como inconsciente: es decir, lo que el autor rechaza ideológicamente por sus desavenencias con la cultura dominante y lo que censura emocionalmente por sus recónditos excesos de pena. Bajo la letra del mismo signo se deslizan y se sueldan formas antitéticas del significado, dando lugar a una unión paradójica que el discurso poético acoge, parecido en esto al discurso del sueño, del lapsus, del síntoma y del chiste (Orlando 1973: 32).

En esta pluralidad de niveles semánticos, el neoplatonismo ofrece un sistema semiótico fuertemente codificado. Su concreción de lo abstracto sigue el vector de la verticalidad, con una perspectiva orientada desde abajo hacia arriba, desde la tierra hacia el empíreo. La mirada pertenece al hombre, quien ocupa, en la jerarquía del ser, el punto de conjunción del bien y el mal o de lo bello y lo horrible o de lo verdadero y lo erróneo. Son categorías equivalentes para el «hombre interior» de aquella época, propenso a la introspección contemplativa que lo eleva hasta la esfera incorpórea de la inteligencia. Ésa es su meta más allá de la muerte, la que tienen vetada las múltiples voces poéticas de Guillermo Carnero, por mucho que desglosen sus pensamientos.

En el contexto de la cosmogonía clásica, basada en los elementos del aire, el fuego, la tierra y el agua, la axiología neoplatónica polariza el dualismo psico-físico con binomios de metáforas contrarias. Desde la filosofía antigua hasta el existencialismo de nuestros días, las metáforas se han considerado bisagras metafísicas que animan lo inanimado. Ponen las cosas ante los ojos y visualizan sus relaciones (Ricœur 1997: 48). En la poesía tan poblada de metáforas neoplatónicas de Guillermo

Carnero se comprende así la primacía de la pareja de contrarios luz/oscuridad, que posibilitan o impiden la visión del mundo sensible y traducible, cuyas modalidades más difusas proceden de otras parejas de contrarios como inmenso/limitado, transparente/opaco, ligero/pesado, móvil/quieto, volátil/líquido, dúctil/rígido, redondo/recto, caliente/frío, húmedo/seco, etc. En el neoplatonismo el autor encuentra imágenes de la exterioridad que recuerdan a cada paso que fueron, y ya no son, figuras sensibles del ser; que tuvieron, y ya no tienen, una causa originaria; que dependieron, y ya no dependen, de un fundamento o inicio absoluto (Beierwaltes 1992: 78). Incluso cuando no se refieren expresamente a pinturas u otras obras de arte, estas imágenes enmarcan física y metafísicamente el mundo como proyecciones icónicas (Lund 1992: 16), estructuran el poema como si fuera un cuadro.

Guillermo Carnero explota esta utopía idealista antes de nombrarla. Sólo cuando empieza a desarrollar la metapoesía como manifiesto nihilista inserta, por ejemplo, citas de Marsilio Ficino en «Chagrin d'amour, principe d'œuvre d'art» y de Pico de la Mirandola en «El sueño de Escipión» (López 1998: 197, 213). Sin embargo, aparte de estas menciones, el poeta practica habitualmente la transmutación de los conceptos en vivencias sensoriales, con el predominio de la facultad de la vista. Son incontables las ocurrencias textuales del órgano perceptivo, el «ojo», y de los actos básicos de «ver» y «mirar», junto con el desarrollo de la isotopía de la visión. El recurso del neoplatonismo potencia la ambigüedad de cada texto, de cada inscripción legible e ilegible en el gran palimpsesto de su poesía.

Síntomas de la pasión

En contra de la opinión común, la transposición del «lenguaje del yo» al lenguaje «de un "ello"» (Carnero 2007: 62) no excluye la subjetividad de la voz que habla, no tan impersonal ni impasible. Los motivos culturalistas seducen con tanta eficacia al lector, que éste se fija en lo que le opone resistencia. Es la prueba de que el autor ha conseguido des-automatizar su lenguaje, a veces con un sarcasmo demoledor; más a menudo con una gravedad que apunta a lo sagrado, donde nada puede el raciocinio y sus sistemas de defensa. Es una condición que el hablante asume con disimulo.

Enumerando los recursos principales, se nota el uso masivo de un sistema verbal estático, dominado por el paradigma del tiempo presente, que remite al lenguaje en acción o copresencia de un hablante —intencionado a persuadir— y de uno o más oyentes, dispuestos a escuchar (Benveniste 1971: 287-288). Es un rasgo estilístico reiterado con pocas excepciones, como por ejemplo «El movimiento continuo», «Boscoreale», «Brummel», «El embarco para Cyterea», «Oda a Teodoro, Barón Neuhof (1694-1757), rey de Córcega», «Lección del agua», «Melusina», etc. El tiempo verbal del presente remite a la situación de quien está hablando. La enunciación y el enunciado se dan simultáneamente, poniendo de relieve la subjetividad del mensaje (Benveniste 1971: 315). Incluso si no hay formas pronominales de primera persona, este tiempo verbal alberga una voz oculta en el acto de producir su discurso. Y se da aún más en presencia del tiempo futuro, que no es infrecuente. Siendo un presente proyectado hacia el porvenir, en él el hablante manifiesta sus órdenes, vaticinios y conjeturas (*ibid.*, 291).

Otras huellas subjetivas que apenas se notan son los deícticos *allí*/ *aquí*, incluyendo las variantes *allá*, *ahí*, *acá*, que establecen una relación espacial coextensiva entre el tema del discurso y el emisor, que así participa en lo que está exponiendo. Quien está detrás modula la distancia y aviva el interés, al igual que hace con los deícticos relativos al espacio. Son la tríada gramatical *este*/*ese*/*aquel* que también articula lejanías o acercamientos, fundiendo lo espacial y lo emocional. Quien habla establece el movimiento de los referentes que lo conciernen también desde el punto de vista temporal. Si en su enunciado inserta *ahora* o cualquier otro indicador cronológico, el resultado no cambia. Son marcas de la subjetividad diseminadas en el momento de hilvanar el discurso.

Finalmente, entre los índices de subjetividad hay que incluir la frase interrogativa, que implica a un interlocutor con el cual urge comunicarse, si bien la voz poética vela su preocupación tras la forma pronominal de la tercera persona, la cual remite menos a la no-persona (Benveniste 1971: 306) que a la necesidad de un preciso contenido referencial (Kerbrat-Orecchioni 1980: 43). Es otra faceta del lenguaje en acción, el despliegue de un medio de investigación inútil, porque la contestación esperada no llega jamás. Véase cómo concluye el poema «EL ARTE DIVINATORIA (Homenaje a Vicente Aleixandre)»: «[…] La realidad son seres / dotados de volumen (no esta vez / serenidad en piedra, sino carne). / Arabesco de enigmas. ¿Qué espectáculo / en su interior? ¿Y qué naturaleza? / Amar es conocer. Y quién conoce. / Cada cuerpo asesina con sus límites, / inciertos al conjuro, al llanto. ¿Todo / está aquí?» (Carnero, 1998: 165). A veces un significante gráfico aumenta el dramatismo de la inquisición lanzada al vacío. Por ejemplo, el efecto emotivo que, en «Las ruinas de Disneylandia», produce la combinación de tres factores retóricos como la letra de molde, la repetición y la forma interrogativa: «WAS IST DADA? WAS IST DADA? WAS IST DADA?» (Carnero 1998: 206).

Un índice de subjetividad más evidente es la enunciación con el pronombre de la segunda persona singular, ya que el uso del tú comporta la presencia de un yo que se le dirige. Donde haya un emisario no puede dejar de haber un emisor, el sujeto que emerge gracias a la relación bilateral. Es el otro quien le da carta de existencia al yo, si bien entre bastidores. En la poesía de Guillermo Carnero hay bastantes casos de verbos conjugados con este pronombre, en presente de indicativo y de imperativo. Los dos aparecen juntos muy a menudo, vertebrando apóstrofes fantasmales. Los destinatarios ya no están en el mundo, sea que hayan existido de verdad, sea que hayan sido inventados por algún artista. La voz poética muestra su apasionamiento con actos lingüísticos cuya fuerza ilocutoria llega a la máxima potencia cuando imparte una orden o invita a ejecutar algo o lanza una invectiva. Pero son falsas muestras de una voluntad de poder que no se cumple, síntomas del duelo que afecta al hablante, quien dialoga sólo con los muertos. No por nada las ciudades de estos poemas aparecen deshabitadas o en ruinas, mientras se proclama la disolución del sujeto en el enunciado y en la enunciación.

Un ejemplo impresionante se encuentra en las estrofas centrales de «Muerte en Venecia», el poema que funde la identidad de dos personajes de Thomas Mann. Además del recurso retórico de la enumeración caótica —un balbuceo del dolor que ensambla nombres porque no logra articular un discurso—, el poema presenta una gran concentración de deícticos que refuerzan el impacto emocional de la apóstrofe a la que nadie contesta. Es un artificio que permite adueñarse de historias ficticias y transformarlas en una experiencia personal. Entonces, quien habla necesita exponerla de nuevo con otras palabras, las suyas. Al decir de nuevo lo que ya está dicho, el viviente humaniza el tiempo que le ha tocado en suerte y da cuenta —contando— de su propio paso por el mundo. Aquí el hablante plasma una prosopopeya vana, sabiendo que no va a sacar del Hades al doble morador que tanto lo conmueve. El personaje Detlev

Spinell, que conserva su nombre mientras juega el rol del personaje As-
chenbach, ni vuelve a la vida ni se aparta de su destino fatal. El proceso
fugaz de su resurrección y muerte incluye la metamorfosis de la enunciación, que en un momento dado pasa a la forma pronominal de la primera
persona. El *crescendo* penoso llega a su ápice cuando aparece un yo
que se despide del mundo con todos los sentidos alerta y la imaginación
disparada hacia el fin que lo espera. El personaje toma la palabra para
configurar una y otra vez su inminente descenso hacia un espacio oscuro
e informe, que obsesivamente metaforiza con la imagen de la «noche»
(Carnero 1998: 114-115).

El uso de la prosopopeya con el sistema pronominal de la primera
persona es uno de los recursos más comentados por la crítica y por el
propio autor. Poemas como «Watteau en Nogent-sur-Marne», «Oscar
Wilde en París» o «Palabras de Tersites» (Carnero 1998: 129, 132-133,
245) ejemplifican el disfraz de quien se dice a sí mismo a través de identidades ajenas. En cambio, la prosopopeya empleada con el sistema pronominal de segunda persona convoca ineludiblemente al hablante, cuya
figura se esboza como reflejo del otro, el muerto elegido que sigue guar-
dando silencio. Empleando el pronombre de la segunda persona plural,
como en «Galería de retratos», la voz atrae hacia sí una multitud inexistente: «Venid, venid, fantasmas, a poblarme, / y sacien vuestros ojos a la
muerte» (Carnero 1998: 135). La abundancia de verbos en presente de
imperativo y en presente de subjuntivo que, con su fuerza ilocutoria más
blanda, suelen expresar un deseo, muestran hasta qué punto el hablante
está dispuesto a ser el portavoz de los muertos.

El valor de esta enunciación cambia ulteriormente en poemas como
«Puisque réalisme il y a», «Mira en breve minuto de la rosa» y «L'énigme
de l'heure» (Carnero 1998: 247, 250 y 253), donde la voz ya no necesita
de personalidades prestadas. Pertenecen a la colección *Variaciones y figuras sobre un tema de La Bruyère*, de 1974, donde el autor y sus demonios salen más al descubierto. Aquí, el tú expresa el desdoblamiento de
un yo que remite a un poeta. Escenificando una objetivación de sí mismo
en cuanto artista del lenguaje, quien habla en estos falsos diálogos deja
en claro que la capacidad de nombrar no garantiza la posibilidad de saber. Es más: entre los diversos géneros de discurso que el hombre tiene a
su disposición, el del poema —una forma de arte, cuyo fin debería ser la
belleza-bondad-verdad si aún valiera el neoplatonismo— resulta el más
engañoso. Viene de ahí el sentimiento trágico de la vida.

El confronto entre el devenir de la *physis* y el devenir del hombre a veces encamina el discurso proscrito del yo hacia el discurso colectivo del nosotros, un deíctico de inclusión (Kerbrat-Orecchioni 1980: 41) que permite hablar en nombre de los mortales que buscan alguna forma de permanencia. Entre los ejemplos posibles, veamos cómo en la «Variación IV. Dad limosna a Belisario» se reflexiona sobre objetos a los que debería anclarse la memoria individual y colectiva. «Gramáticas», «fotografías», «medallas y cintas», «juguetes con encajes sucios» son testimonios de una cultura sin vigencia. Al final de su repaso desolado, concluye la voz coral: «y nos devuelve a ellos la vanidad del coleccionista / que dice poseer con los objetos su alma; nos miran / con fijeza de búhos disecados desde la redondez de su urna: / una apariencia que es muerte y serrín y grandes ojos de vidrio» (Carnero 1998: 241-242). Si en su momento se valoraron en mucho, estos objetos han invertido su cotización. El cambio se da con un desplazamiento del género inorgánico al orgánico, ya que los despojos de la taxidermia son cuerpos que fueron vivos. Mediante la ilusión fisonómica, que atribuye a estos objetos una cara y una expresión, el sujeto plural que está hablando exhibe el paso del tiempo y sus estragos. En el cruce fallido de las miradas sin visión, la comunidad de los hombres presiente su finitud.

CON VOZ PROPIA

Al publicar *El azar objetivo* (1975), Guillermo Carnero torna el enfoque melancólico en autopsia colérica, cuya vehemencia resulta inversamente proporcional a la férrea disciplina del estilo. Las largas frases hipotácticas, el léxico culto y en gran medida abstracto, el recurso insistente al paradigma pronominal de la tercera persona son otras tantas formas de contención del desamparo: una elección que no persigue la asepsia emocional, sino la puesta en escena del propio lenguaje en calidad de aparato ingenioso e inservible. El andamiaje analítico de la razón, que caracteriza *El azar objetivo*, alberga un sofisma de orden general. Los ejemplos de conocimiento técnico-científico, ilustrados con todo lujo de detalles, muestran que la competencia sistemática carece del menor respaldo referencial. Y es en medio de la isotopía del desastre donde el sujeto asoma en primera persona, entre los índices habituales de la subjetividad. Alguien que dice yo se hace cargo de su propia argumentación, en «Meditación de la pecera» —«para recomponer entonces, digo, la

realidad del fenómeno» (Carnero 1998: 264)— y en «El azar objetivo»
—«No hablo de las grandes líneas, / que ésas sí están a nuestro alcance» (*ibid.*, 271)—. En estos poemas que subrayan con especial dureza
la inanidad de nuestro sistema de conocimiento, el sujeto habla en primera persona para enseñar que la autoría y la autoridad no coinciden.
Inútilmente ahonda en las técnicas con que el hombre reacciona a una
estabilidad que asfixia. Entre la ignorancia que protege y la curiosidad
que arruina, quien habla se aboca a la segunda opción, si bien conocer es
una experiencia que desestabiliza. Deseo y angustia son las caras de una
aventura que plantea incógnitas y depara fracasos. Una vez más lo que
está en juego es la infracción del límite, la erótica del *plus ultra* con la
caída en la *hybris* (Bodei 1993: 123-124).

Dos años más tarde, en 1979, Guillermo Carnero reúne su poesía en
Ensayo de una teoría de la visión y en la nota previa declara: «todos
mis libros eran en realidad *un solo libro*, y junto con ellos lo serán los
venideros» (Carnero 1979: 71). Un balance y un proyecto que confirma
la poética del autor, dado que el título ostenta dentro de sí mismo una
«œuvre en abyme» (Genette 1987: 81), es decir, la traducción casi perfecta de *An Essay towards a New Theory of Vision*, de George Berkeley.
Es la cita paradójica del trabajo de un idealista del Siglo de las Luces
que quiso conciliar lo físico y lo metafísico: lo que el poeta no está en
condición de hacer.

Hace tiempo que lo visible no traduce lo inteligible en un sentido
trascendente y el autor afronta el caudal de signos que no significan de
manera cada vez más personal, como muestran los tres textos finales de
Ensayo de un teoría de la visión, donde aparece la perspectiva sexua-
da de un yo masculino. El cuerpo, dominio de lo sensible, ha estado
siempre presente en la poesía de este autor, dado que sin él no habría
forcejeos entre el sentir, el saber y el decir. Pero ahora habla un hombre
que enseña en su propia carne hasta qué punto *tánatos* está al acecho de
eros. Piénsese en «Ostende» (Carnero 1998: 282-284), quizá el ejemplo
más complejo, al que la crítica ha dedicado valiosas interpretaciones,
que privilegian los enunciados. Se añade aquí un comentario sobre la
enunciación a cargo de un sujeto que no sabe cómo actuar, en oposición
al «mago», al «calafate», al «leproso» o al «halconero», hombres del
pasado que conocen su papel en el mundo. El hablante se confronta me-
tafóricamente con ellos a través de los símbolos del camino (el devenir,
la biografía *in fieri*, el destino) y el bosque (la ignorancia, la naturaleza

indómita, la sexualidad). En un paisaje abierto e iluminado por la luz natural, los otros «parten seguros al amanecer, / no como yo, por los senderos / cubiertos de hojas muertas, esponjadas y húmedas». Los claros del bosque frondoso, donde «late la oscuridad de las cavernas», corresponden a imágenes de la civilización, remota y actual. El sujeto dramatiza el tiempo a través del espacio, dado que sin la exterioridad no existirían los fenómenos de su propia experiencia, que implican sucesión y duración, además de la posibilidad de deducir relaciones (Pardo 1992: 28). Y, en efecto, el protagonista cumple un alto número de acciones intencionales, que intervienen en el mundo físico: «sigo», «corro», «estrecho», «recojo», «arreglo», «tengo», «acaricio», «pulo», «ordeno» e «imprimo». El primer verbo y el último abarcan una historia que se cuenta en la forma pronominal de la primera persona y en tiempo presente de indicativo. Es la enunciación emocionada de un pasado que no pasa: una aventura erótica maravillosa —una variante del mito de Melusina— que el talento del poeta no puede retener ni olvidar. Las palabras artísticas, que deberían cubrir la ausencia de la amante, súbitamente deshecha por una metamorfosis ominosa, son simulacros siniestros. Llegado el momento del aprendizaje, que modifica la conducta por efecto de la experiencia, el sujeto sigue avanzando en el bosque, animado por su duelo: «inseguro paisaje poblado de demonios / que adoptan apariencias de formas deseables / para perder al viajero».

Tras el arrebato de la acción, el sometimiento de la pasión. Tras la fugacidad del bien, la persistencia del mal, identificado con la palabra que sepulta el *eros* o la vida en «una perfecta arquitectura, / vacía y descarnada», tan inconmensurable «como es inagotable la conciencia». Afianzado el dualismo, la reflexión nihilista preside la última parte del poema. «Desde el balcón», quien dice «veo» contempla la exterioridad a distancia, captando lo ininteligible en lo visible. Las olas del mar rompen mansamente contra el muelle. De manera análoga, sin el enlace sintáctico de una comparación, al protagonista le parece que «[…] se acercan a morir / las líneas sucesivas que forman el poema. / Brillante arquitectura que es fácil levantar». En el lexema «arquitectura», doble signo del lenguaje y la ciudad, el sujeto concentra el derrumbe de la civilización: la del *logos* que ha posibilitado el arte poético y la de la burguesía que ha edificado su opulencia monumental. Donde no queda bosque, el uno y la otra han llegado al final del trayecto, nada más que «un viaje en el vacío», premisa del cierre apocalíptico: «Producir un discurso / ya no es signo de vida, es la prueba mejor / de su terminación. / En el vacío / no se engendra discurso, / pero sí la conciencia del vacío».

Guillermo Carnero ya no teme el discurso del yo. La enunciación subjetiva ordena enunciados que son moldes —heredados u originales— de una esencia que no existe, figuras de un mundo que nada tienen que ver con la repudiada inmediatez realista y neorromántica. Cualquiera que sea la estrategia comunicativa, el sujeto de sus poemas no es dueño de sí mismo, desgarrado entre el lenguaje del deseo y el lenguaje de la cultura.

Pasa una década antes de que Guillermo Carnero publique *Música para fuegos de artificio*, una *plaquette* de 1989, que cita casi integralmente una pieza de Händel. Persisten la transposición intersemiótica y la enunciación de un yo masculino que cuestiona los márgenes heurísticos de la poesía. La parábola de la Transición ha terminado entre éxitos y decepciones. Ensimismado, Guillermo Carnero reitera su petición de sentido a través de la figura del poeta. No se busque, sin embargo, una deriva autobiográfica. Cuenta el ejemplo del artista que reinterpreta *un* pasado adecuado a *su* presente, como testimonia el poema que da el título a la *plaquette* (Carnero 1998: 295-296), escrito casi por entero en cuartetos de endecasílabos, una estrofa culta que favorece la franqueza. El íncipit metapoético de «Música para fuegos de artificio» conjuga la exactitud del nombre con el imán del erotismo, suscitado por una figura femenina: «Hace muy pocos años yo decía / palabras refulgentes como piedras preciosas / y veía rodar, como un milagro / abombado y azul, la gota tenue / por el cabello rubio hacia la espalda». El *logos* y el *eros* se correspondían en la luz, la fuerza activa de la visión sensible e inteligible (Plotino 1999: V 5, 7-8). No por nada la voz asegura que hablando conseguía «plenas y grávidas victorias / en las que ver el mundo y obtenerlo».

La permeabilidad entre lo físico y lo conceptual no dura «y el viento arrastra en ráfagas de crespones y agujas / el vicio de creer envuelto en polvo». Sigue una ceguera que confunde los otros sentidos y causa el descenso hacia la oscuridad líquida del mundo ínfero, donde «el fulgor de la fe lento se orienta / al imán de la noche permanente / en la que tacto, imagen y sonido / flotan en la quietud de lo sinónimo». Se pierde el nombre o la posibilidad de relación entre las cosas (Plotino 1999: VI 3, 19-20). En esta variante de la muerte por agua, «inertes se pudren sumergidos / los oropeles del conocimiento». El chasco del «albedrío», término anticuario que sustituye la voluntad de poder, se compara con el derrumbe de una torre, la arquitectura defensiva por excelencia. En cambio, al aire libre, criaturas dinámicas como las «aves» y el «junco» disfrutan de la luz del principio, puesto que «hay cada día olvido inaugural / en la renovación de la mañana». La tierra es inhóspita si la habita el hombre, el hacedor de signos convencionales. A la manera del Barroco, el sujeto desengañado saca su moraleja resentida: «quien hace oficio de nombrar el mundo / forja al fin un fervor erosionado / en la noche total definitiva».

Al publicar *Divisibilidad indefinida*, en 1990, el autor intensifica el uso de motivos neoplatónicos y de formas métricas clásicas, dentro del discurso del yo. El soneto inaugural «Lección del páramo» (Carnero 1989: 293) empieza con el verso «Veo cruzar el pájaro pausado», que estructura el espacio según el vector alto/bajo, con el simbolismo habitual. Al vuelo del pájaro, relacionado con los elementos espirituales del aire y el fuego, se contrapone el fluir de un arroyo, relacionado con los elementos materiales del agua y la tierra. Pájaro y arroyo trazan líneas que no dejan huella, que no producen historia, pues «escriben que es bastante melodía / el cofre sin abrir de la memoria / y el laberinto ciego del sentido». Emerge, por oposición implícita, la disonancia de las líneas del poeta, que no consigue la forma ideal, es decir, la belleza, la verdad y el bien reunidos en el Uno. En lugar de participar de la ciencia superior, el poeta acata el destino infeliz de la materia informe, que es el mal, también visto como privación, defecto de medida, oscuridad o ignorancia (Plotino 1999: V 9, 10; 1, 8: 7-8). De las consecuencias del mal trata el soneto complementario «Segunda lección del páramo», donde el sujeto limita su visión a la tierra, mientras el cielo inalcanzable es la línea encendida de la puesta del sol: «Veo anegarse la llanura helada / en marea de sombra que creciente / al rojo sumidero del poniente / conduce la blancura amordazada» (Carnero 1990: 17). La jerarquía inversa del agua, la tierra, el fuego y el aire anuncia la caída. El sol es el intérprete de lo que baja de lo inteligible a lo sensible y de lo que sube de lo sensible a lo inteligible (Plotino 1999: IV 3, 11-12). Al desaparecer de la vista, el sol ausente abre el «sumidero» de la oscuridad o noche hermenéutica, en cuyo ámbito las palabras «brillan y aroman» ruidosa y brevemente, hasta que «con otros restos y despojos / de voluntad y conocimiento, / perecen hechas brasas y ceniza».

Los demás poemas amplían la isotopía del derribo hasta un punto de no retorno, tanto enunciativo como argumental. El poeta permanece inmóvil y callado en un mundo desértico.

MÁS INTIMIDAD

Amordazada su voz durante años, al final del siglo xx Guillermo Carnero reúne su producción en *Dibujo de la muerte. Obra poética*, la edición de 1998 cuidada por Ignacio Javier López. El antiguo título confiere una retrospectiva nihilista a todo lo hecho. Luego llega la sorpresa de *Verano inglés*, de 1999, donde un hombre afronta el avatar del enamoramiento, en una prodigiosa simultaneidad de acción y lenguaje. Es un yo adánico que se vuelca en ensayar el discurso acerca de una experiencia originaria e inocente, puesto que la amada rompe, con su presencia, los nexos entre los signos. Los sentidos rebosan. Los moldes vigentes no valen, los nuevos tardan en cuajar. Sin embargo, en el incumplimiento reside la dicha. Valga como ejemplo «El poema no escrito» (Carnero 1999: 17), donde el hombre contempla el cuerpo desnudo de la amada que sale de la ducha, actualizando el tema bíblico de Susana y los viejos. El deseo muestra aquí su naturaleza mimética y triangular (Girard 1999: 96): el amante busca una forma para la amada que tiene ante sus ojos a partir de las figuras femeninas que vieron e inmortalizaron en sus lienzos pintores como Ingres, Boucher, Bouguereau, Gérôme o Cabanel. Pero ningún simulacro de belleza ideal representa a la mujer real y única. Su carnalidad conjura la invención del poema (la representación sustitutiva) y a la vez la obstaculiza. Ése u otro arte no cabe en la vivencia del amor, pero el amante no se siente frustrado. Al contrario, concluye ufano: «Ya escribiré un poema / cuando esté muerta el arte del deseo».

Al final del libro, el discurso fluye melancólico en varias direcciones, porque el poeta ha renunciado a la amada y la añora. El poema «Mujer escrita» (Carnero 1999: 63-64) pone sobre aviso desde el título. Es una apóstrofe unilateral: «Unas veces me llegas aun antes de pensarte / y ocupas el papel hasta el último verso, / colmado en la certeza como sábana / desposeída de su abismo blanco». La tercera estrofa confirma hasta qué punto la ausencia, origen irreemplazable del deseo, renueva la imaginación (Ciaramelli 2000: 73-83) y nutre la poesía, la cura vana: «Otras me dejas versos desleídos / flotando con una inercia de duración y música, / latido oscuro en un fraude de palabras, / imagen escindida

en un espejo roto». La amada ha desaparecido, llevando al amante hacia una mimesis competitiva y autodestructora (Girard 1999: 97-101),
puesto que sucumbe a la pasión de manera vicaria y desplaza su deseo
al rival que tal vez lo suplante, paliando la herida con una fantasía de
voyeur: «Dónde estarás ahora, bajo qué luz distinta / tu piel acariciada.
/ Quién te verá tenderte entornando los ojos / como cae la sombra sobre
la paz de un río». Tras el declive de *eros* o la transgresión, resurge *ethos*
o la costumbre, incluidos el uno y el otro en el nudo de la contradicción
(Givone 2000: 129).

Pero nada será como antes tras esta experiencia. La renuncia al amor
—a ese amor— que finaliza el libro tiene como consecuencia la renuncia
a la metafísica, que hoy en día ninguna representación aprehende. Los
brotes de protesta ontológica, savia de la poesía anterior a *Verano inglés*, desaparecen. La búsqueda de esa quimera —el sentido más allá de
los signos— cesa con *Espejo de gran niebla*, de 2002. El protagonista,
un poeta que sigue hablando en primera persona, anuncia su rendición
desde el título, sacado del *Libro de la Vida* de Santa Teresa. Es su modo
de referirse, por analogía, a «la pérdida del estado de gracia y el vacío
que deja en el alma la ausencia divina, como consecuencia de la falta de
amor» (Carnero 2008: 132).

La mística integra el neoplatonismo, como ciencia infusa que no se
aprende ni se comunica. Y sin embargo, Santa Teresa batalla por decir
su experiencia indecible, asistida por el mismo Dios. No es así para el
poeta de *Espejo de gran niebla*, que se tortura en balde sobre la página en
blanco. La comparación se da sólo por vía negativa, pensando en la caída
que sella la peregrinación a ciegas. Gracias a la mística, las isotopías de
lo tenebroso, pesado y húmedo adquieren acepciones ulteriores, empe-
zando por el poema inaugural «Noche de la memoria», donde leemos:
«Qué poca realidad, / cuántas formas distintas de no ver / para llegar al
fin al gran engaño: / un puñado de líneas que se cruzan / sin brillo y sin
color en la memoria» (Carnero 2002: 16). Éste es el marco epistémico de
los cuatro poemas que completan el libro. En efecto, en el siguiente, «El
tiempo sumergido», dice el poeta: «Los muchos que yo fui no van conmigo. / Huyeron al imán de la memoria / y su voz se perdió en un gran
naufragio / de lugares de rostros y de días» (Carnero 2002: 23). Vuelve la
muerte por agua, con la espeluznante figura del ahogado. En el *Libro de
la vida* el infierno de Santa Teresa es una gruta honda, angosta y oscura,

sumergida en aguas cenagosas y malolientes. El ahogamiento es una modalidad de la agonía del alma (Santa Teresa de Jesús 1986: 419-420).

En el poema central, «Conciliación del daño», media la ilusión del rescate a través de la «conciencia inerme y sola / que no se atreve a levantar el vuelo / en su región alzada de luz negra» (Carnero 2002: 34). Metaforizada por la prosopopeya de una mujer lasciva y cruel, la conciencia es el revés de la esposa mística que se une al amado en pleno día y en simbiosis con el jardín paradisíaco. La criatura humana, cuyo hábitat es lóbrego y fangoso, desanda su camino de imperfección hacia el mundo ínfero de la nada. Así en el cuarto poema, «Disolución del sueño», el protagonista evoca por última vez regiones aéreas, diáfanas y luminosas, que asocia a la felicidad del amor.

Queda la «Ficción de la palabra», el poema conclusivo, donde el poeta anhela a una verdad que no pase por el medio verbal. Vale la pena recordar que sólo a un místico se le concede tener «el espíritu dotado / de un entender no entendiendo / toda sciencia trascendiendo» (Juan de la Cruz 1989: 156). El poeta, en cambio, termina con una admisión de impotencia, pero más autobiográfica con respecto al pasado: «Escribo para nadie y poco, siempre / para saber de mí, y algunas veces / el papel me devuelve esa mirada / —imán, rumbo y objeto de sí misma— / que conocí y recuerdo vagamente, / alguien que podría parecer / a mi retrato» (Carnero 2002: 53-54). Tras esta confesión, el hablante vuelve a la práctica culturalista de las citas como taraceas que apuntalan su identidad huidiza y desfigurada. El espejo ha perdido su función, sea éste una superficie de agua transparente o una tabla de cristal azogado o la plana de una página escrita. La «gran niebla» cubre esa prótesis que debería completar lo que el ojo humano por sí solo no ve (Eco 1985: 16). No desdoblarse en un espejo implica no componer la forma originaria del *Ich-Ideal*, ni entablar relaciones con el otro (Lacan 1978: 157). Así el poeta seguirá sin conocerse hasta el umbral del más allá, marcado por un muro, contra el cual lanza sus palabras insensatas, creyendo que «[q]uizás al otro lado / alguien escuche el ruido». Hará falta perder la vida para dar en el blanco, una angustia que el poeta restaña con el sarcasmo, pasando del yo al nosotros: «En otro mundo habrá campos gloriosos / para jugarnos la palabra al tenis, / inundados de luz, donde podremos / oír las voces del silencio hablado, / pero no en éste, *car jamais / parole n'a franchi le seuil des corps*» (Carnero 2002: 56). Con este acre epitafio, el poeta se eclipsa tras un verso de *L'Homme approximatif* de Tristan Tzara.

En 2003 y 2005 Guillermo Carnero publica dos *plaquettes*, de siete poemas cada una: *Poemas arqueológicos (2001-2002)*, donde engarza en las ruinas antiguas las ruinas futuras de su propia poesía; y *Pensil de nobles doncellas*, donde rinde homenaje a las muchachas en flor, deslumbrantes y enigmáticas tanto en la realidad cotidiana, como en la pintura de Cranach el Viejo, que imaginó a Judith. Son gratos ejercicios de estilo, que realzan la intensidad de *Fuente de Médicis*, de 2006, un largo poema en forma de diálogo. En el marco discursivo de la comunicación «política» por excelencia, se oponen dos razonamientos sobre el amor-pasión. El debate dialéctico llevaría a una verdad compartida, si los dos interlocutores no fueran, por un lado, el personaje del poeta que se ha hecho mayor y, por otro, una estatua que, en vez de simbolizar la muerte como de costumbre, se convierte en la portavoz de esa máxima expresión de la vida que es la plenitud erótica. Se trata de Galatea, que con Acis y Polifemo, forma el grupo escultórico de la Fuente de Médicis, en el jardín del Luxemburgo, en París. Guillermo Carnero vuelve a obrar una «transducción» de lo plástico a lo verbal (Fabbri 2000: 10-11) y de lo mitológico a lo cotidiano, animando a la estatua de mármol, la bella joven que toma la palabra contra el viejo solo y nostálgico: «—¿A qué vienes? Tuviste tu verano: / yo puse en tu camino a una feliz / y hermosa criatura, / mucho más que los versos que le escribes, / a la que heriste y renunciaste. Era / niña de pocos años, / mi encarnación, lo que yo soy en piedra / y en concepto, perfecta pero viva, cálida en la aureola de su sangre» (Carnero 2006: 11).

La relación intratextual con *Verano inglés* y, más adelante, con *Espejo de gran niebla*, insinúa vínculos autobiográficos, que no son comprobables. El recurso a la nereida enmarca eventuales confesiones en un contexto fantástico, donde el yo masculino se desdobla en el yo femenino, siendo uno y otra: el poeta que renunció a su amor, aferrándose a la escritura que no salva, y la estatua enamorada en brazos de su amante, el fantasma de la mujer perdida. Los dos hilvanan un diálogo con un lenguaje noble y enrarecido, atemporal e íntimo. Si la intimidad es la resonancia profunda del lenguaje, el significado implícito que con el lenguaje se quiere pero no se puede decir (Pardo 1996: 55), lexemas como «fuente», «agua», «jardín», «bosque», «sombra», «ceniza», «espejo», «noche», «sueño», «luz», «papel», «palabra», «cuerpo» o «deseo» suman tanto espesor alusivo que no tienen fondo. Entrevistado por Antonio Méndez Rubio, en 2003, Guillermo Carnero resume la fórmula de sus libros en tres categorías: «intimismo, metapoesía y culturalismo» (Carnero 2007: 265). *Fuente de Médicis* es otra variación de los temas y motivos que siempre le fueron caros. Un dibujo de la muerte más estilizado y arcano.

Bibliografía

Beierwaltes, Werner (1992): *Pensare l'Uno. Studi sulla filosofia neoplatonica e sulla storia dei suoi influssi*, Milano: Vita e Pensiero.

Benveniste, Émile (1971): *Problemi di linguistica generale*, Milano: Il Saggiatore.

Bodei, Remo (1993): «Varcare i limiti: strategie di negazione del desiderio di conoscenza», en Lorena Preta (ed.): *La passione del conoscere*, Roma/Bari: Laterza, pp. 113-139.

— (1995): *Le forme del bello*, Bologna: Il Mulino.

Carnero, Guillermo (1979): *Ensayo de una teoría de la visión. (Poesía 1966-1977)*, estudio preliminar de Carlos Bousoño, Madrid: Hiperión.

— (1998): *Dibujo de la muerte. Obra poética*, edición de Ignacio Javier López, Madrid: Cátedra.

— (1999): *Verano inglés*, Barcelona: Tusquets.

— (2002): *Espejo de gran niebla*, Barcelona: Tusquets.

— (2003): *Poemas arqueológicos*, León: Cuadernos del Noroeste.

— (2005): *Pensil de nobles doncellas*, Málaga: Publicaciones de la Antigua Imprenta Sur.

— (2006): *Fuente de Médicis*, Madrid: Visor.

— (2007): *Poéticas y entrevistas (1970-2007)*, Málaga: Centro Cultural Generación del 27.

Ciaramelli, Fabio (2000): *La distruzione del desiderio. Il narcisismo nell'epoca del consumo di massa*, Bari: Dedalo.

Cuesta Abad, José Manuel (1999): *Poema y enigma*, Madrid: Huerga y Fierro.

Eco, Umberto (1985): «Sugli specchi», en *Sugli specchi e altri saggi*, Milano: Bompiani, pp. 9-37.

Fabbri, Paolo (2000): «Due parole sul trasporre. (Intervista a cura di Nicola Dusi)», *Versus: Quaderni di studi semiotici* 85/96/87, pp. 271-284.

— (2007): «Transcritture di Alberto Savinio: il dicibile e il visibile», *Il verri* 33, pp. 9-24.

Genette, Gérard (1987): *Seuils*, Paris: Éditions du Seuil.

Girard, René (1999): *Il risentimento. Lo scacco del desiderio nell'uomo contemporaneo*, Milano: Raffaello Cortina.

Givone, Sergio (2000): *Eros/ethos*, Torino: Einaudi.

Juan de la Cruz (1989): *Poesie*, edición crítica de Paola Elia, L'Acquila/Roma: L. U. Japadre.

Kerbrat-Orecchioni, Catherine (1980): *L'énonciation de la subjectivité dans le langage*, Paris: Armand Colin.

Lacan, Jacques (1978): «I due narcisismi», en *Il seminario. Libro I. Gli scritti tecnici di Freud 1935-1954*, Torino: Einaudi, pp. 148-160.

López, Ignacio Javier (1998): «Introducción», en Guillermo Carnero: *Dibujo de la muerte. Obra poética*, Madrid: Cátedra, pp. 11-84.

Lotman, Jurij M. (1998): «L'insieme artistico come spazio quotidiano», en Silvia Burini (ed.): *Il girotondo delle muse. Saggi sulla semiotica delle arti e della rappresentazione*, Bergamo: Moretti & Vitali, pp. 23-37.

Lund, Hans (1992): *Text as a Picture. Studies in the Literary Transformation of Pictures*, Lewiston (NY)/Queenston (ON)/Lampeter (PA): The Edwin Mellen Press.

Orlando, Francesco (1973): *Per una teoria freudiana della letteratura*, Torino: Einaudi.

Pardo, José Luis (1992): *Formas de la exterioridad*, Valencia: Pre-Textos.

— (1996): *La intimidad*, Valencia: Pre-Textos.

Pittarello, Elide (2004): «La *Tempestad* de Guillermo Carnero: una fábula neoplatónica», en Donatella Ferro (ed.): *Trabajo y aventura. Studi in onore di Carlos Romero Muñoz*, Roma: Bulzoni, pp. 215-229.

Plotino (1999): *Enneadi*, Milano: Rusconi.

Ricœur, Paul (1997): *La metafora viva*, Milano: Jaca Book.

Santa Teresa de Jesús (1986): *Libro de la vida*, edición de Otger Steggink, Madrid: Castalia.

NOVÍSIMOS Y PRODIGIOSOS: ANA MARÍA MOIX Y SU GENERACIÓN

H. Rosi Song
Bryn Mawr College

> *Ana María Moix come poco y va*
> *vestida de cortina.*
> *Moix, Moix, Moix.*
> *Recuerde esta marca.*
>
> M. Vázquez Montalbán

Unos de los momentos clave de la historia literaria de la España franquista y contemporánea es la publicación en 1970 de la antología *Nueve novísimos poetas españoles* de Josep Maria Castellet. Aunque fue una colección importante por su contenido, lo fue aún más por el panorama que abría el crítico con la lectura de un horizonte cultural que daba claras señales de estar superando la atmósfera asfixiante de una dictadura que se había extendido durante más de tres décadas. Además, el grupo de poetas seleccionado por Castellet, al cual se le designó un perfil de ruptura e innovación, resaltó en su momento por una novedosa inclusión: la de una poeta, la única mujer y la más joven de este grupo. Esta poeta, a quien de hecho va dirigida la misma antología, es Ana María

Moix (Barcelona, 1947), autora de *Baladas del dulce Jim* (1969), *Call me Sone* (1969), y *No time for flowers* (1971).[1] Sus poemas se destacan en la colección por no atenerse a una tradicional versificación y Manuel Vázquez Montalbán, otro de los poetas del grupo de Castellet, describe esta práctica como una «estupenda lección de libertad» (1984: 12). La atención crítica hacia la joven Moix aumenta con la rápida y sucesiva publicación de su obra narrativa, primero la de la novela *Julia* (1970), seguida por la de una colección de cuentos *Ese chico pelirrojo a quien veo cada día* (1971) y, por último, la de su segunda novela, *Walter, ¿por qué te fuiste?* (1973).[2] Identificada como promesa literaria, su nombre se convierte en referencia obligatoria para la crítica y ocupa, además, un claro puesto dentro de una generación de escritoras con cuyas obras se inicia una serie de lecturas feministas de la literatura contemporánea española.

Sin embargo, la pronosticada producción literaria de Moix no se concreta como se esperaba y su trabajo tras las publicaciones ya mencionadas se circunscribe al ámbito del periodismo, la traducción y la crítica literaria. Entre estas actividades cabe destacar su colaboración periodística en el desaparecido *Tele/e/Xprés*, así como su contribución a la revista *Vindicación Feminista*, su larga y productiva carrera de traducción (tanto al castellano como al catalán) que abarca la obra de más de cuarenta autores y, finalmente, su trabajo como antóloga de los poetas Pere Gimferrer, Joan Maragall, Joan Salvat-Papasseit, José Agustín Goytisolo y Jaime Gil de Biedma, entre otros.[3] Además, publica ensayos, biografías, libros para niños y colabora en libros de fotografía (especialmente con la reconocida fotógrafa Colita). Moix vuelve a emerger dentro del panorama de la creación literaria con una segunda colección de cuentos, *Virtudes peligrosas* (1985), más tarde con una biografía novelada de la emperatriz Sissi, *Vals negro* (1994) y una colección de cuentos *De mi vida real nada sé* (2002).[4] Este último título es importante

---

[1] *No time for flowers* recibe el Premio Vizcaya en 1970. Los tres títulos se recogen luego en el volumen *A imagen y semejanza* que publica Lumen en 1984.

[2] Esta segunda novela queda como finalista del Premio Barral en 1972.

[3] La información más completa acerca de las publicaciones de Ana María Moix se halla en la página web Cátedra Miguel Delibes que mantiene la Universidad de Valladolid en la sección diccionario de autores: http://www.catedramdelibes.com/archivos/000166.html (accedido el 5 de enero del 2008).

[4] *Virtudes peligrosas* recibe el premio Ciudad Barcelona en 1985. Moix vuelve a recibir el mismo premio en 1996 por su novela *Vals negro*, fruto de muchos años de

porque inaugura la biblioteca que le dedica la editorial Lumen, la cual ha ido reeditando toda la obra de la escritora. También se publica en 1998 *De mar en mar*, la correspondencia mantenida entre Rosa Chacel y Ana María Moix durante la segunda mitad de la década de los años sesenta.[5] Además, dos publicaciones interesantes que reflejan la diversidad de las actividades literarias y periodísticas de esta autora son *24x24: Entrevistas* (1973), una compilación de las entrevistas-encuestas tan en boga de la época que se habían publicado en *Tele/e/Xprés*, y *24 horas con la Gauche Divine* (2002), texto preparado en 1971 para la editorial Lumen entonces dirigida por Esther Tusquets y que había quedado olvidado durante varias décadas en uno de los cajones de la editora.[6]

Si un detallado repaso de la carrera de Moix resulta útil para ilustrar la evolución de su narrativa personal, también lo es para discutir las nociones de cambio que suscitaron la aparición de sus obras y las de los miembros de su generación, una que sigue entendiéndose como imprescindible a la hora de hablar sobre la gradual apertura de la sociedad española y el final de la dictadura. De hecho, uno de los aspectos menos estudiados es la relación de Moix con su entorno cultural a pesar de su activa participación en uno de los periodos de más movimiento intelectual bajo el régimen. Esta relación, como veremos, nos ofrece la posibilidad de considerar qué papel ha cumplido la cultura, tanto desde su producción como su consumo, en establecer un horizonte de expectativas que permite la posterior ruptura con el franquismo.

En la poesía de Moix se ha examinado la disparidad de su estructura formal así como en la de su propio contenido. Las referencias que aparecen son vagas, las ideas inconexas, fracturadas con monólogos interiores que aunque logran comunicar un carácter íntimo que evoca el ambiente nocturno de películas de crímenes y los amores trágicos de sus personajes, no acaban de aclarar completamente su contexto (Jones 1976: 106-

---

investigación para un proyecto biográfico sobre la emperatriz Sissi. Moix decide abandonar el proyecto retomándolo luego como material para recrear ficticiamente la historia de este personaje histórico desde la perspectiva de aquellos que la rodean.

    [5] El epistolario lo edita Ana Rodríguez-Fischer e incluye 67 cartas que se escribieron las dos autoras. Aunque en la edición se declara que el epistolario se publica en su integridad, resulta evidente que la editora ha ejercido un papel delimitando el contenido y número de estas cartas. Desafortunadamente, en la edición no se aclara qué criterios se han seguido para esta selección.

    [6] El texto no se recupera hasta el año 2000 cuando Tusquets abandona su cargo de editora de Lumen y el manuscrito aparece durante la mudanza.

107).[7] El enfoque en el aspecto formal de la obra de la autora queda rápidamente trasladado a su narrativa con la publicación de sus novelas. Si bien *Julia* puede leerse como una novela de rasgos realistas, *Walter, ¿por qué te fuiste?* se interpreta como una reelaboración de la primera, la historia del sufrimiento de una joven, exagerando la capacidad dramática y lírica de la introspección a través de elementos paródicos y hasta surrealistas. Desarrollándose en un vaivén que abre y cierra estructuras de narración que confunden al lector a través de múltiples voces narrativas, en *Walter...* se mezclan memorias reales y ficticias, el pasado y el presente, siempre rondando una invisible frontera entre lo imaginado y lo imaginario, la veracidad y la verosimilitud en un constante ejercicio de (de) construcción narrativa (Valis 1990: 48-49; Stewart 1998). No obstante esta complejidad formal, la novela comunica efectivamente el ambiente de una burguesía tiránica, y en su crítica incluye también las diferentes instituciones sociales y educacionales que se erigen como conservadoras de un orden social contra el cual luchan, sin éxito, los jóvenes personajes del texto (Masoliver Ródenas 1976: 9-10).

A pesar del interés por la experimentación formal, *Julia* es, hasta este momento, el texto más estudiado de Moix. La noche en vela que pasa la protagonista en el transcurso de la novela, repasando su infancia y adolescencia y los ataques de ansiedad y arranques de rebeldía que se dan en sus conflictos familiares y personales, se ha examinado frecuentemente desde una perspectiva feminista. En particular, se ha analizado el incidente traumático que marca su infancia y que explica la crisis personal que vive. La gravedad de esta experiencia se ha explicado enfatizando la importancia del pasado y su memoria (Jones 1976; Stewart 1995), el tema de la adolescencia que entronca con los problemas de la alienación y el encerramiento femenino (Schyfter 1980), la patología que se relaciona con la condición de mujer, la (homo)sexualidad y la búsqueda de identidad (Schumm 1994 y 1999), y el tema del exilio interior (Mayock 2003). Esta patologización del personaje de Julia se rechaza enérgica-

---

[7] Margaret E. W. Jones califica la poesía de Moix como poemas en prosa (1976: 106). Esta comparación entre prosa y poesía lleva a Ricardo Krauel a analizar las cualidades narrativas en la poética de la autora a través del análisis de su poema «Una novela» (1998). Por su parte, Andrew Bush argumenta por la coherencia formal de los poemas de Moix, señalando el uso de la rima asonante y el empleo del sonido y ritmo de palabras extranjeras, en este caso del inglés, que se incorpora al castellano perturbando y renovando al mismo tiempo su lenguaje poético (1991: 139).

mente desde una crítica que reconoce el conflicto de una identidad homosexual dentro de una sociedad heterosexual en la que predomina una estructura patriarcal (Pérez-Sánchez 2007). Sin embargo, los estudios sobre esta novela se han enfocado principalmente en la historia de Julia, vista como una especie de *Bildungsroman* frustrado, que no sólo recrea un estereotipo del personaje literario femenino, sino que a través de la narración de la circularidad de su condición retrata un mundo interior incapaz de conectarse con el de fuera, uno que no puede ofrecerle sino modelos de conducta que tienen como propósito la limitación personal. Una lectura interesante es la que ofrece Sandra Schumm en su libro *Reflection in Sequence* (1999), en el cual *Julia* se analiza dentro del contexto de las diferentes novelas que publican las autoras de su generación y en previas décadas como Carmen Laforet, Carmen Martín Gaite, Ana María Matute, Mercè Rodoreda, Carme Riera, Montserrat Roig y Esther Tusquets. Esta consideración resulta útil porque ofrece una genealogía literaria alternativa que confronta el modelo de canon literario que siempre ha favorecido la producción literaria del género contrario. Lo que revela la presentación de este conjunto de escritoras es la acostumbrada frecuencia con la que quedan excluidas o mayoritariamente ignoradas en las tradicionales nóminas literarias, ya sea en antologías o como parte de estudios de crítica literaria. Por otra parte, esta agrupación delimitada por el género puede reprocharse por crear una categoría aparte que precisamente mantiene a estas escritoras separadas dentro de la tradición literaria española. No obstante, lo que critican estos trabajos enfocados en estas escritoras es cuestionar el porqué de la necesidad de un estudio particular sobre ellas, desnaturalizando esta invisibilidad y cuestionando las condiciones sociales y culturales bajos las cuales ejercen ellas su profesión literaria.

En estas lecturas de claro tinte feminista se ha remarcado también el tema del lesbianismo en la obra de Moix.[8] Estas connotaciones que

---

[8] A pesar del interés biográfico que existe en torno a la autora, la cuestión de su orientación sexual nunca fue directamente parte de esa discusión. Como ella misma explica en su entrevista con Geraldine Nichols, el tema de la homosexualidad lo tenía totalmente acaparado su hermano, el escritor Terenci Moix (1942-2003), quien desde un principio vivió su identidad sexual de manera abierta y pública. En la misma entrevista, la autora expresa un cierto alivio de que sus relaciones sentimentales no atrayeron la atención de los críticos o periodistas, ya sea por discreción o por razones socio-culturales del momento (1989: 120-23). Un aspecto personal que sí ha recibido atención ha sido su relación con la escritora Esther Tusquets, con quien ha compartido una estrecha amistad

previamente habían quedado veladas entre eufemismos y vacilantes sugestiones reaparecen con más firmeza detectando tensiones temáticas y
estéticas que dialogan más abiertamente con la teoría *queer*.[9] Tanto en
Julia como en *Walter...* se ha prestado atención a la relación sentimental
que intenta expresarse entre dos personajes femeninos. Asimismo, un
tratamiento más directo de esta relación se observa en el cuento «Dedi-
catoria» (de *Ese chico pelirrojo a quien veo cada día*) o en el que titula su
primera colección, «Las virtudes peligrosas». En todos estos textos se ha
analizado el placer prohibido y veladamente articulado de la relación homosexual (Cornejo-Parriego 1998; Vosburg 2003; Pérez-Sánchez 2003
y 2007). Recientemente, sus poemas también han sido considerados desde una lectura *queer*, que, al enlazar las cuestiones de identidad sexual
con el de la crítica política, subraya la compatibilidad de esta teoría para
comentar ambas posiciones ya que ésta adquiere su significado (y poder)
a través de una relación de oposición a lo normativo (Robbins 2005:
205). Un elemento común que comparten estas lecturas es su atención al
uso del silencio, ya como resultado de una represión, como síntoma de
rebeldía o rechazo, y como herramienta de una comunicación alternativa que pasa desapercibida dentro de un contexto heterosexual. Andrew
Bush analiza el silencio como otro tipo de lenguaje, pero a diferencia de
Jill Robbins o Gema Pérez-Sánchez que lo contextualizan desde una posición *queer*, el primero lo hace desde una perspectiva que articula una
resistencia ante la retórica franquista (1991: 137). Pérez-Sánchez, en su
reciente análisis de la novela *Julia*, recupera el uso del silencio como una
estrategia comunicativa cuya elocuencia es perfectamente comprensible
para aquel «lector entendido», aquel capaz de leer entre líneas el deseo

---

durante su cargo como editora en Lumen (Kingery 2001). Gema Pérez-Sánchez ha abordado de forma más directa la orientación sexual de esta escritora en el capítulo que le
dedica a Moix en su libro *Queer Transitions in Contemporary Spanish Culture* (2007).

    [9] Por teoría *queer* me refiero a la teoría sobre el género que propone que la identi-
dad y la orientación sexual está en estrecha relación con las construcciones sociales que
circulan y se perpetúan sobre el género. Esta teoría cuestiona, por lo tanto, la retórica
naturalizadora del género que basándose en una perspectiva biológica entiende el hecho
sexual como una idea de la complementariedad de la pareja heterosexual. En la academia anglosajona se establece como un acercamiento teórico que ha encontrado aceptación dentro del ámbito literario, lingüístico y psicológico y que se está extendiendo a
otras disciplinas como las ciencias sociales e incluso la biología. Los trabajos de la aca-
démica norteamericana Judith Butler, una de las primeras practicantes de la teoría *queer*,
se consideran fundamentales para entender la propuesta de este acercamiento teórico.

que expresa la voz narrativa, y que tiene que ver con una clara identificación sexual del personaje literario de la novela (2007: 35-38).

Resulta interesante notar que la crítica comentada en este trabajo pertenece mayoritariamente al hispanismo anglo-sajón. Una explicación reside en que la experimentación formal y las cuestiones de género e identidad sexual que se perciben en la obra de Moix encuentran mejor recepción en la aproximación teórica que se practica en las universidades fuera de España. Tal vez esta diferencia resida en que la tradición literaria en España siempre ha manifestado un claro interés filológico y que, en el caso de la narrativa contemporánea, en combinación con el peso histórico de la experiencia de la Guerra Civil y la dictadura franquista, siempre ha producido una lectura marcada por una interpretación textual dentro de un contexto socio-histórico con claras tendencias descriptivas. Por su parte, la academia anglosajona, influenciada profundamente por la teoría literaria de variados acercamientos, desde el formalismo ruso, pasando por el (post)estructuralismo francés hasta la presente popularidad de los estudios culturales, ha mantenido una diferente relación con el texto literario. Así, resulta interesante notar los cambios que se producen a lo largo de las décadas en los trabajos críticos que se publican alrededor de la obra de Moix. Desde un interés en la parte formal de su narrativa hasta las más recientes que revelan un interés en la articulación del deseo en código de identidad sexual.

El rechazo del franquismo así como su ideología conservadora es un aspecto que comparte gran parte de la literatura y el arte que se produce bajo la dictadura de Franco. La crítica se ha ocupado principalmente de esta producción por su condición minoritaria organizando el panorama cultural en términos de su oposicionalidad al gobierno autoritario. Desde esta perspectiva, se han examinado los momentos de conflicto entre ellos y los modelos de resistencia que se han practicado sin éxito en contra del régimen, resaltando la opresión que ha regulado todos los aspectos de la vida social y cultural de la época. No es de extrañar, por lo tanto, que Castellet aduzca el significado de los novísimos en su ruptura con la poesía comprometida de la generación anterior presentando un nuevo cariz a la oposición política. Así, la estética que practican los novísimos refleja una forma diferente de hacer poesía, el resultado de una «nueva sensibilidad». Esta sensibilidad no es el producto de una evolución social sino más bien el de su estancamiento, el resultado de una España «huérfana» que carece de la información cultural que disfrutan otras democracias liberales y en cuya ausencia se impone una «cultura basada en unos *mass media* de muy baja calidad» (Castellet 2001: 24).[10] A pesar del prejuicio que existe en contra de la cultura popular, el editor reconoce este fenómeno como positivo ya que la nueva mitología creada por los *mass media* y que fundamenta la educación de la nueva generación de poetas revela una actitud democrática hacia la cultura que rechaza la tradicional jerarquía estética y, por ende, la practicada por el régimen franquista. La importancia de la cultura como formadora de la nueva sensibilidad novísima es interpretada de manera más específica por Bush para quien es muy importante el hecho de que todos los poetas de esta antología, nacidos después de la Guerra Civil, hayan llegado a la madurez durante los años de desarrollo económico bajo el cual el franquismo se había ido abriendo poco a poco hacia el resto del mundo. Esta apertura se traduce en un nuevo contacto que no sólo se reduce a importaciones culturales de carácter popular (especialmente de las películas), sino que también abarca otros movimientos vanguardistas y literarios, como el surrealismo francés, el realismo anglosajón, y la nueva literatura latinoamericana del «boom» (Bush 1991: 137). Estas dos venas culturales alimentan la parodia que domina el tono de los novísimos y que puede seguir entendiéndose como una política de oposición, una reacción ante una voz poética forzada a la protesta por el franquismo.

Esta idea de la cultura como factor de cambio en torno a la obra de Moix y la de los novísimos resulta interesante porque presenta un momento paradójico en la lectura de la sociedad española de la década de los años sesenta. La opinión de Castellet y la de Bush ilustran esta contradicción: si la mirada del primero se enfoca en un momento de asfixia y decadencia que lleva a un grupo de jóvenes, condicionados a una cultura de rasgos mediocres, a buscar sistemas alternativos de valores y de expresión, la del segundo se orienta hacia la idea de una gradual apertura que permite el contacto con una cultura tanto popular como vanguardista que permite la modificación del imaginario cultural e intelectual de la nueva generación. La cultura, siguiendo la definición de Raymond Williams, resulta útil para comprender la diferencia entre estas dos perspectivas que comparten un interés en identificar un proceso de transformación social, no solamente como criterio de apreciación estética sino

---

[10] Para este trabajo se utiliza la nueva edición de *Nueve novísimos poetas españoles*, publicada en Ediciones Península en 2001.

como forma de vida en la cual es posible examinar la complejidad de las relaciones humanas y una particular manera de vivir que tiene tanto que ver con la producción material como su sistema de significación (1983: 91). La acostumbrada lectura de una sociedad estática y paralizada por la opresión franquista empieza a cuestionarse con las recientes aproximaciones críticas sobre la producción literaria y artística durante la década de los años sesenta y setenta que capturan un escenario cultural mucho más vital y en línea con los acontecimientos que están ocurriendo fuera de España.[11] Ya anteriormente Pedro Sempere y Alberto Corazón en *La década prodigiosa* (1976) habían ofrecido una primera mirada conectando la sociedad franquista con los movimientos revolucionarios y culturales que están transformando el paisaje social en otros países europeos y en Estados Unidos. Si bien ninguno de estos modelos de protesta y resistencia llega a tener consecuencias políticas significativas para el régimen franquista, la experiencia de la década de los sesenta no deja de tener un impacto en la sociedad española. Así, por ejemplo, el mapa cultural de la España franquista que se traza en el volumen preparado por David T. Gies, *Modern Spanish Culture* (1999), comunica un panorama hasta cierto punto contradictorio: a pesar de la retórica de la opresión que domina el tratamiento de la época, también documenta una gran actividad cultural que detecta una cierta normalización de la hegemonía franquista.[12]

Esta perspectiva resulta importante porque, por un lado, nos ayuda a evitar una lectura totalizadora de la dictadura; y, por otro, nos permite explorar una diferente periodización de transformación de la sociedad española que no se atiene a una cronología política del franquismo, sino que puede conectarse a otros movimientos sociales y culturales de la época y que tienen lugar más allá de las fronteras españolas.[13]

---

[11] Un ejemplo de esta aproximación crítica que captura la actividad cultural de la España franquista es el libro de Esteve Riambau y Casimiro Torreiro sobre cine, *La escuela de Barcelona: el cine de la «gauche divine»* (1999). Otros textos que capturan esta actividad cultural bajo el franquismo son las memorias de Carlos Barral, Josep Maria Castellet, Esther Tusquets, Román Gubern, entre otros.

[12] En el capítulo sobre el mapa cultural de Cataluña, Teresa Vilarós ilustra esta aparente contradicción observando el estado precario de la cultura catalana bajo el franquismo y el de su vigor en el presente (1999: 45).

[13] Así, por ejemplo, esta nueva periodización cuestionaría el tratamiento de los movimientos de juventud que se dieron en los años sesenta como la «swinging London» o Woodstock dentro del contexto español. Aunque Barry Jordan y Rikki Morgan-Tamo-

Para mejor entender esta noción de transformación social y su proceso, resulta útil el concepto de hegemonía de Antonio Gramsci. Como explica Raymond Williams, en esta formulación se distingue la expresión
del poder en los momentos de crisis y de normalidad. Si en el primero
el poder se manifiesta a través de medidas de coerción, en el segundo se
mantiene en un entramado de fuerzas políticas, sociales y culturales. El
concepto de hegemonía indica la constante actividad de estas fuerzas
dentro de la normalidad (Williams 1977: 108).[14] Desde esta perspectiva
la hegemonía es siempre un proceso, un complejo de experiencias, relaciones, y actividades, con específicas y variables presiones y límites que
no puede existir pasivamente como forma de dominación, pues tiene
que ser constantemente renovado, recreado, defendido y modificado a
la misma vez que resistido, limitado, alterado, desafiado por presiones
que no solamente pueden venir desde su posición dominante (Williams
1977: 112-13). Así, se puede hablar de lo hegemónico en vez de hegemonía, de lo dominante y no de dominación. Lo interesante de esta
formulación es la importancia de modelos de resistencia que siempre
existen en la sociedad —«forms of alternative or directly oppositional
politics and culture»— y cuyo reconocimiento es crucial y debe formar
parte de cualquier análisis histórico porque han tenido un efecto significativo en el mismo proceso hegemónico: «That is to say, alternative
political and cultural emphases, and the many forms of opposition and
struggle, are important not only in themselves but as indicative features
of what the hegemonic process has in practice had to work to control»
(William 1977: 113). El concepto de hegemonía como proceso cultural
resulta útil para entender la sociedad franquista no como un espacio de
represión y resistencia que se mantiene estancado a lo largo de más de
tres décadas sino como un espacio capaz de efectuar movimientos sin
perder su posición dominante.

Desde esta perspectiva, el análisis de las actividades culturales, ya
sean de producción o de consumo, marginadas o en oposición, resulta
importante porque al final estas experiencias forman parte del proceso

---

sunas sostienen que en España no se dan por el franquismo sino hasta la siguiente década
(2000: 263), Riambau y Torreiro documentan la plena concienciación de los jóvenes intelectuales sobre estos movimientos y sus esfuerzos por crear prácticas paralelas (1999:
147-49).

   [14] Si bien la hegemonía de Gramsci denota un poder consentido, lo importante es la
creación de un sentido de normalidad.

transformador de la condición hegemónica de una sociedad. Por ejemplo, desde este punto de vista adquiere mayor significado la actividad editorial que se desarrolla en Barcelona en los años sesenta y setenta, que identifica un nuevo escenario cultural que se aleja de la capital madrileña y, por extensión, del centro político del franquismo. Así, la labor editorial de Edicions 62, Seix Barral y Lumen, encabezados por Josep Maria Castellet, Carlos Barral y Esther Tusquets respectivamente, crea un panorama literario y cultural alternativo. De la misma manera se percibe la actividad literaria de escritores y poetas como los hermanos Goytisolo, Marsé, Terenci Moix, Manuel Vázquez Montalbán, Félix de Azúa, Pere Gimferrer, Guillermo Carnero y, entre ellos, la de nuestra autora Ana María Moix. Es necesario recordar que la hegemonía cultural, a pesar de su estabilidad, siempre está disputada desde otras culturas. Estas culturas, identificadas como «contra-culturas» y «subculturas», indican movimientos alternativos cuyos valores, prácticas y conceptos estéticos se oponen a los de la sociedad mayoritaria. Si bien estos términos se han reservado para el análisis de las sociedades democráticas europeas y anglosajonas en relación a movimientos de juventud, también resultan útiles para hablar de la sociedad española y de un fenómeno socio-cultural poco estudiado que se conoce como la *gauche divine*.[15]

Ana María Moix, además de ser una de las primeras protagonistas del grupo, se convierte tardíamente en una de las cronistas de este grupo con la publicación de *24 horas con la Gauche Divine* en 2002. El texto es significativo porque retrata un momento cultural importante y en el cual surge la noción de cambio y «una manera de vivir» (Riambau y Torreiro 1999: 134). Si bien la referencia a la «gauche» que había invocado Sartre es más bien paródica, lo cierto es que los miembros que integran este grupo son jóvenes en su mayoría intelectuales que no sólo protagonizan

---

[15] Aparte de un par de exposiciones, un catálogo de fotos, algunos artículos periodísticos y el texto de Ana María Moix, realmente no existe un extenso estudio sobre la *gauche divine*. Tal vez la explicación se debe a que el grupo se ha considerado como la expresión frívola de un anterior compromiso político que no tuvo mayores consecuencias. Sin embargo, creo que la aparición de este grupo debe reconocerse como una de las señales importantes de la apertura del franquismo y la democratización de sus valores sociales que se refleja no sólo en las actividades de sus componentes sino también en sus expectativas socio-culturales que están más a la altura de otras sociedades democráticas. Un trabajo reciente que trata críticamente este grupo a través del análisis de su actividad literaria es «*La mosca* revisited: Documenting the "Voice" of Barcelona's *Gauche Divine*» de Mercedes Mazquiarán de Rodríguez (2008).

el quehacer cultural de la época sino que también son sus más ávidos consumidores.[16] El conjunto lo conforman casi todos los nombres arriba mencionados del mundo literario barcelonés además de editores, diseñadores, arquitectos, filósofos, artistas, fotógrafos, poetas, cineastas, políticos y modelos, con una clara procedencia de la burguesía catalana. Su lugar de reunión eran un restaurante (Ca L'Estevet), un pub (Tuset) y una discoteca (Bocaccio), y en los veranos, Cadaqués. Las actividades que los unía y reunía eran una mezcla de lo lúdico con lo creativo, de diversión y crítica política.[17] Los recuerdos que comparten sus integrantes coinciden en que fue un grupo que se formó espontáneamente, que empezó a reunirse y frecuentar ciertos establecimientos, que tenían afición por lecturas y películas, que disfrutaban de discusiones sobre arte, filosofía y política. Para Román Gubern más que un grupo fue una corriente, y una claramente elitista: «*gauche* porque éramos todos antifranquistas y *divine* porque era elitista» (Rubio 2000: 27). Si bien el elitismo los descalifica para considerarlos parte de una subcultura, resultaría interesante examinar sus prácticas de ocio como marcadoras de su identidad cultural, la cual siempre está contenida dentro de la cultura hegemónica.

Este identificado elitismo fue una de sus más duras críticas además de la percibida frivolidad de sus acciones y que los fotógrafos Colita, Oriol Regàs y Beatriz Moura, entre otros, explican como una despreocupación por el qué dirán, un cambio de actitud dentro de una sociedad que Rosa Regàs describe como «aburrida, convencional, mojigata, miedosa e inculta» (Rubio 2000: 29-30; Regàs 2000: 13).[18] Es un periodo que recuerdan como uno de más tolerancia, de una tímida apertura que, unida a una nueva prosperidad económica, ofrece a una generación de jóvenes profesionales y artistas lo que ellos describen como un espacio de libertad dentro de un desierto cultural (Rubio 2000: 27). Considerando este fenómeno retrospectivamente, resulta significativo que los primeros indicios de una tímida apertura del franquismo se den fuera de su centro

---

[16] Quien por vez primera usa el término para identificar el grupo es Joan Sagarra en un artículo que preparó para *Tele-eXprés* (Rubio 2000), la publicación de prensa que acompañó a la *gauche divine* durante la década.

[17] La protesta política no se da hasta principio de los setenta cuando el grupo protagoniza un encierro político en Montserrat. Esta actividad declaradamente activista marca el final del grupo según lo recuerdan sus integrantes en una entrevista (Rubio 2000).

[18] Manuel Vázquez Montalbán ha criticado el elitismo de la *gauche divine*. Gubern explica esta crítica como una cuestión de clase (Rubio 2000: 28).

político y que este gesto de tolerancia se recuerde en términos de su expresión y consumo cultural. Lo estético como campo de experiencia social y de transformación política desde la perspectiva de los estudios culturales sería útil para examinar esta época y este grupo en particular especialmente teniendo en cuenta su asociación con la idea de cambio en la sociedad franquista.

Dentro del contexto de las actividades sociales y culturales de la *gauche divine* es donde Ana María Moix inicia sus pasos como poeta, novelista, periodista e intelectual. Cariñosamente conocida como «la nena», Moix es una de las protagonistas principales de este grupo a cuyo alrededor se congregan jóvenes intelectuales y otros más establecidos como Jaime Gil de Biedma y Josep Maria Castellet. Como lo describe Rafael Conte, Moix parece capturar el guardado optimismo que marca el ambiente cultural de la época: «sus colegas la consideraban como "su gran esperanza blanca" y […] empezó su carrera con tanta fuerza que parecía comerse el mundo» (Conte 2002: s/p). Esa energía se traduce también en los contactos y relaciones personales y profesionales que mantiene con los escritores y artistas de la época. Su colaboración con la fotógrafa Colita es extensa y su presencia dentro del grupo resulta importante para el establecimiento de conexiones profesionales y personales como lo testimonia Esther Tusquets en sus *Confesiones de una editora poco mentirosa* (2005). Esta editora y novelista, con quien Moix ha tenido una larga relación personal, recuerda cómo muchos de su entorno profesional y cultural en Lumen entran en su ámbito de la mano de esta joven escritora (2005: 81-84). El ritmo de la vida cultural que retrata la crónica en torno a este grupo resulta crucial para entender por qué la década de los sesenta es útil para comprender la eventual democratización de la sociedad española.

Es innegable que la *gauche divine* acapara energía cultural y aunque su oposición a la dictadura no tenga ninguna consecuencia política, lo significativo es que su experiencia captura un momento que anhela un cambio social con un nuevo sistema de valores. Como se ha mencionado más arriba, los aires de cambio y de revolución que llegan del extranjero durante el Mayo del 68 no logran tener ramificaciones en el escenario político bajo el franquismo a pesar de la simpatía que generan estos movimientos estudiantiles y laborales. Lo importante es que las aspiraciones que generan estos malestares y enfrentamientos políticos resultan familiares para una nueva generación de españoles, transformados por la

experiencia de la emigración laboral a Europa, la apertura del país al turismo, y el contacto con el mundo exterior a través de los productos de la
cultura popular como la televisión, el cine y la música. No es de extrañar
que la antología de Castellet se publique hacia el final de esta década de
los años sesenta y que la mayoría de sus novísimos salga de esta constelación de jóvenes cuya nueva sensibilidad es lo que les distingue de las
generaciones más cercanas a la Guerra Civil española. Si bien el trabajo
de Castellet aplica un modelo de organización literaria que favorece el
tradicionalmente utilizado concepto de las generaciones literarias, lo que
este crítico articula en su colección es un momento específico de la cultura y la sociedad española. Tal vez más que una antología poética lo que
produce el volumen de Castellet es una alegoría de la transformación
social que está ocurriendo bajo el franquismo y que pronto evidenciará
los cimientos de una sociedad que a pesar de la ideología imperante ya
vive con una aspiración burguesa y dentro de un imaginario cultural que
está más a la par de la sociedad democrática y capitalista en la que viven
sus vecinos europeos.

Desde esta perspectiva, un último aspecto que interesa considerar al
examinar esta transformación es el papel de la cotidianidad: cómo la
vida diaria, con sus ritos y prácticas de consumo exponen la construcción de identidades político-culturales y que también pueden entenderse en términos de conflictos ideológicos y estructuras de poder (Moran
2005: 9). En las crónicas que ofrece Moix sobre la *gauche divine*, es
posible entrever esta práctica de la vida cotidiana, que bien implica la
de un grupo privilegiado cuyas actividades diarias no compaginan con
las de un ciudadano común. Sin embargo, es interesante entender cómo
entre el ir y venir de Moix relatando sus encuentros y conversaciones
mantenidas con los personajes queda capturado un momento que entre
rutinas diarias, repetidas y, tal vez, hasta frívolas, comunica la idea de
una forma de vida que se va asentando en ciertas prácticas y valores que
pronto se convierten en referencias comunes. La posibilidad que ofrece
esta aproximación es la producción de una historia cultural capaz no
sólo de explicar el contexto de los textos literarios que recibimos sino
también las prácticas de lectura bajo las cuales sometemos estos textos.
Es interesante notar que en la última colección de cuentos que publica
Moix, *De mi vida real nada sé*, el tema que predomina es justamente el
de la cotidianidad, el de la práctica de la rutina en que un momento de
desfase quedan reveladas todas las tensiones bajo las cuales se mantiene

el débil equilibrio de la normalidad diaria. Son a través de estos momentos de crisis dentro de la rutina donde se perfilan ahora los problemas sociales que vivimos y que generalmente pasan desapercibidos. Al final, la presencia y el significado de la carrera literaria de Ana María Moix se extienden más allá de sus obras creativas y adquiere un sentido más complejo, uno que encapsula una experiencia que sobrepasa las aventuras estéticas y que se sitúa en un momento histórico y cultural importante en el desarrollo de la España democrática. Cómo medir esta importancia o este proceso de transformación es uno de los desafíos y atractivos que nos ofrece la obra y la experiencia de esta escritora.

Bibliografía

Bush, Andrew (1991): «Ana María Moix's Silent Calling», en Joan Lipman Brown (ed.): *Women Writers of Contemporary Spain: Exiles in the Homeland*. Newark (DE): University of Delaware Press, pp. 136-158.

Castellet, Josep Maria (2001): *Nueve novísimos poetas españoles* (1970), Barcelona: Península.

Conte, Rafael (2002): «Cuando la izquierda era divina», http://www.elpais. com/articulo/ensayo/izquierda/era/divina/elpepuculbab/20020330elpbaben s_5/Tes/ (15 de abril).

Cornejo-Parriego, Rosalía (1998): «Desde el innominado deseo: Transgresión y marginalidad de la mirada en *Las virtudes peligrosas* de Ana María Moix», *Anales de la Literatura Española Contemporánea* 23.1-2, pp. 607-621.

Chacel, Rosa y Ana María Moix (1998): *De mar a mar. Epistolario Rosa Chacel-Ana María Moix*, edición de Ana Rodríguez Fischer, Barcelona: Península.

Gies, David T (ed.) (1999): *The Cambridge Companion to Modern Spanish Culture*, New York: Cambridge University Press.

Jones, Margaret E. W. (1976): «Ana Maria Moix: Literary structures and the enigmatic nature of reality», *Journal of Spanish Studies* 4, pp. 105-116.

Jordan, Barry y Rikki Morgan-Tamosunas (eds.) (2000): *Contemporary Spanish Cultural Studies*, London: Arnold.

Kingery, Sandra (2001): «Memories of love: Ana María Moix and Esther Tusquets Remember», *Mester* 30, pp. 52-62.

Krauel, Ricardo (1998): «Funamulismo sobre una frontera de un género: "Una novela" de Ana María Moix», *Anales de la Literatura Española Contemporánea* 23.1-2, pp. 641-653.

Masoliver Ródenas, Juan A. (1974): «La base sexta contra Ana Maria Moix», *Camp de l'Arpa* 9, pp. 9-12.

Mayock, Ellen (2003): «Enajenación y retórica exílica en *Julia* de Ana María Moix», en *Ciberletras* (Publicación electrónica), s/p, http://www.lehman. cuny.edu/ciberletras/v10/mayock.htm.

Mazquiarán de Rodríguez, Mercedes (2008): «*La Mosca* Revisited: Documenting the "Voice" of Barcelona's *Gauche Divine*», *Journal of Spanish Cultural Studies* 9:1, pp. 35-59.

Moix, Ana María (1971): *Ese chico pelirrojo a quien veo cada día* (2002). Barcelona: Lumen.

— (1970): *Julia* (1999). Barcelona: Muchnik.

— (1973): *24x24: Entrevistas*, fotografías de Colita, Barcelona: Península.

— (1973): *Walter, ¿por qué te fuiste?* Barcelona: Barral.

— (1984): *A imagen y semejanza* (2002). Barcelona: Lumen.

— (1985): *Las virtudes peligrosas* (2002). Barcelona: Lumen.

— (1994): *Vals negro* (2002), Barcelona: Lumen.

— (2001): *24 horas con la Gauche Divine (Escrito en 1971)* (2002), Barcelona: Lumen.

— (2002): *De mi vida real nada sé*. Barcelona: Lumen.

Moran, Joe (2005): *Reading the Everyday*, London: Routledge.

Nichols, Geraldine (1989): *Escribir, espacio propio: Laforet, Matute, Moix, Tusquets, Riera y Roig por sí mismas*, Minneapolis (MN): Literatura and Human Rights.

Pérez-Sánchez, Gema (2003): «Reading, writing, and the love that dares not speak its name: Eloquent silences in Ana María Moix's *Julia*», en Lourdes Torres y Inmaculada Pertusa (eds.): *Tortilleras: Hispanic and U. S. Latina Lesbian Expression*, Philadelphia (PA): Temple University Press, pp. 91-117.

Pérez-Sánchez, Gema (2007): *Queer Transitions in Contemporary Spanish Culture. From Franco to «La Movida»*, Albany (NY): SUNY Press.

Regàs, Rosa (2000): «La Gauche Divine», en *Gauche Divine*, Madrid: Ministerio de Educación y Cultura/Lunwerg, pp. 13-25.

Riambau, Esteve y Casimiro Torreiro (1999): *La escuela de Barcelona: el cine de la «gauche divine»*, Barcelona: Anagrama.

Robbins, Jill (2005): «The Queer poetics of Ana María Moix», en Cecile West-Settle y Sylvia Sherno (eds): *Contemporary Spanish Poetry: The Word and the World*, Madison (NJ): Fairleigh Dickinson University Press, pp. 204-223.

Rubio, Oliva María (2000): «La Gauche Divine. Un espacio de libertad en un desierto cultural», en *Gauche Divine*, Madrid: Ministerio de Educación y Cultura/Lunwerg, pp. 27-41.

Schyfter, Sara E. (1980): «Rites without passage: The adolescent world of Ana Maria Moix's *Julia*», en Randolph D. Pope (ed.): *The Analysis of Lite-*

rary Texts: Current Trends in Methodology. Ypsilanti (MI): Bilingual Press, pp. 41-50.

SCHUMM, Sandra J. (1994): «Progressive Schizophrenia in Ana María Moix's *Julia*», *Revista Canadiense de Estudios Hispanicos* 19.1, pp. 149-171.

— (1999): *Reflection in Sequence: Novels by Spanish Women, 1944-1988*, Lewisburg (PA): Bucknell University Press.

SEMPERE, Pedro y Alberto CORAZÓN (1976): *La década prodigiosa*, Madrid: Felmar.

STEWART, Melissa A. (1995): «Memory in Ana María Moix's *Julia*», *Ojáncano: Revista de Literatura Española* 10, pp. 41-49.

— (1998): «(De)Constructing the text and self in Ana María Moi's *Walter, ¿por qué te fuiste?* and Montserrat Roig's *La veu melodiosa*», *Hispanófila* 124, pp. 23-33.

TUSQUETS, Esther (2005): *Confesiones de una editora poco mentirosa*, Barcelona: RqueR Editorial.

VALIS, Noël M. (1990): «Reality and language in Ana María Moix's *Walter, ¿por qué te fuiste?*», *Revista de Literatura Española* 4, pp. 48-58.

VÁZQUEZ MONTALBÁN, Manuel (1969): «Contribución al estudio hipercrítico de las relaciones entre poesía y libertad cultural, al margen de cualquier desteñida apreciación sobre la dimensión sociológica de la literatura de exportación», en Ana María Moix, *A imagen y semejanza* (1984), Barcelona: Lumen.

VILARÓS, Teresa (1999): «A cultural mapping of Catalonia», en David T. Gies (ed.): *The Cambridge Companion to Modern Spanish Culture*, New York: Cambridge University Press, pp. 37-53.

VOSBURG, Nancy (2003): «Silent pleasures and the pleasure of silence: Ana María Moix's *Las virtudes peligrosas*», en Lourdes Torres y Inmaculada Pertusa (eds.): *Tortilleras: Hispanic and U. S. Latina Lesbian Expression*, Philadelphia (PA): Temple University Press, pp. 81-90.

WILLIAMS, Raymond (1976): *Keywords. A Vocabulary of Culture and Society*, New York: Oxford University Press (edición revisada, 1983).

— (1977): *Marxism and Literature*, Oxford: Oxford University Press.

JAVIER MARÍAS, MONARCA DEL TIEMPO: DE LA ESTÉTICA NOVÍSIMA HACIA EL COMPROMISO ÉTICO

Heike Scharm
Brown University

Desde la publicación de sus primeras novelas en los setenta, muy en consonancia con la estética novísima, hasta su —por ahora— última novela, *Tu rostro mañana* (2002-2007), Javier Marías ha sido acusado de extranjerizante, escritor anglosajón y anti-español. Aunque el debate en torno al «carácter nacional» de una obra literaria no parezca tema fecundo para abordar la obra de un escritor, en el caso de Marías, y por extensión el de los novísimos, reevaluar su proclamada herencia puede permitirnos reconciliar algunas de las corrientes opiniones contradictorias, y abrir nuevos caminos para una relectura de su generación desde la perspectiva del siglo XXI. Tomando como punto de partida la supuesta anti-españolidad y el rechazo de la literatura comprometida, propongo recorrer en tres etapas el desarrollo de la novelística de Javier Marías, desde sus primeros pasos en un contexto llamado *novísimo*, hasta su gran obra de madurez, *Tu rostro mañana*, publicada tres décadas más tarde.

La primera etapa, la que constituye *Los dominios del lobo* (1971), novela-pastiche cuya materia prima la constituyen ochenta y cinco películas de Hollywood de los años treinta-cincuenta,[1] parece el prototipo de obra de los nuevos bardos que anunciaban que «hem de fer foc nou» (Blesa 2001: 12). Según los jóvenes escritores de la generación de Marías, la tarea del escritor consistía en cultivar «una escritura liberada de los lastres del pasado» y era un acto necesario de la desmitificación de la cultura oficial (*ibid.*, 12). Pertenece a esta época de deserción ante la realidad española también *Travesía del horizonte* (1972), homenaje-parodia de las novelas de aventuras de Joseph Conrad y Henry James, como decía el autor, «con unas gotas de Conan Doyle» (Marías 2007b: 58).[2]

En la reevaluación de la obra de Marías desde las dos perspectivas históricas, el contexto (pos)franquista y el principio del siglo XXI, *El monarca del tiempo* (1978) ocupa un lugar de singular importancia que ha sido, no obstante, desatendido casi por completo por la crítica. Dándole la razón a un crítico suyo de aquella época, Marías admite que tras la publicación de *Los dominios del lobo*, «si bien estaba [...] en posesión de un buen y sólido esqueleto, ahora le aguardaba la tarea más ardua, a saber: la búsqueda de la propia carne» (Marías 1989: 79). *El monarca del tiempo* dará los primeros frutos de esta búsqueda. Esqueleto de *Tu rostro mañana*, sirve de puente hacia la fase madura del escritor madrileño, la de su etapa plena en la que se reconcilian ruptura y tradición, estética y ética: *novísimo* en cuanto al escepticismo lingüístico y elementos paródicos, universal en la exploración de los grandes temas de la literatura vía auto-contemplación, y comprometido en la defensa de una postura ética para el escritor del siglo XXI.

Los dominios del lobo: *cowboys* y *gangsters* contra toreros y gitanos

Uno de los objetivos principales de muchos de los escritores de la generación de Marías radicaba en la desinstrumentalización de la literatura en forma de la «superación de cualquier implicación de valor (de cambio), y, por lo tanto, de poder, que supone, en última instancia, una liberación

---

[1] Para una lista detallada de películas que forman el hipotexto de *Los dominios del lobo*, véase el artículo de Alexis Grohmann (2003: 165-176).

[2] Ambas novelas han sido comentadas ya en estudios valiosos dentro del contexto de los *novísimos* (Grohmann 2001 y 2003; Cuñado 2004; Berg 2006).

del medio»[3] (Lanz 2002: 11). El mundo de Hollywood desempeña un papel notable en esta empresa. Incorporar el cine americano a sus novelas, les da la oportunidad, sin recurrir a la política o seguir el rastro de los escritores-mártires, de expresar indirectamente su rechazo a la vida política y cultural propagada por la España oficial. Si pensamos que la construcción de la imagen de la España folclórica, útil a propagandas políticas desde Napoleón hasta el franquismo, ha sido en gran parte la labor de la literatura extranjera ya desde comienzos del siglo xviii (Azúa 1995: 18), la publicación de *Los dominios del lobo* constituye en sí un evento literario y cultural cargado de ironía. Marías recurre a tópicos nacionales (estadounidenses) para crear una obra exótica llena de imágenes míticas y hasta folclóricas de una América tan alejada de la realidad como lo era en su momento la de la España de Merimée. Sin embargo, para Marías, los *cowboys* y *gangsters* proveían un antídoto contra el folclorismo español promovido desde las instituciones políticas. *Los dominios del lobo* seguía, por lo tanto, la misma estrategia que los poetas de la antología de Castellet que exaltaban los mitos de la galaxia *rock* a los que dedicaron algunos de sus poemas. Como explica Enric Bou, estos escritores reaccionaron ante una nueva sensibilidad que respondía a la colonización cultural de Estados Unidos, aprovechándose del mundo de Hollywood y de los *mass media* para desmitificar la cultura franquista a través de la cultura *Camp,* y para democratizar y universalizar el arte. Bou recuerda que «vivir en los medios», para los novísimos, se equiparaba a vivir «una proyección lejana, de unas vidas en mayúscula, como unas hagiografías por lo civil»; y concluye que «estos personajes míticos consagrados en unas imágenes estereotipadas, que difunden por todas partes los medios de comunicación de masas, se erigen como héroes ejemplares, sustitutorios de los mitos clásicos, religiosos o laicos» (1992: 198).

En un artículo publicado en 1964 sobre los años de formación de los nuevos escritores, Durant da Ponte explica el tipo de imagen cultural de América que reinaba en España en aquella época. Aunque no es el enfoque de su artículo, Ponte elucida indirectamente la importancia de la cultura estadounidense para jóvenes escritores como Marías, tanto como el

---

[3] Estas dedicatorias a «extraterrestres» se refieren a las de los poetas de la antología de Castellet. Se trataba de buscar nuevos mitos para derrumbar los viejos mitos, los cuales tenían que originar, según Blesa, «de un mundo que no era, ni con mucho, el de la cultura oficial —no, desde luego, del de la izquierda, ni tampoco, por supuesto, del de la derecha—, sino de la galaxia del *rock*» (Blesa 2001: 10).

sentido de rechazo que ésta provocaba en la España ultra-conservadora. El expresado sentimiento anti-americanista del partido falangista explica la seducción que ejerce el país del celuloide sobre una generación harta de la monopolización del tema de España en el arte.[4] De repente, «to the Spaniard steeped as he is in an ancient culture, America seems a youthful nation —strong, vigorous, materialistic, technically superior, but lacking a true philosophic tradition and almost shockingly naive» (Ponte 1964: 113). La imagen de la joven América y lo que significaba para el autor de *Los dominios del lobo* es reminiscente a la atracción que ejerce Lolita sobre el europeo Humbert Humbert, con la diferencia de que Marías no sólo se sentía atraído por esta cultura *nínfula* de Hollywood,[5] sino que aspiraba a *ser* como Lolita, es decir, a eliminar de su memoria artística cualquier relación de sangre con la España castiza, folclórica y política.[6] Por lo tanto, lo que se consideraba razón de desprecio para la España conservadora, podía ser fuente de inspiración para su generación disidente. Además, la ingenuidad y falta de una tradición filosófica de la cultura estadounidense les proporcionaría el modelo deseado para su deseado adanismo literario: la misma «ingenuidad chocante» garantizaría la ausencia de paternalismo, a la vez que la inexistencia de una verdadera tradición filosófica les ahorraría a los *niños expósitos* la necesidad de primero destruir para luego poder inventarse, con chicle en boca y felizmente irresponsables de los cargos del pasado, su propia tradición literaria. Pero no sólo era para ellos la cultura «lolita» provocadora, rebelde e ingenuamente seductora, sino que les ofrecía una salida del ais-

---

[4] Añádase a esta atracción el hecho de que muchos escritores de la generación de Marías se educaban desde su infancia en el cine, el cuál, como demuestran novelas como *Si te dicen que caí* (1973) de Juan Marsé, alimentaba su imaginación creativa, además de ofrecerles un escape temporal de la realidad que les rodeaba.

[5] Blesa se refiere a los poetas de la antología de Castellet que dedican sus obras, como dice, a extraterrestres, definidos como los que «provenían de un mundo que no era, ni con mucho, el de la cultura oficial —no, desde luego, del de la izquierda, ni tampoco, por supuesto, del de la derecha—, sino de la galaxia del rock» (2001: 10).

[6] En esta resolución absoluta de eliminar cualquier rasgo o referencia a su país, Marías se distinguía de otros de la época que apostaban por una feliz y desacralizante convivencia de elementos castizos y de la cultura pop. Marías incorporará referencias castizas con fines paródicos a novelas escritas décadas más tarde, como en *Mañana en la batalla piensa en mí* (1994), donde se describe al rey Juan Carlos jugando al futbolín, o en *Tu rostro mañana* con el personaje casi costumbrista De la Garza, ignorante de otras culturas, cerrado, racista, machista, arrogante y autocomplaciente.

lacionismo cultural, «una manera», como afirma Bou, «de conectar con los mitos que compartía toda una generación del planeta» (1992: 200).

Escritos *à la Lolita*, «desde la irresponsabilidad absoluta y desde la casi absoluta inocencia» (Marías 1989: 79), *Los dominios del lobo* y *Travesía del horizonte* son dos novelas que hay que evaluar en el contexto de esta estética novísima. Novelas de ruptura, pretenden sobre todo hacer caso omiso de la herencia del realismo social de la posguerra, sin seguir la literatura experimentalista defendida por escritores como Goytisolo, la cual, aunque rompiera con la España castiza, alejaba al lector demasiado del texto. Más bien, las novelas de juventud de Marías son tanto protesta como una defensa del arte de novelar. Como denuncia el autor, la novela había sido valorada en España casi siempre, y sobre todo entre 1950 y 1970, según su utilidad, es decir, como campo de análisis de las circunstancias del país o intento de explicación de lo que significa ser español (Marías 1995: 26). Así pues, las primeras novelas de Marías simbolizan un acto literario epicúreo: no pretenden cumplir una función social, ni histórica o política, sino que defienden una decisiva vuelta a la literatura y al placer de la lectura como su único fin, libres de la obligación de hacer referencia a la realidad de su país. Aunque *Los dominios* y *Travesía* no representan obras que dejan todavía prever el nivel de escritor que iba a alcanzar su autor,[7] dejan relucir un ardor juvenil para prender este *fuego nuevo*, y para hacer surgir de las cenizas una nueva forma de escritura cuyo punto de partida se sitúa, como juzga Lanz el de esta generación, «entre el no querer decir nada y algo que quiere decir *nada*» (2002: 12). El propio autor comenta sobre sus primeros pasos de novelista que «cuando empecé a los diecinueve años, ya hice novelas artificiosas como ejercicio literario, con parodia y mimetismo de otras [...] ahora me siento vacunado y hace muchos años que no escribo sobre algo que no me importe a mí también» (Iborra 2001: 161). *Los dominios* y *Travesía* cumplen en la trayectoria del novelista la función de hacer tabula rasa, y de liberarse de lo que los escritores de su generación con-

---

[7] Sin embargo, y sobre todo visto en retrospectiva, se reconocen también en sus primeras obras ya rasgos que hoy día se consideran típicamente mariescos. Véase, por ejemplo, el artículo de Lieve Behiels (2001). También Marteen Steenmeijer opina que «por su intriga llena de aventuras e incidentes esta segunda novela de Marías se enlaza con *Los dominios del lobo* pero la notable proporción de elementos metaficticios explícitos apunta más bien hacia las novelas que consagrarían al autor madrileño como uno de los valores más importantes de la narrativa contemporánea universal» (2001: 7).

sideraban el estigma del escritor español, con la esperanza de reclamar, al final del camino, un sitio legítimo dentro de la narrativa, como escritor europeo, universal. Y digo al final del camino, ya que, irónicamente, son estas novelas que se generan bajo el lema de la extraterritorialización las que revelan a sus autores, aunque no como aldeanos vanidosos, sí como propietarios avergonzados de sus aldeas nacionales. Si bien es cierto, como escribe Marías, que estas novelas eran únicas «por no reflejar ninguna circunstancia de la vida de mi país» (Marías 2007b: 60), es justo por esta auto-impuesta tiranía estética que traicionan su idiosincrasia española. Y quizá sea por esta razón —si recordamos el comentario antes citado de Félix de Azúa— que para un lector de hoy esta fase llamada *novísima* puede resultar —a pesar y por su afán de negar su herencia— la menos universal de los escritores de su generación.

El monarca del tiempo: del querer decir nada a la imposibilidad del decir

Si las dos primeras novelas de Marías eran fruto de la seducción, fuego de sus entrañas, diría Humbert, divertido y bueno para la piel, según Lolita, *El monarca del tiempo* constituye el preámbulo verdadero de un escritor a la altura de Nabokov. Para Berg, la tercera obra de Marías todavía revela una preocupación por lo extraño y exótico, a la vez que demuestra un desinterés total en la realidad social o política de aquellos años (2006: 46). Al mismo tiempo, *El monarca del tiempo* constituye el primer gran paso hacia la concepción de la novela como terreno de un pensamiento literario que desafía cualquier limitación de género o de reflexión positivista. Para apreciar la importancia de esta tercera, llamémosla «novela», vale recordar también la opinión del propio autor, quien la calificaba tanto como un punto de transición como de partida, la obra con la que «había cruzado por fin la línea de sombra y alcanzado la madurez y la osadía necesarias para ser intérprete de mí mismo» (Marías 1989: 82). De hecho, una lectura atenta de *El monarca del tiempo* revela que contiene ya todos los gérmenes de las grandes novelas que la siguen.

   El monarca lo constituyen tres relatos, «El espejo del mártir», «Portento, maldición», «Contumelias» —preámbulos estos últimos dos de *El hombre sentimental* y *El siglo*—, una obra de teatro, «La llama tutelar», y, de singular importancia, un ensayo sobre Julio César, «Fragmento y

JAVIER MARÍAS, MONARCA DEL TIEMPO 289

enigma y espantoso azar». La interpretación de la obra de Shakespeare forma el núcleo del libro y le otorga cohesión y coherencia. Sin embargo, su relevancia va mucho más allá de un análisis logrado del teatro de Shakespeare que «vincula [las] diferentes partes [de *El monarca del tiempo*] y pretende de dotarles de sentido» (Marías 2007b: 62). Se podría extender la función e importancia de este ensayo considerándolo como un primer manifiesto literario del autor que empieza a desarrollar teorías literarias sobre el tiempo y la verdad como temas literarios, los cuales forjarán su narrativa posterior.

De lo poco que se ha comentado hasta ahora sobre *El monarca*, destaca el comentario de Elide Pittarello, quien reconoce en esta obra la presencia de un nihilismo que será una de las características más reconocibles de su narrativa en general. Según Pittarello, para un lector de hoy «produce vértigo comprobar que el nihilismo de las más célebres novelas de Marías no es un fruto de madurez. Ya estaba ahí, aunque tratado con un distanciamiento que cohíbe toda participación emotiva». Esta presencia determinaría sus futuras novelas, marcadas éstas por «el colapso de la razón y el sinsentido de la vida», en las que «cualquier biografía, ficticia o real, será un tránsito insondable de la nada a la nada» (2003a: 19). Aparte de la presencia de Shakespeare, la cual será a partir de este momento una constante en la obra de Marías, aparecen dos referencias breves a lecturas del autor que inspiraron las reflexiones realizadas en *El monarca del tiempo,* y en particular en este ensayo. En una nota a pie de página el autor indica que le debe a Sánchez Ferlosio «en última instancia la puesta en marcha de estos comentarios» (Marías 2003: 89), mientras que de Nietzsche cita un pasaje de «Sócrates y la tragedia» (*ibid.*, 94). Estos dos nombres, Sánchez Ferlosio y Nietzsche, tienen una importancia esencial para ésta y para la futura obra del novelista.

Isabel Cuñado modifica la percepción de nihilismo en la obra de Marías y reconoce en *El monarca* más bien un primer «intento tímido de explorar esa dimensión de lo inefable» (2004: 18). En el caso de Marías se trata de un escepticismo nietzscheano sumamente fértil y productivo, mientras que los «tránsitos de la nada a la nada» establecen un punto de partida para lo que será una fuente inagotable de creatividad en sus novelas. De forma muy nietzscheana, la obsesiva exploración de la nada pone en marcha un tránsito a posibilidades ilimitadas desde este «siempre habrá nunca». No se trata en Marías de una exploración de la nada en un sentido nihilista. Mucho menos le parece preocupar al autor lo que no *es* verdad que lo que no es *de* verdad, ya que, como escribe el narrador de *Negra espalda del tiempo*, «en el territorio que no es de verdad *todo sigue pasando* y pasando siempre y allí la luz no se apaga ahora, ni se apaga luego, ni quizá nunca se apaga» (1998: 291; énfasis añadido).

La vinculación con el escepticismo —o si se quiere también con el posmodernismo—[8] parece fecunda a la hora de tratar la obra de Marías, sobre todo a partir de *El monarca*. Tanto el pensamiento posmoderno, empezando con Derrida, como la filosofía escéptica de Nietzsche rechazan la suposición (nihilista) de que la existencia carezca de sentido absoluto, ya que esa misma suposición caería en el mismo pecado que el positivismo, es decir, de pretender establecer una verdad absoluta, aunque sea en forma de negación. Marías niega quizá menos la *posibilidad* misma de una verdad o un sentido absoluto; más bien, noveliza la idea de que la facultad racional no tiene el poder de acceder a este tipo de conocimiento, y que las limitaciones del lenguaje mismas impedirían cualquier intento de articularlo.[9] Por otro lado, la insuficiencia de la razón y la desconfianza en las palabras abren la posibilidad de llegar a otra forma de conocimiento a través de la creación artística. Esta idea, muy presente ya en *El monarca*, sería incompatible con el pensamiento nihilista.[10] El nihilista niega, mientras que el escéptico duda. Y en Marías, la duda, el «quizá», es el motor principal de la creatividad y del conocimiento. De este escepticismo mariesco se cristalizan varios hilos conductores en *El monarca* que se extenderán al resto de su narrativa: la relación entre verdad y tiempo, el enigma y la incertidumbre como motor de la creación, y el fetichismo de la identidad, tanto en forma de utopía deseada como mito por destruir.

Objeto de parodia en las dos novelas anteriores de Marías, el concepto de la verdad se convierte a partir de *El monarca del tiempo* en un fe-

---

[8] Según Berg, «postmodernism was associated with the hybrid, the parodic, the ironic, the playful, the hedonistic, the eclectic, the self-conscious, and the self-referential» (2006: 47).

[9] Ya desde las primeras páginas de *Negra Espalda del tiempo* el narrador anuncia una «desconfianza última de la palabra», y por lo tanto, «relatar lo ocurrido, dar cuenta de lo acaecido, dejar constancia de los hechos y delitos y hazañas, es una mera ilusión o quimera [...] o bien, es sólo posible como invención» (Marías 1998: 10).

[10] El nihilismo se define como el rechazo absoluto de cualquier noción de realidad y de la existencia misma de un conocimiento humano (Oxford Dictionary).

nómeno estético, y más que negarse, se re-inventa continuamente.[11] Este germen del pensamiento literario de Marías se encuentra ya en el epígrafe de «El espejo del mártir». Marías cita los versos 71-77 del cuarto libro de *Tristia*, los poemas de exilio de Ovidio: «Aspera militiae iuventis certamina fugi, / Nec nisi lusura novimus arma manu». Es llamativo notar que Marías elige la versión del manuscrito poco corriente que establece el verbo *noscere* y no, como el manuscrito más difundido, *movere*.[12] De «huí las ásperas contiendas bélicas, y la mano nunca *movió* las armas excepto en juego», Marías cita «huí las ásperas contiendas bélicas, y la mano no *(re)conoció* las armas excepto en juego» (traducciones y énfasis míos). Es decir que mientras que la primera versión expresa acción e inacción consciente, «huí y la mano no movió», los versos citados en *El monarca* adoptan un distintivo tono trágico. La versión que elige Marías implica un precipitarse a ciegas, y expresa —tan importante en su obra, sobre todo en *Tu rostro mañana*— la omnipresencia de lo imprevisible, siempre dispuesto a convertir la mano del héroe en instrumento del azar y a su dueño en asesino o traidor, cobarde o mártir.

A partir de *El monarca*, la duda y la concepción de la verdad como una noción inestable determinan la estética de la narrativa del autor. Cada admisión de la imposibilidad de saber nada a ciencia cierta se modifica con un adversativo y rebelde «y sin embargo», «si bien» o «y no obstante». Del mismo modo, el narrador y representante de la autoridad militar de «El espejo del mártir», al reflexionar sobre el destino del militar Louvet admite que «nada sabemos, nada en efecto sabemos, y *no obstante* fíjese en que gracias a ello y a no averiguar nos es dado conjeturar, cavilar, incluso decidir sobre lo que fue de Louvet con la máxima libertad» (Marías 2003: 51; énfasis añadido). La invención de lo que pasó o, lo que tendrá el mismo valor en Marías, de lo que pudo haber sido, se emprende desde la sombra del *no novescere*, del no saber, *nisi lusura*, excepto en juego. En Marías la ficción, el juego último de la palabra, será vía de

---

[11] En el artículo «La huella del animal», con fuertes resonancias de Juan Benet, Marías estima la ficción o invención como la única opción válida para llegar a una forma de conocimiento. Explica que el verbo «inventar» «viene del latín "invenire", que no quiere decir otra cosa que "encontrar", o más bien, "descubrir"» (Marías 1995: 45). Y también Juan Benet, en *La inspiración y el estilo*, se pregunta, «¿Qué barreras pueden prevalecer contra un hombre que en lo sucesivo será capaz de inventar la realidad?» (Benet 1999: 160).

[12] Véase la introducción de Jacques André en Ovid 1968: xxxiii-lii.

conocimiento, mientras que la verdad oficial (léase también realismo o positivismo) nunca admite dudas ni contradicciones, resultando sospechosa y estéril:

> Consulte, vaya a mirar en los libros: le mentirán tanto como yo le pueda mentir; tan equivocada al respecto y a todo se encuentra la Historia como lo pueda estar yo, porque su saber es idiota, irrisorio, parcial, consanguíneo del mío, con el agravante de que no se sabe contradecir ni modificar, traicionarse ni negarse a sí mismo, apuñalarse como yo me apuñalo una y otra y aun una vez más (Marías 2003: 51).

En esta confesión del narrador encontramos la esencia de futuras novelas como *Corazón tan blanco* o *Negra espalda del tiempo*, donde el tiempo resiste a reconstruirse, pero en las que se cristaliza, a través de la ficción, la negra espalda del tiempo, nunca como realidad positivista, sino como posibilidad hipotética y, por lo tanto, verdadera o *de* verdad. Así pues, «El espejo del mártir» cierra con las palabras del general, que «no sé si sabiendo ya no quise saber más» (2003: 53). Y es ese «sabiendo» lo que provoca la esterilidad creativa, al impedir para siempre la «una y otra y aun una vez más». La certeza no sólo se rechaza por inalcanzable, sino porque paralizaría la escritura, la aislaría y encerraría, ya que vuelve superflua la comunicación, fundamento de cualquier obra de arte.

No se ha comentado mucho sobre la conexión entre Sánchez Ferlosio y Javier Marías, a pesar de un reconocimiento de deuda en una breve nota a pie de página de «Fragmento, enigma y espantoso azar».[13] Una excepción es Ana Rodríguez Fischer, que destaca varios puntos de conexión entre *El monarca del tiempo* y la subsiguiente obra de Marías, y recuerda que «siguiendo un apunte de Sánchez Ferlosio en *Las semanas del Jardín*, lo allí expuesto por Marías versa sobre el orden temporal en que se relatan los acontecimientos y sobre la convención de que lo último en ser

---

[13] «Rafael Sánchez Ferlosio, a quien debo en última instancia la puesta en marcha de estos comentarios, se ha ocupado profusa y sagazmente de esta cuestión en *Las semanas del jardín* (Nostromo, Madrid, 1974), señalando que, independientemente de la eventual tendenciosidad de la obra literaria (o cinematográfica en su caso) de que se trate, el espectador o lector tiende siempre (por no decir que da por descontado que en ello consiste su papel) a tomar lo último cronológicamente por lo verdadero y lo que va cargado de razón. O cuando menos por lo verídico, para mayor exactitud» (María 2003: 89).

contado equivalga a lo verdadero» (2004: 65). Sin embargo, una relectura del ensayo de Sánchez Ferlosio, a la luz de novelas como *Tu rostro mañana*, revela el impacto que debe haber tenido en Marías, y demuestra además que la extensión de la presencia de Ferlosio en su obra va mucho más allá de «un apunte».[14] Comparando la estructura narrativa con una cebolla, Sánchez Ferlosio define la narración como una progresión desde la superficie al fondo. Al igual que un cuchillo que corta primero las capas exteriores, «también los primeros episodios del relato serán interpretados como contactos con la superficie, y los postreros como contactos con el fondo» (Sánchez Ferlosio 2005: 24). Asumir que se trata de una narración que posee superficie y fondo implica necesariamente que existe como una cosa entera. No obstante, no se trata de la unidad de historia en el sentido convencional, ya que, como en las novelas de Marías, la idea de unidad no parte del objeto penetrado («la historia narrada»), sino del objeto que penetra («el que la narra»), el cual, a diferencia del objeto penetrado, «puede estar compuesto de hechos contradictorios entre sí» (*ibid.*, 24-25). Sánchez Ferlosio formula así una característica de la narrativa de Marías donde la verdad sólo existe como término abarcativo, donde «nada es nunca sin mezcla»,[15] como se insiste tanto en *Tu rostro mañana*, y donde la unidad de relato prevalece sin excluir contradicciones, ni tiene por qué reposar sobre el fundamento de una verdad única. Penetrar las capas exteriores hacia las interiores no significa tampoco un constante avanzar hacia un fin, «una penetración por su espesor», sino más bien «una excursión por su extensión» (*ibid.*, 24). Esta excursión por su extensión recuerda la escritura de Marías concebida como un errar con brújula, una narración que avanza a través de idas y vueltas. Recordemos también que Marías, al escribir *El monarca del tiempo*, su primera obra realmente mariesca, traduce *Tristram Shandy*; es decir, en esta tercera obra de Marías se manifiestan lecturas e impresiones del mundo literario, teórico y también filosófico. Nietzsche aporta la dimensión filosófica, Sánchez Ferlosio parte de la teoría literaria, mientras que Sterne le brinda a Marías un modelo de teoría y pensamiento hechos práctica: son escritores que reconceptualizan la idea de unidad y de ver-

---

[14] La valoración de los ensayos de Ferlosio como subtexto en la obra de Marías merece un estudio mucho más detallado que me es imposible ofrecer aquí. Las limitaciones de espacio no me permiten más que mencionar brevemente algunos de los puntos más llamativos de convergencia.

[15] En una entrevista, Marías declara haber adaptado esta frase de Yeats (2001).

dad a través de elementos tradicionalmente incompatibles: un narrador, «que puede estar compuesto de hechos contradictorios entre sí», una narración que avanza retrocediendo o retrocede avanzando, y que demuestra que la totalización o unidad es nada más el resultado de «un acto de lenguaje» (*ibid.*, 25) y de una verdad plurívoca, la cual, «para serlo, necesita, en todo caso, no ya que se la posea ni se le pertenezca» —cosa imposible— «sino que se la mire» (*ibid.*, 26). A partir de *El monarca*, la verdad en Marías será siempre veredicto, y su juez, el tiempo.

Es cierto que las teorías literarias de Sánchez Ferlosio hasta ahora mencionadas no son únicas en aquella época; por lo tanto, y pese a la referencia directa a Sánchez Ferlosio en *El monarca*, sería imposible afirmar o negar exactamente cuánta presencia tienen en la obra de Marías y hasta qué punto son simplemente coincidencias con otras lecturas del autor. Sin embargo, de la redefinición de la verdad como un acto de lenguaje, que cambia de valor con el orden cronológico de su enunciación (suponiendo que la superficie corresponde a un *antes*, y las capas sucesivas a un *después*), Sánchez Ferlosio llega a una conclusión que resonará en las futuras novelas de Marías. En *Las semanas del jardín* leemos:

> en lo que atañe la verdad sobre la cosa, el postrero de los hechos viene a adquirir, por su sola aparición en semejante lugar privilegiado, la viciosa virtud de desustantivar y convertir en apariencia todo hecho contradictorio que le haya podido preceder. [...] el último hecho no se añade a los anteriores, sino que tiene poder para anularlos, pero la anulación de un hecho implica ya su reducción, a dato, su desfactificación; la facticidad se vuelve ilusión (Sánchez Ferlosio 2005: 29).

De la correlación que Sánchez Ferlosio establece entre verdad y tiempo, Marías deriva el título de su obra, encontrando en ella la clave al poder de la convicción del novelista. Con claras resonancias del ensayo de Sánchez Ferlosio, en «Fragmento y enigma y espantoso azar», Marías escribe que «sólo puede haber una verdad, y esa verdad es siempre lo que aparece como *último* en el tiempo de que consta, en el tiempo que le ha adjudicado a esa unidad temporal determinada» (Marías 2003: 89). En *su* presente, al tomar la palabra, Brutus convence al público de la necesidad del asesinato de César, pero lo hace igualmente Marco Antonio, en su discurso posterior, de la culpabilidad de Brutus, y así, «cada nuevo giro se desvanecerá con tanta facilidad como se asentó para ser suplantada por otra convicción distinta que a su vez correrá la misma y efímera suerte» (*ibid.*, 91). Como consecuencia, cualquier acto ya ocurrido carece de esencia —y se podría hasta inferir lo mismo a los personajes—, ya que es el tiempo, o mejor dicho, el contarlo o el contar*los* en *última* instancia, que les otorga sentido y fija su rostro. El presente se convierte en el monarca del tiempo y de la verdad (*ibid.*, 109), y en el ámbito más eficaz de la convicción, ya que «actúa como sustitutivo o representante de *lo presente*» (*ibid.*, 105).

Ahora bien, si pensamos en las características de las novelas de Marías, se nos plantea una aparente incongruencia entre las teorías defendidas en «Fragmento» y la manera particular del autor de novelar. Recordemos que el meollo de todas las novelas que siguen al *Monarca*, sobre todo *Tu rostro mañana*, gira alrededor de la capacidad de la persuasión, no sólo como tema interno. Al igual que el protagonista Jacobo o *Yago*, casi todos los personajes o se salvan o se pierden según su don de persuasión. La novela misma, en cuanto artefacto, se mantiene gracias al oficio del novelista, y si logra convencer lo suficiente para enganchar al lector y hacerle, dentro de este presente compartido que es la lectura, partícipe (el *persuadido*) de la ficción. Así pues, siguiendo la lógica de los argumentos de Sánchez Ferlosio, Marías debería narrar en el presente, pero siempre prefiere el tiempo verbal del pasado.[16] La respuesta está en la predilección del autor de encasillar las narraciones en conversaciones entre los personajes y convertirle al narrador, al igual que al lector, en un interlocutor y testigo inmediato de la narración, más que en narrador. Así se evita narrar en el «huidizo» presente, el tiempo verbal de «la transitoriedad, de la inestabilidad» (2003: 106), «impropio de la narración» (Marías 2007b: 82). Y en vez de narrar, los personajes *cuentan*, preservando la ilusión de la inmediatez, como si ellos subieran a un escenario teatral para confesar sus episodios del pasado.[17]

Puede que la «deuda» más evidente de la obra de Marías con *Las semanas del jardín* se cristalice sobre todo en su última novela. Se trata de

---

[16] Véase para una explicación detallada del autor sobre el uso del presente del indicativo «La muerte de Manur», incluido en *Literatura y fantasma* (Marías 1988: 79-88).

[17] Aquí no hay contradicción: Marías explica que el presente, «podrá ser un siglo, un año, un acto, un discurso» (2003: 115). El discurso de un personaje en el escenario, aunque cuente en el pasado, se sitúa en el ámbito del presente, por hacerlo *presente* ante el público. Es este efecto que producen las largas conversaciones que vertebran novelas como *Tu rostro mañana*, ya que más que narración (leída), son discurso (escuchado).

la teoría elaborada de Sánchez Ferlosio sobre la correlación rostro/iden-
tidad, y de la tendencia en el mundo del arte de inscribir en la fisonomía
de una persona ya su rostro mañana.[18] Estas inscripciones descifrables,
como demuestra Sánchez Ferlosio con ejemplos en la pintura, son reflejos del mito cristiano de la salvación o condenación divinas, como una
forma de predestinación al revés. Lo que Sánchez Ferlosio llama *índices
escatológicos* es lo que «caracterizan a los personajes como signos va-
lorativos, que son verdaderos juicios de valor escritos en sus rostros y
en sus movimientos y actitudes, de modo que prefiguran y anuncian su
destino final» (Sánchez Ferlosio 2005: 49). Por lo tanto —y se ve aquí la
correlación con el tiempo cronológico como catalizador de la verdad—,
el último acto cumplido de una persona desempeña el ejecutor de un asumido destino pretrazado, o su confirmación si se quiere, que determina
y fija no sólo lo que es, sino también lo que ha sido, anulando cualquier
rasgo anterior.

Al final de la primera entrega de *Tu rostro mañana*, el mentor de Deza,
Wheeler, cuando revela detalles sobre su pasado, se pregunta si «soy yo
el mismo de entonces», y si «¿No resulta esa posibilidad, esa idea, esa
verdad asumida, no resulta incongruente en exceso, por ejemplo con el
que después he sido? ¿O con los actos que cometí más tarde [...]? ¿y
cómo puedo yo ser el mismo?» (Marías 2002: 470). La auto-examina-
ción del personaje juzgado a través del tiempo parece una elaboración
del fetichismo de la identidad, que se expone en la «Semana primera»,
consecuencia inminente, según Sánchez Ferlosio, de la «retroproyección
de las postrimerías». Siempre en referencia a la verdad como veredicto
subyugado a la cronología del tiempo, Sánchez Ferlosio concluye que
«si hemos de ser nosotros, nuestras acciones [...] vendrán a convertirse
en meras señales de reconocimiento, puros indicios que solamente aluden a ese ser y permiten a otros inferir [...] sus verdaderos atributos»
(Sánchez Ferlosio 2005: 32). Y si la verdad no admite la contradicción,
cada presente sólo admite *una* verdad, y aquella anula necesariamente la
precedente, del mismo modo que la María Magdalena arrepentida, en su
presente, anula a la María Magdalena pecadora, y aún así, ambas existen

---

[18] Ferlosio, al igual que Marías en *Tu rostro mañana*, se sirve de cuadros del Prado
para llevar al cabo un análisis más bien literario de los personajes pintados. Un ejemplo
es *El martirio de San Esteban*, de Juanes: «ya el propio Saulo [...] lleva en su rostro las
señales de la bienaventuranza» (Ferlosio 2005: 45).

como verdad plurívoca en el tránsito del tiempo, y son a la vez única en cada momento.

Una consecuencia de estas reflexiones sobre la verdad como un acto de lenguaje que vacila entre el confirmar y anularse según avanza el tiempo, es la insustancialidad ontológica, tema ya presente en Marías desde *El monarca*. De las (auto-)citas muy repetidas en las novelas del autor, resaltan afirmaciones como «no somos de fiar las personas que por [el tiempo] aún transitamos, tontas e insustanciales e inacabadas todas, sin saber de qué seremos capaces ni lo que al final nos aguarda, tonto yo, insustancial, yo inacabado, tampoco de mí debe nadie fiarse» (2007a: 4), o que «nunca nada está fijo ni a salvo, ni es seguro ni tampoco es cierto» (2007a: 140), alternadas para mayor impacto con citas de *Enrique IV* como «Presume not that I am the thing I was», o «I have turn'd away my former self» (2007a: 454). En Marías, el escepticismo se extiende de la realidad externa para cuestionar la posibilidad de una esencia fija de la persona. Esta duda constante viene de la percepción de que nada, como se repite tantas veces en *Tu rostro mañana*, es nunca puro o sin mezcla. Los resultantes juegos lingüísticos de los múltiples nombres de personajes en Marías encuentran una explicación detallada en *Las semanas del jardín*. Sánchez Ferlosio escribe en «Semana segunda» que «todo nombre es idéntico al ser de la persona que lo lleva, porque su ser no es sino ese nombre mismo. He aquí como tras la "consustancialidad" entre el significante y el significado [...] se revela, a través del caso de los nombres propios, escondido el espejismo de la tautología» (2005: 258-9). El espejismo de la tautología nombre/identidad, o nombre/rostro, le lleva a Sánchez Ferlosio a la misma conclusión: que la conversión de Pablo que deja de ser Pablo para devenir Saulo de Tarso, igualmente «le exigirá un cambio de nombre» (*ibid.*, 45). Esta insustancialidad de la esencia a través del tiempo se expresa en Marías en una inestabilidad onomástica que en la última novela roza ya la parodia: su jefe Tupra o Reresby o Ure o Dundas cambia de nombre según los lugares; Deza o Jaime o Yago, Iago, Jago o Jack o Jacobo o Jacques según su interlocutor, tantos otros según la época, el país, según las guerras, amores o traiciones, cometidas o sufridas, y la cronología de los actos que determinan su rostro.[19]

---

[19] Cabe añadir que para Ferlosio el rostro, por la tautología identidad/rostro, «vendría a ser, por lo tanto, una categoría del presente» (2005: 217). Se podría inferir, recapitulando lo antes dicho, que el nombre igualmente es categoría del presente, y así encontramos otra respuesta a las preguntas de Wheeler. La asociación del cambio de nombres

Marías concluye su ensayo con la implicada sugerencia de trasladar sus interpretaciones de *Julio César* —y en general del teatro de Shakespeare— a la novela. En esta sugerencia misma se encuentra una clave importante para la teoría del tiempo a base de su obra novelística, cuya semilla germina en *El monarca del tiempo* y llega a su esplendor en su gran novela escrita 30 años más tarde, *Tu rostro mañana*:

> Y uno no puede por menos de pensar en la posibilidad de que quien supiera y quisiera sacar todo esto de un escenario y trasladarlo a otros terrenos y campos, más espaciosos, amplios y abiertos; quien se atreviera a abandonar la atmósfera cargada de la sala y saliera a pasear con el ánimo aún sobresaltado por los aspavientos y gritos de la función a través de extensiones en las que el aire es más limpio pero más imponente; quien asimismo creyera que en ello algo podía haber de verdad y ya en la calle o la senda le dedicara dos pensamientos, uno no puede por menos de pensar, digo, que tal vez se encontrara a la postre con mundos, como el de Julio César, de fragmento y enigma y espantoso, magnífico azar (Marías 2005: 116).

Estos mundos serán el Oxford, el Madrid, el Todas las almas de Marías, novelas-mundos que más que escritos o inventados, son *encontrados*, que lejos de ser mentiras albergan verdades pobladas de presentes, siempre rebeldes, y en que reina, sin embargo, con absoluta soberanía, su autor: el rey de Redonda, monarca del tiempo.

FIEBRE Y LANZA, VENENO Y SOMBRA: LA MARCA DE LA ESPECIE O EL ESTILO DEL MUNDO

Si la literatura de los años setenta hasta el fin del milenio se concebía y valoraba como artificio, como un alejamiento de la realidad a favor de un acercamiento al arte, la última novela de Marías constituye en cierto

---

según la cronología del tiempo (conversión) y las variaciones de nombres según el lugar o el interlocutor en Marías no constituyen una contradicción, ya que el concepto del tiempo en Marías no tiene un sentido espacial, en forma de línea. *El* o *lo presente* puede producirse como ámbito de un tiempo compartido con otro personaje, o asociado a un lugar (el tiempo con Luisa, el tiempo en Oxford). Aunque existan separados el uno del otro, cada uno con su propio tiempo y esencia y sentido, no se suceden cronológicamente sino más bien existen (aunque no *co-existen*) simultáneamente y a la vez separados, el uno como paréntesis del otro, sin ser ninguno de los dos subordinado al otro.

sentido una vuelta de la literatura a la vida, no en el sentido de escritura mimética, sino en una función híbrida que quizá podamos valorar como *artificio comprometido*.[20] Mientras que en *Los dominios del lobo*, «the instances of relative violence and cruelty of the action have a playful and comic rather than serious effects» (Grohmann 2003: 165), en *Tu rostro mañana* Marías replantea la violencia como un problema ético y universal, y, muy en unísono con escritores como Sebald o Coetzee, también una responsabilidad literaria.

A Coetzee se le considera uno de los escritores de los últimos años que más ha apostado por una literatura transformadora. En novelas como *Waiting for the Barbarians* (1980) o *Age of Iron* (1990), se reexamina la sociedad civilizada y se denuncia la violencia y opresión institucionalizadas. Un tema recurrente en sus obras es el papel que desempeña la literatura en nuestra *edad de hierro* marcada por la violencia, el miedo, la manipulación y el interés propio. Sus protagonistas son profesores o escritores, enfermos, debilitados o desilusionados, aislados de la sociedad en un exilio auto-impuesto por la indiferencia o la incapacidad de conectar con la vida. Contra estos intelectuales fracasados se levantan a menudo voces desamparadas (los «invisibles»), como la del joven negro en *Age of Iron*, acusando la ciudad letrada (la profesora de lenguas muertas) de pasividad e impotencia. Su novela metaliteraria *Elizabeth Costello*, por otro lado, resucita la querella del siglo pasado entre la literatura comprometida, *bête noire* para escritores como Marías desde casi medio siglo, y la sagrada concepción de la escritura tipo *arte por arte*. Coetzee

---

[20] Al discutir el componente ético en Marías, hay que recordar, sin embargo, la importancia de su escritura como artificio. Prueba son pistas constantes en forma de elementos paródicos, para recordarle al lector de que se trata de una construcción ficticia que se distancia siempre de cualquier realismo moralizante. Evitando la caída en el melodrama, estos guiños del autor aparecen sobre todo en escenas de tono y contenido serios. Un ejemplo, entre muchos, nos brinda la escena de confrontación entre Deza y Custardoy en el portal de la casa del rival. Mientras que le clava la pistola en la columna y le amenaza con la muerte, el protagonista auto-analiza la elección de sus propias palabras, y se pregunta si el otro en este momento estaría apreciando el nivel sofisticado del uso de su vocabulario, algo impensable en una situación con mera intención realista (Marías 2007a: 462). El efecto que parece buscar Marías es el mismo que admira tanto en las novelas de Thomas Bernhard: «un rasgo de Bernhard que cada vez he visto más en sus escritos y que precisamente parece pasar inadvertido para la mayoría de los bernhardianos, quienes se lo toman con una solemnidad de espanto y una literalidad propia de párvulos: su sentido del humor [...]. Lo que hay en él es sobre todo la desolación de la farsa, o si se prefiere, la farsa de la desolación» (Marías 1996: s/p).

replantea lo que se ha tomado como asentado en los últimos 50 años sobre la condena y el rechazo absolutos de la literatura comprometida, para redefinir una nueva literatura *engagée* de vuelta a la vida y con un reenfoque ético,[21] sin abandonar, no obstante, el compromiso con el arte. Son de singular importancia los capítulos seis, «The problem of evil» y ocho, «The gate», donde se narra la ¿onírica o postmortem? experiencia kafkiana del juicio final de la escritora, haciendo balance crítico frente a un tribunal, de su profesión y de la literatura en cuanto a su «utilidad» o «responsabilidad» o «humanidad».

Aspectos de estos dos capítulos resuenan sobre todo en *Tu rostro mañana III*, lo que confirma, a mi modo de ver, un reenfoque en forma de «intención» o «compromiso» o hasta «mensaje» éticos —valgan las palabras prohibidas— del autor. En «The problem of evil» la escritora Costello expresa la frustración y cansancio parecidos a lo que sentía la generación posrealista, al darse cuenta de la impotencia de la literatura de denuncia frente a las injusticias del mundo. Por esa razón, «she has lost what appetite she ever had for disputation, and anyhow what hope is there that the problem of evil [...] will be solved by more talk?» (Coetzee 2003: 157). En la ponencia que presentará al día siguiente, Costello denuncia la novela (inventada) *The Very Rich Hours of Count von Stauffenberg*, en la que Paul West describe la ejecución de los asesinos fracasados de Hitler, juzgando las imágenes gráficas de obscenas (ob-scenas, o *off-stage*, lo que ella define como no apropiadas para una escena) y peligrosas, «because such things ought not to take place, and then obscene again because having taken place they ought not to be brought into the light but covered up and hidden for ever in the bowels of the earth [...] if one wishes to save one's sanity» (Coetzee 2003: 159). Sin embargo, las numerosas contradicciones entre el contenido de la ponencia, de la

---

[21] La diferencia entre la literatura *engagée* del realismo social y lo que propone Coetzee como nuevo compromiso del escritor, se evidencia en la relación entre autor y mensaje. Mientras que para los seguidores del realismo comprometido la literatura servía de vehículo para trasmitir un mensaje, en Coetzee, como explica en «At the gate», es el autor «secretario de lo invisible», que se convierte en vehículo, y no su escritura. La escritura se compromete independientemente de la posición social-política del autor. En Coetzee, tanto como en Marías, no es objetivo de moralizar, sino de *representar* e *impactar*. Y, a través de la representación de la violencia, se denuncia el crimen mismo, y no al criminal, indicando quizá, como advierte Fernando Savater, que los crímenes «jamás dejarán de ser, que a lo más pueden variar de sujetos, pero no de sustancia» (1981: 177).

narración y los paréntesis comentando su ponencia, convencen al lector justamente de lo contrario: que quizá la responsabilidad del escritor hoy día sí consiste en «mojarse» de nuevo con la vida real, en recrear imágenes obscenas, aunque incomodan, escandalizan y hasta horrorizan, con el fin —ya no de anestesiar la conciencia con la diversión artística—, sino de hacer visible, de manera esperpéntica,[22] la realidad del mundo en que vivimos. Al igual que Sebald en *Bombardeos y literatura* (1999), Coetzee y Marías proponen una literatura que despierta, que abre los ojos, a pesar de que, o justamente *porque* hace sufrir a través de imágenes cargadas de violencia.

«El estilo del mundo», según Marías, «la marca de nuestra especie», según Sebald,[23] la violencia como el gran espectáculo de la humanidad puesto en escena (*on-stage*, hecha *lo presente*) se despliega en *Elizabeth Costello* y *Tu rostro mañana* como problema ético y también estético. En ambas novelas prevalece una tensión latente entre la omnipresencia de la violencia en todas sus facetas, desde sus manifestaciones banales o a las más aborrecibles, íntimas o colectivas, y la fachada de la sociedad civilizada. Salta a la vista un obvio paralelismo entre la secuencia de imágenes de los vídeos del servicio secreto, el efecto que producen en Deza, y la lectura de escenas igualmente impactantes y la consiguiente reacción de la protagonista de Coetzee. Ambos personajes funcionan como intermedio entre lo visto o leído, y el lector. Así pues, mientras que el lector de *Elizabeth Costello* asiste a la tortura y ejecución detalladas de los colaboradores de von Stauffenberg, el lector de *Tu rostro mañana* se somete a la narración gráfica del sadismo más abyecto, inmortalizado

---

[22] De hecho, Valle-Inclán figura en la breve lista de autores españoles muy admirados por Marías (Marías 2007b: 55).

[23] En una de sus últimas entrevista, Sebald juzga el principio de nuestro siglo como una edad marcada por la violencia bajo un «nuevo orden mundial», declarando que «la violencia, y por ende la historia, es la marca de nuestra especie. Ninguna otra tiene nuestra capacidad destructiva, ni un poder mortífero semejante. La amenaza hoy se vuelve endémica por segundo» (2002: s/p). Es interesante observar que la marca física como signo de violencia en el rostro de los personajes es un elemento recurrente a través de los tres tomos de *Tu rostro mañana*. De la Garza marca la mejilla de Flavia Manoia, y es la misma marca que desencadena la escena violenta en el retrete de la discoteca. Custardoy lleva una cicatriz en la mandíbula, y Wheeler otra en el mentón. También Luisa tiene la cara marcada como consecuencia de abuso o de su supuesta inclinación masoquista.

en los vídeos de Tupra.[24] En ambos casos, las imágenes de la violencia funcionan como un veneno, una inoculación, como advierte Deza, que entra «por los ojos o por los oídos, no hay manera de extirparlas, ahí se instalan y no hay remedio y reaparecen mezclándose con cualquier cosa o persona y contaminado, y diciendo en cada ocasión, repitiendo, insistiendo: "Pese esto sobre tu alma"» (Marías 2007a: 699). Obscenas e incómodas, las imágenes de la violencia cumplen un papel que va mucho más allá de la mera exigencia de una obra de arte, y hasta se insinúa, en *Elizabeth Costello*, que violan las leyes del buen gusto de la estética. De igual o mayor importancia que la descripción de la violencia misma es la minuciosa narración de la reacción que producen en el espectador, la cual empieza a tomar el centro del escenario, desencadenando reflexiones que parecen dialogar entre una novela y otra sobre la responsabilidad de callarla o contarla[25] o, como dice Costello, de eliminar de la representación artística «Scenes that do not belong in the light of day» (Coetzee 2003: 159).

En *Tu rostro mañana* los vídeos del servicio secreto poseen un valor de cambio, ya que garantizan la posibilidad de sobornar a las personas

---

[24] No es casual que las imágenes de la violencia se transmitan en ambas obras a través del filtro de la representación. Coetzee no nos hace testigos de una realidad histórica inminente, sino que las escenas de ficción son leídas y comentadas por la protagonista del autor. Deza tampoco asiste en directo al espectáculo del sadismo, sino que narra lo que ve en una pantalla. De este modo, claro está, se les exime a los personajes de la responsabilidad de la intervención. Sin embargo, la «inoculación» de la violencia a través del filtro de la representación tiene el efecto de la abstracción de la violencia a través del espectáculo. Así la violencia puesta en escena (lo *ob-sceno* redirigido a la escena) adapta una dimensión universal e intensifica el sentimiento que provoca en el lector-espectador. Ferlosio explica este fenómeno a fondo en *Las semanas del jardín* con la imagen del kimono del niño muerto. La representación y no el acto mismo, según Ferlosio, «proyecta el daño como imagen y, en alguna medida, expande su opresión; podría decirse que por medio de ella nos desdoblamos en imagen ante nuestros propios ojos. La representación presta ojos al que sufre y figura al sufrimiento (Ferlosio 2005: 127). A mi modo de ver, la cita de Ferlosio es clave en Marías. Además, abundan ejemplos en sus novelas, sobre todo a partir de *Todas las almas*, como la masca mortuoria de Gawsworth u objetos en general que persisten como testigos (representación) de un tiempo irrecuperable. El daño proyectado, en este sentido, constituye la ausencia de su propietario y la prefiguración de la propia desaparición. En general hay en Marías una predilección por la sustitución-representación. En este respeto, véase también el artículo de Elide Pittarello, «Haciendo tiempo con las cosas» (2003).

[25] En este contexto es llamativo el título de la conferencia, «Silence, complicity and guilt», que sirve de fondo de las reflexiones metaliterarias de *Elizabeth Costello*.

grabadas y así controlarlas. En este contexto se entiende la advertencia de Tupra a Deza, antes de ver los vídeos, que «no va a gustarte su contenido, pero no los desprecies ni los condenes. Ten presente lo que valen o para lo que valen» (2007a: 163). Sin embargo, trasladadas al contexto de las reflexiones éticas y estéticas de «The problem of evil» en *Elizabeth Costello*, la cita de Tupra le podría haber servido a Paul West de respuesta a la ponencia de la protagonista, donde se cuestiona el «valor» estético y por lo tanto la justificación de la violencia como espectáculo artístico. Si las imágenes gráficas de la violencia «valen» en *Tu rostro mañana,* es porque resucitan la pregunta sobre el origen de la violencia y, sobre todo, su lugar en el mundo llamado civilizado. La vacilación e insatisfacción de la respuesta de Deza a la tan repetida pregunta a través de la novela, «por qué no se puede ir por ahí pegando y matando» (2007a: 19, 206, 219) demuestra la automatización y vacuidad de las respuestas aprendidas que todos reconocemos como coro de la sociedad civilizada:

> porque no está bien, porque la moral lo condena, porque la ley lo prohíbe, porque se puede ir a la cárcel, o al patíbulo en otros sitios, porque no se debe hacer a nadie lo que no quiero que a mí me haga nadie, porque es un crimen, porque hay piedad, porque es pecado, porque es malo, porque la vida es sagrada, porque resulta irremediable y no tiene vuelta de hoja y lo hecho no se deshace (2007a: 206-7).

Marías parte a menudo de concepciones comunes y asentadas para darles la vuelta y examinarlas a fondo. Y, sin embargo, lejos de servirse de la literatura como vehículo para la moralización, la defensa de una postura pacifista o para crear héroes-modelos capaces de salvar el mundo, Marías utiliza el poder de la palabra para recordarnos, a través de sus personajes, que la violencia más horrenda es parte de la realidad cotidiana del mundo civilizado, es su «estilo inmudable a través de los tiempos y de cualquier espacio, y así no hay por qué cuestionarla, como tampoco hay que hacerlo con la vigilia y el sueño, o el oído y la vista, o la respiración y el habla, o con cuanto se sabe que "así es y así será siempre"» (2007a: 472).[26]

---

[26] Esta cita responde indirectamente a otro argumento de Costello en contra de la estética de Paul West, es decir, del peligro del contagio de la violencia a través de su conjuración, ya que la teoría de violencia que se propone en *Tu rostro mañana* rechaza vehementemente la propagación de la violencia como una enfermedad contagiosa, sino

En vez de centrarse en la impotencia de la palabra, como lo pretenden novelas anteriores, *Tu rostro mañana* arranca con la advertencia del narrador que «uno no debería contar nunca nada», ya que cualquier confesión o revelación, por lo bien intencionada que sea, puede tener repercusiones catastróficas en las vidas ajenas.[27] Por otro lado, consciente del poder de la palabra, el «compromiso» de Marías consiste en escribir para enganchar, para despertar y hacer pensar, para transformar la palabra en espada capaz de penetrar el oído como si fuera espada en pecho, para que recupere, como se plantea en *Elizabeth Costello*, la fuerza del genio de la botella liberada por el escritor, capaz de convertirse en fiebre, lanza y veneno. Según la noción de Sartre, la literatura *engagée* consistía justamente en eso, en «obrar de modo que nadie pueda ignorar el mundo y nadie pueda ante el mundo decirse inocente» (Lanz 2002: 8). Aunque sea cierto que la literatura comprometida no haya podido transformar el mundo, según el narrador de Marías tampoco es cuestión de ver el mundo, sino más bien, «es cuestión de ver*se*» (2007a: 472; énfasis añadido). Si, como se insiste tanto en los tres tomos de *Tu rostro mañana*, cada uno lleva sus probabilidades en el interior de sus venas, o, como dice Yago, «t'is in ourselves that we are thus, or thus»,[28] y sólo es cuestión de tiempo o de circunstancias para que se conviertan en hecho, lo mismo vale para el obrar bien que para cometer los actos más bestiales. Y aunque lamentemos con Elizabeth Costello que «I do not want to read this [...]. Let me turn my eyes away» (Coetzee 2003: 178-179), y con Deza que «no lo soporté, cerré los ojos», seguimos leyendo, con ellos, «sick with the spectacle [...], sick with a world in which such things took place» (*ibid.*, 158), fascinados y horrorizados al reconocer en su imagen el pro-

---

más bien insinúa, siguiendo la visión de Sebald, que la violencia es inherente al ser humano.

[27] En *Tu rostro mañana* III, Marías escribe una de las escenas más brillantes de la novela. La noche con Pérez Nuix se puede leer como un tratado metaliterario de la penetración de la palabra en cuerpo ajeno. La descripción de los sexos femeninos como «entradas sin puertas» alude igualmente a los oídos, que tampoco «hay que abrirlos para penetrar en ellos» (2007a: 144), y dada la imposibilidad de contener la palabra con un condón, «uno no debería contar nunca nada». La penetración, de la palabra, de la espada, se describe como una mera coincidencia del tiempo y del espacio de los participantes, al igual que la muerte sería consecuencia de una coincidencia azarosa de tiempo y espacio, de «la bala y su frente, o la navaja y su pecho, o el filo de la espada y su cuello» (147).

[28] *Othello*, I, III, 323.

pio rostro y en él, debajo del barniz de la sociedad civilizada, la marca de nuestra especie.

Conclusión

En su primera fase de novelista, Marías arranca de una actitud «generacional», cuyo objetivo principal consistía en liberarse del estigma del escritor español, asociado con el realismo social, la cultura castiza y la escritura testimonial, rechazando el mimetismo de una «realidad» sospechosa, manipulada por el poder o alterada por el olvido. Al igual que los poetas de la antología de Castellet, los escritores del *nouveau roman*, de la nueva narrativa estadounidense o del *Montageroman* en Alemania,[29] el autor de *Los dominios del lobo* o *Travesía del horizonte* participa en la búsqueda de un camino nuevo, preguntándose cómo ganar de nuevo a un lector defraudado y engancharlo con esta voz de Yago desenmascarado del siglo xx. Y cómo, en una época en que la verdad había recuperado su valor nietzscheana, vestirla convincentemente con ropa inventada, sin nunca, no obstante, querer negar la desnudez del emperador. Irónicamente, no sería Hollywood o la cultura *nínfula* de la que se empaparon los novísimos lo que le posibilita a Marías a convertirse en un escritor universal. *El monarca del tiempo* cuyo título mismo le cabría como mano en guante al futuro rey de Redonda, significa una liberación en un doble sentido: al dejar de apartarse de su herencia y volver la mirada hacia sí mismo, logra a liberarse definitivamente de la sombra del estigma del escritor español, mientras que la auto-contemplación acompañada por el «colapso de la razón» le abren el camino hacia la gran aspiración nietzscheana, la superación del nihilismo por medio del arte.

---

[29] No pretendo aquí establecer una influencia del *nouveau roman* en Marías, sino más bien llamar la atención a un obvio paralelismo entre tendencias posrealistas de otros países europeos y rasgos de la generación de los *novísimos* en España. Aunque los argumentos de Cooren a favor de una influencia directa de escritores como Butor en Marías parecen algo convincentes (1998: 223), estoy más de acuerdo con Bruce Morissette, en que "one of the oddities of the international or comparative literary scene is that influences coming from 'foreign' sources often turn out to have their actual origins in the very literature on which they exert their force" (1970: 156). A mí modo de ver, a pesar de la influencia de la cultura anglosajona, la particularidad de la narrativa de Marías, sobre todo hasta los años ochenta, surge de una necesidad cuyo origen hay que buscar en las circunstancias literaria y social de su propio país.

Vistos por algunos como características principales del posmodernismo, la literatura ensimismada, o vuelta hacia sí misma, y un inconfundible escepticismo, más su interés en la filosofía y las literaturas extranjeras, le prepararán a Javier Marías —a partir de *El monarca del tiempo* actor y espectador, sujeto y objeto de sus novelas— la entrada en la escena literaria internacional. Y aunque el escepticismo, tanto hacia el lenguaje como a cualquier vía de conocimiento más allá de la imaginación propia, sigue siendo clave en su obra, Marías se aleja de los juegos posmodernistas centrales a *Negra espalda del tiempo* o *Todas las almas*, para acercarse al final de su trayectoria con *Tu rostro mañana* a la vida y la realidad que le rodea, adaptando una postura ética según el ejemplo de escritores universales como Coetzee o Sebald. En Marías se puede observar una paulatina maduración de su novelística. Desde las aventuras de *Los dominios del lobo* y *Travesía del horizonte*, la consciente búsqueda de su carne a partir de *El monarca del tiempo*, su trayectoria es una profundización y ampliación, y también universalización de sus primeras obras. *Tu rostro mañana* constituye no sólo el final del aprendizaje de un gran escritor; también se trata de una obra culminante que alberga, de manera inconfundiblemente mariesca, James Bond y Ovidio, Shakespeare y *Botox*, la rebelión de Dionisio y el escote de Jayne Mansfield, la parodia y la risa y la gran tragedia del tiempo: la muerte, la soledad y el olvido.

Bibliografía

Azúa, Félix de (1995): «Les topiques de l'espagnolade», en *Le Magazine Littéraire* 330, pp. 18-20.

Benet, Juan (1999): *La inspiración y el estilo*, Madrid: Alfaguara.

Behiels, Lieve (2001): «"Hay que saber prolongar la incertidumbre": horizontes de expectativas en *Travesía del horizonte* de Javier Marías», en Marteen Steenmeijer (ed.): *El pensamiento literario de Javier Marías*, Amsterdam/ New York, Rodopi, pp. 87-94.

Berg, Karen (2006): *Javier Marías's Postmodern Praxis: Humor and Interplay between Reality and Fiction in his Novels and Essays*, Amherst (MA): University of Massachusetts Amherst.

Blesa, Túa (2001): «"Hem de fer foc nou", Vigencia y balance de "Nueve novísimos poetas españoles"», *Ínsula* 652, pp. 9-13.

Bou, Enric (1992): «Sobre mitologías», en Joan Ramón Resina (ed.): *Mythopoesis: literatura, totalidad, ideología*, Barcelona: Anthropos, pp. 191-200.

Coetzee, J. M. (1982): *Waiting for the Barbarians*, New York: Penguin.

— (1998): *Age of Iron*, New York: Penguin.

— (2003): *Elizabeth Costello*, New York: Viking Penguin.

COOREN, Sylvie (1998): «Un aspect des Novísimos: *El hombre sentimental* (1986) de Javier Marías», en Jean Bessière, Daniel-Henri Pageaux y Eric Dayre (eds.): *Formes et imaginaire du roman: perspectives sur le roman antique, médiéval, classique, moderne et contemporain*, Paris: H. Champion, pp. 213-223.

CUÑADO, Isabel (2004): *El espectro de la herencia. La narrativa de Javier Marías*, Amsterdam/New York: Rodopi.

GROHMANN, Alexis (2002): *Coming into One's Own*, Amsterdam/New York: Rodopi.

— (2003): «*Los dominios del lobo* by Javier Marías; Hollywood and anticasticismo Novísimo», en Federico Bonaddio y Xon de Ros (eds.): *Crossing Fields in Modern Spanish Culture*, Oxford: Legenda/European Humanities Research Centre, pp. 165-176.

IBORRA, Juan Ramón (2001): *Confesionario*, Barcelona: Ediciones B.

LANZ, Juan José (2002): «Himnos del tiempo de las barricadas: sobre el compromiso en los poetas novísimos», *Ínsula* 671-672, pp. 8-13.

MARÍAS, Javier (1989): «Charla de Javier Marías», en *Seis calas en la narrativa española contemporánea*, Alcalá de Henares: Fundación Colegio del Rey, pp. 78-84.

— (1996): «La farsa de la desolación», *El País/Babelia*.

— (1998): *Negra espalda del tiempo*, Madrid: Suma de Letras.

— (2000): *El siglo*, Madrid: Alfaguara.

— (2002): *Tu rostro mañana*, Madrid: Alfaguarra,.

— (2003): *El monarca del tiempo*, Madrid: Reino de Redonda.

— (2007a): *Tu rostro mañana III*, Madrid: Alfaguarra,.

— (2007b): «Desde una novela no necesariamente castiza», en *Literatura y fantasma*, Madrid: Random House Mondadori.

MORISSETTE, Bruce (1970): «International aspects of the "Nouveau Roman"», *Contemporary Literature* 11.2, pp. 155-168.

NIETZSCHE, Friedrich (1980): *Sämtliche Werke. Kritische Studienausgabe*, vol. I, München: Deutscher Taschenbuch Verlag.

OVID (1968): *Tristes*, establecimiento del texto y traducción de Jacques André, Paris: Les Belles Lettres.

OVIDIO: *Tristia*. Liber IV, http://www.thelatinlibrary.com/ovid/ovid.tristia4.shtml (página accedida en julio 2009).

PITTARELLO, Elide (1996): «Guardar la distancia», en *El hombre que parecía querer nada*, Madrid: Espasa.

— (2003a): «Prólogo», en Javier Marías, *El monarca del tiempo*, Madrid: Reino de Redonda, pp. 15-22.

— (2003b): «Haciendo tiempo con las cosas», en *Javier Marías. Cuadernos de narrativa*, Neuchâtel: Universidad de Neuchâtel, pp. 17-48.

PONTE, Durant da (1964): «The Spanish image of America», *Hispania* 47.1, pp. 111-114.

RODRÍGUEZ FISCHER, Ana (2004): «Siempre habrá nunca», *Cuadernos Hispano-americanos* 644, pp. 61-76.

SÁNCHEZ FERLOSIO, Rafael (2005): *Las semanas del jardín*, Barcelona: Destino.

SAVATER, Fernando (1981): *Caronte aguarda*, Madrid: Cátedra.

SEBALD, W. G. (2002): Entrevista. «La ficción contemporánea está dominada por el vacío de ideas», *El Cultural*, 2-8 de enero, s/ p, http://www.elcultural. es/version_papel/LETRAS/3842/W_G_Sebald/ (página accedida en julio 2009).

—(2003): *Luftkrieg und Literatur*, Frankfurt: Fischer Taschenbuch Verlag.

STEENMEIJER, Martín (2001): *El pensamiento literario de Javier Marías*, Amsterdam/New York: Rodopi.

GAJES DEL OFICIO: POPULARIDAD, PRESTIGIO CULTURAL Y *PERFORMANCE* DEMOCRÁTICO EN LA OBRA DE ROSA MONTERO

Sebastiaan Faber
Oberlin College

Durante las últimas tres décadas, la voz de Rosa Montero (Madrid, 1951) ha sido una de las más prominentes, prolíficas y populares de la esfera pública española. Desde que inició su carrera como escritora a finales de los años sesenta, ha publicado diez novelas, cinco colecciones de relatos, cuatro libros infantiles y ocho volúmenes de trabajos periodísticos. Además, ha realizado más de 1-200 entrevistas, artículos y columnas en el periódico *El País,* cuyo suplemento semanal dirigió durante dos años, sin contar sus centenares de contribuciones en otros medios. En 1986, redactó un guión televisivo y, en 1994, el libreto para una ópera basada en su novela *Temblor.*

Realizada contra el trasfondo de una continua producción periodística (que la propia autora prefiere ver como la labor de su «oficio»), la creación novelística de Montero describe un claro arco evolutivo. Desde *Crónica del desamor* (1979) hasta *Historia del rey transparente* (2005), sus novelas manifiestan un grado cada vez mayor de complejidad, sofisticación y ambición literarias. *Crónica* fue, en efecto, un texto cronístico de estructura anecdótica que buscaba documentar fielmente el mundo

bohemio de Madrid a finales de los setenta, con un enfoque particular sobre la situación de las mujeres en una sociedad patriarcal y todavía muy
tradicional. De hecho, gran parte de la fuerza de *Crónica del desamor*
radica en la exploración de los desafíos y dilemas concretos —físicos,
emocionales, políticos— de una generación que se sabe fuera de lugar en
un país que acaba de salir de una larga dictadura reaccionaria sin todavía
haber entrado en la contemporaneidad occidental (Myers 1988: 99-112;
Manteiga 1988: 113-123; Brown 1991: 243).

Aunque Montero ha afirmado que *Crónica* le parece su novela menos
lograda (Escudero 1997: 332), el libro tuvo y sigue teniendo un notable
éxito comercial, como también lo tuvo su segunda novela, *La función
Delta* (1981). La autora se ha mostrado más contenta con su tercer título, *Te trataré como a una reina* (1983) —una exploración del mundo
madrileño de la prostitución y de los clubes de alterne— que considera
su primera novela «madura», en gran parte por la distancia conseguida
entre su propio mundo y el novelesco (Brown 1991: 251). *La hija del
caníbal* (1997) también se aleja del anclaje testimonial que caracterizaba
los mundos narrativos de los primeros libros. Su protagonista, ama de
casa y autora de literatura infantil, se ve involucrada en una intriga de corrupción gubernamental —ésta sí, muy síntoma del desencanto político
de finales de los años noventa (Perriam *et al.* 2000: 116)—. Pero *La hija
del caníbal* presenta también una primera incursión en el género de la
novela histórica, mediante la intercalación de una serie de episodios me-
morialísticos de un viejo anarquista, vecino de la heroína, que recuerda
sus aventuras armadas antes y durante la Guerra Civil (Gatzemeier 2006:
93-100; Neuschäfer 2004: 623-624). En obras posteriores (*Corazón del
tártaro, Historia del rey transparente*), la dimensión histórica cobrará
una importancia cada vez mayor, aunque a menudo se encuentra mezcla-
da con elementos de fantasía y de misterio.

La presencia de protagonistas y preocupaciones femeninas es una
constante en la obra de Montero. Por lo demás, sin embargo, ha tendido
a reinventarse con cada novela, sorprendiendo al público lector con nuevas voces y formas genéricas y logrando casi siempre excelentes números de venta (Brown 1991: 251). Entre los críticos literarios españoles
establecidos, por otra parte, su obra literaria ha tenido una recepción
poco cálida, si no abiertamente hostil. Este rechazo no ha impedido que
el hispanismo universitario internacional haya manifestado desde hace
dos décadas un gran interés en la obra narrativa de Montero, dando pie a

una amplia bibliografía erudita. La autora mantiene muy buenas relaciones con la comunidad hispanista de Estados Unidos; pasó un semestre en el Wellesley College en 1985 y sigue visitando el país con frecuencia (Escudero 1997: 335; Spires 1996: 143n).

ESTUDIOS DE LA VIDA Y OBRA

Los estudios biográficas sobre Montero han sido pocos y someros (Amell 2006; Brown 1991), pero la propia autora suele incluir temas autobiográficos en sus columnas y artículos, e incluso en sus entrevistas. Su libro más abiertamente autobiográfico es *La loca de la casa* (2003), una colección fragmentada de textos breves, basados en apuntes de diario anotados a lo largo de muchos años, en que se entremezclan reacciones ante lecturas determinadas con recuerdos personales, historias sentimentales y reflexiones (cuasi) filosóficas. «Hablar de literatura», anota Montero al comienzo del libro, «es hablar de la vida; de la vida propia y de la de otros, de la felicidad y del dolor. Y es también hablar del amor, porque la pasión es el mayor invento de nuestras existencias inventadas» (Montero 2003: 16).

Nacida en Madrid en 1951 en el seno de una familia torera —su padre era banderillero—, Montero, una niña enfermiza, aligeró sus largas temporadas en la cama con libros de aventuras, que suplía con sus propias fantasías narrativas. Después de una breve estancia en la Universidad Complutense, pasó a la Escuela Oficial de Periodismo y empezó a trabajar como reportera en 1969. En 1976 entró al equipo de *El País*, donde pronto se perfiló como una entrevistadora de relieve. En los años cruciales de la Transición, Montero publicó conversaciones controvertidas y muy comentadas con una gran variedad de figuras prominentes de la vida cultural y política española: Lola Flores (1976), José Luis Saenz de Heredia (1976), Juan José López Íbor (1976), Pilar Primo de Rivera (1977), Gregorio López Bravo (1977), Santiago Carrillo (1978), Manuel Fraga (1978), Felipe González (1978) y José Luis Aranguren (1979), entre muchos otros. En 1978 estas entrevistas le ganaron el Premio Manuel del Arco; en 1980 se le otorgó el Premio Nacional de Periodismo. Es significativo que nunca haya dejado de trabajar como reportera, aun después de convertirse ella misma en una figura prominente y frecuente objeto de entrevistas.

Uno de los primeros estudios monográficos dedicados a su obra literaria entera, *Rosa Montero's Odyssey* (1994) de Alma Amell, presenta un repaso temático de sus primeras seis novelas —concentrándose en el fracaso, el amor, el altruismo, el poder y la muerte— demostrando conexiones con las líneas temáticas principales de la literatura española y la universal. Desde entonces, han salido numerosos estudios generales y parciales de la narrativa de Montero, resaltando la importancia en su obra del afán ético (Aguado 2004; Escudero 2005); de las relaciones de poder y de género (Ahumada Peña 1999); del uso de géneros populares como el detectivesco (Morrow 2005; Postlewate 2002; Thompson-Casado 1997); de la metaficción y la autoconciencia narrativa (Alborg 1988; Amago 2006; Briones-Barco 2003); y de la construcción de la identidad femenina colectiva e individual (Knights 1999; Torres Rivas 2004).

La relación de Montero con el feminismo es compleja. La propia autora siempre ha rechazado la noción de una escritura específicamente femenina o feminista que tuviera una agenda social explícita (Gascón Vera 1987). Como dijo en una entrevista:

> Yo me considero feminista como persona pero no creo en la narrativa utilitaria, la odio, me parece que es una verdadera traición. Abomino de la narrativa utilitaria, ya sea pacifista, ecologista, socialista, feminista, y todos los «istas» que sea, aunque yo me considere ecologista, pacifista y feminista, pero eso no tiene nada que ver (Escudero 1997: 336).

Aun así, es imposible ver su carrera fuera del marco de la construcción comercial de la novelística femenina como *niche* en el mercado cultural español e internacional (Henseler 2003). De forma similar, llama la atención la presencia central que ha venido ocupando Montero en las antologías y estudios de la literatura de mujeres, género de cierto auge en la academia norteamericana y europea desde los años ochenta (Ciplijauskaité 1988; Glenn y Mazquiarán de Rodríguez 1998; Urbanc 1996; Schumm 1999). De hecho, su obra ha sido estudiada con más frecuencia dentro de los marcos histórico-literarios de la literatura femenina o, algo menos frecuentemente, del posfranquismo y del posmodernismo (Spires 1996: 141-52; Perriam 2000: 116). Escudero argumenta, por otro lado, que el feminismo es sólo una entre varias preocupaciones sociales de la autora, y que «el uso del calificativo "feminista" ha servido, más bien, como un impedimento que ha evitado una mejor y más profunda comprensión de la narrativa de Montero» (2005: 14).

De sus diez novelas, algunas han atraído más atención crítica que otras. *Te trataré como a una reina,* ya mencionada, es analizada por Robert Spires como un ejemplo de la Transición, en la novelística española de la primera mitad de los ochenta, desde una crítica directa del sistema político hacia una crítica más generalizada de las relaciones de poder y de género inherentes en los sistemas discursivos (1996: 151). Otros estudiosos se han fijado en la presencia temática y estructural en *Te trataré* de elementos de cultura popular, sobre todo el bolero (Brown 1991: 249-250; López 2003). *Temblor* (1990), narración con aire de ciencia ficción situada en una sociedad post-apocalíptica, explora la corrupción del poder en una sociedad matriarcal y altamente jerarquizada. Agua Fría, la protagonista de este *Bildungsroman* con elementos de aventura arturiana y clara voluntad alegórica, se ve obligada a emprender un largo viaje para salvar el mundo de su inminente destrucción. Aunque es evidente que *Temblor*, al presentar un mundo regido por sacerdotisas autoritarias, pretende cuestionar nociones convencionales de género y del poder (Harges 1998), la novela también contiene subcorrientes menos subversivas (Hart 1993: 134-135; Glenn 1991; Manteiga 1988). En este sentido es notable no sólo la celebración del amor heterosexual, sino también la representación hostil de los personajes de sexualidad o género ambiguos (Franz 1997). Según Stephen Hart es posible leer la novela como una narración relativamente conservadora que señala «the potential harm done by gender trouble»:

> it might be possible to interpret the novel as a veiled allegory of evil produced by the spread of female power; the «sacerdotisas» would therefore function as that element within society which has carried gender trouble too far, those strident (lesbian?-)feminists, perhaps, against whom the heterosexual female protagonist wages war and whom she finally vanquishes. When seen in the light of its wariness of gender trouble, one would need to conclude that *Temblor* is, indeed, a conservative novel which projects the paradise of heterosexual sex (1993: 137).

Joan Brown señala que Montero, al igual que Carmen Martín Gaite, se distingue de otras intelectuales de su generación por el valor que otorga «to heterosexual love and commitment» (1991: 244). Desde un punto de vista más radical, se podría argüir que el reformismo de Montero, al apoyarse casi completamente en el «sentido común» de la vida social cotidiana —lo que Althusser llama, precisamente, lo ideológico— es incapaz de superar ésta y acaba casi siempre por reforzarla.

No obstante su gran visibilidad y éxito comercial y a pesar de haber recibido varios premios literarios (el Premio Primavera para *La hija del caníbal;* el Premio «Qué Leer» en 2003; el Premio Grinzane Cavour, en Italia, en 2005), no se puede decir que la obra novelística de Montero haya acumulado el capital cultural institucional suficiente —entendido en la acepción de Bourdieu (2001: 102)— para una verdadera consagración dentro del campo literario español. Es más, la situación ambivalente, quizá precaria, de Montero dentro del *champ de la littérature* posfranquista es uno de los aspectos menos estudiados de su larga y variada carrera. Un segundo aspecto que merece más atención es la obra más estrechamente periodística de la autora, sobre todo sus entrevistas. El interés de éstas no sólo radica en el impacto que tuvieron en la evolución política y cultural de España, sino en lo que podría llamarse su dimensión *performativa.* En su función de entrevistadora Montero desempeña un papel crucial como representante combativa de una España nueva, no censurada, que se atreve a cuestionar, criticar y burlarse de los representantes más prominentes de otra España conservadora, tradicional, reaccionaria. En lo que resta de este ensayo, me concentraré en estos dos aspectos.

MONTERO EN EL *CHAMP DE LA LITTÉRATURE* POSFRANQUISTA

En realidad, la obra y figura de Rosa Montero presentan un caso idóneo para reflexionar sobre el desarrollo del campo de la literatura en la España posfranquista, sobre todo con respecto a la dinámica del *prestigio* del discurso literario-artístico frente a otros discursos, en una época caracterizada por una progresiva erosión de las barreras entre alta cultura y cultura de masas y, de forma más general, entre el arte, la información, el comercio y la industria del entretenimiento (Henseler 2003; Neuschäfer 2004). A pesar de la notable aproximación e hibridización, en los últimos treinta años, de campos discursivos que solían distinguirse claramente entre sí, el caso de Montero demuestra que siguen en pie algunas de las estructuras jerárquicas más tradicionales, incluida una noción de una «literatura auténtica» (Peinado 2005) considerada como la única categoría merecedora de prestigio cultural, y definida de forma modernista por un supuesto nivel de calidad estética, grado de dificultad y falta de afán comercial.

Sin menoscabar la originalidad e importancia de Montero, se puede decir que los rasgos principales de su perfil como periodista, novelista e intelectual pública son en gran medida representativos de las líneas principales de la evolución del campo literario español desde la muerte de Franco. Entre estos rasgos, cabe destacar tres. Primero, llama la atención el nivel de *integración* de las dos vertientes principales de la actividad escritural de Montero, el periodismo y la narrativa. Es verdad que la autora mantiene que se trata de dos prácticas literarias diferentes, con distintos énfasis, valores y objetivos (Brown 1991: 242); así, por ejemplo, si «en el periodismo [...] se permite una combatividad política concreta», le parece que «el ejercicio de la política es incompatible con la narrativa [...] es una traición» (Escudero 1997: 340); «el periodismo ficcionalizado es malo», afirma en otro sitio, «porque le falta precisión informativa; y la ficción periodística es mediocre porque resulta superficial» (Montero 2006: 7). Aún así, su periodismo tiene una clara voluntad estilística-literaria y narrativa —se ha comparado con el *New Journalism* de Tom Wolfe y otros— de la misma manera que la materia de muchas de sus novelas posee el evidente fondo periodístico (Brown 1991; Neuschäfer 2004: 623-624). Lo que une los dos corpus, por encima de las diferencias genéricas, es la presencia inequívoca en ambas de la persona de Montero —su voz, sus preocupaciones, sus posiciones sociales y políticas—; presencia apreciada sin problema alguno por el público lector.

Si esta integración a nivel discursivo y genérico en la obra de Montero refleja una tendencia más generalizada en la esfera pública española, también ejemplifica, al nivel institucional, la posición importante que han cobrado los narradores, y en particular los novelistas, en los medios de comunicación españoles en los últimos treinta años, como entrevistadores, reporteros, ensayistas y columnistas. Neuschäfer arguye que, en la práctica, los dos campos están ya casi completamente amalgamados (2004: 623) —no sólo en el nivel discursivo, sino también en el corporativo, dado que la industria editorial se ha visto absorbida por los grandes conglomerados mediáticos (Winter 1998; Henseler 2003; Robbins 2003)—. De hecho, Montero forma parte de un grupo importante de periodistas literarios, como lo son Manuel Vázquez Montalbán, Arturo Pérez-Reverte, Juan José Millás, Julio Llamazares, Maruja Torres, Enrique Vila-Matas, Javier Cercas y Montserrat Roig (Grohmann y Steenmeijer 2006).

Si la híbrida posición institucional de Montero es representativa de su generación, también lo es su propia obra novelística. Sus novelas pertenecen a lo que en algún momento se dio en llamar la «nueva narrativa» española o, de forma algo más despectiva, literatura *light* (Neuschäfer 2004: 625). Por encima de su gran variedad temática, genérica y estilística, son novelas con un alto grado de narratividad —con una tendencia hacia el suspense—; un deseo de aproximarse al público lector —Montero se ha referido al «reencuentro de los lectores con sus escritores» como un fenómeno positivo (Escudero, 1997: 335)—; un énfasis temático en la contemporaneidad y la cotidianidad —con alguna excursión hacia la novela histórica—; cierto ludismo formal —juegos metaficticios, docudrama, multiplicidad de voces narrativas no siempre fidedignas— que, no obstante, evita la seriedad experimentalista de los años sesenta y setenta; el uso creativo, muchas veces a modo de homenaje y pastiche, de géneros populares —el cine norteamericano, la novela romántica, policíaca, de misterio y de ciencia ficción—; y, por fin, una relación fundamentalmente simbiótica con un mercado editorial cada vez más comercializado, en el cual los novelistas se han convertido en *firmas* o marcas, celebridades cuya presencia pública se extiende a todos los medios de comunicación —revistas, periódicos, radio, televisión, Internet—, y que por tanto también se ven cargados con una necesidad de producción y auto-reinvención continuas. Como escribe Henseler: «Authors' careers are determined by their exposure to the mass media»; «Books are sold like toothpaste in hypermarkets, in megabookstores, and at corner kiosks. […] The average edition of a book ranges from one thousand to five thousand copies, and the average shelf life of a book in bookstores ranges from one week to one year» (2003: 3).

El tercer rasgo por destacar concierne a la posición política de los novelistas en la España posfranquista. Aunque la obra y presencia pública de Montero expresan un claro compromiso progresista, la autora ha querido identificarse con una izquierda reformista y post-ideológica, resistiendo una afiliación explícita con partidos o movimientos políticos —incluido el feminismo—, que le inspiran una mezcla de suspicacia y desengaño (Escudero 1997: 336; Escudero 2005). Como decía en 1996:

Si me tengo que definir de alguna manera, me definiría como radical. Y para mí, radical es, justamente, querer ir a la raíz de las cosas, no ser conformista, no contentarte con sentarte sobre tus propias ideas, ser constantemente inquieto, intentar aprender algo más de la realidad, intentar buscar siempre un paso más allá: un poco más de justicia, un poco más de sensatez, un poco más de civilidad, un poco más de libertad para todos (citado en Escudero 1997: 340).

Temáticamente, el progresismo de Montero se manifiesta en la atención prestada a las relaciones de poder, la opresión de sectores marginados, en particular la situación difícil de la mujer en la sociedad española contemporánea (Brown 1991: 255). Más que las luchas ideológicas y políticas a nivel nacional e internacional, a Montero como novelista y periodista le interesa la política de la vida diaria, manifestada en las relaciones desiguales o abusivas entre géneros y generaciones, en el ambiente profesional tanto como el personal y sentimental. Como columnista, se cree, sobre todo, capaz de llamar la atención pública sobre casos concretos de injusticia que, de otro modo, pasarían desapercibidos (Escudero 1997: 337-338). En sus otros papeles periodísticos se nota el mismo enfoque en el *human interest*: incluso en sus entrevistas a personajes políticos se tiende a centrar en lo personal y cotidiano —aunque allí, como veremos, ese enfoque se suele convertir en un instrumento de subversión.

Aunque Montero prefiere verse, en primer lugar, como novelista de vocación que se gana la vida como periodista, su camino hacia la consagración como narradora en el campo literario español parece haberle producido más dificultades que a otros periodistas literarios, como Manuel Vázquez Montalbán, Julio Llamazares o Juan José Millás. Es probable que influyan en esta dificultad tres factores principales: haber llegado a la literatura desde el periodismo y no al revés; haber conseguido un gran éxito comercial; y ser mujer (Henseler 2003: 9-12). Los críticos literarios establecidos —incluso hoy, casi todos hombres (*ibid.*, 2)— han tendido a caracterizarla como periodista excelente pero novelista mediocre. Así, por ejemplo, en su reseña de *La hija del caníbal* en la *Revista de Libros,* Ángel García Galiano caracterizaba la novela como un «libro "popular" […] sin excesivas ambiciones literarias», con «enormes problemas de composición», y escrito para lectores «poco exigentes». Redactada en un «tono moral vagoroso, como de suplemento dominical», las pretensiones filosóficas del libro le parecían vergonzosamente superficiales (García Galiano 1997: 73). De modo similar, la reseña en la misma revista de *Historia del rey transparente*, por Juan Carlos Peinado, critica la superficialidad de esta «obra comercial» y la «simpleza de su mensaje ideológico», que hacen que el libro no pueda ser valorado como «auténtica literatura» sino como uno de «esos productos concebidos para entretener el ocio del lector sin exigirle grandes alardes de concentración» (Peinado 2005: 57). Hasta Santos Sanz Villanueva, más simpático hacia la figura de Montero, al alabar *La loca de la casa* se vio obligado a señalar que los «éxitos tempranos» de la autora no tenían «la impronta del escritor, sino la del cronista urgido por un testimonio parcial» (Sanz Villanueva 2003: s/p). Esta misma falta de reconocimiento «oficial» se da en el campo literario internacional —ese mundo que Pascale Casanova ha dado en llamar «la República mundial de las letras» (2001)—. A pesar de que han salido traducciones al inglés de casi todas sus novelas, por ejemplo, no se han reseñado en el *Times Literary Supplement*, a diferencia de la obra de miembros de la misma generación de literatos españoles.

Si el juicio negativo de la crítica establecida se basa, en parte, en una supuesta falta de distinción de tono y temática entre las novelas de Montero y su trabajo de columnista —que García Galiano menciona como defecto su «tendencia al excursus ético-dominical» (1997: 73)—, otros estudiosos han señalado que, en la práctica, el auge del columnismo y la fusión de los discursos literarios, ensayísticos y periodísticos han acabado por producir nuevos géneros literarios (Grohmann y Steenmeijer 2006) y un nuevo tipo de intelectual público, cuyo compromiso político y punto de gravedad temático están fuertemente arraigados en la cotidianidad de su propia vida individual. Según Ulrich Winter (1998), estos fenómenos no siempre contribuyen a que el discurso público de los intelectuales sea particularmente relevante, original o complejo. Y es verdad que es común encontrar en las columnas de Montero y sus colegas series de perogrulladas y otras afirmaciones que parecen manifestar cierta falta de inspiración, o una resistencia más bien baja ante la tentación del cliché. «Tengo para mí», escribió Montero en una columna para *El País,* «que gran parte del sufrimiento del mundo está originado por la estupidez de las personas». Y en otro momento: «la verdad es que el ser humano es un animal de lo más curioso, de lo más original y extravagante […] los humanos nos devanamos la cabeza para intentar encontrarle un sentido a la existencia» (Montero 2006: 254, 269-270). Para ser justos, hay que mencionar que la propia Montero ha expresado cierto descontento con su articulismo y columnismo, aunque al mismo tiempo admite que el trabajo le resulta demasiado «cómodo» como para abandonarlo (Escudero 1997: 337).

Paradójicamente, la tendencia de la propia Montero a relegar su «oficio» o trabajo «profesional» como periodista a un nivel secundario en relación a su labor novelística o de imaginación, en cierto sentido acaba por reforzar la misma fetichización de la «auténtica literatura» que les permite a algunos críticos desestimar sus novelas por demasiado superficiales, comercializadas y periodísticas (Escudero 1997: 332). El mismo prejuicio contra el periodismo se nota en la numerosa bibliografía hispanista en torno a su obra, que se concentra casi exclusivamente en las novelas. Incluso cuando los hispanistas se fijan en su trabajo de periodista, se suelen limitar a las columnas y los ensayos, más fáciles de considerar y analizar como textos literarios (García Álvarez 2006). Así, se da el caso curioso de que una parte central de la obra de Montero, las entrevistas, apenas han recibido atención erudita —con la excepción reciente de una tesis doctoral (Rueda-Acedo 2005)—. La verdad, sin embargo, es que las entrevistas son de mucho más interés de lo que se suele suponer; un interés que radica ante todo, como veremos, en su naturaleza performativa, dialógica y contestataria.

LAS ENTREVISTAS COMO *PERFORMANCE* DEMOCRÁTICO POR EXCELENCIA

Para empezar, cabe subrayar que las entrevistas de Montero siempre son mucho más que el simple registro textual de una conversación con una personalidad prominente. Todo lo contrario, son textos complejos en los que suenan al menos tres voces distintas: no sólo las del entrevistado y de la entrevistadora en la reconstrucción del diálogo habido, sino también la voz de la autora en su función de *editora*: un papel que no sólo implica transcribir, seleccionar y ordenar fragmentos de la conversación, sino además describir las circunstancias en que ésta se produjo, proporcionar información biográfica sobre el entrevistado y —elemento crucial en las entrevistas de Montero— compartir con el lector implícito todo tipo de impresiones y comentarios subjetivos. (Montero, como los *New Journalists*, rechaza toda noción de un periodismo que pueda ser imparcial.) Así, por ejemplo, la entrevista con Manuel Fraga la enmarca Montero en el *Leitmotiv* del miedo que le produce sentarse a hablar con quien fuera antiguo ministro de Franco, confesando que sube a su casa «con cierta desazón estomacal»: «El señor Fraga», escribe, «es un susto encarnado de ex ministro [...], un hombre que amedrenta» (Montero 1982: 95-96). Al presentar a Pilar Primo de Rivera, Montero, en un intento de explicar la sensación que le inspira la entrevistada y su difícil diálogo con ella, convierte a la hermana de José Antonio y a sí misma en representantes genéricas de su tiempo, a partir de una observación sobre su caligrafía:

> Toda una generación de españolas pertenecientes a una determinada clase social tienen la misma letra que doña Pilar. Es la generación de nuestras tías carnales, de esas mujeres de edad madura, juventud descoyuntada por la guerra e inevitable ideología derechista. Por esto el simulacro de entrevista que sostuvimos hubiera debido ser la visita mensual y obligada a esa tía Pilar que todos tenemos (Montero 1982: 23).

Ahora bien, si la presencia del reportero como editor ha sido desde hace mucho tiempo harto común en la entrevista periodística, Montero sabe convertirla en arma discursiva de gran poder al enfrentarse, como joven reportera, con los representantes de lo que hasta hace poco había sido una estructura de poder hegemónica y represiva (Fraga, López Íbor, Pilar Primo de Rivera), o bien con los de lo que iba convirtiéndose rápidamente en una nueva clase dirigente (Carrillo, González, Taradellas).

Así, la fuerza subversiva de las entrevistas que ha venido realizando Montero desde finales de los años setenta radica, entre otras cosas, en el contraste entre, por un lado, la posición de la autora como entrevistadora —a quien, a pesar de su actitud a veces desafiante, le gusta al mismo tiempo adoptar un papel vulnerable, de persona subalterna y fácil de intimidar— y, por otro, su posición como editora, cuyo control sobre la *imagen* del entrevistado transmitido a través del texto publicado es prácticamente total. En las entrevistas con Fraga y López Íbor, por ejemplo, emplea la descripción humorística del aspecto físico de los entrevistados para desinflar su aura de hombres autoritarios. La cabeza de Fraga «está clavada» sobre su cuerpo corpulento «como caída desde un décimo piso», «una cabeza tan rotunda que tiene cierta calidad pétrea de mojón de carretera secundaria», mientras su chaqueta «le cae fatal» (Montero 1982: 95). En la entrevista con Primo de Rivera, en cambio, convierte el afán de control de la entrevistada —que insiste en contestar un cuestionario por escrito y luego se declara en desacuerdo con gran parte del texto que Montero quiere publicar— en el tema principal del texto publicado. Este método le permite a Montero indicar claramente qué límites le quiso poner la que fuera la mujer más poderosa del régimen, al mismo tiempo que, al revelar e ignorar los intentos de censura, *desafía* esa autoridad, demostrando su falta de vigencia. Mientras tanto, Montero también logra infundir su texto con cierta dimensión trágica, a través de la cual la figura de Primo surge como una mujer que merece si no nuestra solidaridad, al menos alguna compasión: «Doña Pilar, intuyo, ha sido traicionada por la historia. Ha sido una historia inmisericorde la que la ha convertido en *mujer política* en un Régimen en el que la mujer no tenía ninguna posibilidad de juego, mucho menos el político» (*ibid.*, 23). En comparación, sus diálogos con los representantes de la nueva España son desde luego mucho menos críticas. Pero incluso allí Montero se sirve de sus poderes de editora y de narradora para rebajar a figuras ya míticas como Carrillo y González a un nivel humano, cotidiano y falible. Al mítico Carrillo le obliga a confesar que ayuda bien poco a su mujer en las labores caseras —«soy un producto de una educación machista» (*ibid.*, 90)—; en el caso de González, que le admite que empieza a sentirse viejo (*ibid.*, 165), la propia mitificación del político se convierte en el tema principal de la entrevista.

En su contexto histórico, estos diálogos de Montero eran nada menos que modélicos. Como reportera intrépida, dispuesta a hacer preguntas directas y difíciles a los (ex-)poderosos, Montero demostraba en qué consistía una ciudadanía crítica, valiente e independiente. Como editora de sus propios textos, por otra parte, ejemplificaba el poder y la libertad de la palabra escrita, no sujeta a censura alguna. De esta forma, las entrevistas de Montero escenificaban, ante un público nacional, la confrontación entre una nueva generación intelectual —secular, progresista, sexualmente liberada pero también presa de profundas dudas existenciales y políticas— y una generación que acababa de presenciar el derrumbe no sólo de sus estructuras de poder sino de toda una visión del mundo. En otro sentido, las entrevistas con Fraga, López Íbor, López Bravo, Primo de Rivera y otros también compensaban —en cuanto suponían cierta humillación pública— la ausencia casi completa en la España posdictatorial de cualquier ajuste de cuentas. Es cierto que no hubo juicios ni Comisiones de Verdad y Reconciliación; pero Montero demostró que las nuevas libertades sí podían servir para cuestionar, desafiar, burlarse de y —¿por qué no?— compadecer a las antiguas clases dirigentes.

En los años de la Transición, en suma, las entrevistas de Montero llegaron a desempeñar una función no sólo informativa, sino *performativa* y ejemplar. Si la escritora merece un lugar prominente en el panteón de la vida cultural posfranquista —y no hay duda de que lo merece—, se debe tanto o más a su trabajo como reportera que a su obra como novelista o columnista. Las entrevistas son, en varios sentidos, más complejos e interesantes que sus ensayos y novelas, en las que se echa de menos el contrapeso del interlocutor político o cultural de los diálogos, y en las que a veces faltan la tensión y complejidad necesarias para evitar el dominio de una sola voz y visión del mundo.

Bibliografía

Aguado, Txetxu (2004): *La tarea política. Narrativa y ética en la España posmoderna*, Barcelona: El Viejo Topo.

Ahumada Peña, Haydée (1999): *Poder y género en la narrativa de Rosa Montero*, Madrid: Pliegos.

Alborg, Concha (1988): «Metaficción y feminismo en Rosa Montero», *Revista de Estudios Hispánicos* 22.1, pp. 67-76.

Amago, Samuel (2006): *True Lies: Narrative Self-Consciousness in the Contemporary Spanish Novel*, Lewisburg (PA): Bucknell University Press.

Amell, Alma (1992): «Una crónica de la marginación: la narrativa de Rosa Montero», *Letras Femeninas* 18.1-2, pp. 74-82.

— (1994): *Rosa Montero's Odyssey*, Lanham (MD): University Press of America.

— (2006): «Rosa Montero», en *Dictionary of Literary Biography*. Vol. 322: *Twentieth-Century Spanish Fiction Writers*, Detroit (MI): Thomson Gale, pp. 231-236.

Bourdieu, Pierre (2001): «Forms of Capital», en Mark Granovetter y Richard Swedberg (eds.): *The Sociology of Economic Life*, Boulder (CO): Westview, pp. 96-111.

Briones-Barco, Ángel (2003): «Las metaficciones de *La función Delta*», *Cincinnati Romance Review* 22, pp. 120-130.

Brown, Joan Lipman (1991): «Rosa Montero: From Journalist to Novelist», en *Women Writers of Contemporary Spain: Exiles in the Homeland*, Newark (DE): University of Delaware Press, pp. 240-257.

Casanova, Pascale (2001): *La república mundial de las letras*, Barcelona: Anagrama.

CIPLIJAUSKAITÉ, Biruté (1988): *La novela femenina contemporánea (1970-1985)*. *Hacia una tipología de la narración en primera persona*, Barcelona: Anthropos.

DAVIES, Catherine (1994): *Contemporary Feminist Fiction in Spain: The Work of Montserrat Roig and Rosa Montero*, Oxford (RU)/Providence (RI): Berg.

ESCUDERO RODRÍGUEZ, Javier (1997): «Rosa Montero: entre la literatura y el periodismo», *Revista de Estudios Hispánicos* 31.2, mayo, pp. 327-341.

— (2005): *La narrativa de Rosa Montero. Hacia una ética de la esperanza*, Madrid: Biblioteca Nueva.

FRANZ, Thomas R. (1997): «Homosexuals and Bisexuals in Montero's Fiction: Diegesis and Judgment», *Hispanic Journal* 18.2, pp. 201-213.

GARCÍA ÁLVAREZ, María Felicidad (2006): «El lector intratextual en las columnas de Rosa Montero», en Alexis Grohmann y Maarten Steenmeijer (eds.): *El columnismo de escritores españoles (1975-2005)*, Madrid: Verbum, pp. 175-197.

GARCÍA GALIANO, Ángel (1997): «Un secuestro apócrifo», *Revista de Libros* 7-8, p. 73.

GASCÓN VERA, Elena (1987): «Rosa Montero ante la escritura femenina», *Anales de la Literatura Española Contemporánea* 12.1-2, pp. 59-77.

GATZEMEIER, Claudia (2006): «"El corto invierno de la anarquía": La hija del caníbal de Rosa Montero», en Ulrich Winter (ed.): *Lugares de memoria de la Guerra Civil y el franquismo. Representaciones literarias y visuales*, Madrid/Frankfurt: Iberoamericana/Vervuert, pp. 93-100.

GLENN, Kathleen M. (1991): «Fantasy, myth, and subversion in Rosa Montero's *Temblor*», *RLA: Romance Languages Annual* 3, pp. 460-464.

— y Mercedes MAZQUIARÁN DE RODRÍGUEZ (eds.) (1998): *Spanish Women Writers and the Essay: Gender, Politics, and the Self*, Columbia (MO): University of Missouri Press.

GROHMANN, Alexis (2006): «El columnismo de escritores españoles (1975-2005): hacia un nuevo género literario», en Alexis Grohmann y Maarten Steenmeijer (eds.): *El columnismo de escritores españoles (1975-2005)*, Madrid: Verbum, pp. 11-43.

— y Maarten STEENMEIJER (eds.) (2006): *El columnismo de escritores españoles (1975-2005)*. Madrid: Verbum.

HARGES, Mary C. (1998): «Role-Reversal in Speculative Fiction: An Alternate Vision of the Future in *Temblor*», *Hispanófila* 123, pp. 31-36.

HART, Stephen M. (1993): *White Ink: Essays on Twentieth-Century Feminine Fiction in Spain and Latin America*, London: Tamesis.

HENSELER, Christine (2003): *Contemporary Spanish Women's Narrative and the Publishing Industry*, Urbana (IL): University of Illinois Press.

KNIGHTS, Vanessa (1999): *The Search for Identity in the Narrative of Rosa Montero*, Lewiston (NY): E. Mellen Press.

LÓPEZ, Francisca (2003): «Vivir en un Bolero: *Te trataré como a una Reina*», *Espéculo: Revista de Estudios Literarios* 23, s/p, http://www.ucm.es/info/especulo/numero23/reina.html.

MANTEIGA, Roberto C. (1988): «The Dilemma of the Modern Woman: A Study of the Female Characters in Rosa Montero's Novels», en Roberto C. Manteiga, Carolyn Galerstein y Kathleen McNerney (eds.): *Feminine Concerns in Contemporary Spanish Fiction by Women*, Potomac (MD): Scripta Humanistica, pp. 113-123.

MIGUEL MARTÍNEZ, Emilio de (1983): *La primera narrativa de Rosa Montero*, Salamanca: Ediciones Universidad de Salamanca.

MONTERO, Rosa (1976): *España para ti para siempre*, Madrid: A.Q. Ediciones.

— (1979): *Crónica del desamor*, Madrid: Debate.

— (1981): *La función Delta*, Madrid: Debate.

— (1982): *Cinco años de País*, Madrid: Debate.

— (1983): *Te trataré como a una reina*, Barcelona: Seix Barral.

— (1988): *Amado amo*, Madrid: Debate.

— (1990): *Temblor*, Barcelona: Seix Barral.

— (1991): *El nido de los sueños*, Madrid: Siruela.

— (1993): *Bella y oscura*, Barcelona: Seix Barral.

— (1994): *La vida desnuda: una mirada apasionada sobre nuestro mundo*, Madrid: El País/Aguilar.

— (1995): *Historias de mujeres*, Madrid: Alfaguara.

— (1996): *Las barbaridades de Bárbara*, Madrid: Alfaguara.

— (1996): *Entrevistas*, Madrid: El País/Aguilar.

— (1997): *El viaje fantástico de Bárbara*, Madrid: Alfaguara.

— (1997): *La hija del caníbal*, Madrid: Espasa.

— (1998): *Amantes y enemigos*, Madrid: Alfaguara.

— (1998): *Bárbara contra el doctor Colmillos*, Madrid: Alfaguara.

— (1999): *Pasiones. Amores y desamores que han cambiado la Historia*, Madrid: Aguilar.

— (2001): *El corazón del Tártaro*, Madrid: Espasa.

— (2002): *Estampas bostonianas y otros viajes*, Barcelona: Península.

— (2003): *La loca de la casa*, Madrid: Alfaguara.

— (2005): *Historia del rey transparente*, Madrid: Alfaguara.

— (2006): *Lo mejor de Rosa Montero*, Madrid: Espejo de Tinta.

MORROW, Carolyn (2005): «Novela negra, historia y crisis del sujeto en *La hija del caníbal*», en Jacky Collins y Shelley Godsland (eds.): *Mujeres Malas: Women's Detective Fiction from Spain*, Manchester: Manchester University Press, pp. 13-21.

MYERS, Eunice D. (1988): «The Feminist Message: Propaganda and/or Art? A Study of Two Novels by Rosa Montero», en Roberto C. Manteiga, Carolyn Galerstein y Kathleen McNerney (eds.): *Feminine Concerns in Contem-*

porary Spanish Fiction by Women, Potomac (MD): Scripta Humanistica, pp. 99-112.

NEUSCHÄFER, Hans-Jörg (2004): «Von der movida zum Kulturbusiness. Ein Blick in den Literaturbetrieb der Jahrtausendwende», en Walther L. Bernecker y Klaus Dirscherl (eds.): *Spanien heute: Politik, Wirtschaft, Kultur*, Frankfurt am Main: Vervuert, pp. 607-631.

PEINADO, Juan Carlos (2005): «Ínfulas baratarias», *Revista de Libros* 108, p. 57.

PERRIAM, Chris, Michael THOMPSON, Susan FRENK y Vanessa KNIGHTS (eds.) (2000): *A New History of Spanish Writing: 1939 to the 1990s*, Oxford: Oxford University Press.

POSTLEWATE, Marisa (2002): «The Use of the Detective Story Framework as a (Pre)Text for Self-Realization in *La hija del caníbal*», *Letras Femeninas* 28.1, pp. 131-146.

RUEDA-ACEDO, Alicia Rita (2005): «Visiones trasatlánticas. La entrevista y el reportaje literarios de Elena Poniatowska y Rosa Montero», Ph.D dissertation, University of California, Santa Barbara.

ROBBINS, Jill (2003): «Globalization, Publishing and the Marketing of "Hispanic" Identities», *Iberoamericana* 9, pp. 89-101.

SANZ VILLANUEVA, Santos (2003): «La consagración narrativa de Rosa Montero», *El Mundo Libro*, 4 de agosto, s/p, http://www.elmundo.es/elmundolibro/2003/07/30/criticon/1059561292.html.

SCHUMM, Sandra J. (1999): *Reflection in Sequence: Novels by Spanish Women, 1944-1988*, Lewisburg (PA): Bucknell University Press.

SPIRES, Robert C. (1996): *Post-Totalitarian Spanish Fiction*, Columbia (MS): University of Missouri Press.

THOMPSON-CASADO, Kathleen (1997): «Elements of the "Novela Negra" in Rosa Montero's *Te trataré como una reina*», *España Contemporánea: Revista de Literatura y Cultura* 10.2, pp. 21-34.

TORRES RIVAS, Inmaculada (2004): *Rosa Montero. Estudio del personaje en la novela*, Málaga: Universidad de Málaga.

URBANC, Katica (1996): *Novela femenina, crítica feminista. Cinco autoras españolas*, Toledo (OH): Textos Toledanos.

WINTER, Ulrich (1998): «Spanische Intellektuelle heute», en Walther L. Bernecker y Klaus Dirscherl (eds.): *Spanien heute: Politik, Wirtschaft, Kultur*, Frankfurt am Main: Vervuert, pp. 517-39.

«NO HAY NADA, NADA MÁS QUE LA BOCA QUE DICE»: HORIZONTE POÉTICO DE LEOPOLDO MARÍA PANERO

Alessandro Mistrorigo
London Queen Mary University

El primer gran problema que supone el acercamiento a Leopoldo María Panero proviene de su exuberante biografía. De ella, afortunadamente se ha ocupado el riguroso estudio de Benito Fernández, *El contorno del abismo. Vida y leyenda de Leopoldo María Panero* (1999), un libro encuesta que recorre minuciosamente la aventura existencial de este escritor hasta principios de 1999, reconstruyendo sus andanzas gracias a todo tipo de noticias, informaciones y testimonios de aquellos que le conocieron y compartieron con él las varias etapas de su vida. Además, este libro enmarca con acierto la experiencia vital del autor en el ambiente cultural e histórico que le ha tocado vivir, sin dejar de lado las relaciones humanas que más le influyeron.[1]

---

[1] El libro de Fernández es muy útil también para entender la vida/leyenda no sólo de Leopoldo María, sino de toda la controvertida familia Panero. A este propósito, otros testimonios importantes son las películas de Jaime Chavarri, *El desencanto* (1976), y de Ricardo Franco, *Después de tantos años* (1994), donde el mismo poeta actúa junto a otros miembros de su familia. Para entender el panorama familiar, además, resulta interesante —aunque Fernández avise en él de algunas imprecisiones— el libro (auto)

Esta obra es, como afirma Antonio Martínez Sarrión en su prólogo, «biográfica muchísimo más que crítica» (Fernández 1999: 9). De los pocos intérpretes que se han acercado a la poesía de Panero separándola de su leyenda biográfica, Túa Blesa es el que mejor ha afrontado las complejas cuestiones metodológicas y hermenéuticas que plantea este tipo de poesía. Su libro *Leopoldo María Panero, el último poeta* (1995) sigue siendo el estudio crítico de referencia con respecto a la obra del poeta madrileño. Más allá de este trabajo y un gran número de artículos y entrevistas, Túa Blesa se ha ocupado también de la última edición —hasta la fecha— de la *Poesía completa 1970-2000* (2001) de Panero. A raíz de esta empresa, el poeta lo definió «su crítico de cámara» (Fernández 1999: 346).

Publicado por Visor, este libro recoge prácticamente todas las primeras ediciones de sus poemarios hasta el año 2000 —salvo *Abismo* (1999), aparecido en Endymion—, así como los prólogos correspondientes escritos por el autor —menos el de la antología *Globo rojo. Antología de la locura* (1989), una recopilación de textos de enfermos del Sanatorio de Mondragón, editada por el propio poeta—. A partir del 2000, los libros de Panero han aparecido dispersos en varias editoriales y, por lo tanto, de momento falta una recopilación unitaria de su producción poética más reciente que la inserte críticamente en la perspectiva de la obra completa. Éste es el caso de *Teoría del miedo* (2000) y *Danza de la Muerte* (2004) que aparecieron en Ediciones Igitur; de *Buena nueva del desastre* (2002) publicado por Scio de Lugo; y de los cuatro libros aparecidos en Valdemar, todos dentro de la serie económica «El Club Diógenes»: *Águila contra el hombre. Poemas para un suicidamiento* (2001), *Los señores del alma. Poemas del manicomio del Dr. Rafael Inglot* (2002), *Erección del labio sobre la página* (2004) y *Poemas de la locura seguido por El hombre elefante* (2005). Es el caso también de *Conversación* (2003) que, publicado por Nivola, reproduce el mecanografiado enviado *sua sponte* por el autor a la pequeña editorial y de *Esquizofrénicas o la balada de la lámpara azul* (2004), aparecido en la prestigiosa editorial Hiperión. Además, hay noticias de una próxima publicación de Panero a punto de

---

biográfico de la madre del poeta, Felicidad Blanc, *Espejo de sombras* (1977). Finalmente, hay que señalar *Prueba de vida. Autobiografía de la muerte* (2002), escrito autobiográfico bastante «libre» donde los recuerdos se mezclan con una reflexión de tono lúcidamente delirante.

salir dentro de la colección «Poesía» de Ediciones Igitur. Probablemente se titule *El Golem*.

Con respecto a las antologías y a las recopilaciones anteriores a la *Poesía completa* de Túa Blesa, habría que recordar la *Antología* (1985) aparecida en Libertarias y editada por el mismo Leopoldo María Panero; aquélla titulada simplemente *Poesía 1970-1985* (1986), publicada por Visor y al cuidado de Eugenio García Fernández; y finalmente la selección de Jenaro Talens titulada *Agujero llamado nevermore. Selección poética 1968-1992* (1992), con una interesante introducción del mismo editor que coloca la escritura de Leopoldo María Panero dentro del más amplio horizonte intelectual y literario de su generación.

La producción literaria de este autor, sin embargo, no se limita a la poesía. Su prosa también es abundante y abarca los géneros del cuento, del ensayo crítico, de la traducción y del artículo en revista o en periódico. Entre los cuentos se señalan *El lugar del hijo* (1976) y *Dos relatos y una perversión* (1984),[2] títulos recientemente recogidos en el libro *Cuentos completos* (Páginas de Espuma, 2007), donde aparecen junto a unos pocos cuentos más, que se publicaron sueltos en revistas. Entre las muy peculiares traducciones de Panero, hay que mencionar *El ómnibus sin sentido* (1972), una selección de *limericks* de Edward Lear, *Matemática demente* (1975), recopilación de algunos textos humorísticos de Lewis Carroll, *La caza del Snark* (1982), también de Carroll, y el *Peter Pan* (1987) de James Barrie. Libros de ensayos y recopilaciones de artículos son *Aviso a los civilizados* (1990), *Y la luz no es nuestra* (1991) y *Mi cerebro es una rosa* (1998). A una prosa más personal y reflexiva *à la* Panero pertenece el último *Papá dame la mano que tengo miedo* (2007).

Práctica consolidada dentro de la escritura heterodoxa de este poeta es también la escritura «a dúo», en pareja con otros escritores. Éste es el caso de *Cadáveres exquisitos y un poemas de amor* (1992), libro de «poemas conjuntos» escritos con José Luis Pasarín Aristi que se empezó en la barra de un bar después de una «noche inacabable» (Fernández 1999: 330). Compartiendo autoría se escribieron también los poemarios *Tensó* (1996), con Claudio Rizzo, *Me amarás cuando esté muerto* (2001) y *¿Quién soy yo? Apuntes para una poesía sin autor* (2002), con José Águedo Olivares. *Los héroes inútiles* (2005), por otra parte, no es

---

[2] Publicado también en 1992 con el título de *Palabras de un asesino* y un nuevo prefacio del autor.

un libro de poemas: se trata de la correspondencia con el artista Diego Medrano. *Presentación del superhombre* (2005), *Visión* (2006) y *Jardín en vano* (2007), finalmente, están escritos todos en pareja con el poeta canario Félix J. Caballero.[3]

Como se puede fácilmente intuir a partir de estas informaciones de carácter bibliográfico sobre la abundante producción de Leopoldo María Panero, otro problema con el que el crítico se encuentra a la hora de acercarse a este autor es la enorme dispersión. No sin razón, ya hace unos años, su viejo compañero de antología, Félix de Azúa, advertía la necesidad de un estudio filológico riguroso y completo sobre una producción tan heterogénea, al mismo tiempo que aconsejaba a todo crítico —a menudo víctima de la fascinación por la *leyenda*, más que por la *biografía*— que la juzgara a partir del personaje que el poeta madrileño había llegado a ser. Dice Azúa a este propósito: «Aunque resulte doloroso, es preciso añadir que Panero se ha convertido […] en una figura simbólica más próxima a Jim Morrison que a Rimbaud, y que ello perjudica el recto juicio sobre su poesía»; y donde, sin embargo, como sugiere el mismo Azúa, tal vez «[…] se encuentre lo más brillante, lo más original y lo más duradero de la poesía de los Novísimos» (1999: 202).

LENGUAJE Y REFLEXIÓN

La «Poética» escrita de Panero que abre su sección —la última— en *Nueve novísimos poetas españoles* (1970) no es propiamente una reflexión metapoética, como él mismo afirma en una entrevista que le hizo Federico Campbell al poco tiempo de publicarse la antología: «cuando José María Castellet me pidió una poética, le envié una nota hablando de paranoia» (1971: 21). Una simple nota que, sin embargo, presentaba la *máscara* del joven poeta ya desde la cita de Thomas de Quincey y la colocaba directamente en el espectáculo creado por Castellet.[4] En esta nota se adelanta el núcleo de toda la producción poética posterior de Panero:

---

[3] A toda esta heterogénea lista de publicaciones habría que añadir un título más, tal vez intermedio entre las películas y los libros de poemas: *Leopoldo María Panero. CD-Libro con canciones y letras de autor* (2004), grabado en colaboración con Carlos Ann, Bunbury, José María Ponce y Bruno Galindo.

[4] «La importancia que se les ha dado a los *Novísimos* no obedece a la sustancia de la obra y personalidad de sus componentes, sino a su impacto espectacular» (Azúa 1998: 203).

Vivo dentro de la fantasía paranoica del fin del mundo y no sólo no quiero salir de ella sino que pretendo que los demás entren en ella. Todas mis palabras son la misma que se inclina hacia muchos lados, la palabra FIN, la palabra que es el silencio, dicha de muchos modos. Porque es un FIN que incluye a todos en la única tragedia a la que sólo se puede contemplar participando en ella. Es la tragedia convertida en absoluto y por consiguiente desaparecida. Es la muerte que desaparece. Vivo bajo la sola protección de una idea: el muro de lo absoluto es para mí una enfermedad o excepción que a todos incluye. Se trata siempre del fin de la tragedia, pero cuando este fin es el sueño del fin universal, la tragedia trata en él de ser plenamente. Es un *crepúsculo activo*: un asesinato (Castellet 2001: 235).

Aquí el autor dibuja el horizonte de su poesía, de su «fantasía paranoica», aquel «muro de lo absoluto» que para él ya es «una enfermedad»; es decir, aquella «palabra que es silencio» y que es «la única tragedia a la que sólo se puede contemplar participando en ella». Aquí el referente de la aún *in*consciente reflexión es, sin duda, la tragedia, la muerte, aquella *nada* inscrita en la palabra FIN que es la perfecta representación del horizonte de crisis, es decir, la disolución de sentido que se abre a principios del siglo xx y que se acentúa en la época posmoderna. Muy coherentemente, de hecho, contestando a la pregunta sobre el futuro de la poesía novísima, el joven poeta distingue dos caminos posibles, ambos relacionados con aquella misma palabra:

Yo creo que en este momento sólo hay dos rutas: una que parte del surrealismo y otra que nació en Mallarmé. El grupo de los *Novísimos* oscila entre estas dos líneas. La diferencia entre las dos es la misma que existe entre algo que *no* quiere decir nada y algo que quiere decir *nada*. Lo primero puede ser inconsciente y no reflexivo; lo segundo *necesita* ser reflexivo (Campbell 1971: 21).

Ahora Leopoldo María Panero escoge deliberadamente una poesía de tipo *reflexivo*, ya que «si se escribe irreflexivamente, llega un momento en que no se tiene nada que decir de ese modo automático, el corazón se ha vaciado por completo. Todo el mensaje emocional que se podía descargar ha desaparecido. Entonces hay que acudir a la razón en lugar del corazón» (Campbell 1971: 23). Este temprano abandono de la estética irreflexiva de raíz surrealista, de la que todavía es deudor su primer libro,

Así se fundó Carnaby Street (1971),[5] lo acerca a una poesía *teóricamente* diferente[6] en el sentido de un «*experimentum linguae* in the true meaning of the word, in which what is experienced is the language in itself» (Agamben 1993: 4). Esto es, la experiencia del lenguaje tal y como lo entiende Heidegger: una herramienta con la que el hombre «obtiene la posibilidad de estar en medio de lo abierto del ser» (1983: 57), en medio de la realidad, siendo el lenguaje el primordial espejo donde se refleja su capacidad de *experire* aquella misma realidad, ya que «los mortales son aquellos que pueden hacer la experiencia de la muerte como muerte» (Heidegger 1987: 159) así como la experiencia del lenguaje en cuanto lenguaje.[7]

Hacer una experiencia tan radical del lenguaje, como enseña Derrida, conlleva la conciencia de la insanable *diferencia* entre realidad y representación. Un *hiatus* abismal y sin fondo —un *Abgrund* heideggeriano— que ningún lenguaje, en cuanto siempre representación, puede suturar. De esta manera, si, dentro del horizonte posmoderno, la realidad coincide con «el resultado de cruzarse y "contaminarse" (en el sentido latino) las múltiples imágenes, interpretaciones, re-construcciones» (Vattimo 1994: 15) que de ella reproduce todo tipo de lenguaje, literario y no literario, un lenguaje poético que sea radicalmente reflexivo, es decir, «una puesta en juego de un sentido», tendrá que «referirse a la literatura misma [...]; en cualquier caso nunca a la vida» (Panero 1979: 110).

De ahí, surge una escritura que asume a conciencia como objeto principal precisamente la literatura y que lleva al experimentalismo de matriz poundiana (Blesa 1995: 63) de su segundo libro, *Teoría* (1973).[8] Ex-

---

5 «La poesía "surrealista" es muy fácil de hacer, sin necesidad de alcohol pero irreflexivamente, como hace Gimferrer o gente así, o con drogas, como lo estaba haciendo yo. Al fin y al cabo mi libro *Así se fundó Carnaby Street* corresponde a ese tipo de línea» (Campbell 1971: 20).

6 «Sí. *Carnaby Street* es novísimo, es surrealismo. Por eso estoy bastante arrepentido del libro en ese sentido. No en el sentido estético, sino teórico» (Campbell 1971: 21).

7 «In fact, in the tradition of Western philosophy, humans appear as both *mortal* and *speaking*. They possess the "faculty" for language (*zoon logon echon*) and the "faculty" for death (*Fähigkeit des Todes*, in the words of Hegel)» (Agamben 1991: xii).

8 En este sentido, es ejemplar el poema titulado «La canción del llanero solitario», que empieza con el verso «Verf barrabum qué espuma» donde, como explica Blesa (1995: 39), las palabras fantásticas son en realidad una cita de *La caza del Snark* de Carroll —traducido años más tarde por el mismo Panero—. En el texto, además del español y de este lenguaje fantástico, se encuentran palabras y frases en lenguas extranjeras

perimentalismo que, no por casualidad, está estrictamente relacionado con la simultánea práctica de la traducción, una verdadera *perversión* de los originales, tanto que Blesa puede afirmar que «las traducciones de Leopoldo María Panero no son páginas de segundo orden dentro de su obra, sino textos propios, tan *originales* como original pueda llegar a ser un texto» (*ibid.*, 88).[9]

CONCIENCIA Y DESENCANTO

Del *experimentum* nace la conciencia de que todo discurso es siempre una copia, un reflejo dentro del gran espejo de la literatura y que el ejercicio del lenguaje poético, que pone en juego ese sentido, sólo *es* un juego de reflejos —más o menos deformados, más o menos pervertidos—. La realidad a la que alude Panero, en efecto, es y ha sido siempre *literaria*. Su poesía se ha establecido siempre en el diálogo con todo discurso literario —o cultural— anterior. Lo cual explica, por una parte, «la sobreabundancia de citas (no siempre correctas) y de referencias a otros textos que atraviesa tanto la escritura-Panero como la persona-Panero», y, por otra, el desvalimiento de la inspiración y del valor de la originalidad de raíz romántica;[10] así que «lo único que hay que hacer es conectar datos que ya existen, que siempre han existido» (Talens 1992: 46). A partir de esta perspectiva, la originalidad sólo puede residir en el «punto de vista que articula el decir, nunca en lo dicho» (*ibid.*, 46); o sea, en el *cómo* más que en el *qué* se dice.

Responde ya a estas características típicamente posmodernas *Así se fundó Carnaby Street* (1970), libro en línea con la consigna novísima de la antología de Castellet, donde resulta claro cómo en el proceso de creación, junto con las abundantes referencias literarias clásicas y de nivel alto, se insertan y articulan —*ingenuamente*, como se ha dicho y

---

(inglés, francés, alemán, italiano, latín, griego antiguo) y hasta códigos constituidos por una sucesión de signos matemáticos y dibujos.

[9] Véase «La parada de los monstruos», capítulo 6 del ya citado estudio de Blesa (1995).

[10] «no creo en la inspiración [...]. La poesía no tiene más fuente que la lectura, y la imaginación del lector. La literatura, como decía Pound, es un trabajo, un *job* y todo lo que en ella nos cabe es hacer un buen trabajo, y ser comprendidos [...]. Algo que no sabe decididamente el poeta inspirado es que trovar es difícil, que la buena poesía no cae del cielo, ni espera nada de la juventud o el deseo» (Panero 2001a: 288).

como él mismo admite—[11] todos aquellos nuevos elementos de la cultura de masa que Enric Bou llama mitología alternativa,[12] al igual que los géneros literarios «bajos» como la literatura fantástica y de aventura, la novela negra o el cuento infantil.[13]

Sin embargo, a pesar de estar en sintonía con la estética novísima, el culturalismo de Panero presenta unas diferencias sustanciales con respecto a lo que ese término significa para su compañero de antología y autor de *Una educación sentimental*, Manuel Vázquez Montalbán. Éste, el primero de los *seniors*, alberga todavía la esperanza de que la literatura pueda constituir alguna respuesta de sentido a la realidad —y, en su caso específico, a un régimen franquista en agonía—, precisamente a través de la exploración lingüística de un imaginario cultural desde el cual se puede volver a ponerla en tela de juicio.[14] En Panero, que es el último de los de la *coqueluche*, aquella conciencia es ya totalmente posmoderna en el sentido de una radical vacuidad del acto de escribir —que, por eso, se resuelve en un «juego»—, desembocando, como observa Blesa, en una «palabra hecha escombros que previene sobre la incapacidad de construir un sentido, salvo que éste no sea también otra cosa que un resto, un deshecho» (2001: 10).[15]

---

[11] Siempre hablando de *Así se fundó Carnaby Street*, Panero afirma que «Hace dos años todavía me preguntaba por qué escribía: no sabía contestar. [...] *Era* sólo un oficio, algo que hacía sin saber por qué. Ahora sigue siendo una locura, pero consciente» (Campbell 1971: 21).

[12] «El efecto más evidente en la literatura del momento fue la utilización de una constelación de figuras mítico-populares en las primeras obras que publicaron los *Novísimos*. En parte era un reflejo de su formación, pero, también, una presión de las modas ambientales extranjeras. El Leopoldo María Panero de *Así se fundó Carnaby Street*, es un ejemplo clarísimo, con poemas como "El rapto de Lindberg", o bien en su incorporación del personaje de "Peter Pan"». (Bou 1992: 200).

[13] Aunque sólo se miren los títulos de los poemas de *Así se fundó Carnaby Street*, cerca de «La metamorfosis», «Elegía», «Evocación», «Himno a Dionisos», «La muerte de Orlando», «Homenaje a Eliot» se encuentran «El estreno en Londres de "Mary Poppins"», «El asalto a la diligencia», «La liebre implora en vano al cazador», «Los piratas», «Homenaje a Bonnie and Clyde», «La muerte de Mandrake», «Homenaje a Conan Doyle», etc.

[14] Éste es el caso del lenguaje poético elaborado por Manuel Vázquez Montalbán en su temprana experiencia en el ámbito de la poesía; contemporánea, por otro lado, a la escritura del *Manifiesto subnormal*. Véase, a este propósito, el artículo «Manuel Vázquez Montalbán: "la cultura y la lucidez llevan a la subnormalidad"» (Mistrorigo 2005).

[15] El paralelismo entre la experiencia poética de Vázquez Montalbán y de Panero, con todas las diferencias del caso, no parece tan equivocado si se considera el valor sub-

Dentro de esta perspectiva, la presencia de los recursos intertextuales e interdiscursivos de que se compone la poesía de Panero se acompaña siempre de una rabiosa y «repetida negación de lo poético (es decir, de lo artístico) en cuanto tal»; tal vez, por «la necesidad de resguardarse tras el parapeto de la autoridad ajena al emitir un discurso que se sabe trasgresor» (Talens 1992: 46) y no creíble[16] o, tal vez, porque la dispersión, la fragmentación y la destrucción de todo discurso que resulta de aquella conciencia fragmentaria es el único horizonte de experiencia que se le presenta al sujeto que escribe y que no consigue dar un sentido unitario a su escritura. De acuerdo con el sujeto posmoderno,[17] el *yo* poético de Panero se vuelve esquizofrénico, entre los discursos propios y ajenos.

LOCURA Y LUCIDEZ

A partir de lo que se acaba de decir, por lo tanto, se puede comprender también el problema de la *locura* de Leopoldo María Panero. Más allá de las circunstancias biográficas y de la consiguiente exclusión social ciertamente sufrida por la persona, es interesante notar cómo esta radicalización de la experiencia del lenguaje, que fragmenta el sujeto lingüístico y lo entrega al equívoco de una escritura *bio*gráfica —a un tiempo, escritura *de* y *con* la vida—, ha contribuido a alimentar la leyenda del maldito, del loco y del bufón, pero en el sentido en que fue el mismo

---

versivo de la poesía de Panero al igual que la de Vázquez Montalbán, así como sugiere Pilar Yagüe López (1997: 85), o si se mira con atención la actitud —diferentemente— radical de los dos «extremos» de los *Novísimos*. Agudamente Jenaro Talens observa, que en la antología de Martín Pardo, *Nueva poesía española* (1970), que de alguna forma respondía a la de Castellet incluyendo un número mayor de poetas, significativamente desaparecen Manuel Vázquez Montalbán y Leopoldo María Panero, «los planteamientos más radicales en la antología de Castellet, ideológica y políticamente hablando» (Talens 1989: 119).

[16] «Todo el rollo de las citas si quieres que te lo cuente del modo psicoanalítico, empezó porque nadie me creía […] para dar más creencia a mis frases y mis aforismos, pues utilizaba muchas citas» (Panero 1988-1989: 33).

[17] «En la posmodernidad […] el yo aparece fragmentario e incoherente» de modo que «el artista deja de ser importante, es un simple intermediario hacia la voz colectiva. Su interpretación de las cosas deja de ser la única válida, dando paso a un abanico múltiple de lecturas» (África Vidal 1989: 39). A partir de estas palabras, se puede entender también la elección de Panero de escribir «a dúo», forma de escritura que, hasta ahora, no ha llamado la atención de ningún crítico.

escritor quien eligió aquel lenguaje como personal respuesta al vacío de sentido.[18] En efecto, si es verdad que, como ha reconocido en más de una ocasión él mismo, «lo que empezó como un juego de máscaras, acabó por serle impuesto socialmente» (Talens 1992: 45), es también verdad que con la máscara de la locura el mismo poeta no termina nunca de jugar, tal como afirma en aquella «suerte de POÉTICA» —así es como él mismo la llama— que constituye el «Prefacio» a *El último hombre* (1983):

> Blake, Nerval, Poe serán mis fuentes, como emblemas que son al máximo de la *inquietante extrañeza*, de la locura llevada al verso: porque el arte en definitiva, como diría Deleuze, no consiste sino en dar a la locura *un tercer sentido*: en rizar a la locura, ubicarse en sus bordes, jugar con ella como se juega y se hace arte al toro, *la literatura considerada como una tauromaquia*: un oficio peligroso, deliciosamente peligroso (Panero 2001a: 287).

Panero elige la locura como un lenguaje posible,[19] una máscara de la que servirse en el momento en que el sujeto poético y su capacidad de dar sentido a la realidad eclosiona «dejando sólo ese *ou tis* que es el que escribe» (Panero 2001a: 77). Sin embargo, al tiempo que esa máscara le permite jugar con el discurso de la locura, también lo excluye, no tratándose de un discurso «fiable»: «esa constante censura, esa constante descreencia de lo que dice el loco es lo que produce el deterioro de su palabra» (Panero 1988-1989: 30). El deterioro de la palabra lleva consigo aquella exclusión social que, por otro lado, refuerza el paradigma asimilando la figura del poeta a la de «un paria, un intocable»

---

[18] En la introducción al libro de Fernández, el compañero de antología y amigo Antonio Martínez Sarrión confiesa que «una vez recorridas y desechadas casi todas las militancias políticas *à gauche*, [el joven Leopoldo] se había propuesto con lucidez que otros llamarían insania o irresponsabilidad, transitar, munido de un muy abigarrado bagaje teórico de la época, los caminos entrevistos en biografías u obras de un Baudelaire, un Nietzsche, un Rimbaud, un Trakl, un Bataille, un Artaud o un Lowry. Y llegar aún más lejos, si eso era posible» (1999: 12). A esto, añádase el fragmento que reporta Blesa (1995: 17) desde el «Prefacio» de Panero al libro *Visión de la literatura de terror angloamericana* (1977), donde, en la página 13, se lee que «la literatura es […] el sacrificio ritual del sentido y es, por tanto, una apuesta con la locura».

[19] «Que la locura sea, no el fin, sino el principio de la metáfora» (Panero 2002: 69); y, más aún, «toda poesía debe tener por semilla la locura, porque todo poeta es Hölderlin o quiere llegar a serlo» (Panero 2007: 71).

(Fernández 1999: 246).[20] O, incluso mejor, a la paradoja del *homo sacer*, donde, como explica Agamben, «the adjective *sacer* means both "august, consecrated to gods", and (as Freud noted) "cursed, excluded from the community"» (2007: 77). Además, «in the expression *homo sacer*, the adjective seems to indicate an individual who, having been excluded from the community, can be killed with impunity but cannot be sacrificed to the gods» (*ibid.*, 78). Esto es, el *foul*, aquel personaje shakesperiano a medias entre loco y bufón,[21] cuyos juegos de palabras, aparentemente sin sentido y condenados a no ser escuchados ni tomados en serio, son los que revelan de antemano la verdad de la tragedia: «El loco tiene la perniciosa manía de decir siempre la verdad, como los niños o los borrachos» (Panero 2007: 67).

La «máscara de la locura [...] da paso entonces a la locura como lucidez» (Talens 1992: 48), frente a la «naturaleza intrínsecamente dolorosa y trágica de la realidad». Ésta, «si bien supera la facultad humana de la comprensión, tiene como principal atributo el de "exceder" —y ello en todos los sentidos del término— la capacidad de la tolerancia» (Rosset 1994: 21).[22] De tal manera, el discurso de la locura, al tiempo que le permite a Panero hacer experiencia de un lenguaje *otro*, más cercano a la verdad trágica y a una sabiduría incluso anterior al nacimiento de la

---

[20] «Como decía Laing, el viaje esquizofrénico empieza en una situación de jaque mate» (Panero 1989b: 24), es decir, con una situación de exclusión social. «La teoría lacaniana de la "forclusión" es lo que más claramente explica este interdicho: aquel hombre que se halla fuera del cogito devenido *ley* imperativo no es capaz ya para siempre de sentido o de razón, y no es un hombre» (Panero 1990: 55). Además, una vez caído fuera de la ley de la razón y de su sentido, ese hombre ya no podrá volver a entrar, a «normalizarse» —piénsese en la «normalización» de la sociedad española, tras la Transición y los años de la Movida, en la que Panero *no* participará—, sino que seguirá siendo para siempre un marginado. En este sentido, entonces, tiene razón Ana María Moix cuando, en la introducción a *Papá dame la mano que tengo miedo* (2007), escribe que «Hoy, Panero ni siquiera escribe más allá de la marginalidad, es más que un maldito; es un proscrito que reside en un hospital psiquiátrico, no por enfermedad mental sino porque es el único lugar donde está protegido del sistema de vida de sus congéneres» (Moix 2007: 11).

[21] «Aliento de subnormal, no soy sino el tonto del pueblo: ¡oh, rey de los tontos!» (Panero 2002: 62).

[22] Recurrente en muchos escritos de Panero, en su poesía como en la prosa, es la famosa cita del poeta inglés T. S. Eliot, que dice «humankind cannot bear very much reality» (*Four Quartet*, «Burnt Norton», I, vv. 44-45).

razón,[23] le ayuda también a defenderse de la realidad vaciada de sentido, ya que, como observa Rosset, la locura también puede funcionar de «máquina de ignorar lo real» (*ibid.*, 73).

Vista «desde esa perspectiva, la poesía de Panero no es "culturalista" [...] sino rabiosamente "realista"» (Talens 1992: 48), en el sentido de que, dentro del «sistema de contradicciones que la atraviesan, la definen y la constituyen» (*ibid.*, 50), se genera desde la lúcida conciencia de que el lenguaje, el *logos*, revela precisamente la *nada de todas las cosas* (Agamben 1990: 245). Por eso, elige una escritura *otra* en la que

> el habla realiza el fin de la lengua, rompiendo la máscara sintáctica para abrir el paso a las interjecciones, a los puntos de admiración, a las designaciones a la violencia del lenguaje, que es la que rompiendo la seriedad, lo pone como vehículo y no como límite del deseo. Convirtiendo así el lenguaje en algo cercano a la locura, en donde la indiscutibilidad de aquél viene de estar por entero al servicio del pathos, de la emoción, casi tanto como un mantra o un conjuro de aquéllos sin traducción que gustaban a Artaud en Rhodez y que son el único significante que nos cabe esperar encontrar (Panero 1989: 10).

Si en el caso de Panero no se puede hablar nunca de «palabra mística» (Blesa 2001: 15), se puede afirmar, sin embargo, que la lengua de la enajenación de Panero busca el habla, la voz, el grito,[24] el gesto fonemático (*phoné*) con la intención de destruir aquella palabra racional (*logos*) que funda la «mitología de lo serio» (Panero 1989: 9) y que, *de*-nominando y *de*-finiendo el sentido de las cosas, las asesina, mata sus potencialidades poéticas, creadoras de sentido, siendo, por lo tanto, sólo el reflejo de sus cadáveres:[25]

---

[23] «De alguna manera [...] hay una unión entre la mentalidad prelógica y la locura» (Panero 1989b: 25). En este sentido, Panero está en línea con Giorgio Colli cuando este último pone la locura, la *mania*, en el origen mismo de la sabiduría griega anterior al nacimiento del pensamiento lógico filosófico (1975: 21).

[24] «El grito nos sitúa en los límites del ser» (Panero 2002: 21), ya que, como avisa el filósofo Emanuele Severino, el grito es aquella voz inarticulada que está en el comienzo mismo de la existencia del hombre sobre la tierra (1985: 41).

[25] «No sé por qué estremece la locura, deberíamos estremecernos más ante la razón, ese oscuro principio de la realidad ¡qué es más terrible que la muerte!» (Panero 2002: 82).

Ése es el lenguaje en lo que tiene de rompible, la razón que se dice se pierde, en una lucha entre conciencias, en el combate cotidiano de ellas en el mundo. [...] Es esta guerrilla del lenguaje, cuyo concepto falta a la idea del discurso lineal o saussuriana «linealidad del signo», la que nos lleva a la locura. Lo otro es la conciencia filosófica intacta por cuanto intangible, más allá como Dios de lo real y por ello inexistente. [...] La conciencia filosófica es una conciencia narcisista, que busca ser idolatrada, pero que nunca accede a ser una realidad en frente de otra. Es decir, que nunca se *realiza*, que nunca desciende a la realidad que mella a la idea y en donde la palabra se desgasta y se anula (Panero 1989: 9-10).

El lenguaje de la locura es un lenguaje emocional —*pato*lógico— que se aleja del discurso lineal de la razón filosófica en el sentido de que está *fuera* del esquema saussuriano de la correspondencia significante/significado, aunque esté *dentro* de las reales posibilidades de la lengua, es decir, dentro se su «juego» y, como tal, creador de sentido. Al contrario, denuncia Panero, la razón, justamente porque es *idea* y no *realización*, ya no consigue hacerse cargo de ningún sentido y menos aún de la tragedia de lo real, de la muerte y de la destrucción a la que todo tiende indiscriminadamente y sin posibilidad, no ya de regreso, sino incluso de parar aunque sea por un momento este continuo acercamiento a la nada. Es así que la escritura de este autor «pone en juego» el sentido trágico de la existencia allí donde empieza su abismo, al borde mismo de la nada, y «es, toda ella, un acta de la experiencia de la muerte» (Blesa 2001: 14-15).[26]

EXCESO Y PROFANACIÓN

Tragedia, muerte, abismo, nada, son todas la misma palabra: aquella palabra FIN que es el eje central de la nota «Poética» enviada a Castellet para la antología de los *Novísimos*. La palabra que corresponde también al tope de la reflexión de Leopoldo María Panero. Y a ella, también, hay que referir todo lo que Talens ha llamado el «territorio del exceso» (1992: 48); es decir, el recurso a aquellos discursos *fuera* del canon literario tradicional porque, aun antes, demoran *fuera* de aquella «mitología

---

[26] «Y la muerte nos llama desde el poema como su única posible realidad» (Panero 2000: 9).

de lo serio» que corresponde al pensamiento racional. Éste es el lugar *otro* del *fin* del lenguaje, de la disolución del *logos*, desde donde, como sugiere Blesa, el poeta lleva al cabo su «programa de destrucción [...] un discurso de la violencia; más, una celebración de la violencia, que impregna todos los estratos textuales» (2001: 9). Un programa que se lleva a cabo en el texto a través de una precisa estrategia de subversión de todo criterio poético: la obra de Panero, de hecho, «se hace precisamente quebrando página a página, libro a libro, lo creado, el sistema estético, las convenciones, la idea de lo literario», de manera que «*crea*, dice no ya lo que se viene entendiendo por literatura, sino qué es lo que pueda llegar a ser tenido por literario, siendo así toda una auténtica exploración» (*ibid.*, 8).

Ahora bien, esta estrategia se puede asimilar a una práctica profanatoria, pero no sólo como la interpreta Blesa, en términos de profanación de la belleza,[27] sino más bien en el sentido que le atribuye Agamben cuando habla de «a special form of negligence» (2007: 75) que restituye al uso colectivo lo que profana. En el caso específico de la poesía de Panero, esta *estrategia de la profanación* apunta —precisamente a través del juego— a devolver al uso poético discursos literarios marginalizados y no canónicos. Piénsese en la atracción de Panero por autores como Artaud, Alister, Bataille, Carroll, Hölderlin, Lautréamont, Mallarmé, Nietzsche, Pessoa, Poe, Pound, Sade, Trakl, Zukofski, sólo por citar algunos;[28] o, lo que es lo mismo, recuérdese su interés, junto con el discurso de la locura, por lo fantástico, la magia, el exorcismo, el horror, la alquimia (*Orfebre*, 1994), el tarot (*El tarot del inconsciente anónimo*, 1997), etc.

---

[27] «El poema supone un canto a lo efímero de la belleza, a su descomposición. Contrastar la belleza y el horror como principio poético explícito basado en lo que Sklovsky denomina extrañamiento. *Polluere*: profanar, manchar. Y, si de lo que se trata es de profanar la belleza, cuanto mayor se pretenda que sea ésta, más espacio habrá que dejar para que sea invadido por la mancha» (Blesa 1995: 112). La belleza en sí «es un absurdo y no responde a ninguna lógica. Y ello, no sólo la belleza del poema sino la belleza física del hombre, que es tan absurda e inexplicable como el poema» (Panero 2000: 9), ya que «la belleza sólo consiste en jugar a los dados contra el mundo, en jugar a los dados contra la sombra, sombra ya traspasada y asumida para llorar tan sólo, para llorar a solas contra el mundo mientras caen fragmentos de la Idea sobre lo escrito» (Panero 2007: 29), y por lo tanto «es siempre la muerte, lo moribundo o a punto de caducar, porque la muerte es bella y azul» (*ibid.*, 73).

[28] Para una lista completa de la biblioteca de Panero, véase el estudio de Blesa (1995: 13 y 14).

Restituyendo al uso literario estos discursos de la marginalidad y volviendo a poner en circulación su violencia intrínseca respecto al canon establecido por la tradición, la *estrategia de la profanación* del lenguaje elaborada por Panero subvierte tanto los códigos literarios como los códigos del mundo.[29] Al profanar el lenguaje tan radicalmente, al jugar con él al igual que el loco —al fin y al cabo, un juglar—, mezclando los discursos y los niveles más heterogéneos, el poeta se hace con el lenguaje y se sirve de él como de un medio *puro*, un medio *sin fin* que abre la posibilidad de un nuevo uso de la palabra y, por eso, de una nueva experiencia de sentido.

Toda la escritura poética de Leopoldo María Panero, entonces, se articula como un discurso desencantado, cuyos efectos, sin embargo, no renuncian a aquel compromiso ético y aquella ruptura que —con diferentes intensidades y según diferentes identidades— fue la génesis histórica común de la estética novísima.[30] Así llega a tocar el nervio central del «secreto / cruel de la existencia» (Panero 2004: 44), aquel vacío *naos*, estancia secreta del *fanum*, del templo, donde se consuma su infinita y secreta tragedia, aquella crueldad de lo real a la que se refiere Clément Rosset, y donde, tal vez, se puedan entrever aún restos de sentido.

RESIDUO Y LÍMITE

La relación entre lenguaje poético y muerte, entre el poema y la nada, es el eje central de la poesía de Leopoldo María Panero, además de una constante en toda su obra.[31] No constituye ninguna excepción su reciente producción, donde esta relación se intensifica y se mezcla con el vértigo del miedo a que termine ese juego de lenguaje,[32] esa profanación que to-

---

[29] En uno de sus primeros artículos, el joven Panero escribía: «al contrario de la filosofía, que trata de "descubrir" sus leyes [de la realidad], la literatura, lo mismo que la revolución, trata de inventarla. La literatura es una crítica de la realidad —o debe ser—, incluso cuando precisamente por serlo se aleja de ella, criticando a la lectura, haciéndola difícil o imposible, como en Góngora y Mallarmé; pero no puede dejar de referirse a ella» (Panero 1979: 110).

[30] «La acción novísima consiste en el intento de desautomatizar el sistema literario vigente [a través de] un discurso radicalmente opuesto a los textos que conforman el marco dominante mediante la asunción de la *tradición de la ruptura*» (Fernández 1993: 79).

[31] «Joven o viejo siempre huí a través de la palabra» (Panero 207: 50).

[32] «Sin la palabra la vida da miedo» (Panero 2002: 31).

davía guarda un posible sentido residual.[33] Afirma el autor, a este respecto, que «todo lenguaje es un sistema de citas, como decía Borges, todo
poema es un poema sobre un muerto» (Panero 2000: 9) y, al mismo tiempo, es un poema sobre la muerte del mismo juego del lenguaje, sobre su
cadáver. La lectura, que es —así como dice Quevedo— el acto cruel de
escuchar con los ojos a los muertos (Panero 2000: 9), se vuelve el acto
con que se asimilan los restos de sus cadáveres. El poema, por lo tanto,
se hace con —en toda la ambigüedad de la expresión— los pedazos que
todavía quedan de aquellos cuerpos sin vida. Es un monstruo parecido a
Frankenstein, un Golem, que «desafía a Dios» (Panero 2000: 58):

Hay Dios como llovía aquella noche en el llano
GUILLERMO CARNERO

No hay piel ni vida en el poema
Oh catedral de la nada
y llueve sobre mi sexo
mientras el poema desafía a Dios
y llueve sobre lo humano.[34]

Dialogando con los versos de su compañero de antología, Guillermo
Carnero, estos pocos versos de nuestro autor muestran la impotencia del
poema. Desafiando el principio de toda creación con la *hybris* gótica de
una catedral que, sin embargo, es «de la nada», el cuerpo del poeta sólo
recibe una lluvia que apaga todo fuego sexual y creador. Esta impotencia
del poema, su sinsentido, es el lugar mismo donde el *yo* poético todavía
se arrodilla para buscar «sobre la página el secreto de la nada» (Panero
2000: 59). Es así que, si el poema es «flor de la nada» (Panero 2000: 67),
floración de aquellos restos y de aquellos cadáveres de que se nutre la
escritura, «acto canibálico, un intervalo en la desesperación, como un
porro que suspende la vida» (Panero 2000: 10), aquella escritura poética, creadora del poema, es decir, evidencia de la *nada* y del sinsentido,
se vuelve una droga y una adicción. Es lo único que paradójicamente
puede dar un alivio pasajero —un sentido provisional— a la tragedia de
lo real.

El sentido residual y provisional de la *nada* de sentido del poema
demora precisamente en el mismo acto creador, en una escritura que se
profana a sí misma justo cuando la palabra se lleva a la página y que por

---

[33] «El terrible momento de no tener nada en qué pensar. Nada en qué pensar, nada
que hablar ni nada que sentir: sólo un terrible y bello pesanervios» (Panero 2000: 9).

[34] «No hay piel ni vida en el poema» (Panero 2000: 58).

eso está en la frontera entre el *ser* y el *no ser*: «y en mi mano, como si fuera el poema / cojo el cráneo de Yorick» (Panero 2000: 84). Desde ese umbral quizá pueda vislumbrarse algo de aquel sentido siempre herméticamente *excluido* —encerrado fuera— de toda comprensión humana. Desde ese umbral quizá proceda la poesía de Leopoldo María Panero: centinela al borde del abismo, el autor sigue intentando volver a re-presentarlo y a re-stituirlo a su lector, una y otra vez, obsesivamente:

> *Ils convoitent la haine,*
> *au lieu de la rancune*
> Mallarmé

> A ti, lector, te ofrezco
> las serpientes de mi boca
> la amarilla
> floración de mi boca
> los huesos de la boca
> amarilla y oscura
> floración del odio.[35]

La reflexión metapoética aquí encuentra soluciones simbólicas. La «boca»[36] —que es «amarilla», color de la putrefacción— representa el lugar donde se articula la lengua y es el referente de todo lo que afecta a la producción del lenguaje y, entonces, también de aquella «palabra impura que todo sabe de rimas / y no de vida» (Panero 2001b: 35). Al igual que la boca, también las «serpientes», elementos tanáticos por excelencia, parecen apuntar al miedo y a la muerte del hombre tanto en su condición particular, como en una perspectiva universal, si se considera el mito bíblico de la creación. Sin embargo, aquí estos elementos mortíferos parecen tener también otro valor, en relación con la acción del animal que se arrastra. En este sentido, aquella floración de la nada que es el poema, no adquiere sólo el estatuto de cadáver, sino también de «rastro»:

> *Bonsoir: le*
> *crapaud c'était moi*
> Tristan Cobière

---

[35] «A ti, lector, te ofrezco» (Panero 2001: 33).

[36] La boca no es el único orificio corpóreo al que Panero se refiere para aludir a la producción del lenguaje, del mismo modo que todos los diferentes fluidos y deyecciones del cuerpo son metáforas para la palabra poética. Así, por ejemplo, el poema es «como un pus, como una ortiga / cercenando mi mano» (Panero 2001b: 37).

El sapo sobre el poema
deja un rastro de baba
un animal azul
y un testamento de saliva.

El «rastro de baba»[37] es el producto del orificio de la boca que se refiere, como las serpientes, a la producción del lenguaje. Lo deja el «sapo»[38] sobre la página donde está *escrito* el poema: es ésta la metáfora del proceso de la escritura, es decir, de aquellas palabras que caen[39] encima del folio blanco[40] y que, al mancharlo con su *nada*, con su sinsentido, se vuelven, a pesar de sí mismas, precisamente rastro. Un verdadero «testamento de saliva», un «mensaje memorable» (Atxaga 2004: 10) que apunta continua y paradójicamente a aquella nada, al vacío de sentido, a la misma muerte, en una acción de *in*scripción y *de*scripción —de representación— que la muestra siempre en su verdad, incluso después de «todo el tiempo del mundo» (Atxaga 2004: 10).

---

[37] «Baba en la mano es lo que queda acabada la página, un poco de saliva del idiota, idiota que es el hombre sintiendo la pérfida idiotez de la vida» (Panero 2007: 48).

[38] En la escritura paneriana, este animal —anfibio que habita, al mismo tiempo, en el dominio de lo terrestre y de lo acuático, del día y de la noche, y que a pesar de no pertenecer completamente a ninguno de los dos, es símbolo del umbral entre mundos diferentes, opuestos— se refiere a menudo al «yo» poemático. Es muy interesante, además, notar que la palabra latina para el sapo era «bufo» (Virgilio, *Georgicas*), de donde bufón, étimo que parece conocer muy bien también E. A. Poe, autor admirado por Panero, cuando nombra a su buf-fón «Hop-frog». Por otra parte, en la poesía de Panero, el color azul es otra vez color de la muerte —recuérdese *Esquizofrénicas o La balada de la lámpara azul*.

[39] Todo lo que «cae» encima de la página desde la boca u otro orificio corporal tiene el mismo valor metapoético que corresponde a la formación del poema: «mientras el esperma cae de mis labios / formando el poema» (Panero 2000: 70). El proceso de creación reside precisamente en esta caída, de modo que, una vez que la baba o el esperma o los excrementos se depositan sobre la página, mueren dando forma al *Golem* sin vida ni piel del poema. El acto de la creación siempre queda frustrado, imposible.

[40] En Panero, el color blanco evoca a menudo la página donde se inscribe el poema así como el elemento de la nieve es metáfora del luto y/o la muerte. Véase, por ejemplo, el haiku de *Teoría del miedo* en el que se lee: «Ah la nieve, la nieve que me llama / y los árboles que me llaman, / y los bosques del papel» (Panero 2000: 41). En «Dormund» de *Presentación del superhombre* (2005), además, se lee: «Oh blancura inamovible de la página — y el blanco es el color más inhumano» (Panero y Caballero 2005: 15).

VACÍO Y FINAL ABIERTO

Lo que está en juego aquí y en toda la trayectoria literaria de Leopoldo María Panero es el acto de escribir y su (sin)sentido, que a menudo se forja a partir de las imágenes de la mano sobre la página. Remite también a la experiencia del pensar, puesto que, como dice Heidegger y como recuerda Derrida, pensar es siempre un trabajo de la mano (Derrida 1991: 45). Sin duda, la escritura de Panero es metapoética, se dobla sobre sus mismas palabras o huellas, reflejándolas repetidas veces con la furiosa intención de comprender y profanar su secreto último.

MASTURBACIÓN

Con mis dedos aplaco la furia de mi mente
y el verso dibuja en la sombra un lugar
donde ni estoy yo ni está el hombre.

Este deseo compulsivo y frustrado de la mente creadora sólo puede aplacarse momentáneamente con el trabajo de aquella mano —«mis dedos»— que se realiza como acto en el verso, siempre forjando —«en la sombra»— un lugar que *es* el poema: lugar vacío en el que no está —no *habita* y, entonces, no se *inscribe* de manera fecunda— ni el *yo* poemático, ni el hombre real.

A pesar y a partir de esta lúcida conciencia, la producción poética de Leopoldo María Panero sigue de manera compulsiva en el mismo trayecto paradójico y abisal, sin cambiar de horizonte. No hace muchos años, este juglar del tiempo dijo que «haber puesto en juego toda la literatura y la vida, sobre la página, eso no es vanidad» (Panero 2002: 32). En su caso es cierto. Cantar la pérdida con tanta pasión aun salva.

BIBLIOGRAFÍA

ÁFRICA VIDAL, María Carmen (1989): *¿Qué es el posmodernismo?* Alicante: Universidad de Alicante.

AGAMBEN, Giorgio (1990): «Glosse in margine ai *Commentari sulla società dello spettacolo*», en Guy Debord: *Commentari sulla società dello spettacolo e La società dello spettacolo*, Milano: Sugarco.

— (1991): *Language and Death: the Place of Negativity*, Minneapolis/Oxford: University of Minnesota Press.

— (1993): *Infancy and History*, London/New York: Verso.

— (2007): *Profanations*, New York: Zone Books.

ATXAGA, Bernardo (2004): «Poeta maravilloso», en Leopoldo María Panero: *Danza de la muerte*, Tarragona: Igitur.

AZÚA, Félix de (1998): *Lecturas compulsivas*, Barcelona: Anagrama.

BLESA, Túa (1995): *Leopoldo María Panero, el último poeta*, Madrid: Valdemar.

— (2001): «La destruction fut ma Béatrice», en Leopoldo María Panero: *Poesía completa*, Madrid: Visor, pp. 7-16.

BOU, Enric (1992): «Sobre Mitologías (a propósito de los "novísimos")», en Joan Ramón Resina (ed.): *Mythopoesis: literatura, totalidad, ideología*, Barcelona: Anthropos, pp. 191-200.

CAMPBELL, Federico (1971): *Infame turba. Entrevistas a pensadores, poetas y novelistas en la España del 1970*, Barcelona: Lumen.

CASTELLET, Josep Maria (2001): *Nueve novísimos poetas españoles* (1970), Barcelona: Península.

COLLI, Giorgio (1975): *La nascita della tragedia*, Milano: Adelphi.

DERRIDA, Jaques (1991): *La mano di Heidegger*, Roma/Bari: Laterza.

FERNÁNDEZ, Benito J. (1999): *El contorno del abismo. Vida y leyenda de Leopoldo María Panero*, prólogo de Antonio Martínez Sarrión, Barcelona: Tusquets.

FERNÁNDEZ, Julio José (1993): «Teoría del texto novísimo: (Pragmática, Semántica y Sintaxis en el grupo poético del 68)», *Castilla. Estudios de literatura* 18, pp. 78-87.

HEIDEGGER, Martin (1983): *Interpretaciones sobre la poesía de Hölderlin*, Barcelona: Ariel.

— (1987): *De camino al habla*, Barcelona: Serbal.

MISTRORIGO, Alessandro (2005): «Manuel Vázquez Montalbán: "la cultura y la lucidez llevan a la subnormalidad"», en Susanna Regazzoni (ed.): *Quaderni del dottorato. Atti della Giornata di Studio «Memoria, censura, scrittura» del 25 marzo 2004*, Venezia: Cleup, pp. 239-248.

MOIX, Ana María (2007): «Introducción», en *Papá dame la mano que tengo miedo*, Barcelona: Cahoba.

PANERO, Leopoldo María (1979): «Ultima poesía *no* española», *Poesía* 4, junio, pp. 110-115.

— (1988-1989): «Leopoldo María Panero, seguro de haber muerto», *Los Cuadernos del Norte* 52, diciembre-enero, pp. 30-33 (entrevista por Benito J. Fernández).

— (1989a): «Me dirás que estoy loco, o el significante a la búsqueda de la pronunciación perdida», en Leopoldo María Panero (ed.): *Globo rojo. Antología de la locura*, Madrid: Hiperión, pp. 9-12.

— (1989b): «El poeta solo», *Quimera* 93, octubre, pp. 22-29 (entrevista por Eneko Fraile).

— (1990): *Aviso a los civilizados*, Madrid: Libertarias.

— (2000): *Teoría del miedo*, Tarragona: Igitur

— (2001a): *Poesía completa 1970-2000*, Madrid: Visor.

— (2001b): *Águila contra el hombre. Poemas para un suicidamiento*, Madrid: Valdemar.

— (2002): *Prueba de vida. Autobiografía de la muerte*, Murcia: Huerga & Fierro.

— (2004): *Danza de la muerte*, Tarragona: Igitur.

— (2007): *Papá dame la mano que tengo miedo*, Barcelona: Cahoba.

— y Félix J. CABALLERO (2005): *Presentación del superhombre*, Madrid: Valdemar.

ROSSET, Clément (1994): *El principio de crueldad*, Valencia: Pre-textos.

SEVERINO, Emanuele (1985): *Il parricidio mancato*, Milano: Adelphi.

TALENS, Jenaro (1989): «De la publicidad como fuente historiográfica: la generación poética española del 1970» (1970), *Revista de Occidente* 101, octubre, pp. 107-127.

— (1992): «De poesía y su(b)versión (reflexiones desde la escritura denotada "Leopoldo María Panero")», en Leopoldo María Panero: *Agujero llamado nevermore. Selección poética 1968-1992*, Madrid: Cátedra, pp. 7-62.

VATTIMO, Ganni (1994): *La sociedad transparente*, Barcelona: Paidós.

YAGÜE LÓPEZ, Pilar (1997): *La poesía en los setenta: los «novísimos», referencia de una época*, A Coruña: Servicio de Publicacións da Universidade da Coruña.

ANTONIO MUÑOZ MOLINA
ENTRE MORAL Y ÉTICA

Stefano Ballarin
Università Ca' Foscari di Venezia

Antonio Muñoz Molina, nacido en Úbeda en 1956, pertenece a la última generación que llegó al antifranquismo.[1] Es evidente que, como apunta Maarten Steenmejier, desde el punto de vista de los obstáculos a la escritura o a la publicación, el periodo franquista «[e]n sentido práctico y programático [...] apenas puede haber sido un impedimento para él,

---

[1] Con dieciocho años, el futuro escritor conoció incluso los sótanos de la Dirección General de Seguridad, en la madrileña Puerta del Sol, por participar en su primera manifestación estudiantil. El episodio se cuenta en el relato autobiográfico *Ardor guerrero* (1995: 188). Se ficcionaliza, en cambio, en *Beatus Ille* o en *El dueño del secreto*, donde el narrador, que comparte la edad del autor, recuerda: «Nuestra generación [...] fue la última en llegar al antifranquismo, y nos tocó la paradoja de heredar, con dieciocho años, la tradición de derrota de las generaciones anteriores, de respirar un aire enrarecido por treinta y tantos años de desaliento y de invenciones gloriosas y absurdas de huelgas generales que no fueron vencidas porque nunca llegaron a existir» (1994: 95). El rebrote de la contestación se debe a que el régimen ha vuelto a suministrar la pena de muerte —nada menos que por garrote vil «como en los tiempos de Fernando VII» (*ibid.*, 64) pero en la España de marzo de 1974— a algunos presos, entre los que está el anarquista Salvador Puig Antich.

puesto que la censura ya había sido abolida cuando concibió sus primeros proyectos literarios, mientras que el ajuste de cuentas con el realismo
social ya había sido realizado unos diez años antes de que apareciera su
primera novela» (Steenmejier 2000: 152). Durante el periodo que mide
entre el fin de la dictadura y el año de publicación de *Beatus Ille*, la
primera novela del autor, no se ajustan las cuentas sólo con el realismo
social, sino también con la novela experimental, recobrando las raíces
que el género había olvidado «en el fenómeno antropológico y cultural
del acto de narrar historias» (Benson 1994: 15).

Beatus Ille se publica en 1986, uniéndose ese año a una serie de textos como *El hombre sentimental* de Javier Marías o *La ciudad de los
prodigios* de Eduardo Mendoza que dan una muestra de calidad de las
tendencias del género por aquel entonces: metaficción y autoconciencia,
culturalismo y cosmopolitismo, parodia y pastiche estilístico. Siempre
el mismo año, del desencanto político, ético, artístico y cultural que se
respira en una España improvisamente posmoderna —y en los demás
países de capitalismo avanzado— nos ofrece un testimonio *Historia de
un idiota contada por el mismo* de Félix de Azúa. Desde entonces la
producción de Muñoz Molina ha sido continua y abundante: el autor ha
ido ganándose un público lector cada vez más amplio y aficionado y una
notoriedad a la que contribuyen sus artículos de opinión en la prensa de
difusión nacional.

La crítica ha mostrado un aprecio casi unánime hacia su obra. Vamos a señalar aquí algunas aportaciones, dejando de lado los artículos
publicados en revistas, para los que remito a las bibliografías incluidas
en los textos indicados. La indagación científica sobre el autor cuenta ya
con varias monografías, tanto individuales como colectivas. Entre las
primeras señalamos el afectuoso homenaje que al autor le rinde el amigo
y profesor Andrés Soria Olmedo, *Una indagación incesante: la obra de
Antonio Muñoz Molina* (1998), tan repleto de anécdotas y de conexiones
intertextuales. Justo Serna, historiador que no desdeña la literatura, ha
publicado recientemente *Pasados ejemplares. Historia y narración en
Antonio Muñoz Molina* (2004). Véanse también los trabajos de María-
Teresa Ibáñez Ehrlich, *Los presentes pasados de Antonio Muñoz Molina*
(2000); de Salvador A. Oropesa, *La novelística de Antonio Muñoz Molina: sociedad civil y literatura lúdica* (1999); y de Manuel María Morales
Cuesta, *La voz narrativa de Antonio Muñoz Molina* (1996). No hay que
olvidar el estudio semiótico que ofrece en su monumental tesis doctoral

María Lourdes Cobo Navajas, *Antonio Muñoz Molina: de Beatus Ille a El jinete polaco* (1996).

A la obra de Muñoz Molina se han dedicado varios congresos, coloquios o seminarios de estudio. El «Grand Séminaire de Neuchâtel» ha ido convirtiéndose con el paso del tiempo en un lugar de gran importancia para la reflexión sobre la literatura española. Entre los escritores a los que, con periodicidad anual, la universidad suiza ha dedicado sus jornadas de estudio hay que apuntar a Javier Marías, Luis Mateo Díez, Álvaro Pombo, Juan José Millás o Enrique Vila-Matas. En 1997 el objeto de investigación fue nuestro autor: las actas, a cargo de Irene Andres-Suárez e Inés d'Ors, se publicaron con el título *Ética y estética de Antonio Muñoz Molina* (1997) y cuentan, como siempre, con aportes de especialistas de gran experiencia —Santos Sanz Villanueva, Gonzalo Navajas, José-Carlos Mainer, Fernando Valls y Geneviève Champeau entre otros— y con una ordenada bibliografía final. Otra colección que aquí podemos anotar se publicó en Italia y está al cuidado de María A. Roca Mussons, *Raccontare Antonio Muñoz Molina* (2002). Señalamos también una interesante base de datos en Internet: «MuMo online. Antonio Muñoz Molina open directory» (http://mumonline.org/).

De la reseña crítica que he podido hacer se desprenden algunas vetas principales de análisis. Podríamos trazar de forma esquemática tres grandes áreas de estudio: una primera aborda la *interdiscursividad*, el «culturalismo» de sus textos, tan repletos de influencias, alusiones y homenajes; una segunda se fija en un binomio cardinal para nuestro autor: historia y memoria; y una tercera —estrechamente vinculada a la segunda— evidencia el compromiso ético de Muñoz Molina, su civismo. En las páginas que siguen vamos a matizar ulteriormente sobre todo esta última faceta, no sin antes haber recorrido algunos de sus textos en búsqueda de los que, una vez llegados al final, podríamos llamar los *vestigios* de la Transición.

La Transición española de la dictadura a la democracia termina institucionalmente en 1978, con la promulgación de la Constitución; políticamente en 1982, con la alternancia de poderes y la victoria electoral socialista; simbólicamente quizá sólo en 1992, cuando algunos grandes acontecimientos marcan la entrada de derecho de España en el conjunto de las sociedades democrático-espectaculares[2] que caracterizan los países de capitalismo avanzado: las Olimpíadas de Barcelona, la Exposición de Sevilla y el nombramiento de Madrid como capital europea de la cultura. España ya es *prima inter pares* y no una excepción de la que sentirse ufanos o avergonzados según la postura ideológica. Los años ochenta han llevado a cabo la *normalización* —palabra algo siniestra pero que expresaba el anhelo de la mayoría de los ciudadanos—[3] del sistema económico, político, social y cultural español y la progresiva alineación a los países europeos. Desgraciadamente, España alcanza a los demás países de capitalismo avanzado cuando los valores que han plasmado la modernidad ya no son tales: el mundo, mientras tanto, ha perdido la fe en las «grandes narraciones» que legitimaban esa época (Lyotard 1979) y ha entrado en la posmodernidad. En *El jinete polaco*, la sensación que tiene Manuel en las postrimerías de la dictadura es precisamente la de quien va a llegar tarde a una cita: «Íbamos a llegar tarde al mundo, pero no lo sabíamos, nos preparábamos avariciosamente para asistir a una fiesta que ya había terminado» (1991: 360).

El paso incruento y por muchos aspectos ejemplar a la democracia ha supuesto, sin embargo, un *pacto de silencio*[4] sobre la Guerra Civil y la

---

[2] El sintagma es de Agamben 1996: 10 (en el surco de Guy Debord, naturalmente).

[3] Escribe Salvador Clotas: «Quizá [...] sorprenda el uso del término "normalizar". Pero es que en realidad se trataba de eso. La sociedad española que salía del franquismo aspiraba a ser normal en todos los órdenes» (1995: 33). El término lo utiliza también uno de los más atentos observadores de los cambios culturales españoles, Manuel Vázquez Montalbán, al hablar de la sociedad lectora: «Por primera vez en España, cualquier lector, cualquier miembro de la sociedad lectora puede constatar que hay quince o veinte novelistas con edad entre los treinta y los ochenta años, cuya obra es acogida al menos con cierto interés, con curiosidad cuando aparece. Esa consagración de la pluralidad es una conquista importante y representa una cierta normalización de la sociedad literaria» (1991: 25). Sobre la exigencia de dejarse atrás de una vez el estereotipo de la diversidad hace hincapié Jordi Gracia, el cual, en el último suplemento de la *Historia y crítica de la literatura española*, después de citar unos cuantos índices escribe: «Son elementos, si se quiere, escogidos muy al azar, pero que están haciendo de España lo más parecido a una sociedad tradicionalmente europea. Incluso ha cuajado en los últimos años la lectura correctora de la excepcionalidad o la particularidad de la historia de España» (2000: 11).

[4] En los últimos años, el *pacto de silencio* se ha roto en España y el pasado, silenciado o reprimido, ha vuelto a aflorar estallando en mil fragmentos contradictorios que pugnan desde las páginas de libros, revistas y diarios o desde las pantallas de cines y televisiones. Sobre los problemas que eso conlleva, y la relación complicada entre historia, memoria y sus representaciones literarias, véase el reciente ensayo de Fabrizio Cossalter (2006).

larga dictadura y no son pocos los españoles que, ya desde el comienzo de la nueva etapa, se sienten defraudados. Nadie parece pagar por lo que ha acontecido. Así que el *desencanto* no tarda mucho en cundir, sobre todo entre los que anhelaban una ruptura radical con el pasado. El narrador de *El dueño del secreto*, ya lejos en el tiempo y en el espacio del Madrid que le vio participar fugazmente en un intento de derribar al régimen, reflexiona:

> Nadie piensa ya en aquellos tiempos, nadie se acuerda del invierno y de la primavera de 1974, ni de la ejecución de Puig Antich o del nombre del húngaro o polaco al que le dieron garrote vil en Barcelona. Yo sí me acuerdo de todo: ése es mi secreto. Nadie sabe que aún continúo añorando lo que no sucedió nunca, la revolución franca y gozosa que no llegó a triunfar (Muñoz Molina 1994: 146).

A partir de octubre de 1979 y durante catorce meses Antonio Muñoz Molina cumplió con el servicio militar obligatorio. De ese periodo, en plena Transición, el autor ha ofrecido un testimonio soberbio en la narración autobiográfica de *Ardor guerrero*, sin duda una de sus obras más logradas. El texto es una instantánea sumamente interesante del país en el cambio de la década: España queda retratada con gran acierto y participación emotiva y en el trance en que su proyección hacia un futuro diferente se ve amenazada por los restos del fascismo y por el terrorismo nacionalista, cuyos actos, además, ofrecen siempre las mejores coartadas a las fuerzas de la reacción. A finales de los setenta, la lucha entre lo nuevo y lo viejo sigue fuerte y el retraso convive con la modernización. Así Muñoz Molina describe su traslado en tren desde Jaén a Vitoria: «Iba a empezar la célebre década de los ochenta, pero los reclutas viajábamos hacia los cuarteles en trenes de posguerra, en una paleontología de ferrocarriles, con lentitudes cretácicas, con un horror masivo como de geología gótica» (1995: 52-53) y, poco más abajo, «el tren era como una pensión franquista [...]. Estábamos cruzando España entera, o por lo menos la España insoportable de 98, el país estepario que tanto les gustaba a aquellos individuos» (*ibid.*, 54). Al ponerse el uniforme, el recluta tenía que «olvidar los frágiles derechos civiles recién adquiridos» (*ibid.*, 64) y tal vez no prestar demasiada atención a los retratos de Franco que seguían colgando en los alojamientos, ni al águila que permanecía en el centro de la bandera roja y amarilla a la que todas las mañanas rendían homenaje.

El autor pasó toda la mili en el País Vasco, y precisamente en el momento de mayor virulencia de los atentados terroristas.[5] Después de recibir la instrucción en Vitoria, en un cuartel que un comando etarra acababa de asaltar pocos meses antes, fue destinado a San Sebastián. Muñoz Molina describe la atmósfera pesada que respira en la ciudad: casi diariamente se suceden las manifestaciones violentas en las calles, la reacción de las fuerzas del orden, los atentados directos sobre todo hacia sus miembros, y hay que aprender a convivir con una sensación de miedo omnipresente. Éste acompaña al autor en su calidad de pieza del engranaje militar, al que rigen reglas autónomas y férreas pero en el que, de hecho, es el capricho de los superiores el que decide como un insondable hado de la buena o mala suerte de uno. Y el miedo le acompaña también durante las horas de permiso fuera del cuartel en la «balnearia y burguesa» San Sebastián, una ciudad donde una quietud aparente oculta la violencia que puede estallar en cualquier momento:

> de pronto, en medio de aquella calma, de los domingos lujosos y católicos, con escándalo de campanas en la catedral y rumor de cucharillas, porcelanas y pulseras de oro en las cafeterías, el miedo irrumpía igual que una inundación, al principio invisible, difícil de advertir para quien no conociera la ciudad, para quien no estuviera acostumbrado a ciertos cambios bruscos que se producían en el aire. Era como una onda opresiva de silencio que se abatiera sobre la ciudad dejando vacía una acera o las esquinas de una calle. Se cerraban puertas, se oía un eco de cortinas metálicas, se quedaban desiertos los veladores de una cafetería. Era el aviso del miedo, la pujanza de su onda expansiva, las décimas de segundo entre el estallido de un relámpago y la llegada del trueno. Sin darse cuenta, sin saber qué había ocurrido, uno se encontraba atrapado en medio de una contienda de pedradas, de botes de humo y de pelotas de goma, en una discordia de sirenas y gritos, de vidrios

---

[5] «ETA [...] fue la responsable del 70% de los atentados entre 1976 y 1980. El momento álgido del terrorismo etarra no se produjo en los años mismos de la transición propiamente dicha, sino inmediatamente después de la aprobación de la Constitución. En 1979, en efecto, se pudo apreciar un salto desde la treintena de muertos por acción terrorista hasta un centenar, con un máximo, en el año siguiente, de ciento veinticuatro. Es bien posible que si los momentos claves de la transición hubieran sido los que presenciaron mayor incidencia del terrorismo (con el correlato de la posible intervención militar) la posibilidad de quiebra del proceso hubiera sido mayor» (Tusell 1998: 781).

rotos y golpes secos de disparos, y la humareda negra de una barricada de neumáticos daba una opacidad de eclipse a la mañana de domingo (Molina 1995: 198-199).

El narrador extiende la precariedad del equilibrio no sólo a su supervivencia en la kafkiana organización del ejército, sino a la neonata democracia española:

> Todo podía quebrarse, lo mismo mi destino de oficinista que la democracia española, casi a diario estallaban bombas y eran asesinados militares, policías y guardias civiles, se hablaba en los periódicos de la inminencia de un estado de excepción, de una nueva sospecha de complot militar, siempre desmentida por el gobierno, siempre renovada al cabo de una semana o de un mes. [...] Al general gobernador militar lo habían matado de un tiro en la cabeza el verano anterior mientras caminaba de paisano bajo las farolas blancas del Paseo de la Concha (*ibid.*, 192).

Los cambios históricos no siguen necesariamente el compás del calendario y, escribe Muñoz Molina, «en enero y febrero de 1980 [...] un futuro de plena libertad civil nos parecía a todos tan remoto como la fecha de nuestro licenciamiento» (*ibid.*, 231). El autor establece la fecha simbólica de la victoria socialista en las elecciones de 1982 como la del verdadero comienzo de los ochenta y, al mismo tiempo, del desengaño: «los ochenta sólo comenzaron cuando dejamos de ser rehenes de los golpistas y de los terroristas y cuando los héroes de la década anterior empezaron a perder sus resplandores heroicos como trámite previo a la pérdida de la vergüenza» (*ibid.*, 231). A la pérdida de la vergüenza alude también en la que suele considerarse su obra más ambiciosa, *Sefarad*: «los años ochenta, tan bochornosos retrospectivamente» (2001: 465). Incluso en *El jinete polaco*, su novela más esperanzada, más optimista, el juicio de Manuel, siempre que tiene que volver a su país, no se aleja de esta sensación de desilusión. En el fragmento que sigue, en que se ofrece una imagen de la Transición en comprimidos, el protagonista reflexiona sobre la rapidez con que han pasado los años antes de volver a encontrar a Nadia, durante los cuales mientras tanto

> ha visto en la plaza de Oriente la cola fúnebre de los que acuden a despedirse del cadáver de Franco, ha votado por primera vez, se ha afeitado para siempre la barba, ha salido una mañana hacia su trabajo en París y al abrir el

periódico ha encontrado la foto de un guardia civil con tricornio, bigotazo y pistola que alza la mano en ademán taurino y ha querido morirse de rabia y de vergüenza, [...] ha vuelto de vez en cuando a su país con el propósito de quedarse y se ha marchado con un sentimiento cada vez más intenso de extrañeza y de asco, aturdido por el tráfico, por las máquinas tragaperras de los bares, por el ruido intolerable de los martillos neumáticos en las aceras reventadas, por la codicia sin escrúpulos y la sonriente apostasía que han transfigurado las caras de muchos a los que conoció antes de irse (Muñoz Molina 1991: 418-419).

El peso de los juicios morales —o, como se suele decir, del compromiso ético— ha ido aumentando progresivamente en la trayectoria literaria del autor. Habrá que volver más adelante sobre el tema porque disiento de la forma en que se considera normalmente el compromiso ético de una obra de arte y, en concreto, de una novela; no sin antes escuchar al autor sobre el tema: «si en novela posmodernidad es querer o poder asumir cualquier tradición que uno quiera, pues en ese aspecto soy posmoderno. Ahora si posmodernidad implica irresponsabilidad moral y estética, entonces no» (Scarlett 1994: 75).

La posmodernidad, como lógica económica y cultural del capitalismo avanzado (Jameson 1984), representa la realización de la historia de Occidente como historia del nihilismo y el advenimiento cumplido de la edad de la técnica (Severino 1988; Galimberti 1999). Cuando Nietzsche escribía que iba a contar la historia de los dos siglos por venir, no iba muy descaminado: la historia del nihilismo que el filósofo alemán contaría es, en efecto, la del barrido en sucesión de todos los valores que habían regido la vida del hombre durante un tiempo inmemorial. Ninguna autoridad sobrevive a la risa destructora del siglo XX, el siglo que ha llevado hasta las últimas consecuencias el proceso de secularización, la «muerte de Dios».

En el arte, la posmodernidad ha representado la crisis del valor de *lo nuevo*, el estandarte de la modernidad: lo nuevo, en la ciencia y en la técnica, se ha vuelto la rutina que asegura la mera supervivencia de los sistemas. Según Arnold Gehlen, la devaluación de la idea de progreso en esas dos esferas de la actividad humana ha descargado el *pathos* de lo nuevo al ámbito de las artes (Vattimo 1985: 110). Si a esta tendencia le añadimos, en el surco nietzscheano, que incluso el lugar de la verdad se habría desplazado desde la filosofía al arte,[6] quizás se justifique un diagnóstico que hizo Féliz de Azúa de que el arte habría muerto por exceso de responsabilidad. Al menos el Arte como se ha concebido desde el idealismo alemán.[7] A lo mejor, eso ha involucrado también la novela que, nacida poco más que como historia placentera, divertida o edificante, ha conquistado progresivamente *peso* cognoscitivo de la naturaleza humana. Sin embargo, el peso que ha ido adquiriendo ha sido tanto que en un momento dado llega a ser *caricatura* o *farsa* (del latín *farcire*, «rellenar»). Lo que significa haber vuelto al punto de partida del género, pero desde una postura de pérdida de la inocencia —de la ingenuidad—, la aptitud más idónea para una «era de incredulidad», como se ha denominado la entrada en la época en que la verdad es una cuestión de retórica y de eficacia (Greimas 1983: 107).

De hecho, *Beatus Ille* inaugura la obra de Muñoz Molina bajo el signo del *artificio*, cifra fundamental incluso de las novelas siguientes, *El invierno en Lisboa* y *Beltenebros*. La semántica del término incluye igualmente el ingenio y la habilidad con que algo está hecho, o el predominio de la *elaboración* sobre la *naturalidad*, así como el disimulo y la doblez.[8] Para lo que concierne a la segunda constelación, no hay más que notar lo poderoso de la simbólica del *espejo* en la obra del autor (Pittarello 1993: 806-807). Sin embargo, la voz interesante para la narrativa española que se anuncia en *Beatus Ille* quizá resulta, en las dos obras sucesivas, demasiado impostada en la imitación culturalista de géneros, personajes y ambientes. Es el mismo novelista quien afirma la importancia, en los primeros pasos de una carrera literaria, de la imitación de los modelos (1993: 55-57), de la misma forma en que confiesa haberse aburrido temprano de esa estética (Cobo Navajas 1996: 59). Para Muñoz Molina, el

---

[6] Sobre la verdad como experiencia estética o retórica, léase Sergio Givone (1988), en particular los capítulos «Estetismo diffuso» y «Stile e verità». Evidentes las relaciones con la obra de Vattimo que señalamos.

[7] «Que el Arte ha muerto quiere decir que *ese concepto* ha perdido el papel soberano, trascendental y metafísico que le atribuyó la filosofía alemana, desde los hermanos Schlegel hasta Adorno. Aquel arte, síntesis de todas las artes, arte de la Idea o Absoluto, al que Hegel consideraba una de las encarnaciones esenciales del Espíritu y Marx un *síntoma* de la estructura económica, ha muerto por exceso de responsabilidad. La sacralización de un Arte convertido en religión secularizada de las clases medias y portador de valores eternos, ha acabado aplastándolo bajo una tarea que no podía soportar» (Azúa 1995: 10).

[8] María Moliner, *Diccionario del uso del español*, ad vocem.

problema de la búsqueda de una voz adecuada para la narración es fundamental tanto en un nivel intratextual, porque al autor sus personajes
le «importan menos por lo que hacen que por lo que saben, por lo que
están dispuestos a contar» (1990: 87), como en un nivel digamos estéti-
co/estilístico.

Desde este último punto de vista, es significativo que en una de las
cuatro conferencias que pronunció en enero de 1991, titulada precisamente «La voz y el estilo», el autor diga que «la tarea del escritor es
encontrar la suya [voz] y aprender a usarla, y también oír las voces de
los otros y hacer que suenen las palabras de sus personajes» (1993: 53).
A los pocos meses de esas ponencias se publica *El jinete polaco*, hasta
ahora su logro insuperado y el gozne que marca un antes y un después
en su producción.[9] Vuelve la Mágina que había surgido en *Beatus Ille*,
trasunto de la Úbeda natal, pero ahora ese espacio literario acoge el ambiguo discurso de la *autoficción*, con su acostumbrada mezcla de lo biográfico y de lo ficticio. Con esta novela el autor parece haber encontrado
su voz y el tono apropiado para un relato que es al mismo tiempo historia
de amor, elegía por la muerte de un mundo, el rural, y de su cultura oral,
ajuste de cuentas con la memoria y con la historia personal y colectiva.
A partir de entonces Muñoz Molina cambia incluso el *modo* —me refiero a Gérard Genette— de la narración, cuya perspectiva ya no será la
de un personaje oculto o lateral de la historia, sino la de los personajes
principales.

En mi modo de ver, no dejan de ser metadiscursivas respecto a sus
obras anteriores algunas frases de *El jinete polaco* puestas en boca de
Manuel, uno de los dos protagonistas principales: «Nunca he hablado
tanto de mí mismo, como le hablo a ella, […] y entonces me doy cuenta de que por primera vez en mi vida soy yo quien cuenta y no quien
escucha, quien cuenta no para inventar o para esconderse a sí mismo
[…] sino para explicarme todo lo que oculté tras las voces de los otros.

---

[9] Escribe Carmen Martín Gaite: «Y es curioso comprobar […] cómo esta vez, la
primera en que Muñoz Molina ha depuesto el andamio de los modelos literarios, es
cuando ha conseguido ocupar un territorio que limita por sus cuatro puntos cardinales
con la tradición novelística europea más fértil desde el siglo xix hasta nuestros días»
(1992: 7). Muñoz Molina ha trabajado tan bien en esta novela que ahora el andamio
está presente pero no se ve demasiado, come demuestra un valioso ensayo de Elizabeth
Amann (1998) que evidencia, en cambio, el diálogo que en texto entretienen la novela
bizantina, el género gótico y el *Bildungsroman*.

Ahora es mi voz la que escucho» (1991: 187); o incluso en el siguiente caso: «Prefería callarme, escuchar a otros, mirarlos y espiarlos, he usado mi voz para inventar o mentir o para enmascararme en las voces de los otros» (*ibid.*, 408). Es verdad que, aunque el autor afirma haberse alejado de la alusión culturalista predominante en las primeras novelas, dicho elemento «seguirá siendo un aspecto importante de su escritura» (Molero de la Iglesia 2000: 398), pero ahora el autor parece haber ganado algo muy importante: la *distancia*, esa condición que permite la comprensión (Ricœur 1975: 133), la constitución del recuerdo (Assmann 1999: 310) y la ironía, tan ausente la última de sus primeros textos.[10]

Literatura y ética no tienen por qué volver a encontrarse, dado que no se han separado nunca. La concepción de sus relaciones que subyace a las páginas que siguen está en una línea que, desde Aristóteles, llega idealmente a Paul Ricœur, uno de sus exegetas contemporáneos más importantes, que considera la literatura no una imitación de la realidad, sino un incremento de la misma (1983: 130). Más que imitar la realidad, la literatura contribuiría a *informarla*; o a *reinventarla* «a fin de *comprenderla* mejor», como ha escrito recientemente Thomas Pavel (2003: 42). La literatura es el eterno intento del hombre para emanciparse de la necesidad, es posibilidad frente a realidad. Como práctica del *poder-ser*, cualquier discurso sobre el *deber-ser* y cualquier juicio de valor moral le ha quedado siempre inevitablemente angosto. Si vamos a la raíz del *ethos* no encontraremos una teleología o una deontología, sino el *habitar*: el término, pensado en modo auténticamente griego, significa *estancia, morada, lugar de habitación* (Heidegger 1946: 306). El principio de ese habitar es la acción (Savater 1982), la cual es una práctica que necesita el discurso más que cualquier otra (Arendt 1958: 134). Aquí narración y ética se atan indisolublemente, porque es a través de la primera que el hombre humaniza al tiempo (Ricœur 1983: 91) y recorta en el *chronos* deshumano un *kairós* significativo. De ahí se desprende que no hay nunca un relato éticamente neutro (Ricœur 1990: 231) y que la

---

[10] A partir de *El jinete polaco*, escribe Justo Serna, «lo explícitamente autobiográfico se convertirá en materia frecuente de las ficciones de Muñoz Molina: ya no es el joven novelista que debe probar su imaginación, que debe evitar la tentación autobiográfica, sino que es el consumado escritor que puede y debe regresar sobre sí mismo, incluso haciendo broma de sí mismo, de lo que hizo o de lo que no hizo, con audacias o cobardías» (2004a: 206).

relación indisoluble entre poética y ética se mantiene incluso cuando la primera sostiene la suspensión de todo juicio moral o su envés en términos irónicos (Ricœur 1983: 101).

En la primavera de 1995, el diario *El País* hospedó una interesante polémica entre Muñoz Molina y Javier Marías a raíz de un artículo del escritor andaluz que arremetía duramente contra *Pulp Fiction* de Quentin Tarantino. A la crítica de Muñoz Molina, titulada «Tarantino y la muerte» (19-IV-95), respondió Marías con el artículo «Y encima recochineo» (2-V-95); el novelista andaluz volvió sobre el asunto con «Tarantino, la muerte y la comedia: una respuesta a Javier Marías» (10-V-95); concluyó Marías la escaramuza crítica con «La risa y la moral: una contrarréplica a Muñoz Molina» (28-V-95).[11] El enfrentamiento se originó precisamente sobre los criterios de valoración moral de la película, dada la ambigua mezcla que hace Tarantino de violencia y risa. A Muñoz Molina esa película parece haberle realmente disgustado, no sólo por sus fallos estéticos, sino también por la falta absoluta de piedad y de compasión que enseñan sus personajes. Además, se irrita el autor, la película es capaz de arrancar una sonrisa justamente en algunos momentos muy violentos. Tragicomedia, piensa uno, que a veces desemboca en lo grotesco. Hay que decirlo: a pesar de los esfuerzos de Muñoz Molina por no asemejarse a un moralista o a un defensor de lo políticamente correcto, las argumentaciones de Marías en esta ocasión le reducen a eso. Escribe el ubetense en la primera pieza:

> En *Pulp Fiction* ni siquiera hay humor negro: tan sólo hay una inhumana falta de piedad, o de compasión, para ser más exactos, una incapacidad aturdida y embrutecida de comprender el dolor, y por lo tanto de crear personajes. Siempre se dice que con los buenos sentimientos no se hace buen arte: yo no he visto nunca una buena película en la que cualquier residuo de cualquier sentimiento esté tan ausente como en esta presunta obra maestra.

---

[11] Los artículos de Javier Marías se encuentran en *Vida del fantasma* (Madrid: Alfaguara, 2001) y en *Donde todo ha sucedido* (Barcelona: Círculo de Lectores, 2005). Los de Muñoz Molina, a menos que no se hayan recogido en alguna recopilación de la que no estoy al tanto, se pueden todavía encontrar en las siguientes páginas web: el primero en http://www.elpais.com/articulo/cultura/Tarantino/muerte/elpepicul/19950419 elpepicul_11/Tes/; el segundo en http://www.elpais.com/articulo/cultura/TARANTINO/_QUENTIN_/CINE/Tarantino/muerte/comedia/respuesta/Javier/Marias/elpepicul/19950510elpepicul_15/Tes.

Dejemos de lado la causal extemporánea —«y por lo tanto»— que Marías también evidencia. Incluso intérpretes recientes de la relación entre literatura y ética como Wayne C. Booth o Cesare Segre no han podido sustraerse a la identificación entre ética y moral. Ambos partían de unas premisas muy parecidas. El crítico norteamericano, en *The Company We Keep. An Ethics of Fiction* (1988), considera la alabanza ética abierta como una forma legítima de crítica literaria — donde en lugar de ética léase moral. Asimismo, Cesare Segre, en *Tempo di bilanci. La fine del Novecento*, incluye un capítulo que titula «Etica e letteratura» y que considera como la conclusión de su larga actividad crítica. En la introducción del libro, Segre anticipa que propondrá reconocer entre los parámetros más importantes para la valoración de una obra literaria el del compromiso ético, «nel senso che si vedrà» —en el sentido que veremos— (2005: X). Este sentido, para ser sinceros, después de la lectura del capítulo no queda claro. En realidad, lo que está pidiendo y deseando el crítico, más que plantear el insoluble problema teorético de una crítica ética, es que la literatura vuelva a encargarse de llevar una sensibilidad ética en tiempos de decadencia evidente (*ibid.*, 216). Lo que no queda nunca claro, en estos ejemplos y creo en todos los que uno podría buscar, es desde qué postura se pone uno a enjuiciar moralmente la obra literaria, y lo que sí queda claro, en cambio, es que al final acaba uno apelándose a algún *a priori* o a algún imperativo categórico o principio humanístico. Más bien humanitario. Literatura de buenos sentimientos, con los que, como admiten los mismos Segre (*ibid.*, 217) y Muñoz Molina en el artículo, no se crea nunca nada notable. ¿No habrá, además, en «la inflación socializada de la referencia a la ética», entendida como una vaga apelación a los derechos humanos, otra señal del nihilismo contemporáneo y de su «amenazadora negación de todo pensamiento»? (Badiou 2003: 9). Un correlato son los estudios culturales, donde se puede llevar al extremo de ver con malos ojos a Mark Twain «porque empleaba la palabra *nigger* en su día, hoy condenada» (Marías 2001: 189). La postura de Marías, en este caso, me parece ejemplar: «Contar una historia es lo opuesto a celebrar un juicio. [...] no me parece muy concebible o muy interesante, digamos, un tipo de novela en la cual se juzga, esto no tiene nada que ver con la literatura. Los juicios morales, por ejemplo. Yo los hago a menudo en mis artículos de prensa, como ciudadano. Pero cuando escribo novelas no soy un ciudadano» (Pittarello 2005: 27-28). Otro artículo de Marías, «El empalago», completa las reflexiones anteriores al hablar del «blindaje temático» de algunas películas ante la crítica cuando los temas que tratan son de carácter social o de denuncia, «o no digamos del socorrido Holocausto y demás persecuciones totalitarias del siglo xx» (Marías 2005: 176). La obra se convierte entonces en «inatacable», «necesaria» o «imprescindible», y «si alguien critica *literaria* o *cinematográficamente* uno de esos libros o películas, será acusado de no suscribir las tesis políticamente correctas sustentadas por tales obras, y eso es hoy un pecado mortal como ninguno» (*ibid.*, 177; cursiva de Marías).

Confieso que escribo estas líneas pensando en *Sefarad*. Los umbrales de esta novela, el texto de la contracubierta —«el autor nos propone una sensible aproximación al mundo de los excluidos y a su intensa capacidad de amar»— y el epígrafe de Kafka escogido por el autor —«"Sí", dijo el ujier, "son acusados, todos los que ve aquí son acusados". "¿De veras?", dijo K. "Entonces son compañeros míos"»— invitan a la crítica y a los lectores comunes a caer en la trampa del «blindaje temático». La novela, por cierto, trata de las persecuciones a cargo de los dos totalitarismos más mortíferos del siglo pasado, nazismo y estalinismo, así que fácilmente puede convertirse en «inatacable», «necesaria» o «imprescindible», en suma, éticamente irreprensible. Me parece, en cambio, que los momentos mejores de *Sefarad*, incluso desde el punto de vista ético, están en los relatos en los que la intención ética —en el sentido que se le da ahora, es decir, de llamada a la solidaridad hacia los oprimidos, a la compasión, etc.— es menos patente. Eso es, donde Muñoz Molina vuelve a recurrir a sus ingredientes más sabrosos y que maneja con más autenticidad — Mágina y/o la *autoficción*, como sucede en algunos fragmentos de los capítulos «Olympia», «Eres», «Dime tu nombre» o «Sefarad»— es entonces cuando revela el sentido profundo de la ética y también su precariedad, que no se debe necesariamente a los golpes a la que la someten grandes crímenes o injusticias, eso por supuesto, sino a la dificultad de fundamentarla en una acción que abra el mundo que queda por realizar (Ricœur 1977: 60); al acecho continuo de la indiferencia, fracaso de toda ética (Savater 1982: 62); a la tensión irreductible entre voluntad y azar. Thomas Pavel, en su trabajo reciente, apunta que la extrema flexibilidad formal que ha caracterizado la historia de la novela no ha modificado nunca «el objeto secular de sus intereses: el hombre individual captado en su dificultad de habitar el mundo» (2003: 44). En algunos textos particularmente, para mí sobre todo en *El jinete polaco*, *Ardor guerrero* o también en el reciente *El viento de la luna*, Muñoz

Molina ha sabido tratar con gran riqueza y esmero las vacilaciones, las cobardías, las contradicciones, la mezcla de sentimientos que informan al final el *ethos* de un hombre —su carácter y sus costumbres, la forma por la que habita el mundo—. A lo «inhumano», entendido como el «mal» (Trías 2000: 176) no se llega solamente por una desmesura en la acción, sino también por el miedo, las omisiones, la fuga o por recurrir a comportamientos mágicos (Sartre 1943: 615).

Consideremos el miedo, por ejemplo: ese inhibidor de la acción y al mismo tiempo instrumento de control político —como bien sabían Thomas Hobbes y Juan Benet— es un hilo que recorre toda la obra del escritor. Puede ser el miedo a la violencia física por las supercherías de los más fuertes, como el que tiene un niño ante sus coetáneos más gamberros. O, cuando ese niño empieza a crecer, el miedo al apocamiento físico en las competiciones viriles con los demás chavales: la vergüenza por no poder subir la cuerda o saltar el potro en las clases de gimnasia.[12] Son episodios que vuelven más de una vez en las obras del autor (1995: 86, 92, 107; 2006: 17). El adulto hereda luego un temor a los enfrentamientos también verbales y en general a la agresividad de los demás (hereda esa ansia por ser siempre aceptado que tiene el niño y el miedo a quedarse solo). Así que cuesta incluso defender una postura, una opinión: como nos cuenta el narrador de *El dueño del secreto*, «No sé llevar la contraria, y no sólo porque me falte valor y me dé miedo que se enfaden conmigo, sino porque honradamente no se me ocurre cómo hacerlo» (1994: 125). Desde el punto de vista del miedo, el periodo de la mili se presta a una notable indagación sobre su facetas:

> Quiero acordarme de la textura peculiar del miedo, de su cualidad del todo física, a la vez una punzada como de vértigo o de náusea y un peso sobre la respiración, una suma instantánea de todas las formas de miedo a la autoridad que uno había conocido en su vida, en su infancia escolar y franquista […]. De nuevo habitaba yo en aquella clase especialmente afilada de miedo, lo respiraba como un aire muy enrarecido, el aire rancio de las dependencias militares que la Constitución de 1978 ni siquiera había empezado a ventilar,

---

[12] Confiesa el autor a Justo Serna: «Yo me sentía cobarde y débil, y me avergonzaba de mi debilidad. Y luego estaba el pánico a la gimnasia, la torpeza física, la burla de los demás. En mi familia, entre los hombres, la fuerza y la destreza física eran muy importantes, por la dureza del trabajo. Había que cargar grandes pesos, que controlar animales. Había escenas de una brutalidad que a mí, como niño, me daban pavor» (Serna 2004b).

igual que nadie había cambiado aún los escudos en las banderas, que seguían luciendo el águila negra del franquismo, ni descolgado los retratos de Franco ni los carteles con su testamento, ni modificado la leyenda escrita con letras doradas en el monolito, Caídos por Dios y por España en la Cruzada de Liberación Nacional. Faltaban unos días para que empezara la década de los ochenta (1995: 187-188).

Muñoz Molina reflexiona a menudo sobre la precariedad, sobre lo efímero del orden de toda vida y sobre el miedo a que ese orden se rompa: «Me da miedo la fragilidad de las cosas, del orden y la quietud de nuestras vidas siempre en suspenso, pendiendo de un hilo que puede romperse» (2001: 209). En *Ardor guerrero*, en efecto, confiesa su miedo y repulsión por el desorden: «Era incapaz de abandonarme porque en lo más hondo de mí me daba mucho miedo ese desorden y lo encontraba repulsivo» (1995: 322).

Quienes se han ido a vivir lejos del lugar de origen pueden tener un recelo especial hacia el teléfono, ese transmisor potencial de malas noticias. La mala noticia por antonomasia que puede llegar desde el otro cabo del aparato es la de la muerte de los padres, de algún familiar o pariente o amigo querido. En *El jinete polaco*, Manuel recibe la noticia de la muerte de su abuela después de volver a Bruselas desde Nueva York, donde por fin se ha reunido con Nadia Galaz. En su casa, escucha en la cinta del contestador la voz de su madre:

> Mi madre empieza a hablarme en un tono muy raro, como desde muy lejos, dice mi nombre, se interrumpe, respira. En torno a mí todo se queda suspendido mientras oigo el roce de la cinta y el ruido leve del motor. *Conozco en seguida esta forma del miedo, la más antigua y la más pura.* Me dice, no sé cuándo, cuántos días atrás, que mi abuela Leonor se puso muy mala ayer, que la llevaron al Clínico, que acaba de morir y la entierran esta tarde, me han buscado y no saben dónde estoy (1991: 540; cursiva mía).

Hay otra escena parecida al final de *El viento de la luna*, cuando el narrador, ya adulto, al despertar de una pesadilla en la que sueña con su padre, recuerda: «Así me desperté una noche en la oscuridad cuando aún faltaba mucho para que amaneciera porque estaba sonando el timbre del teléfono y una voz que yo no acertaba a reconocer me dijo que mi padre acababa de morir» (2006: 314). Especular a este tipo de miedo es el que tienen a veces los protagonistas de sus novelas a morirse solos, lejos de casa, y a que se descubra el cuerpo después de días y que los familiares no se enteren en seguida de lo que le ha pasado a uno de sus miembros.

No hay que escandalizarse si la literatura (o las artes en general) muestra para cada época, «algo moralmente inconveniente, como el malo que prospera y el bueno que sufre o los dioses que cumplen acciones inmorales» —escribe Remo Bodei—, pues «es precisamente porque no es edificante o no exhibe los buenos sentimientos que su discurso tiene valor moral». El filósofo italiano cita al Balzac que exhorta a los escritores para que hurguen en «las letrinas del corazón» (Bodei 2001: 12-13), pero no lo hace para sugerir lo que la literatura tiene que hacer ni para defender el regocijo en lo abyecto, sino para indicar que las artes permiten pescar del fondo más allá del bien y del mal de la vida humana (Sini 2003: 46). Y haciendo eso, en la época del ocaso de la metafísica, nos enseñan que razón y moral son poco más que lo compartido, un acuerdo entre los hombres siempre *in fieri*.

Muñoz Molina no sólo enseña lo que frena la acción sino también lo que rompe o intenta romper con el poder del destino o con la compulsión de repetición de la rutina. En *El jinete polaco*, por ejemplo, léase el admirable relato del momento en que el comandante Galaz decide mantenerse leal a la República, rompiendo así con «una cadena de gestos que parecían minerales y eternos» (1991: 335). Son actos —«momentos decisivos», como diría Félix de Azúa— que, como toda acción, tienen consecuencias imprevisibles e irreversibles (Arendt 1958: 172). La *decisión* es, en efecto, esa «raya trazada en el tiempo» (Muñoz Molina 1991: 335) que convoca el libre albedrío y conlleva siempre la responsabilidad personal.[13] Muñoz Molina nos enseña el valor de la decisión que interrumpe la indiferencia y la apatía, contra las que toda ética se pone a temblar.

---

[13] El propio Muñoz Molina señala la importancia, «el valor de los actos individuales, y por lo tanto de la responsabilidad personal, que, por una parte, es el espacio casi natural de la novela —lo que alguien hace construye su historia autónoma, desde don Quijote— y también el de un cierto progresismo político que excluye la determinación absoluta a la que nos quisieron acostumbrar los marxistas ortodoxos cuando estábamos en la Universidad. La Historia enseña precisamente eso: el valor de los actos, de los azares, de las decisiones, la intervención del albedrío individual en el desarrollo de hechos que retrospectivamente parecen inevitables» (Serna 2004b).

BIBLIOGRAFÍA

AGAMBEN, Giorgio (1996): *Mezzi senza fine. Note sulla politica*, Torino: Bollati Boringhieri (2005).

AMANN, Elizabeth (1998): «Genres in dialogue: Antonio Muñoz Molina's *El jinete polaco*», *Revista Canadiense de Estudios Hispánicos* 23.1, pp. 1-21.

ARENDT, Hannah (1958): *Vita activa. La condizione umana*, Milano: Bompiani.

ANDRES-SUÁREZ, Irene y Inés D'ORS (eds.) (1997): *Ética y estética de Antonio Muñoz Molina*, Neuchâtel: Universidad de Neuchâtel.

ASSMANN, Aleida (1999): *Ricordare. Forme e mutamenti della memoria culturale*, Bologna: Il Mulino (2002).

AZÚA, Félix de (1995): *Diccionario de las artes*, Barcelona: Anagrama (2003).

BADIOU, Alain (2003): *L'etica. Saggio sulla coscienza del male*, Napoli: Cronopio (2006).

BENSON, Ken (1994): «El postmodernismo y la narrativa española actual», en José Angel Fernández Roca, Carlos Juan Gómez Blanco, José María Paz Gago (coords.): *Semiótica y modernidad: actas del V Congreso Internacional de la Asociación Española de Semiótica, La Coruña, 3-5 de diciembre de 1992,* A Coruña : Universidade da Coruña, vol. 2, pp. 55-72.

BODEI, Remo y Fernando SAVATER (2001): «Literatura y ética. Combinaciones de dos binomios», *Cervantes* 1.1, pp. 7-14.

BOOTH, Wayne C. (1988): *The Company we Keep. An Ethics of Fiction.* Berkeley/Los Angeles/London: University of California Press.

CLOTAS, Salvador (1995): «Nota sobre el cambio cultural en España», en Carla Prestigiacomo y M. Caterina Ruta (eds.): *La cultura spagnola degli anni ottanta*, Palermo: Flaccovio, pp. 31-40.

COBO NAVAJAS, María Lourdes (1996): *Antonio Muñoz Molina: de Beatus Ille a El jinete polaco*, Úbeda: UNED/Centro Asociado «Andrés de Vandelvira».

COSSALTER, Fabrizio (2006): «A propósito de la escritura del pasado. Notas sobre la representación de la guerra civil», *Cuadernos de Historia Contemporánea* 28, pp. 359-367.

GALIMBERTI, Umberto (1999): *Psiche e techne. L'uomo nell'età della tecnica*, Milano: Feltrinelli.

GIVONE, Sergio (1988): *Disincanto del mondo e pensiero tragico*, Milano: Il Saggiatore.

GRACIA, Jordi (2000): «La vida cultural», en Jordi Gracia (ed.): *Historia y crítica de la literatura española. IX/1. Los nuevos nombres: 1975-2000. Primer suplemento*, Barcelona: Crítica, pp. 11-50.

GREIMAS, Algirdas Julien (1983): «Il contratto di veridizione», en *Del senso. 2. Narrativa, modalità, passioni*, Milano: Bompiani (1984), pp. 101-110.

HEIDEGGER, Martin (1946): «Lettera sull'"umanismo"», en *Segnavia*, Milano: Adelphi (1987), pp. 267-315.

IBÁÑEZ EHRLICH, María-Teresa (2000): *Los presentes pasados de Antonio Muñoz Molina*, Madrid/Frankfurt am Main: Iberoamericana/Vervuert.

JAMESON, Frederic (1984): *El posmodernismo o la lógica cultural del capitalismo avanzado*, Barcelona: Paidós (1991).

LYOTARD, Jean-François (1979): *La condizione postmoderna. Rapporto sul sapere*, Milano: Feltrinelli (1999).

MARÍAS, Javier (2005): *Donde todo ha sucedido: al salir del cine*, Barcelona: Círculo de Lectores/Galaxia Gutemberg.

MARTÍN GAITE, Carmen (1992): «El ladrón de imágenes», *Saber Leer* 56, pp. 6-7.

MOLERO DE LA IGLESIA, Alicia (2000): *La autoficción en España*, Bern: Lang.

MORALES CUESTA, Manuel María (1996): *La voz narrativa de Antonio Muñoz Molina*, Barcelona: Octaedro.

MUÑOZ MOLINA, Antonio (1990): «La invención del personaje», en Marina Mayoral: *El personaje novelesco*, Madrid: Cátedra/Ministerio de Cultura, pp. 87-90.

— (1991): *El jinete polaco*, Barcelona: Seix Barral (2005).

— (1993): *La realidad de la ficción*, Sevilla: Renacimiento.

— (1994): *El dueño del secreto*, Barcelona: Seix Barral (2007).

— (1995): *Ardor guerrero. Una memoria militar*, Madrid: Alfaguara.

— (2001): *Sefarad*, Madrid: Punto de Lectura (2006).

— (2006): *El viento de la luna*, Barcelona: Seix Barral.

OROPESA, Salvador A. (1999): *La novelística de Antonio Muñoz Molina: sociedad civil y literatura lúdica*, Jaén: Universidad de Jaén.

PAVEL, Thomas (2003): *Representar la existencia. El pensamiento de la novela*, Barcelona: Crítica (2005).

PITTARELLO, Elide (1993): «Le affabulazioni di Antonio Muñoz Molina», en Giovanni Battista de Cesare y Silvana Serafín (eds.): *El girador. Studi di letterature iberiche e ibero-americane offerti a G. Bellini*, Roma: Bulzoni, pp. 803-809.

— (2005): *Entrevistos. Javier Marías*, Barcelona: Erre que Erre.

RICŒUR, Paul (1975): «La función hermenéutica del distanciamiento», en José Domínguez Caparrós (ed.): *Hermenéutica*, Madrid: Arco/Libros (1997), pp. 115-33.

— (1977): *La semantica dell'azione*, Milano: Jaca Book (1998).

— (1983): *Tempo e racconto*, Milano: Jaca Book (2001).

— (1990): *Sé come un altro*, Milano: Jaca Book (2002).

ROCA MUSSONS, María A. (2002): *Raccontare Antonio Muñoz Molina*, Firenze: Alinea.

SARTRE, Jean Paul (1943): *L'essere e il nulla*, Milano: Il Saggiatore (2002).

SAVATER, Fernando (1982): *Invitación a la ética*, Barcelona: Anagrama (2005).

SCARLETT, Elizabeth A. (1994): «Conversación con Antonio Muñoz Molina», *España contemporánea* 7.1, pp. 69-82.

SEGRE, Cesare (2005): *Tempo di bilanci. La fine del Novecento*, Torino: Einaudi.

SERNA, Justo (2004a): *Pasados ejemplares. Historia y narración en Antonio Muñoz Molina*, Madrid: Biblioteca Nueva.

— (2004b): Vidas recreativas: conversación con Antonio Muñoz Molina, http://www.ojosdepapel.com/Index.aspx?article_id=2172 (27 diciembre 2007).

SEVERINO, Emanuele (1988): *La tendenza fondamentale del nostro tempo*, Milano: Adelphi.

SINI, Carlo (2003): *Il comico e la vita*, Milano: Jaca Book.

SORIA OLMEDO, Andrés (1998): *Una indagación incesante: la obra de Antonio Muñoz Molina*, Madrid: Alfaguara.

STEENMEIJER, Maarten (2000): «El tabú del franquismo vivido en la narrativa de Mendoza, Marías y Muñoz Molina», en Joan Ramon Resina (ed.): *Disremembering the Dictatorship. The Politics of Memory in the Spanish Transition to Democracy*, Amsterdam/Atlanta (GA): Rodopi, pp. 139-155.

TRÍAS, Eugenio (2000): *Ética y condición humana*, Barcelona: Península (2003).

TUSELL, Javier (1998): *Historia de España*, Madrid: Taurus.

VATTIMO, Gianni (1985): *La fine della modernità*, Milano: Garzanti (1999).

VÁZQUEZ MONTALBÁN, Manuel (1991): «La novela española entre el posfranquismo y el posmodernismo», en Yvan Lissorgues (ed.): *La Rénovation du roman espagnol depuis 1975. Actes du Colloque des 13 et 14 fevrier 1991*, Toulouse: Presses Universitaires du Mirail, pp. 13-25.

NOTAS SOBRE LOS AUTORES

Pepa Anastasio es profesora asociada en el Departamento de Lenguas y Literaturas Romances de Hofstra University en Nueva York, donde imparte clases sobre literatura española y estudios culturales. Es editora de *Trastornos de carácter y otros cuentos* (MLA 2007), una selección de cuentos de Juan José Millás. Está preparando un libro sobre la creación y recepción de la cultura popular y de masas en las primeras décadas del siglo xx.

Julia Barella es profesora titular y directora de la Escuela de Escritura de la Universidad de Alcalá. Sus líneas de investigación son: la prosa barroca, la poesía del siglo xx, las relaciones entre literatura y cine, y la ecocrítica. Ha editado obras de Lope de Vega, Antonio de Eslava y Unamuno. Su interés por la poesía del siglo xx y las relaciones cine-literatura se circunscribe a la poesía de los últimos cincuenta años: Juan Eduardo Cirlot y los poetas novísimos. Ha editado *Poesía 1966-1969* de Pere Gimferrer. Actualmente investiga, desde la ecocrítica, la representación del paisaje urbano y/o la naturaleza en la poesía contemporánea.

Stefano Ballarin es profesor contratado de literatura y cultura española en las universidades Ca' Foscari de Venecia y Udine. Ha dedicado su investigación principalmente a la narrativa contemporánea española, con un planteamiento interdisciplinario y abordando cuestiones como las prácticas lúdicas posmodernas y la relación entre literatura y ética. Ha escrito sobre Francisco de Quevedo, Luis Martín-Santos, Juan Benet, Juan Marsé, Félix de Azúa, Javier Marías, Luis Landero, J. Á. González Sainz, Antonio Muñoz Molina.

Enric Bou es catedrático de Literatura Española y Catalana en Brown University. Ha escrito artículos y libros sobre la autobiografía, las relaciones entre arte y literatura y ha preparado ediciones de Pedro Salinas, Guerau de Liost, Joan Salvat Papasseit y Joan Maragall. Fue el director del *Nou Diccionari 62 de la Literatura Catalana* (2000).

Fabrizio Cossalter, es investigador visitante en la Universidad Nacional Autónoma de México. Se ocupa, desde una perspectiva interdisciplinaria, de la Guerra Civil y del franquismo en la literatura y la cultura españolas. También estudia la literatura iberoamericana, con un enfoque privilegiado sobre las relaciones entre el discurso historiográfico y el discurso ficcional acerca del tema de la memoria en autores como Javier Marías, Ignacio Martínez del Pisón, Julio Llamazares, Vicente Molina Foix, Ricardo Piglia.

Sebastiaan Faber es catedrático en Oberlin College. Es autor de *Anglo-American Hispanists and the Spanish Civil War* (2008) y *Exile and Cultural Hegemony: Spanish Intellectuals in Mexico* (2002), y coeditor de *Contra el olvido. El exilio español en Estados Unidos* (2009). Ha publicado numerosos ensayos sobre literatura española y latinoamericana, teoría de la ideología y memoria histórica.

Isabel Giménez Caro es profesora titular en la Universidad de Almería. Su investigación se ha centrado en la literatura española de los siglos xix y xx, especialmente en el género novelístico. Es autora de *Ideas acerca de la novela española a mediados del siglo xix* (2003) y de diversos artículos relacionados con su línea de investigación. Actualmente ha colaborado en el *Diccionario histórico de la traducción en España* (en prensa) con la entrada de Ana Mª Moix.

Jordi Gracia es profesor en la Universidad de Barcelona, crítico literario, autor, entre otros, de libros sobre historia literaria e intelectual de España como *Hijos de la razón: contraluces de la libertad en las letras españolas de la democracia, La resistencia silenciosa (Fascismo y cultura en España)* (premio Anagrama 2004) y *Dionisio Ridruejo. Materiales para una autobiografía* (Fundación Santander Central Hispano).

Alessandro Mistrorigo es *Visiting Research Fellow* en London Queen Mary University y profesor ayudante en London Metropolitan University. Se especializa en la poesía española del siglo xx con estudios sobre la relación entre escritura poética y conocimiento en poetas como Claudio Rodríguez y Vicente Aleixandre. Es autor de varios artículos publicados en revistas internacionales y libros colectivos. Es traductor literario y colabora con la editorial veneciana Sinopia.

Ángel Otero-Blanco es *Assistant professor* en la University of Richmond. Su área de investigación es la literatura española moderna y contemporánea. Ha publicado artículos en *España contemporánea* y el *Boletín Galego de Literatura*. Es también autor de una edición crítica de *El maestro de esgrima* de Arturo Pérez-Reverte (Fondo de Cultura Económica).

Elide Pittarello es catedrática de literatura española de la Università Ca' Foscari de Venecia, Sus campos de investigación son la literatura española del siglo xx, en especial la novela desde la posguerra hasta nuestros días, la autobiografía y el exilio y la poesía del la generación del 27, del 50 y de los Novísimos. Se ha ocupado también de literatura del Siglo de Oro, en especial de las crónicas y poemas épicos de las Indias Occidentales.

Carlos Ramos es profesor en el Departamento de Español de Wellesley College. Ha publicado libros sobre narrativa urbana y sobre las conexiones entre literatura y arquitectura (*Ciudades en mente: Dos incursiones en el espacio urbano de la narrativa española moderna, 1887-1934* [2002] y *Construyendo la modernidad: Escritura y arquitectura en el Madrid moderno, 1918-1937* [2010]), así como estudios sobre diversos autores peninsulares del xix y el xx.

Patrizio Rigobon es profesor agregado en la Università Ca' Foscari de Venecia y presidente de la Associazione Italiana di Studi Catalani. Entre sus más recientes publicaciones destacan la edición del diálogo *luliano Consolatio Venetorum* (2008) y artículos o ensayos en las misceláneas *Pensando alla Catalogna* (2009) y *Studi Catalani* (2009).

Laura Silvestri es catedrática de Literatura Española en la Facultad de Filosofía y Letras de la Universidad de Roma Tor Vergata. Su investigación se centra en la literatura española moderna y contemporánea, especialmente en el área de la teoría de la literatura y de los estudios de género. Es autora de libros sobre Bécquer, Borges y la novela policíaca española y se ha encargado de la edición de *El pensamiento de María Zambrano* (2005). En la actualidad es coeditora de *Ciudad Juárez. La violenza sulle donne in América Latina, l'impunità, la resistenza delle Madri* (2009).

Heike Scharm es profesora visitante en Brown University, donde imparte cursos de lengua y literatura. Escribió su tesis doctoral sobre las novelas de Javier Marías, las cuales analiza desde una perspectiva filosófica. Es autora de varios ensayos sobre cine y literatura, literatura y filosofía, arte visual y pensamiento contemporáneo, enfocándose sobre todo en la narrativa postfranquista y en la producción literaria de los últimos años en España.

H. Rosi Song es profesora titular en Bryn Mawr College. Su investigación se centra en la literatura y cultura española contemporánea, especialmente en el área de la narrativa y el cine. Ha co-editado el volumen *Traces of Contamination: Unearthing the Francoist Legacy in Contemporary Spain* (2005) y números especiales sobre la estética *camp* y la Movida para *Journal of Spanish Cultural Studies* y *Arizona Journal of Hispanic Cultural Studies* respectivamente.

La Casa de la Riqueza.
Estudios de Cultura de España

volúmenes publicados

Vol. 1
José-Carlos MAINER
La doma de la quimera. Ensayos sobre nacionalismo y cultura en España
2004, 360 pp., ISBN 8484891488

Vol. 2
Sabine SCHMITZ; José Luis BERNAL (coords.)
Poesía lírica y progreso tecnológico
2003, 332 pp., ISBN 8484891135

Vol. 3
Kathleen E. DAVIS
The Latest Style. The Fashion Writing of Blanca Valmont and Economies of Domesticity
2004, 176 pp., ISBN 8484891577

Vol. 4
José DEL VALLE; Luis GABRIEL-STHEEMAN (eds.)
La batalla del idioma. La intelectualidad hispánica ante la lengua
2004, 286 pp., ISBN 8484891445

Vol. 5
Virginia SANTOS-RIVERO
Unamuno y el sueño colonial
2005, 140 pp., ISBN 848489181X

Vol. 6
Joan Ramon RESINA; Ulrich WINTER (eds.)
Casa encantada. Lugares de memoria en la España constitucional (1978-2004)
2005, 256 pp., ISBN 8484891909

Vol. 7
Mechthild ALBERT (ed.)
Vanguardia española e intermedialidad. Artes escénicas, cine y radio
2005, 616 pp., ISBN 848489200X